後期旧石器時代の新たな遺跡構造論

東京の遺跡を中心に

Settlement Structure of the Upper Palaeolithic Sites:
Focusing on Tokyo Areas

伊藤 健【著】
ITO Tsuyoshi

新泉社

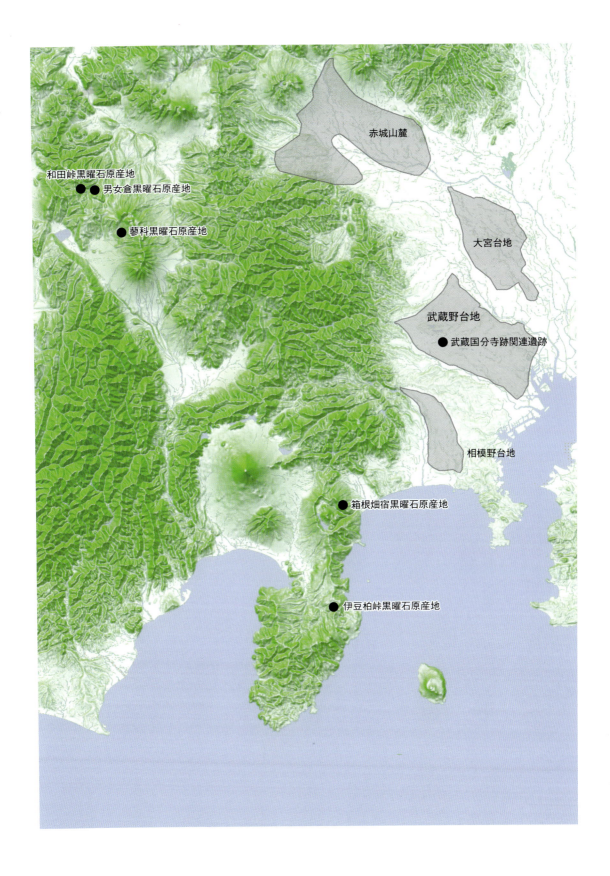

巻頭1　関東・中部地方の地形

(国土地理院地図Vectorより作成)

巻頭2　武蔵国分寺跡関連遺跡多総医地点A地区の遺物出土状況

巻頭3　武蔵国分寺跡関連遺跡多総医地点A地区の出土石器

（巻頭2・3　府中市郷土の森博物館所蔵）

後期旧石器時代の新たな遺跡構造論
── 東京の遺跡を中心に

はじめに

　日本列島の後期旧石器時代研究は群馬県岩宿遺跡の発掘調査を嚆矢としてすでに七十余年を経過し，1970・80年代を中心に形成された諸属性に基づく編年研究は超克されつつあり，高精度年代測定法による年代値を利用する編年に置きかわりつつある。

　その間に形成された後期旧石器時代研究のパラダイムは，分析考古学，遺跡形成過程論しかり単線的な編年ではすますことができないさまざまな視点を炙り出してきた。これは遺跡調査のあり方・方法にもかかわるもので，実際IT・AIほか技術革新によって遺構・遺物の調査方法を変えつつある。遺跡報告書のあり方，記載方法を含め，今後さらなる変化を余儀なくされよう。

　一方でこの間，日本においては，世界中でも稀な多さで遺跡が発掘され，遺跡調査報告書が刊行されつづけている。しかしながら，研究方向の変化の中でそれらは今後も活用されつづけることができるのだろうか。一例をあげれば，後期旧石器時代の代表的な石器である「ナイフ形石器」という用語は研究上使用されなくなりつつある。「背部加工尖頭形石器」などの名称がそれに相当しようが，「ナイフ形石器」＝「背部加工尖頭形石器」ではないのであるから，今までに刊行された遺跡報告書の記述は読み替えすればすむものではなく，利用できなくなってしまう。

　本書の対象となる武蔵野台地（東京都と埼玉県の一部）では今までに数千冊の報告書が刊行されており，本書で取り扱う報告書だけでも約260冊にも及ぶ。そこには「砂川遺跡」や「鈴木遺跡」のように研究に供される著名な遺跡ばかりではなく，限られた予算と時間の中で担当者が寝食を忘れて作成したものの，研究論文で対象にされることもなく日の目を見ないままの数々の報告書がある。

　研究の転換を迎えつつある今，今までに刊行された資料を有効に活用し，あえて趨勢に逆らいつつ「新たな」研究の方向を示すことこそ本書執筆の最大の目的である。

凡　例

(1)　第2章以降で用いる群別（時期）は，つぎの段階（時期）をさす。

第1群	IX層段階以前をさす。
第2群	おおむねVII層段階をさす。
第2'群	第2群の分析によって，異段階と考えられる石器群を除いたもの。
第3群	おおむねVI層段階をさす。
第4群	おおむねV層・IV層下部段階をさす。
第4a群	第4群のうち，下層に属すると考えられるもの。
第4b群	第4群のうち，上層に属すると考えられるもの。
第4b_m1群	第4b群のうち，面取尖頭器石器群1類に属するもの。
第4b_k群	第4b群のうち，第4b_m1群ではないもの。
第4c群	第4群のうち，第4a群，第4b群のいずれに属するか決められないもの。
第5群	砂川期以降をさす。

(2)　エリアは，武蔵野台地の4つの地域をさす。

エリア1	北部：荒川・新河岸川の上流に注ぐ川（富士見江川，黒目川など）の流域
エリア2	北東部：荒川・新河岸川の下流，隅田川に注ぐ川（白子川，石神井川など）の流域
エリア3	南東部：東京湾に注ぐ川（神田川，目黒川など）の流域
エリア4	南西部：多摩川に注ぐ川（野川，仙川など）の流域および立川面

(3)　資料操作にあたって，石器集中部を石器出土点数によってクラス分けする。点数の少ないほうからクラスA，クラスB，クラスCに分類するが，群別によって異なる。

第3群	クラスA：40点以下　クラスB：41点以上
第4群	クラスA：40点以下　クラスB：41〜200点　クラスC：201点以上

(4)　本文中および別表に示される武蔵野台地と相模野台地の遺跡の調査報告書については巻末報告書文献一覧に示す。

(5)　氏名に対する敬称は省略する。

後期旧石器時代の新たな遺跡構造論
── 東京の遺跡を中心に

目　次

はじめに　3

凡例　4

序　章　　主題と構成 13

1　本書の主題　14
2　本書の構成　15

第1章　　総　説 19

第1節　**武蔵野編年の枠組み**　20

1　日本列島における旧石器編年研究の開始　20
2　野川編年と武蔵野編年　21
3　相模野編年と神奈川考古シンポジューム　23
4　石器文化研究会編年　26
5　V層・IV層下部段階の細分編年　27
6　高精度年代測定法による編年　28
7　編年の有効性とその展開　29

第2節　**編年の基礎としての立川ローム層**　31

1　高精度年代測定法編年の限界性　31
2　考古学的層序と地学層序　32
3　武蔵野台地における立川ローム層序　33
4　立川ローム層序の具体的特徴　35
5　立川ローム層分析の事例　39
6　出土深度の算出方法　42
7　出土深度算出の結果　43

第3節　**文化層と石器集中部を取り巻く諸問題**　46

1　遺跡形成過程論と文化層－石器集中部　46
2　文化層－石器集中部の認定　47
3　発掘調査方法の取り組みと資料集成に向けて　49

第4節　**集団構成と領域・人口**　51

1　集団構成の概念　51
2　人口をめぐる諸問題　52

3　石器集中部件数からの人口推計　53

　4　武蔵野台地の人口　57

　5　武蔵野台地をめぐる石材利用　58

　6　遠隔地石材の入手と領域について　60

　7　環境変動と生態学による環境利用　61

第5節　分析の手順　63

　1　時期区分の設定　63

　2　地域の区分　65

　3　石器集中部情報の集成　66

　4　黒曜石原産地組成の集成　67

第2章　第2群・第3群 …………………………………………71

第1節　茂呂遺跡をめぐって　72

　1　茂呂遺跡論争　72

　2　関東ローム層の研究史　73

　3　茂呂遺跡と関東ローム層研究　74

第2節　第2群・第3群の分析　77

　1　ナイフ形石器の形態　77

　2　遺跡分布・遺跡件数　81

　3　石器組成　83

　4　石器集中部の件数・石器出土点数　89

　5　石器集中部の階層　90

　6　第一石材の岩種　92

　7　ナイフ形石器・石核の比率　97

第3節　第2群・第3群の様相　100

　1　第2群環状ブロック群の特徴　100

　2　第2'群の様相　101

　3　第3群の様相　103

　4　第3群における黒曜石の入手　104

　5　既往研究とのすり合わせ　107

　6　ナイフ形石器の変化　108

第3章　第4群 111

第1節　面取尖頭器石器群の分析　112

1　樋状剝離を有する尖頭器から面取尖頭器へ　112
2　面取尖頭器石器群の類型　114
3　面取尖頭器の編年研究史　119
4　面取尖頭器石器群のナイフ形石器・角錐状石器　121
5　面取尖頭器石器群の出土深度　123
6　面取尖頭器石器群の編年的位置づけ　124
7　1類石器群の特徴　127
8　信州黒曜石−削片系両面調整石器製作技術システム　131
9　1類石器群と信州集団との関係性　134
10　2類石器群の性格　135
11　面取尖頭器の形態　136

第2節　第4群の分析　138

1　遺跡分布・遺跡件数　138
2　石器組成　141
3　黒曜石原産地組成　143
4　石器集中部の出土点数　147
5　第一石材の岩種　148
6　ナイフ形石器・角錐状石器・石核の比率　151

第3節　第4群の様相　155

1　第4群における領域性の確立　155
2　黒曜石の増加と一括搬入・消費　156
3　石器集中部クラスA・Bの役割　159
4　武蔵野台地内の地域性　160
5　ナイフ形石器の過剰生産　161

第4節　第4群の細分　163

1　「V層・IV層下部段階」の細分　163
2　段階内細分への疑義とその後の展開　164
3　V層・IV層下部段階を細分することについて　166

第5節　第4a群および第4b群の分析と様相　170

1　遺跡件数　170

2　石器組成　172

3　石器集中部の出土点数と第一石材　173

4　第4a群から第4b_k群への変化の様相　175

5　柏峠原産地と柏峠黒曜石の利用　175

6　角錐状石器の変遷　177

7　ナイフ形石器の変遷　180

8　二つの荷担者集団　191

第4章　新たな遺跡構造論 195

第1節　周辺地域の様相　196

1　大宮台地・赤城山麓　196

2　相模野台地との層序対比　197

3　相模野台地の時期区分の設定　200

4　B3群　204

5　L3群　205

6　B2群の遺跡件数・石器集中部件数・石器出土点数　207

7　B2群の石器組成　208

8　相模野台地B2群との共通点・相違点　211

9　相模野台地の面取尖頭器石器群　212

第2節　武蔵野台地の行動様態　216

1　後期旧石器時代前半期の終焉－第2'群－　216

2　特異な行動戦略－第3群－　218

3　地域性の確立と信州集団の移入－第4群－　219

別　表　224

参考文献　339

報告書文献一覧　352

　武蔵野台地　352

　相模野台地　362

あとがき　365

図表一覧

〈巻頭〉

巻頭 1　関東・中部地方の地形

巻頭 2　武蔵国分寺跡関連遺跡多総医地点 A 地区の遺物出土状況

巻頭 3　武蔵国分寺跡関連遺跡多総医地点 A 地区の出土石器

〈図〉

図 1 − 1　野川遺跡の層序・文化層 22

図 1 − 2　武蔵野編年の石器（1） 24

図 1 − 3　武蔵野編年の石器（2） 25

図 1 − 4　立川ローム層厚の「等高線」（第Ⅲ〜Ⅴ層） 35

図 1 − 5　立川ロームの横断層序 36

図 1 − 6　各遺跡の立川ローム層序 38

図 1 − 7　出土深度の算出結果 44

図 1 − 8　武蔵台遺跡他の石器集中部分布 55

図 1 − 9　武蔵野台地の地形と河川 56

図 2 − 1　茂呂遺跡報告の層序図 73

図 2 − 2　茂呂遺跡の層序図原図 73

図 2 − 3　旧岩﨑別邸北側露頭のローム層 75

図 2 − 4　第 2 群の代表的なナイフ形石器 78

図 2 − 5　第 3 群の代表的なナイフ形石器 79

図 2 − 6　第 2 群・第 3 群のナイフ形石器 80

図 2 − 7　第 2 群の遺跡分布 83

図 2 − 8　第 3 群の遺跡分布 84

図 3 − 1　面取尖頭器石器群 1 類の石器分布状況 113

図 3 − 2　面取尖頭器（1 類） 115

図 3 − 3　面取尖頭器（2 類） 116

図 3 − 4　信州と南関東地方のナイフ形石器・角錐状石器 120

図 3 − 5　面取尖頭器石器群に伴うナイフ形石器・角錐状石器 122

図 3 − 6　面取尖頭器石器群に伴うスクレイパー・彫器 129

図 3 − 7　面取尖頭器石器群出土の遺跡分布 130

図 3 − 8　信州における黒曜石原産地と遺跡 132

図 3 − 9　男女倉遺跡の削片系両面調整石器 133

図 3 − 10　第 4 群の遺跡分布 139

図 3 − 11　Ⅴ層・Ⅳ層下部段階（第 4 群）のナイフ形石器の変遷 164

図 3 − 12　第 4 群のナイフ形石器・角錐状石器（旧来観） 168

図 3 − 13　第 5 群のナイフ形石器（旧来観） 169

図3－14	第4a群の遺跡分布	170
図3－15	第4b群の遺跡分布	171
図3－16	下戸塚遺跡の角錐状石器	178
図3－17	武蔵台東遺跡第Ⅴ中文化層のナイフ形石器	181
図3－18	武蔵台遺跡多総医地区Ｊ地区第4文化層のナイフ形石器・	
	角錐状石器	182
図3－19	堂ヶ谷戸遺跡第33次調査区のナイフ形石器	183
図3－20	武蔵国分寺跡多総医地点Ａ地区4文のナイフ形石器（1）	184
図3－21	武蔵国分寺跡多総医地点Ａ地区4文のナイフ形石器（2）	185
図3－22	武蔵国分寺跡多総医地点Ａ地区5文のナイフ形石器（1）	186
図3－23	武蔵国分寺跡多総医地点Ａ地区5文のナイフ形石器（2）	187
図3－24	武蔵国分寺跡多総医地点Ａ地区5文のナイフ形石器（3）	188
図3－25	武蔵国分寺跡多総医地点Ａ地区5文のナイフ形石器（4）	189
図4－1	立川ローム層の対比	199
図4－2	相模野台地の遺跡分布	201
図4－3	第2'群の行動様態	217
図4－4	武蔵野台地とその周辺の第2'群から第4群への変遷モデル	218
図4－5	第3群の行動様態	220
図4－6	第4群の行動様態	222

〈表〉

表1－1	武蔵野台地遺跡のY－No.対比一覧	41
表2－1	遺跡件数・石器集中部件数・石器出土点数	82
表2－2	器種組成	85
表2－3	石材組成	86
表2－4	第2群の黒曜石原産地組成	87
表2－5	第3群の黒曜石原産地組成	88
表2－6	石器集中部出土点数の階層	90
表2－7	第一石材の岩種	93
表2－8	第一石材占有率の階層	95
表2－9	石器集中部を構成する岩種数	96
表2－10	第2群・第3群のナイフ形石器・石核石材組成集計	98
表3－1	武蔵野台地の面取尖頭器石材組成	118
表3－2	面取尖頭器（1群・2群）石器組成	128
表3－3	第4群の黒曜石原産地組成	144
表3－4	石器集中部におけるナイフ形石器出土点数の階層	152
表3－5	第4群のナイフ形石器・角錐状石器・石核石材組成集計	153
表4－1	相模野台地の遺跡件数・石器集中部件数・石器出土点数	202

表4－2	相模野台地の器種組成	……………203
表4－3	相模野台地の石材組成	……………203
表4－4	相模野台地の石器集中部出土点数の階層	……………203
表4－5	相模野台地の第一石材の岩種	……………204
表4－6	相模野台地の第一石材占有率の階層	……………204
表4－7	相模野台地の石器集中部を構成する岩種数	……………204
表4－8	相模野台地L3群の黒曜石原産地組成	……………207
表4－9	相模野台地B2群の黒曜石原産地組成	……………210
表4－10	相模野台地の面取尖頭器石材組成	……………213

〈チャート〉

チャート1－1	報告書刊行年次別にみる石器集中部件数	……………54
チャート2－1	第2群・第3群の石材組成	……………86
チャート2－2	第2群・第3群の黒曜石原産地組成	……………87
チャート2－3	第2群・第3群の石器集中部出土点数の階層	……………91
チャート2－4	第2群・第3群の第一石材の岩種	……………94
チャート2－5	第2群・第3群の第一石材占有率の階層	……………95
チャート2－6	第2群・第3群の石器集中部を構成する岩種数	……………96
チャート3－1	第4群の石材組成	……………142
チャート3－2	第4群の黒曜石原産地組成	……………146
チャート3－3	第4群の石器集中部出土点数の階層	……………147
チャート3－4	第4群の第一石材の岩種	……………148
チャート3－5	第4群の第一石材占有率の階層	……………149
チャート3－6	第4群の石器集中部を構成する岩種類数	……………174
チャート3－7	角錐状石器の長さ	……………179
チャート3－8	角錐状石器の長幅比率	……………179
チャート3－9	第4群のナイフ形石器の長さ	……………190
チャート3－10	第4群のナイフ形石器の長幅比率	……………190

〈別表〉

別表1	2013年以降の放射性炭素年代測定値一覧	……………224
別表2	第2群の石器集中部石器組成	……………234
別表3	第2群のナイフ形石器・石核石材組成	……………244
別表4	第3群の石器集中部石器組成	……………248
別表5	第3群のナイフ形石器・石核石材組成	……………254
別表6	第4群の石器集中部石器組成	……………258
別表7	第4群のナイフ形石器・角錐状石器・石核石材組成	……………300
別表8	相模野台地の石器集中部石器組成	……………324

序章　主題と構成

1　本書の主題

　本書は後期旧石器時代中盤の，武蔵野台地および狭山丘陵，入間台地の一部[1]を対象として，その地域相，特に集団の石器をめぐる行動とその荷担者集団の領域を明らかにするものである。

　後期旧石器時代中盤とは，本書では旧来の編年における「Ⅶ層段階」，「Ⅵ層段階」，「Ⅴ層・Ⅳ層下部段階」をさす[2]。おおむね32,500～24,000年前（中村 2013）に相当する。近年研究が盛んである後期旧石器時代初頭期（IUP）や後期旧石器－縄文時代移行期のようなユーラシア大陸を視野に入れたダイナミックな変動が期待されることのない，比較的に静的で地域性の醸成が期待される時期であるからこそ，石器群荷担者集団の行動様態が見えてくる。

　武蔵野台地は関東平野の南西部に位置し，古多摩川が形成した扇状地形が起源で面積は約846k㎡である（角田 2015）。東京都の中央部と埼玉県の南西部に相当する。首都圏に相当することから土地開発が盛んで遺跡調査件数はとみに多く，それによって蓄積された考古資料は世界随一クラスである。後期旧石器時代においては，中緯度地帯であるならば人口密度，社会組織などの点で世界各地それほど差異があるとは考えられない。首都圏の豊富な資料を背景におおむね数十km圏の地域相を微細に分析することは，後期旧石器時代の人類社会を論じる上で重要なケーススタディーになる。

　解明する対象は「石器をめぐる行動」である。人類は世帯，集団を形成し，経済活動を含むあらゆる社会的行動を行う。その解明にあたって，日本列島の後期旧石器時代研究にあってはおおむね石器をめぐることでしかありえない。遺跡から出土するのが，石器と礫だけだからである。石器をめぐる行動，すなわち人類がどのように石器石材を調達し，製作し…遺していったか，そしてそれをめぐる行動，すなわち領域の形成，人口動態などについて後期旧石器時代中盤の武蔵野台地における地域様相の変化・変動について論じる。したがってそれは，1990年代から2000年代にかけて田村隆，角張淳一，島田和高，野口淳，国武貞克らが推し進めた関東地方を対象とした遺跡構造論，行動論，石材受給論の系譜に相当しよう（田村 1989・1992，角張 1991a・b，島田 1996・1998，野口 1995，国武 2003・2008他）。最終的には，行動のあり方全般，行動様態を明らかにすることをめざす。どう生きていたかを叙述することが最終目標である。

　そしてその分析方法として，遺跡調査報告書を分析の「テキスト」と見たてて，それらの報告書から集成できるすべての遺跡の石器集中部（ブロック，ユニット）の出土石器情報の集成・集計から「石器をめぐる行動」の様相を導きだす。出土点数，器種組成，石材組成，黒曜石原産地組成などからその実像が見えてくる。器種組成，石材組成などから分析する方法は従来さまざまに行われてきたが，①対象となるすべての遺跡に対し悉皆的に分析，②遺

跡レベルではなく石器集中部レベルで分析，③悉皆的情報に対し統計処理，補正処理を行わずローデータのままで集計することで分析する点が本書の特徴である。この方法は，武蔵野台地Ⅵ層段階の分析（伊藤 1998），同じくⅦ層段階とⅥ層段階との比較分析（伊藤 1999），そして石器文化研究会のシンポジウム「砂川」における南関東地方の石器集中部レベルでの集成（石器文化研究会 2000）を基にした砂川期の分析（伊藤・三瓶 2000）で実施しているので，それを踏襲するものである。

　石器情報の集成・集計が分析の縦糸とすれば，横糸は「ナイフ形石器の形態」である。ナイフ形石器を基準とする編年が示されからすでに長く経過し，森先一貴，須藤隆司，田村が論じたように，ナイフ形石器は技術形態学的，機能形態学的，型式学的な用語に分け放たれその関係性のなかに再付置されつつある（森先 2004，須藤 2005，田村 2006）。しかしながら現在の研究においても，ナイフ形石器の形態変化，形態組成の変化が編年上重要な位置にあることもまた厳然たる事実である。似たような石器である樋状剥離を有する尖頭器，角錐状石器とともに，それが編年研究上どれほど有効であるかどうかを見きわめることも，大切な主題の一つである。

　ひるがえってみれば，武蔵野台地は神奈川県の相模野台地とともに日本列島各地の編年研究の「中心」であった。首都圏であるため遺跡調査件数，資料数が多く，西側に位置する富士山起源の火山堆積物が堆積するため層序は厚く編年の解像度が高いため，日本列島の編年をリードすることができた。しかし，高精度年代測定編年によって編年が捕捉できるようになった今，考えるまでもなく当然のことながら武蔵野台地・相模野台地がもとになって各地の地域性が確立されていったはずはなく，そこは日本列島の一地域に過ぎない。そして，武蔵野台地は日本列島にあってユーラシア大陸から朝鮮海峡側，宗谷海峡側の双方から最も遠い。「裏ユーラシア」としての特性，大陸の影響を受けにくい地域性であることも想起できよう。

　編年の中心という過去の栄光と首都東京のブランドから解き放ち，西を関東山地に張り付き，残る三方を河川に囲まれた狭い辺境の地の特徴をこそ明らかにしたい。

2　本書の構成

　本書は四章から構成される。

　第1章は，本書の分析の素地となる概念を示す導入部である。その第1節では，分析の枠組みとなる，武蔵野台地の後期旧石器時代編年に関する研究史を概観する。それを受けて第2節は，編年の土台となる層序の諸問題の抽出と解決法を示す。武蔵野台地立川ロームは層厚こそ厚いものの，鍵となるテフラが少ない。それをもとにする層序編年に対しどのように取り組まれてきたか，取り組むべきかを検討する。第3節は，文化層，石器集中部の

諸問題を示す。それらはそれぞれ編年の単位として機能するものの本来は別の概念で根深い問題を内蔵している。第4節は，本書が求める集団と領域の概念を示す。石器石材の調達と行動の領域についての議論は盛んである。武蔵野台地の状況を鑑みて，旧来の学説に対してどのように考えているかを提示するつもりである。第5節は，第2章以降の分析に先んじて，その方法と手順を示すものである。

第2章では，Ⅶ層段階を「第2群」，Ⅵ層段階を「第3群」と称して具体的に分析，解釈する。第1節は，分析に先立つ序説の役割を果たす。武蔵野台地で最初に発掘された遺跡である茂呂遺跡について，当時の地質学の研究状況を紐解きながら編年的に位置づけるものである。第2節は，第2群と第3群を比較しつつ石器集中部情報を分析する。そこから導き出される石器をめぐる行動，荷担者集団の行動の領域，地域相，変化の様相について，第3節で明らかにする。

第3章では，Ⅴ層・Ⅳ層下部段階を「第4群」と称して具体的に分析，解釈する。Ⅴ層・Ⅳ層下部段階に関しては，該当する層厚が厚く堆積し存続期間が長いとされることもあって，その性格付けが学史的誤解を伴って包摂されている。第1節では関東・中部地方に特徴的な石器，面取尖頭器（樋状剥離を有する尖頭器）石器群を編年的に位置づけ，その性格を明らかにする。第4群の中で特異な存在であると位置づけられることになろう。第2節では，第4群の石器集中部情報を分析する。そこから導き出される石器をめぐる行動，荷担者集団の行動の領域，地域相，変化の様相について，第3節で明らかにする。第4群，すなわちⅤ層・Ⅳ層下部段階は従来から前後2つに区分されてきた。第4節では，Ⅴ層・Ⅳ層下部段階の細分の研究史を整理する。それを受け第5節では，その前後二群「第4a群」と「第4b群」の比較検討から第4群における変化の動態を明らかにする。

第4章は本書の結論に相当する。荷担者集団の遊動領域を武蔵野台地内に限って設定するにせよ，周辺地域と没交渉であるとは考えられない。第1節では，大宮台地・赤城山麓と相模野台地の石器群との比較を行い，その相違点から行動，領域の特性を示す。第2節では，Ⅶ層段階からⅤ層・Ⅳ層下部段階へ，第2群から第4群へどのように変化していったかを行動論，遺跡構造論として捉えなおし，まとめとなる私見を披露する。

このうち第1章，総説は研究史を中心にして構成されているので，御存知の研究者の方には後で読んでいただいて構わないと思う。ただし，第2節1・6・7，第4節，第5節は第2章以降の分析にかかわる概念にふれているのでぜひ事前に読んでほしい。

なお本書は，筆者が過去に執筆した論文をそのまままとめて構成したものではない。2005年度に國學院大學に提出した博士学位論文「後期旧石器時代における石器経済活動の空間配置」の分析方法を踏襲し，総説において過去に執筆した論文，各論においても一部で近年の執筆論文を利用しているものがあるものの，ほとんどは過去の論文を換骨奪胎するか新たに書き下ろすなどして現在の研究状況に対応させ，結論は博士論文をはじめ各論文とは

大きく異なっている。筆者を伝統的な編年論者と思ってらっしゃる方には，いささか期待に沿わないかもしれない。

　利用した論文は以下のとおりである。

博士学位論文「後期旧石器時代における石器経済活動の空間配置」（國學院大學：2006年）

「ナイフ形石器の変異と変遷」『研究論集』Ⅹ（東京都埋蔵文化財センター：1991年）

「先土器時代社会の人口と領域」『古代文化』47－2（古代學協會：1995年）

「後期旧石器時代遺跡研究のための低位モデル」『東京考古』17（東京考古談話会：1999年）

「ナイフ形石器文化編年の形成過程－Ⅴ層・Ⅳ層下部段階の解体に向けて－」『旧石器研究』
　　3　111－126頁（日本旧石器学会：2007年）

「石器文化編年と遺跡形成過程論－Ⅴ層・Ⅳ層下部段階の解体に向けてⅡ－」『石器に学ぶ』
　　10（石器に学ぶ会：2008年）

「後期旧石器時代における黒曜石原産地組成－「Ⅳ中2亜段階」と伊豆柏峠黒曜石－」『研
　　究論集』ⅩⅩⅩ（東京都埋蔵文化財センター：2016年）

「後期旧石器時代「武蔵野編年」の新地平－樋状剝離を有する尖頭器石器群をめぐって－」
　　『研究論集』ⅩⅩⅩⅡ（東京都埋蔵文化財センター：2018年）

「樋状剝離を有する尖頭器の編年と変遷（2）」『旧石器時代文化から縄文時代文化の潮流－
　　研究の視点－』（六一書房：2019年）

「東京都茂呂遺跡の編年的位置づけ」『日本旧石器学会第20回研究発表シンポジウム予稿集』
　　（日本旧石器学会：2022年）

「信州/南関東間を展開する面取尖頭器石器群について」『日本旧石器学会第22回研究発表シ
　　ンポジウム予稿集』（日本旧石器学会：2024年）

註

1）武蔵野台地に包み込まれるように位置する狭山丘陵と武蔵野台地の北西側対岸に位置する入
　間台地の入間川沿いを武蔵野台地とともに対象とするが，本書ではあわせて「武蔵野台地」と
　称することにする。ただし，狭山丘陵には対象となる遺跡はない。

2）南関東地方編年に関する段階・時期区分についてはいくつかの編年案がある一方で，包括的
　に周知，公認されたものは存在していない。石器文化研究会は武蔵野台地立川ロームの層序名
　にもとづき，Ⅹ層段階，Ⅸ層段階，Ⅶ層段階，Ⅵ層段階，Ⅴ－Ⅳ下層段階と名づけた（石器文
　化研究会編 1991・1996）。ただし，それ以降の段階は命名しておらず，「砂川期」（田中 1979），
　「月見野期」（白石 1995）が代表的である。本書では，当面それら〇層段階，および砂川期，月
　見野期を用いることとする。ただし石器文化研究会が使用した「Ⅴ－Ⅳ下層段階」には「Ⅳ

下・V層…」など異なった表現が多い。ここでは研究史上の用語としてたとえば「V‐Ⅳ下層段階」と述べる場合などを除いて，筆者が最も多く用いてきた「V層・Ⅳ層下部段階」を用いることとする。

第1章 総　説

第1節	武蔵野編年の枠組み
第2節	編年の基礎としての立川ローム層
第3節	文化層と石器集中部を取り巻く諸問題
第4節	集団構成と領域・人口
第5節	分析の手順

| 第1節 | |

武蔵野編年の枠組み

1 日本列島における旧石器編年研究の開始

　変化の様相を明らかにするには，何らかの時間の枠を設けて比較する必要がある。である
からこそ編年が示されるわけである。

　1949年に発掘された群馬県岩宿遺跡を端緒として1951年発掘の東京都茂呂遺跡などつぎ
つぎと後期旧石器時代の遺跡が調査されると，はや数年のうちに編年の構築がなされるとこ
ろとなった。1930年代を中心に示された土器編年にならった展開と言えるであろう。一例
をあげると，芹沢長介が1954年に示した編年は，関東・中部地方の無土器文化の編年を代
表的な石器の交代をもって「Hand axe を伴うもの」→「大形 Blade または縦長 Flake を伴う
もの」→「Knife blade を伴うもの」→「切出形石器を伴うもの」→「Point を伴うもの」と
した（芹沢 1954）。この編年はヨーロッパ大陸における旧石器編年にならったものと考えら
れ，特に代表的な石器によって序列づけられた石器の型式によるものとすることができる。

　この大別編年のかたわらで，ナイフ形石器の形態細別が並行してなされていた。芹沢らは
1953年の長野県杉久保遺跡の報告において，knife blade ＝ナイフ形石器を A 形，B 形（茂
呂形），C 形（杉久保形）の三つの形態に細分した（芹沢・麻生 1953）。その後，大阪府国府
遺跡の調査を通じて鎌木義昌によって国府形が提唱されることになると（鎌木 1965，鎌木・
高橋 1965），ナイフ形石器が空間的に分布しその分布によって差異が認められることに気づ
いた。すなわちナイフ形石器の形態は空間的な異質性を意味する型式として把握されること
に考えいたった（芹沢 1956・1959）。これによって石器群がナイフ形石器の形態の違い，組
成として理解され，型式として地域差，時間のものさしとなり得，より細かい編年体系の構
築に導かれるところとなったのである。

　この系譜に連なる編年研究には，たとえば滝沢浩，佐藤達夫，白石浩之のそれがある。滝
沢は，埼玉県市場坂遺跡の石器資料において，ナイフ形石器と切出形石器が共伴すること，
したがって従来のナイフ形石器から切出形石器への変遷観は成り立たず，七つの形態に細分
し，その組成によって関東・中部地方の編年を展開した（滝沢 1963・1964・1965）。

　佐藤達夫は，ナイフ形石器の形態の置換によってではなく，ナイフ形石器の変化の方向性，
系統性によって編年を組み立てた（佐藤 1970）。空間的変異とその波及関係を視野に入れて，
鎌木義昌による瀬戸内地方の編年（国府型→宮田山型→井島 I 型）（鎌木 1965，鎌木・高橋
1965）を基準に，山形県越中山遺跡 K 地点における国府型ナイフ形石器の出土事例から考え

て，近畿・瀬戸内地方から東日本，関東地方への国府系石器群の波及によってその石器群が成立したとした。それによって，関東地方の編年（茂呂以前の時期→茂呂・砂川・市場坂の時期→月見野の時期）を示した。

　白石は，ナイフ形石器の形態の型式的検討によって編年を示した（白石 1973）。佐藤達夫の論説を援用し，野川遺跡IV 4 文化層の断面三角形の一側縁加工ナイフ形石器を国府型の類品として捉えて国府型を最初期に置き，「国府型→武井I型→市場坂型→茂呂型」とする編年を示した。

　これらの説はナイフ形石器の形態組成の把握，型式の地域差を通じて地域の変遷，列島内の地域差，時間差を表わすことに関しておのおの異なってはいるが，いずれも出土層位の観点からの検討がみられないことが共通する。ナイフ形石器の形態的，型式的異同による編年体系はその後もくり返され，編年研究，特に地域間の比較による全国編年の構築の基本となっている。

2　野川編年と武蔵野編年

　地域編年研究，特に武蔵野台地の研究にとって画期となったのは，野川遺跡の発掘調査である（小林・小田・羽鳥・鈴木 1971）。野川遺跡は調布市に所在し，野川の河川改修工事に先立って1970年に東京都野川遺跡調査会によって発掘調査が行われた。かなり深くの土層まで発掘を敢行し多数の旧石器が重層的に出土した。重層的出土を捉えるため土層は第I層から第XIII層までの13枚に区分され，表土の第I層，黒褐色土層の第II層，青灰色砂層の第XII層，礫層の第XIII層を除く第III層から第XI層までが立川ローム層に充てられた。

　小林達雄・小田静夫は，出土石器の出土層位をもとに層序名を冠した第III文化層，第IV 1 文化層，第IV 2 文化層，第IV 3 a文化層，第IV 3 b文化層，第IV 4 文化層，第V文化層，第VI文化層，第VII文化層，そして第VIII文化層の10枚の文化層に区分した（図1 - 1）。その上でナイフ形石器の消長，その出現以前・出現・消滅以後によって，第VIII文化層から第V文化層までを野川I期，第IV 4 文化層から第IV 1 文化層を野川II期，第III文化層を野川III期とした。すなわち，自然土層である層序に裏打ちされた石器の型式的変遷によって「野川編年」と言われる編年を提唱したのである。ここにそれまでの型式編年から「層序と型式」のハイブリッドによる編年の転換がなされたものである。

　「層序と型式」と一言で片づけられることが多いが，その間の分析作業は簡単ではない。石器群は上下層に拡散していると考えられ，自然層位そのままで石器群を分けたのでは時期差を示すことなく，一個一個の石器の性質をみきわめて元のあるべき層序に時期差を意識してまとめなおす作業が必要である。現在われわれが行っている個体別資料分類，石器集中部の認定，文化層の認定などを総合的に実施する分析手法が確立していない段階でやりとげた

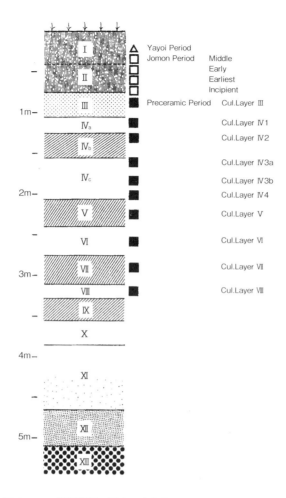

図1-1　野川遺跡の層序・文化層（小林・小田・羽鳥・鈴木 1971）

わけで，その先取性に感服する。文責は小林，小田の連名になっているが，その後の研究に照らし合わすと小田であると考えられる。

　この野川編年は，その後の野川上流域を中心とする武蔵野台地における発掘調査件数の増加によって「武蔵野編年」へと進化される。ナイフ形石器の形態変化を基軸として，武蔵野公園遺跡の報告においてさらに細分され，PhaseⅠ～Ⅳの大別，Ⅳ下層文化をPhaseⅡaに，Ⅳ上層文化をPhaseⅡbとするPhaseⅡの細別編年が示された（小田・キーリー 1973）。なお，野川編年では第Ⅴ層は野川Ⅰ期に属したが，武蔵野公園遺跡報告書では「Ⅴ層文化はPhaseⅠに入るが，野川Ⅳ4層文化に近い層準を示し，野川Ⅴよりは少し新しくなりそうである」（小田・キーリー 1973：p.33）とし，第Ⅴ層がPhaseⅡaに属する可能性の含みをもたせるものとなった。

　小田は，1979年に開催された神奈川考古同人会のシンポジューム「ナイフ形石器文化終

末期の問題」で，武蔵野台地の編年として第Ⅰ文化期（第Ⅰa・Ⅰb・Ⅰc亜文化期），第Ⅱ文化期（第Ⅱa・Ⅱb亜文化期），第Ⅲ文化期，第Ⅳ文化期に区分した（小田 1980）。層序対比については第Ⅰc亜文化期が第Ⅶ層上部から第Ⅴ層下部，第Ⅱa亜文化期が第Ⅴ層上部から第Ⅳ層中部にかけて，第Ⅱb亜文化期が第Ⅳ層上部から第Ⅲ層最下部とされ，第Ⅴ層の一部が第Ⅱa期に組み込まれることとなったのである。これをもって武蔵野編年は一応の確立を見た（図1-2・3）。ただ現在では，第Ⅰa・Ⅰb・Ⅰc亜文化期，第Ⅱa・Ⅱb亜文化期，第Ⅲ文化期，第Ⅳ文化期はそれぞれ第Ⅰa期，第Ⅰb期，第Ⅰc期，第Ⅱa期，第Ⅱb期，第Ⅲ期，第Ⅳ期と呼ばれている。

　1975年，小田とキーリー，C.Tは，それまでの編年研究成果を参考に放射性炭素年代測定の結果を加味しつつ，武蔵野編年をもとに北海道も含めた日本列島の編年を示した（Oda・KeaLy 1975a・b）。そこにはPhaseⅠ，PhaseⅡaといった区分に各地遺跡・石器群を当てはめることで，山内清男による縄紋土器の大別と細別と同様に（山内 1939他）区切られた時間と空間の枠組みを作り上げた。当時の旧石器研究にあって全国編年の構築は完成形への到達を示すもので，それが武蔵野編年によって成し遂げられた点は武蔵野台地の研究において大きな意味があった。

3　相模野編年と神奈川考古シンポジューム

　相模野台地は神奈川県東部に位置し，南北約30km，東西最長約10kmの細長い台地である。武蔵野台地と同様に首都圏に位置するため，発掘調査件数が多く後期旧石器時代遺跡も数多く発掘されている。その相模野台地の石器群を題材に，鈴木次郎，矢島國雄は相模野編年を構築していった（矢島・鈴木 1976，鈴木・矢島 1978・1979他）。

　相模野台地のローム層の層序に関しては，月見野遺跡群での発掘調査を通じて区分が進んだ。黄褐色ロームと暗色帯の互層を第1ローム（L1），第1暗色帯（BB1），第2ローム（L2），第2暗色帯（BB2），第3ローム（L3）……と名付けられ区分された（明治大学考古学研究室月見野遺跡調査団 1969）。そうした層序に裏づけられ，まず小園前畑遺跡報告書において出土した石器群は第Ⅰ期から第Ⅴ期までの5期に分けられ（小野・鈴木・高橋他 1972），続いて相模野台地全体に敷衍した編年として示された（矢島・鈴木 1976）。それは層序による序列と，石器組成，ナイフ形石器の形態組成，石器製作技術，遺跡分布のあり方といった諸属性を明示し，属性のカタログ化によって示されたものであり，ナイフ形石器の消長とその形態の変化による石器型式学である武蔵野編年とは異なったものであった。また，武蔵野編年が列島編年としてグレードアップしたように，相模野編年も列島全体をにらみつつ関東地方の編年案として提示されたこともある（鈴木・矢島 1978）。

　そこから十余年を経て，諏訪間順は，相模野台地の石器群について層位的前後関係および

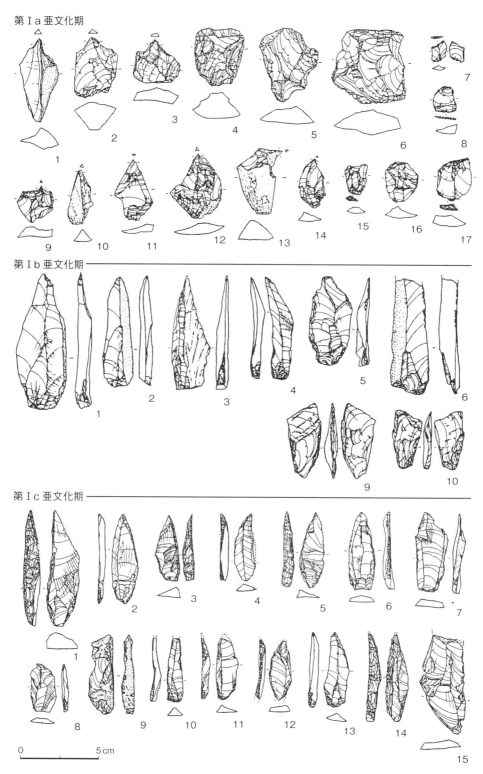

図1-2　武蔵野編年の石器（1）（小田 1980より）

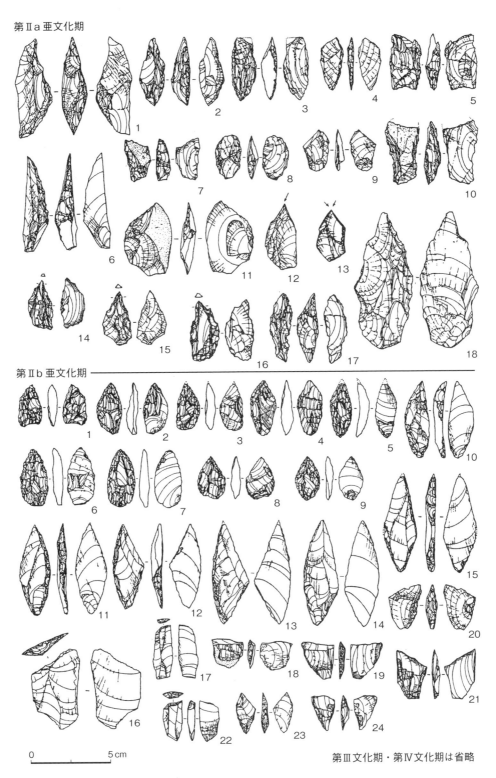

図1-3 武蔵野編年の石器（2）（小田 1980より）

石器組成等の諸属性の比較から，段階Ⅰ～XIの11段階に区分した（諏訪間 1988）。相模野編年を継承しつつ，蓄積された新資料をもとに，より精緻になった編年が示されたわけである。これも一種の相模野編年であるが，ここでは特に相模野段階編年と呼称しておこう。

武蔵野編年にせよ相模野編年にせよ，それらが提唱されてから半世紀近くが過ぎたが，その後の資料の蓄積を経ても大枠のみならず細部においても異なる編年案が示されることもなく，有効に活用されつづけている。それは縄文編年における「山内清男」に匹敵する業績である。

武蔵野編年と相模野編年がそろったところで企画されたのが，先にもふれた神奈川考古同人会による1979年のシンポジューム「ナイフ形石器文化終末期の問題」（神奈川考古同人会 1979・1980）と1982年の「南関東を中心としたナイフ形石器文化の諸問題」（神奈川考古同人会 1982・1983）である。武蔵野編年第Ⅱb期と相模野編年第Ⅳ期，第Ⅱa期と第Ⅲ期がほぼ類似した内容の石器群であり同時期であることが確からしいことはわかっていた。それを，それぞれの問題としてではなく，比較検討を通じて南関東地方全体のなかで総合的に捉えようとしたのである。ただ問題点の整理はなされたものの，南関東編年として新しい枠組みを提示するものではなかった。

4　石器文化研究会編年

1982年のシンポジウムの後，その反省を受け，それを母体にして新たに石器文化研究会が設立され，例会（勉強会）が重ねられることとなった（織笠 1991）。新たなテーマは「AT降灰以前の石器文化」とされ，南関東地方の地域間対比を基軸にして検討が進められ，その成果は1989年，1990年の2回の研究討論会と1991年のシンポジウム「AT降灰以前の石器文化」に結実した（石器文化研究会 1989・1990・1991）。

例会では，武蔵野台地等のローム層序である第X層，第IX層，第VII層，第VI層を区分の単位として，それぞれの特徴を抽出，比較検討されていった。それがそのまま研究討論会，シンポジウムでの検討のための区分になったわけである。ところが，現在の研究状況では該当時期を4区分し，古期からX層段階，IX層段階，VII層段階，VI層段階としているが，石器文化研究会では，武蔵野台地等のローム層序を分析単位として用いはしたが，研究会の総意としてそうした段階を設定したわけではない。発言録，予稿集を読むと，石器群に対し「○層」と表記するものと「○層段階」と表記するものが相半ばしている。

「○層段階」が特に設定された結論ではないことを示す一例をあげれば，本シンポジウム中で総括した鈴木は，第1段階，第2段階，第3段階の三つにまとめており，四つに分ける「○層段階」は用いていない（鈴木 1991）。相模野台地を担当した諏訪間・麻生順司は「○層」「○層段階」を用いることなく，相模野段階編年もしくは相模野台地層序名（B3，L4

等）を使用している（諏訪間・麻生 1991）。

　このように石器文化研究会シンポジウムでは「○層段階」を認定したわけではなかったが，ナイフ形石器の変遷を検討した小菅将夫と列島間の対比を行った佐藤宏之の論文では明確に「○層段階」と論じている（小菅 1991, 佐藤 1991 a）。現在使用されているのは両論文の影響力の強さゆえであろう。特に影響力のある佐藤宏之が日本列島の編年として用いたことが，その全国的な利用につながったと見ることができる（佐藤 1992）。ではあるものの，武蔵野台地の立川ローム層の層序区分は大宮台地，下総台地でも使用されており，AT降灰以前の石器群の様相は比較的捉えやすい[1]。その意味でもこの「○層段階」の石器文化研究会編年は使用しやすかったのだろう。武蔵野編年を越えて広く普及したのである。

　各地の層序を基準とするかぎり，火山噴出物の降下範囲を越える編年の構築は難しく，かつ日本列島内の広域的対比も簡単ではない。広域テフラとなると，武蔵野台地では始良Tn火山灰（AT：以下「AT」とする）以外にはほとんどない。どうしても何らかの基準が求められ，列島内対比の蝶番の役割を果たしてきたのが武蔵野編年・相模野編年・相模野段階編年・石器文化研究会編年であったと言えよう。

5　V層・IV層下部段階の細分編年

　層序と型式によって裏づけられたそれらの編年は1990年前後に一定の確立を見て，その後，その大枠は変わることはなかった。ただV層・IV層下部段階については細分が進められた。本書の重要な主題の一つなので簡単にふれておく。

　安蒜政雄は，相模野台地の月見野第ⅢC遺跡と上土棚遺跡のナイフ形石器の特徴から二遺跡間の様相差を明らかにし，さらにそれを段階間の変遷のなかで捉えなおした（安蒜 1973・1979）。栗島義明は，武蔵野台地野川流域のナイフ形石器組成について検討し，二つの類型に分類し，時間的前後関係にはなく並行的な関係にあるとした（栗島 1982・1983 a）。これらは現在の編年的位置づけにおける「V中－IV下亜段階」と「IV中2亜段階」の時期的前後関係に匹敵している。

　一方，織笠昭らは埼玉県大古里遺跡，東京都高井戸東遺跡の報告書で，層序の前後関係からV層・IV層下部段階を二細分した（織笠・松井・高野 1976, 坂入・伊藤・織笠 1977）。野川遺跡において第V・第IV4・第IV3b・第IV3a文化層と分けられ，第Ⅱb期が二つに分けられたのに対応して，第Ⅱa期も区分される流れにあったと言えよう。

　国府型ナイフ形石器の流入も重要な視点である。白石は野川遺跡IV4文化層の断面三角形の一側縁加工ナイフ形石器を国府型の類品として捉えて，国府型を「V層・IV層下部段階」の初期に置いた（白石 1973）。織笠は国府型ナイフ形石器の変遷の検討に際しV層・IV層下部段階を前半，後半に区分し，国府型ナイフ形石器は前半に属するとした（織笠 1987 c）。

第1章　総説　　27

1990年頃の編年研究は大枠の確立を見，つぎはより細かな細分が求められる状況であった。当時第Ⅴ層からの石器の出土が続き，「Ⅳ層下部段階」と言われていたものが「Ⅴ層・Ⅳ層下部段階」と言い変わりつつあった。須藤は，中部・関東地方における槍先形尖頭器文化の成立に関し本段階の細分を行った（須藤 1989）。切出形態のナイフ形石器の形態的特徴によって，本段階を様態ⅠからⅢまでに細分したのである。これを受け，筆者は南関東地方のⅤ層・Ⅳ層下部段階について，出土層序とナイフ形石器の形態的特徴からⅤ中亜段階，Ⅴ上亜段階，Ⅳ下亜段階，Ⅳ中２亜段階に区分した（伊藤 1991）（図 3 - 11参照）。同時期に亀田直美（亀田 1995），西井幸雄（西井 1996），須藤（須藤 1996）らも四つの段階に細分している。

　その後の資料の蓄積を受け国武は，武蔵野台地，大宮台地を中心に石材消費状況に注目し，筆者による編年細分（伊藤 1991）を踏襲しつつ「Ⅳ層下部段階」と「Ⅴ層・Ⅳ層下部段階最新段階」に区分し，その行動論を提唱した（国武 2003）。国武のⅣ層下部段階は筆者のⅤ中亜段階・Ⅴ上亜段階の一部とⅣ下亜段階に，Ⅴ層・Ⅳ層下部段階最新段階はⅣ中２段階にほぼ相当する。2000年代以降の報告書では「Ⅳ中２段階」資料ばかりが新たに蓄積され肥大化し，「Ⅴ中亜段階，Ⅴ上亜段階，Ⅳ下亜段階」は相対的に少数になってしまったこともあり，筆者も国武に合わせてⅤ中亜段階，Ⅴ上亜段階，Ⅳ下亜段階をまとめ「Ⅴ中－Ⅳ下亜段階」と呼ぶに至っている（伊藤 2018）。以下，とりあえずⅤ層・Ⅳ層下部段階の前半期をⅤ中－Ⅳ下亜段階，後半期をⅣ中２段階として論を進める。

6　高精度年代測定法による編年

　放射性炭素年代測定法は日本で1950年代には実践例があったものの，実年代とかけ離れた「仮想年代」であるとされ，資料の蓄積と活用は進まなかった。しかしその後，暦年較正への取り組みにより"1993 Calibration Program"以降，測定試料とその活用が進展していった（日本第四紀学会編 2001，工藤 2014）。工藤雄一郎は高精度年代測定法を積極的に活用し，列島全般のそして列島各地の編年を組み立て（工藤 2005・2012），また日本旧石器学会が実施したシンポジウム「旧石器時代の年代と広域編年対比」は高精度年代測定法の活用に関して画期となった（日本旧石器学会編 2013）。

　一例として，森先一貴の後期旧石器時代初頭期論があげられる（森先 2022）。森先は，熊本県石の本遺跡群８区の年代測定値を軸に，各地石器群の年代測定値から初頭期の様相を明らかにした。このように近年の議論においては，汎列島あるいは大陸に及んだ広域の編年的比較の場面で年代測定法が有効に活用されつつある（たとえば長井 2023，芝 2023他多数）。広域を対象とする場合にはあまたの資料のなかから年代測定値を有する資料を選択できるので，適合していると言えよう。

　地域編年においても，火山地帯で給源の異なる複数のテフラが降下した地域に関しては，

高精度年代測定データが蓄積されテフラ編年へと有効に活用されている。たとえば北海道では噴出起源を異にするテフラが多く，その年代測定値を基にした「地質編年」によって石器群を位置づけている（出穂・赤井 2005）。赤城火山，榛名火山，浅間火山を北に抱く群馬県域に関しては，小原俊行がテフラ降下の年代測定値を基準に火山灰層序の前後関係から石器群の編年を構築している（小原 2023）。

　一方で，南関東地方においては多くの降下テフラの給源が富士山であるため個々のテフラを同定しづらく，こうした地質編年は適さない。と同時に，層序が厚く層序編年が確立した武蔵野台地を含む南関東地方では，年代測定値自体は少なくはないが，相対的に低い。そのため年代測定値データは，既存の編年の各段階に暦年代を充てる役割を大きく出ることはなく補助的役割にとどまるのが実情ある（中村 2013）。

7　編年の有効性とその展開

　武蔵野編年について振り返った最後に，編年の概念について考えてみる。織笠は，考古学的文化の解明は歴史的経過を踏まえ，技術文化を理解することが目的であるとした上で，ゴードン・チャイルド（Childe, V. G）による「「時間的空間的組成をもつ資料群の組成」と読みなおすことができ」「石器文化におきかえれば，それは「くりかえし起る石器諸型式の組合わせ」」（織笠 1989：p.316）であると意味づけた。そこにつむぎだされた編年を「石器文化編年」と呼ぶことができよう。仲田大人は，「石器文化とは一つの遺跡から見る一つの石器群をいう。これが文化を構成する細小かつ基本的な単位であり，これらを相互に捉えてさらに大きな群を設定し，それを時間的，空間的に配置する。そして，特徴的な石器名や遺跡名をつけた文化や時期を単位として，「いつ」「どこで」の判別基準にした。こうして各地の石器群を集めれば，文化の全体を見渡せると考えた。たとえるなら，碁盤のマス目に碁石を並べていく作業に似ている」（仲田 2007：pp.165 - 166）と指摘した。

　「マス目」の罫線を引き石器諸型式の組合せを一つ一つ当てはめていく作業が石器文化編年ということであるが，罫線に区切られた途端に石器諸型式の組合せは「碁石」となり，時間と空間の枠をはみ出すことができなくなる。その途端に，たとえば南関東地方の「砂川石器群」と近畿・瀬戸内地方の「瀬戸内石器群」は同時期として横並びのマス目のなかに入れられる。当の荷担者集団は同じ時間軸を生きているとはいえ，その始まりと終わりは同じ契機に同時に起きているわけではないはずであるが。

　編年のマス目は必要不可欠である。しかしその中身，特性，性質を明確にすることによって，罫線を飛び越えて変化する様相が具体的に示されなければならない。その意味で武蔵野編年にせよ相模野編年にせよ，属性のカタログが編年のマス目にインデックスとして付している状況が現在の姿である。今求められているのはインデックスではなく，その石器群の始

まりと終わりの原因となる契機である。本書ではその役割を，石器組成情報の悉皆的集成から石器をめぐる行動を通じて導いていこう。

| 第2節 | |

編年の基礎としての立川ローム層

1　高精度年代測定法編年の限界性

　本節では，武蔵野台地の編年の枠組み作りの問題として，武蔵野台地の層序，立川ローム層序についてその問題点を指摘し，解決策を提示する。

　先述したとおり，高精度年代測定法による年代測定値データはまだ少ない。中村雄紀が日本旧石器学会のシンポジウム「旧石器時代の年代と広域編年対比」の際に集成した年代値データは，遺跡・調査地点（以下，遺跡とする）ベースで武蔵野台地においてはわずか28件である（中村 2013）。その後2013年から2022年まで刊行の報告書から集成したところ遺跡10件，試料158点であった（別表1）。あわせて遺跡38件である。日本旧石器学会が武蔵野台地（狭山丘陵を含む）の旧石器時代遺跡を集計したところ約970件（東京都内約700，埼玉県内約270）（日本旧石器学会 2010）である。したがって年代測定値データをもつ遺跡は4％にも満たない。武蔵野台地のように現在までの資料の蓄積が多ければ多いほど，高精度年代測定法による編年の可能性は低くならざるをえない。

　別表1を見るかぎり出土層序と年代測定値は緩やかな相関関係にあるようであるが，遺跡によるバラツキも認められ，これら少数の試料だけでは明確には層序ごとの年代の確定には至らない。より詳らかな成果に至るには，試料採取状況の精度上昇，遺跡形成過程等の精査が不可欠である。

　中村および工藤（工藤 2012）が石器群，編年各段階の年代を検討しているが，その手法は従来の編年（南関東地方編年，関東編年）における代表的な石器群の年代値を集成，検討し平均的な年代値を割り出したものである。まず南関東地方の編年観ありきであり，その編年が正しいことが前提である。既存の編年を否定するつもりはないが，南関東地方内の地域間，武蔵野台地，相模野台地，下総台地等の本来別々の層序に裏づけられた異なる体系が一緒であるのか検討が必要であり，その意味でいくつかの仮定の上に成立している側面がある。

　とは言え各段階の一定の年代値は示されており，おおむね正しいであろう。中村は，X上〜IX下層：35,000〜33,500年前，IX上層：33,500〜32,500年前，VII下層：32,500〜31,000年前，VII上層：31,000〜30,000年前，VI層：30,000〜29,500年前，V下層：29,500〜28,500年前，V上層：28,500〜27,500年前，IV下層：27,500〜25,500年前，IV中層：25,500〜24,000年前，IV上層：24,000〜22,500年前，III層：22,500〜15,000年前に該当するとした。本書に引きつけると，VII層段階：32,500〜30,000年前，VI層段階：30,000〜

29,500年前，Ⅴ層・Ⅳ層下部段階：29,500～24,000年前，砂川期：24,000～22,500年前に相当する。また工藤は，Ⅶ・Ⅵ層段階：33,000～30,000 cal.BP，Ⅴ層・Ⅳ層下部段階：29,000～25,000 cal.BPとした。

中村と工藤の年代値は少しズレており，明確にしきれない嫌いがある。ただ試料の年代測定値を精査すると第Ⅵ層の値は比較的まとまっており，第Ⅵ層の形成期間もしくはⅥ層段階の存続期間は長くても千年以下おおむね五百年間に近い値で前後の層序，段階と比較して短いものと理解でき，一方でⅦ層段階は2.5～2千年，Ⅴ層・Ⅳ層下部段階は4.5～4千年と長いものと把握できよう。

2　考古学的層序と地学層序

考古学における層序とは「層が自然的形成要因で形成される過程で，その直上あるいは付近で展開した人間の行動を直接または間接的に反映した層を考古学上の対象とするのである。」「いずれの層も，その上下を層理面によって他の層と分離されるか，漸移している。それらの複数の層が一定の範囲内において積み重なっている秩序が層序である」（小林 1975：p.117）と説明されるとおり，端的に言えば土層の順序をさすにすぎない。区分された層序は，地学における「地層累重の法則」「地層同定の法則」（小林 1975，麻生 1985，勅使河原 1988）を援用することで，時間的前後関係に置きかえられ編年のために供される。

土層断面を露にして観察し層序を区分する方法は，日本では1893年の茨城県椎塚貝塚の貝層断面に始まったとされる（鬼頭 2004，新井 2007）。日本考古学の黎明期から用いられた方法であるが，当初は貝塚，古墳などの人為的要素の強い土層を対象としたものであった。しかしながら遺跡の複雑化，広範囲化に伴って，その対象は自然堆積土層にも広がっていった。特に旧石器時代にあってはその土層のほぼすべてが自然堆積土層と考えていいので，最初から自然堆積土層を層序区分の対象としたわけである。

ところで，その自然堆積土層に対する考古学的層序の区分方法は「地学の発想から見た場合，考古学が関東ローム層の堆積をひいた分層線がほとんど意味をもたないか，ある場合には考古学側の「誤解」であるものだった」（新井 2007：p.78）と指摘されたとおり，地学の見地には合致しない考古学独自のものである。地学層序では「ローム層に対して，考古学のような細分は行わない。ロームの堆積に対して，テフラが堆積，土壌化，堆積，ローム化というサイクルを想定しつつ，スコリアなどの構成物の分布を観察することによって，柱状図において境界が模式的に示されるだけである」（新井 2007：p.80）とするとおり，土層形成過程の復元を考慮しつつテフラ，土壌などの各専門分野から把握するわけである。一方，考古学的層序では土器観察などで用いられるような色調，粘性などの現象的特徴によって区分する。また，地学層序で柱状図に表現する場合は模様や記号を用いて示すルールが存在するのに対

し，考古学的層序は土層断面に線を引くだけで，真っ直ぐ引いたり波状に引いたり線形で若干の表現を行う。

このように出土遺物の時間的前後関係のために供せられる考古学的層序と，堆積過程の復元を求める地学層序とは，目的も方法も異なっていた。しかし，考古学的層序が旧石器時代の自然堆積土層であるローム層を対象とするようになっても長らくは，考古学的層序と地学層序は基本的には無関係であり，その違いを問題視することがなかった（鬼頭2004）。

考古学はもともと，生活面や遺構面の確認についての土層の認識を別にすれば，自然堆積土層，特にローム層に対する研究方法をもち合わせていない。それは，地学の成果を不完全に準用することによって成立してきたからである。大学の地質学の教育であれば当然行われるべき層序区分に関する講義は考古学の授業にはほとんどなく，ただ発掘調査現場での経験によって培われるばかりである。しかし近年，遺跡形成過程論の重要性が指摘されるに至り，層序がたんなる編年もしくは文化層の方法としてではなく，本来あるべき土層堆積過程として注目されてきたなかで，考古学的層序と地質学層序との間の異質性，考古学的層序の誤りに注目が集まるに至ったと言える。特に，後述するとおり，編年が稠密化するなかで考古学的層序が正確な時間的前後関係を示さない場合があることがわかってきたことも，考古学的層序の誤謬を認識する要因になったと言いうる。

加えて1か所の土層断面図の作成をもって層序区分を表現するような遺跡調査，報告書の作成を進め，1本の柱状図によって石器文化編年を形成してきたことも事実として認識しておかなければならない。

3　武蔵野台地における立川ローム層序

武蔵野台地における立川ローム層序の諸問題は野口や西井が指摘しているので，それを参考に論を進める（野口2006，西井2007・2008）。武蔵野台地の立川ローム層序は，東京都野川遺跡での発掘調査時の層序に由来することは先述したとおりである（小林・小田・羽鳥・鈴木1971）。ところでその層序は共同報告者である地質学者の羽鳥謙三が行ったと思われがちであるが，実際には考古学者によるものである。おそらく小田によるものであろう。先述したとおり，野川遺跡の土層は第Ⅰ層から第ⅩⅢ層までの13枚に区分され，表土の第Ⅰ層，黒褐色土層の第Ⅱ層，青灰色砂層の第ⅩⅡ層，礫層の第ⅩⅢ層を除く第Ⅲ層から第ⅩⅠ層までがローム層である。区分の基準は色調，粘性，スコリアの有無などに拠っており，土壌学的な要素をもち合わせながらも，基本的には土器観察に準じた考古学独自の観察方法に拠ったことが理解できる。もちろん，地学層序とは異なる。

野川遺跡報告において羽鳥が果たした役割は，地質学と考古学との接点をもたせた点でたいへん大きい。しかし，羽鳥は立川ローム層を青柳部層，暗色帯などによって4部層に区

分しており，13層の層序区分には特に論評していない。地質学者のうちで最も考古学の近くにいながら決して考古学の領域に踏み込まないのが羽鳥の研究の特質で，地学層序は考古学的層序とは異なるもので相互に不可侵であると認識していたようである。

　実際に，関東地方のローム層についてまとめた関東ローム研究グループによる『関東ローム』では，パミスに注目しつつ腐植土壌である暗色帯に注目している（関東ローム研究グループ 1965）。じつは相模野台地におけるローム層序がロームと暗色帯の互層によって示されている点においてこの地学層序に準拠していると言えるのに対し，武蔵野台地層序がソフトローム，黒色帯の区分など異なる複数の視点で見ている点にその異質性が看取できる。

　とはいえ，野川遺跡においては重層的に連綿と続く石器群をどのように区分するかはきわめて深刻な問題であり，であるからこそきめ細かい層序区分をもつ考古学的層序が編み出されたのであろう。ただその後，野川遺跡報告によって示された立川ローム層の考古学的層序は，武蔵野台地各地の遺跡調査でも使用されるようになり，しだいに共通化，「教科書」化していった。しかし意図的な共通化に向けての定義やマニュアルが整備されることはなく，野川遺跡の層序がそのまま各遺跡に準用され統一感のないものであった。その間の技術の継承，教育などは現場での職人的技量継承に任されるばかりで，自ずと職人の気質，職人集団ばりの伝統が目立つ。

　実際，当該地域での層序区分を行う調査担当者は数多い。武蔵野台地は東京都内に15区20市1町，埼玉県内に10市1町の2都県，47区市町にまたがり，それぞれに調査担当者がいて，それ以外に発掘調査会社および都県所管財団の調査員がいる。実際，何人が層序の線引きにかかわってきたかわからない。統一を求めることは無理であった。その点，相模野台地は神奈川県内6市だけで，神奈川県庁の担当者を中心に人的ネットワークを形成し標準化を図ってきたという[2]。なお相模野台地の層序は黒色帯か否かによるが，実際の区分に当たってはスコリアの形態を観察の基準にしているという。給源の富士山から遠くスコリアが小型化もしくは見えなくなり判別できにくい武蔵野台地ではこの作業は難しい。

　このように，立川ローム層の考古学的層序の標準化にはさまざまな問題が横たわるが，それは立川ローム層自体の特徴に起因するところが大きい。武蔵野台地は南北約30km，東西約40kmの広大な台地であり，したがって東西南北各遺跡における土層堆積状況は多様である。立川ローム層は，富士山火山の繰り返される噴火によって噴出したテフラが西風に送られて降下堆積したものを主な母材とした風成火山灰土である（町田 2005）。そのため，東西に長い武蔵野台地にあって，立川ローム層の層厚は西に厚く東に薄い傾向にある。遺跡調査報告書掲載の立川ローム層柱状図を集成したところ，第Ⅲ層から第Ⅴ層までの層厚であるが，南西側の府中市武蔵台が約1.75mと最も厚く，北部の埼玉県側および東部の台東区，千代田区などの都心部側が1.0mよりも薄いことが看取できる。図1－4に示す等高線は，第Ⅲ層から第Ⅴ層までの層厚を等高線で表わしたものである。立川ローム層全体の層序はおおむねこ

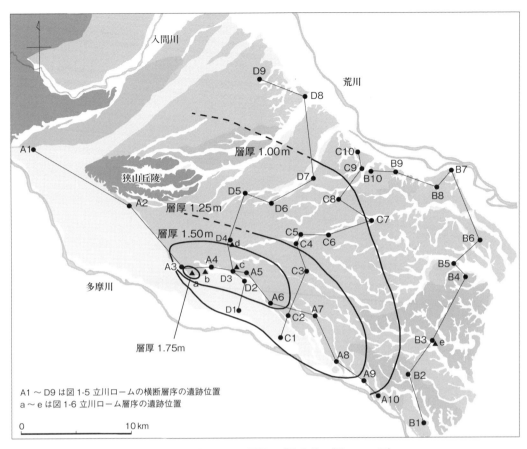

図1－4　立川ローム層厚の「等高線」（第Ⅲ～Ⅴ層）

の2倍であると推察される[3]。

4　立川ローム層序の具体的特徴

　立川ローム層序の性状は遺跡によって台地内の地域によって異なっている（比田井・伊藤・西井他 2008a・b, 伊藤 2018）。発掘調査時の経験を踏まえて述べるならば，以下の点に留意が必要である（図1－5・6）[4]。

　まず，第Ⅲ層（ソフトローム）と第Ⅳ層（ハードローム）を区分するには，第Ⅲ層のソフト化（膨軟化）に注目する。しかしながらソフト化の進行はその上位層からの影響によるところが大きく，第Ⅲ層と第Ⅳ層の境界はその堆積時の時間関係を意味しない。台地北部，埼玉県側は第Ⅲ層の層比が大きく，遺跡によっては第Ⅳ層（ハードローム）がないまま第Ⅴ層（第1黒色帯）へと続く。

　第Ⅳ層は明るい色調のロームであるが，下層の第Ⅴ層（第1黒色帯）との関係を把握す

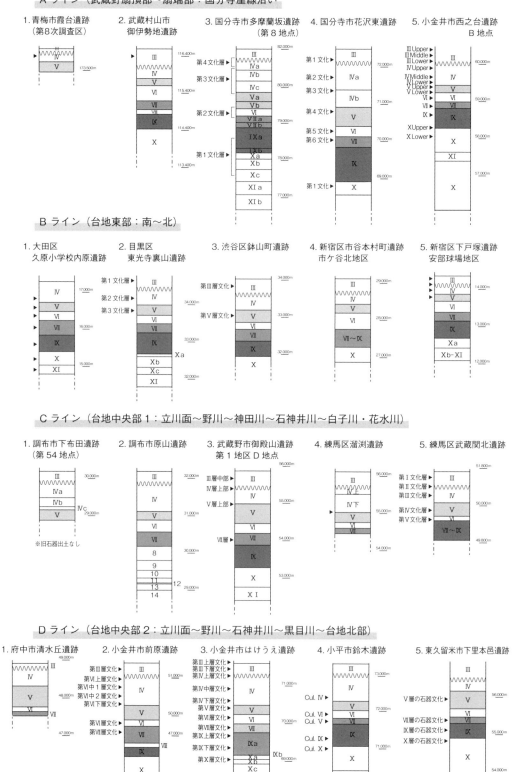

図1-5 立川ロームの横断層序（比田井・伊藤・西井他 2008a・b より）

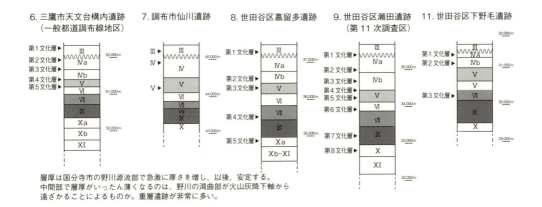

層厚は国分寺市の野川源流部で急激に厚さを増し、以後、安定する。
中間部で層厚がいったん薄くなるのは、野川の湾曲部が火山灰降下軸から
遠ざかることによるものか。重層遺跡が非常に多い。

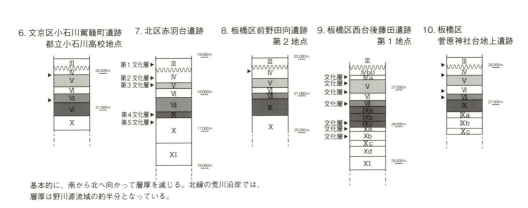

基本的に、南から北へ向かって層厚を減じる。北縁の荒川沿岸では、
層厚は野川源流域の約半分となっている。

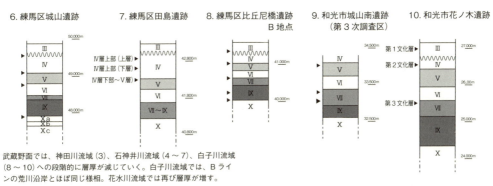

武蔵野面では、神田川流域（3）、石神井川流域（4～7）、白子川流域
（8～10）への段階的に層厚が減じていく。白子川流域では、Bライ
ンの荒川沿岸とほぼ同じ様相。花水川流域では再び層厚が増す。

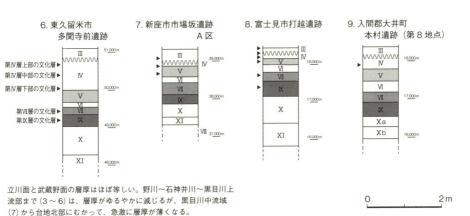

立川面と武蔵野面の層厚はほぼ等しい。野川～石神井川～黒目川上
流域まで（3～6）は、層厚がゆるやかに減じるが、黒目川中流域
（7）から台地北部にむかって、急激に層厚が薄くなる。

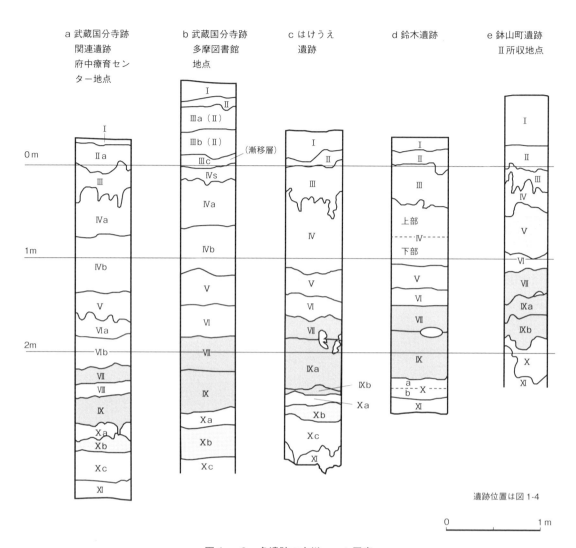

図 1 − 6　各遺跡の立川ローム層序

るのはきわめて難しい。層厚の厚い台地南西部，すなわち野川上流域では第Ⅳ層の明度は強く第Ⅴ層も黒色度（明度）が強い。第Ⅴ層の層厚が比較的薄い傾向がある。しかし，東側，北側に向かうにつれ第Ⅳ層の明度は弱くなり，第Ⅴ層との差がわかりにくくなる。石神井川流域および神田川流域では，第Ⅳ層と第Ⅴ層の明度，彩度の差は比較的わかりやすいが，第Ⅴ層が厚くなる。いずれにせよ第Ⅳ層と第Ⅴ層の境界は明確ではなく，層序区分担当者によって境界は上下する。北部，埼玉県側は全体に薄くモヤッとした感が強いので，なお区分が難しい。

　第Ⅵ層（AT相当層，ローム）は明度，彩度ともに強く，第Ⅴ層および第Ⅶ層（第2黒色帯上部）との境界は比較的明確である。ただしATは肉眼では確認できない場合が多い。しかし第Ⅴ層および第Ⅶ層との境界は確実かと言えばそうでもなく，鉱物分析によって第Ⅶ層

からATが検出されるケースもある。それでも第Ⅵ層は遺跡間で差異が小さく，層序として
は立川ロームで最も確からしいであろう。

　第Ⅶ層と第Ⅸ層は第2黒色帯である。第Ⅶ層の黒色度は低く第Ⅸ層は高いものの，第Ⅴ
層と比較すると明確に前後の土層と区分できる。第Ⅷ層は第Ⅶ層と第Ⅸ層の間層でロームで
ある。層厚の厚い野川上流域で確認できるものの，台地北側，東側では視認できない。しか
し第2黒色帯内の間層は第Ⅷ層だけではなく，その下位に少なくとももう1枚，第Ⅷ層よ
りはっきりと確認できる間層がある。その場合，下位の間層で，第Ⅶ層と第Ⅸ層を区分して
いる可能性がある。いずれにせよ第Ⅷ層が視認できなければ，第Ⅶ層と第Ⅸ層の明度は連続
的な一面もある。

　第Ⅸ層と第Ⅹ層（ローム）の境界は比較的明確であるが，第Ⅵ層の前後ほどに確実ではな
い。第Ⅹ層はa層，b層，c層に区分され，b層は暗色帯に相当する。また第Ⅺ層も暗色帯
である。しかし調査事例も少なく，調査担当者の第Ⅺ層に対する認識も低いため，第Ⅸ層と
第Ⅹ層との境界はともかくも，第Ⅹb層と第Ⅺ層を間違える可能性がある。後期旧石器時
代初頭期にかかわる問題を包摂する時期であるものの，実態は問題ありと言えよう。

　以上のとおり，立川ローム層序は経験則でしか論述できない不安な現状であると言わなけ
ればならない。これらを理解するには長年の経験が必要であるが，調査員といえどもいつで
も後期旧石器時代の調査を行っている訳ではなく，経験を積むのも簡単ではない。そして，
こうした層序を基軸にした編年の構築は，やはり枠組みとして不適切である。では編年の枠
組み，物差しの役割を果たすものとして，それに代わるものあるいは「補助線」の役割を果
たすものはないか。

5　立川ローム層分析の事例

　武蔵野台地における立川ローム層序の難しさは，ローム層を構成する母材に起因する。そ
の母材となる火山砕屑物のほとんどは富士山を給源とする玄武岩質テフラで，いずれも特徴
が類似しているため，そのなかの噴出単位を判別することは難しい。

　とはいえ武蔵野台地立川ロームに関する研究には長年の蓄積がある。羽鳥は，ロームの鉱
物組成を分析し，かんらん石と輝石の量比に層位的変化の傾向を抽出した（福田・羽鳥 1952）。
羽鳥の分析方法による一次鉱物分析は，立川ローム層の層序区分がおおむね整合的であるこ
とを証明した。その成果はその後各遺跡報告書に影響を与え，各報告書において一次鉱物分
析として報告するというスタイルが形成されるに至った[5]。しかし，それが考古学的層序の
補強さらには編年の検討に影響を与えることはほとんどなかった。比田井民子らは，かんら
ん石比と立川ローム層序区分，石器文化編年との関係について検討したが，明確な関係は得
られなかった（比田井・伊藤・西井他 2008c）。一次鉱物分析の示す傾向よりも編年上の区分の

ほうが細かかったと言えよう。

　上條朝宏と松田隆夫はそれぞれ，立川ローム層に含まれるスコリアについて検討した。上條は，多摩丘陵でのことであるがスコリアの発泡形態を分類しその層序における分布傾向を検討した（上條 2008 他）。松田は，土層断面における赤色・黒色スコリアの分布をプロットし，一次鉱物比とともに分布傾向を検討した（松田・大倉・坂上 1996，松田 2001）。スコリア分析はローム層序の地域差と観察者による個人差を超える可能性を感じさせる分析方法であった。スコリアの有無，大きさ，形状を詳細に記録して，色調，粘性を主体とする考古学的層序の記載に加味すれば，より精確で具体的な標準層序ができることであろう。しかし，その分析方法は広がることはなかった。

　上杉陽，上本進二は，富士山の降下テフラ層を構成する鉱物・軽石の形態的特徴から，噴火単位を想定する更新世古富士系テフラ層を 141 枚に区分し，「Y－no.」として振りわけた（上本・上杉他 1994，上本・上杉 1996，上本 2010 他）。それを基準に各遺跡土層を区分し，細密な層序対比を可能にした。相模野台地では数多くの遺跡間で対比が行われ成果があがった。しかし，火山砕屑物の形態分類を旨とするので定量的な理解に難しい側面もあり，明確な特徴のテフラには間違いないのではあるが，それ以外には信頼度が低いものも少なくないと批判的に捉える向きもある。

　武蔵野台地における更新世古富士系テフラ形態分析は，6 件の報告，9 件の遺跡の事例にとどまり広がりを見せていない。現状ではそれを考古学的層序に代わるものとして利用することは成功していない。加えて，テフラは給源の富士山から遠ければ小さくなり形態的特徴を失ってしまう。相模野台地ほどに広がりを見せない理由もそこにあろう。

　表 1－1 は上本が武蔵野台地の事例から 6 件の報告，9 件の遺跡について発掘調査時に Y－no. と立川ロームの考古学的層序を対比させたものを示している[6]。各遺跡間のすべてで，Y－no. と考古学的層序の示す境界が一致する事例はない。ただ，そのなかでは，第Ⅵ層と第Ⅶ層の境界は Y－116 と Y－115 の間に設けられる傾向が認められる。一方，第Ⅲ層と第Ⅳ層の境界，第Ⅳ層と第Ⅴ層の境界は，遺跡によって大きく異なっている。さらに一致度が低いのは第Ⅹ層（a，b，c 層）から第ⅩⅠ層である。考古学的層序においては第Ⅹ層中の暗色帯（b 層），その下位の暗色帯（第ⅩⅠ層）を遺跡によっては認識できていない可能性がある。これらは先述した経験にもとづいた確からしさ不確かさと一致している。確かに給源から遠い武蔵野台地における Y－no. の信頼性は検討の余地はあるかもしれないが，考古学的層序の信頼性のほうにこそ問題ありとも言えよう。

　武蔵野台地立川ローム層と直接関係しないが，中村は編年における時間的序列化の方法として「ローム層の層序対比」以外にテフラ編年，レス－古土壌編年，地形層位学を挙げている（中村 2007）。とはいえここでは将来の研究法を論じることが本来の目的ではない。このように抜本的，現実的な「層序」に関する打開策がなかなか見出せない現状において，す

表１－１　武蔵野台地遺跡のＹ－No.対比一覧

	相模野台地	多摩蘭坂遺跡	武蔵国分寺址北方地区	恋ヶ窪東遺跡	野川遺跡第12地点	羽根沢台遺跡第III所収区	富士見町遺跡第1地点	島屋敷遺跡	明治大学和泉校地遺跡明大第2地点東壁	明治大学和泉校地遺跡明大第2地点西壁	大橋遺跡
報告書	上本1994	222	222	222	221	206	222	197	139	139	80
Y-141	漸移層	第IIIa層					IIc層				
Y-140								第III層			
Y-139	L1S			第III層	第III層		IId層				第III層
Y-138											
Y-137-4	B0	第IIIb層					第III層				
Y-137-3											
Y-137-2	L1H			第IVa層							
Y-137-1											
Y-136					第IVa層						
Y-135							第IVa層				
Y-134				第IVb層				第IV層			
Y-133	B1	第IVu層	第III層？								
Y-132											第IV上層
Y-131					第IVb層						
Y-130				第IVc層			第IVb層				
Y-129											
Y-128	L2	第IVm層	第IV層		第IVc-1層						
Y-127							第Va層		第IV層		
Y-126'											
Y-126					第IVc-2層						
Y-125				第V層							
Y-124'	B2	第IVl層						第V層			
Y-124			第V層		第V層		第Vb層				
Y-123'											第IV下層
Y-123											
Y-122				第VI層							第V層
Y-121-2〜5		第Vm層				第V層					
Y-121-1											
Y-120	L3						第VI層				
Y-119					第VI層			第VI層			第VI層
Y-118			第VI層	第VIIa層					第VI層		
Y-117		第VI層									
Y-116							第VI層				
Y-115-3											
Y-115-2				第VIIb層	第VII層					第VI層	
Y-115-1			第VII層				第VII層				
Y-114-2	B3					第VII層					
Y-114-1								第VII層	第VII層		
Y-113											第VII層
Y-112-2											
Y-112-1		第VII層		第IXa層						第VII層	
Y-111-2	L4										
Y-111-1			第IX層								
Y-110	B4					第IX層			第IX層		
Y-109								第IX層		第IX層	
Y-108'											
Y-108	L5	第IXa層		第IXb層							第IX層
Y-107											
Y-106			第Xa層	第Xc層					第Xa層	第Xa層	
Y-105	B5	第IXb層		第Xb層		第Xa層					
Y-104			第Xb層			第Xb層		第X層		第Xb層	第X層
Y-103		第Xa層				第Xc層			第Xb層		
Y-102			第Xc層	第Xa層							
Y-101		第Xb層									
Y-100	L6		第XI層					第XI層			
Y-99				XI層		第XI層					第XI層
Y-98		第Xc層	第XII層								
Y-97				XII層							
Y-97'											

でに蓄積された石器群を編年的に位置づける補助線の役割を果たすものは何かないだろうか。

6 出土深度の算出方法

本書では，すべての遺跡の出土石器情報を集成・集計することによって分析を進める。そのためには報告されたすべての遺跡，石器集中部を，武蔵野編年－石器文化研究会編年のなかに落とし込む必要がある。本書の対象であるⅦ層段階，Ⅵ層段階，Ⅴ層・Ⅳ層下部段階を抽出するにあたって，石器の型式的な特徴から基準を設けることはある程度可能であるが，剥片だけが出土するような出土点数の少ない石器集中部に対しては難しい。層序による基準が必要になる。

第Ⅶ層と第Ⅵ層，第Ⅵ層と第Ⅴ層の境界は比較的確からしいので，層序的基準からⅦ層段階，Ⅵ層段階，Ⅴ層・Ⅳ層下部段階を区分することは難しくない。しかし，Ⅴ層・Ⅳ層下部段階と砂川期，あるいはⅤ層・Ⅳ層下部段階の細分，すなわち「Ⅴ中－Ⅳ下亜段階」と「Ⅳ中2亜段階」の細分に関しては，本節で述べ続けてきたとおり第Ⅴ層と第Ⅳ層の境界が曖昧なので難しいと言える。

その打開策として「出土深度の産出」を提示する。このことは筆者の2018年の論考で述べたが，あらためて概略を述べる（伊藤 2018）。武蔵野台地全体で見れば立川ロームの第Ⅲ層，第Ⅳ層，第Ⅴ層の境界が明確ではないことは先述したが，これは分層していないに等しく，実態としては一つの土層として理解されていることをさしている。となれば第Ⅲ〜Ⅴ層内で浅いか深いか，上部か下部かのみが基準となる。すなわち，第Ⅲ層上面から石器群の出土位置までの深さ（距離）をその地点の第Ⅲ層上面から第Ⅴ層下面までの厚さ（距離）で除算する値によって，第Ⅲ〜Ⅴ層内の相対的深度が表現される。これを「出土深度」とする。

ということで，従来の研究で明らかになっているⅤ中－Ⅳ下亜段階，Ⅳ中2亜段階，砂川期，月見野期の遺跡・石器群を抽出し，その出土深度を計算しその傾向を見出す。それぞれの出土深度の値の範囲が，各段階・時期の基準ということになる。旧来の研究における編年細分においてはどうしても第Ⅲ層，第Ⅳ層，第Ⅳ層中部……といった従来の層序区分の影響があったが，石器形態・型式，石器組成等の基準と出土深度の間に一定の相関関係が認められれば，客観的に評価される。段階・時期設定と出土深度の間に矛盾があれば，その遺跡の編年的位置づけが誤っている証左にもなろう。

そこで，つぎの手順で武蔵野台地における各期細分の石器群の相対的出土深度を算出する。

①Ⅴ中－Ⅳ下亜段階とⅣ中2亜段階の遺跡を，「Ⅴ層・Ⅳ層下部最新段階」を設定した国武氏の論考（国武 2003）および筆者が黒曜石原産地組成の変化を論じた論考（伊藤 2016）から抽出する。

②砂川期の遺跡を，石器文化研究会のシンポジウム「砂川」の資料集成（石器文化研究会

2000）の集成から抽出する。

③月見野期の遺跡を，石器文化研究会のシンポジウム「「ナイフ形石器文化終末期」再考」の資料集成（石器文化研究会 2005）の集成から抽出する。なお，この集成では件数が他とくらべて多いので，石器出土点数20点未満のものを除く。なおどの段階においても前稿（伊藤 2018）のとおり若干の遺跡資料を追加している。

④該当する遺跡報告書において，石器集中部垂直分布図に対応する層序図および冒頭の標準層序柱状図において，第Ⅲ層から第Ⅴ層までの厚さを計測する。第Ⅲ層上面は一般的に縄文時代以降の遺構確認面であるのでどの遺跡でもおおむね揃っている。また，第Ⅴ層と第Ⅵ層の境は先述したとおり明瞭で，調査担当者によって区分が異なることが少ない。ただし，層序がまったく示されていない遺跡報告書は論外であるとともに，層序図に示した層序位置が遺物出土位置から遠い，第Ⅲ層や第Ⅴ層が掲載されていないケースが少なからず認められるのでそれも除外する。

⑤各文化層，石器集中部の第Ⅲ層上面からの深さを，石器集中部垂直分布図もしくは冒頭の標準層序柱状図によって計測する。石器集中部が複数ある場合は平均を求める。垂直分布図において最も遺物が集中する深さをもって計測する。なお深度であるので，0.0が最も浅く1.0が最も深い。

⑥「石器集中部の第Ⅲ層上面からの深さ」を「第Ⅲ層上面から第Ⅴ層下面までの厚さ」で除した値を算出する。算出値は小数点第三位で四捨五入する。Ⅴ中－Ⅳ下亜段階から月見野期までが順に変遷するのであれば，Ⅴ中－Ⅳ下亜段階が0.9〜0.75，Ⅳ中2亜段階が0.7〜0.45というように順に区分できるはずである。

　前節で触れたが，遺跡によってあるいは遺跡内でも形成過程，地層堆積状況は大きく変化している可能性があることも考慮しなければならないが，本集計にあたってはそこまで考慮していない。

　抽出したⅤ中－Ⅳ下亜段階，Ⅳ中2亜段階，砂川期，月見野期の遺跡報告書は2018年の論考（伊藤 2018）に示したとおりである。抽出件数はⅤ中－Ⅳ下亜段階：14件，Ⅳ中2亜段階：26件，砂川期：25件，月見野期：42件である。

7　出土深度算出の結果

　抽出した遺跡・文化層における計測，集計の結果は図1－7である。算出値を0.01〜0.05，0.06〜0.10……0.96〜1.00まで0.05刻みで20個に分け，その件数をカウントしている。

　その結果，Ⅴ中－Ⅳ下亜段階は「0.46〜0.50」および「0.66〜0.70」から「0.96〜1.00」までに分布し，0.71〜0.90が主体である。Ⅳ中2亜段階は「0.36〜0.40」から「0.71〜0.75」および「0.81〜0.85」に分布し，0.46〜0.70が主体である。砂川期は「0.06〜0.10」

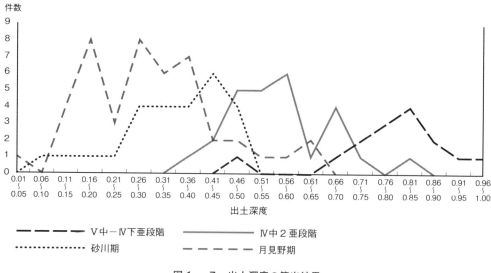

図1−7　出土深度の算出結果

から「0.46〜0.50」までに分布し，0.26〜0.50が主体である。月見野期は，「0.01〜0.05」および「0.11〜0.15」から「0.61〜0.65」に分布し，0.11〜0.40が主体である。

　多数の事例をもってしても統計的に理解できるほどの資料を得ないので概略的なことしか言えないが，つぎのようなことが看取できる。

　Ⅴ中−Ⅳ下亜段階とⅣ中2亜段階の関係はおおむね整合的である。0.70／0.71を境に下層がⅤ中−Ⅳ下亜段階に該当しそうである。ただし，0.7／0.71より値の小さい「Ⅴ中−Ⅳ下亜段階」，値の大きい「Ⅳ中2亜段階」の遺跡・石器群が認められる。両亜段階の区分基準自体が間違っている可能性もあるが，同じ遺跡での上下の文化層において一方が小さいと小さく，大きいと大きい事例があるので，その遺跡の形成過程−地層堆積状況の特性の影響があるかもしれない。

　Ⅳ中2亜段階と砂川期の間の重なりは大きい。同一層準である多聞寺前遺跡Ⅳ中文化層の「Ⅳ中2」と「Ⅳ中1」をⅣ中2亜段階と砂川期に振り分けたように，もともと両者は層位的に近いものと考えられる（栗島 1983b）。場合によっては時期的に重複する，あるいは連続的に変容する可能性も指摘しなければならない。一応，Ⅳ中2亜段階と砂川期は0.45／0.46を境としたい。

　砂川期と月見野期はそれら以上に重複度が激しい。これらにはいくつかの要因があげられる。月見野期として集計された遺跡とされたもののうちに，Ⅳ中2亜段階の石器群が紛れ込んでいる可能性が高い。Ⅳ中2亜段階と月見野期の双方に涙滴形のナイフ形石器を特徴とする石器群があること，長らくそれらが混乱，錯誤していたことが「新屋敷問題」として指摘されている（西井 2001）。また茂呂型ナイフ形石器（斜刃形二側縁加工ナイフ形石器）

の組成からだけでは，砂川期と月見野期の区分ができない可能性が高い。

　「出土深度」を基準とすることにいくつかの問題点があることを承知した上で，一応Ⅴ中－Ⅳ下亜段階とⅣ中２亜段階の境界は0.70／0.71前後，Ⅳ中２亜段階と砂川期の境界は0.45／0.46前後を目安にしたい。該当しないものがあるとすれば，それは編年自体の問題であるかもしれない。

第3節

文化層と石器集中部を取り巻く諸問題

1　遺跡形成過程論と文化層－石器集中部

　本節では，編年を構成する要素，文化層および石器集中部などの諸問題を詳らかにする。

　文化層および石器集中部の認定に関して，出土位置が石器をめぐる行動の痕跡そのものでないことはジオアーケオロジーの議論によって明らかである。マイケル・シファー（Schiffer, M. C）らは，「考古資料は，過去の行動システムの歪められた反映であ」り，したがって「考古的記録に認められたパターンから直接的に過去の行動を結びつけることはできない」（御堂島 2002：p.4）と捉えた。遺跡，遺物などの考古学的記録がどのように形成されてきたか，石器にどのような変形作用が起きたかは，遺跡形成過程（site formation process）論として議論されている。それらは五十嵐彰，御堂島正，出穂雅実らの研究に詳しい（五十嵐 2002，御堂島 2002，出穂 2007，長沼 2007）。

　シファーは，考古学理論の一つ，復元の理論を相関（correlates），文化的形成プロレス（cultural formation processes），非文化的形成プロセス（noncultural formation processes）から構成されるとした。このうち文化的形成プロセスには道具のリサイクルの二次利用，廃棄，隠匿／踏みつけ，耕作などが，非文化的形成プロセスには腐敗，堆積物の蓄積，地震，霜柱，ネズミ・ミミズなどの動物，植物の根による攪乱などがあげられる（御堂島 2002）。

　御堂島・上本は裸地において凍結融解作用によって遺物が水平・垂直方向へ，そして傾斜面をどのように移動するか実験を行った（御堂島・上本 1987）。また，風雨，霜柱，植物被覆による礫の平面移動についての実験も行った（御堂島・上本 1988）。ともに水平・垂直移動，特に水平方向の攪拌作用を中心に原形を留めない移動の様相がわかっている。

　遺物，石器集中部そして文化層が生活時の姿のままでないことは以上から明白である。それに対し，遺物の水平方向への攪拌の結果をヴィーナス曲線として捉えることにより「極大値の下位10㎝に生活面を求めて処理」（矢島・鈴木 1976：p.5）するとした。これに対し林和宏は遺物の移動はさまざまな要件で変わり，ヴィーナス曲線は一般的ではないと否定した（林 2006）。野口と林は下原・富士見町遺跡の発掘調査においてミクロ・スケールの調査・研究として，クリノメーターを用いた出土遺物の角度などの詳細な分析とファブリック解析によって，その形成過程を調べた（野口・林 2006）。下原・富士見町遺跡の発掘調査は，地質学者・土壌学者を総動員してその遺跡形成過程を詳細に調査し，野口・林・長沼のようにそれらを考古学側の発掘調査に連動させ，現実に出土した遺物群を遺跡形成過程論のなかに落

とし込もうとした数少ない事例であり，本来こうした作業によってのみ真の姿が理解できるのであろう。

2　文化層－石器集中部の認定

　絶対年代をもたなかった考古学においては，相対年代の分解能は切実な問題である。小野昭は旧石器研究において学史的に，年代の分解能，階層について「1）前期・中期・後期旧石器時代大区分，2）例えば後期旧石器時代のなかのある文化名で示される区分，3）特定の層位に依拠して名付けられた文化層名，あるいは特定文化の細時期区分，4）石器の接合関係で表現される時間幅（1年～1秒）」と述べた（小野 2007：p.31）。本書の対象に引きつければ，1）は後期旧石器時代，2）はⅦ層段階，Ⅵ層段階，Ⅴ層・Ⅳ層下部段階，3）は各遺跡調査によって定められた文化層（例：第1文化層）に相当する。4）については，具体的には石器集中部（ブロック・ユニット等）を宛てるのが妥当であろう。いずれにせよそれらは異なる基準による異なる分解能をもつ概念である。

　異なる概念であるにもかかわらず，編年を組むにあたり各遺跡・文化層さらには石器集中部を単位としてそれがいずれの段階に属するかどうか検討し，その集合体として各段階が設定される現在の旧石器時代の報告においてそれらは階層関係にある。報告書において章として「旧石器時代」が当てられたならば，節に文化層を（たとえば第1節：第1文化層），その下位の「見出し」に石器集中部（たとえば1号ブロック）を当てるという資料操作がなされる。こうした資料操作上の階層的関係は，武蔵野台地では野川遺跡の調査を嚆矢としながらも，新橋遺跡，はけうえ遺跡，多聞寺前遺跡など1980年代前後の報告書において形成され，その後普遍化したものと考えられる。

　文化層および石器集中部にかかわる研究史，概念上の問題点は，五十嵐，野口の論考に詳しい（五十嵐 1999・2000，野口 2005・2007）。遺跡形成過程論を抜きにしても，この概念は確たる定義づけをもたないまま浮遊した状態で現在の研究状況に至っている。

　石器集中部は掘り込みを認識できるわけではなく自然土層中に分布するだけであるので，平面的，垂直的範囲が自ずと定まっていない。文化層に関しても編年の枠組みのなかに押し込められるものの，同時である必要もなく千年，二千年の幅があるのは一般的であるし何年を基本とするとも定められていない。五十嵐はそれを「旧石器的文化層概念」とし，他の時代の「一般的文化層概念」と違って旧石器時代のこの文化層の特殊性を強調している（五十嵐 2000）。したがって，報告者による石器間の石材別分布状況，個体別資料分類，接合関係の検討によって一個の石器集中部，文化層を周囲と区分するという作業を必要とする。

　五十嵐は，坂下遺跡の報告書について，その石器集中部，文化層が平面的にも垂直的にも周囲との関係が客観的ではなく恣意的に区分されていると批判した（五十嵐 1999）。同じく

五十嵐は，相模野台地の例であるが大和市長堀南遺跡第Ⅳ文化層が分布状況から判断して前後の文化層と分けがたいとした（五十嵐2000）。また，飯田茂雄は葛原遺跡の文化層，藤田健一は多聞寺前遺跡の文化層が重なって混じっておりその設定に整合が見られないとした（飯田2008，藤田2008）。資料操作上の見解によるものと理解されるが，同時のものが分かれたり別時期のものが一緒にされたり，自然土層内に分布するゆえの資料分析の難しさが指摘されるところである。編年作業への活用にあたっては，それが適切であるかどうか充分な精査が不可欠である。

　石器集中部に関しては，単元の区分が適切かどうかの問題もある。散漫に分布する場合もしくは密集部が重なりながら複数連なる場合には区切るのが難しい。ただ本書の集成にあたって確認するかぎりでは，一度の剝離作業を想定できる単元を石器集中部として設定するのではなく，剝離作業の単元いくつかが密接してまとまるより広い範囲を1件の石器集中部として設定する傾向が看取でき，おおむね発掘調査の蓄積をとおして形成された暗黙のルールがありそうである。とはいえ，尾田識好は石器集中部の設定にカーネル密度推定を用いて客観性を担保している（報告書：武蔵野212）。今後は客観的な基準を設ける必要があろう。

　遺跡形成過程論に関連して遺物が本来の位置を保っていないとしても，接合資料法，母岩別資料分析法，「スポット」の認定（戸沢・安蒜・鈴木・矢島編1974，安蒜1992，栗島1987a・b他），あるいは個人の特定を示す「剝離の座」の特定（高橋2003a他）などいくつかの分析方法が開発されてきた。遺跡構造論的理解に耐えうる研究蓄積があると見るべきである。

　石器集中部とはいえ，複数の性格に分かれるものである。一つは石器製作の痕跡としてだが，それも剝片剝離作業主体と二次加工作業主体に分けられる。剝片剝離作業は原石から剝離が進み残核がある過程すべての場合もあれば，その作業の一部，残核を有する最終工程の場合もある。二次加工作業は小剝片・砕片類が多く残されるが，再加工，刃部再生作業の場合もある。もう一つは石器の保管場，廃棄場として。目的的に作られた石器（狭義）や二次加工しないままナイフ等に利用される剝片は，製作された後に保持・保管され使用に供されそして最終的に廃棄される。今後の利用を見こして一時的に置いていって忘れられたのか使用が済んで捨てられたのかは明確にはならないため，保管場と廃棄場は区別つきにくい。単独で保有される石器が他の世帯からの譲渡によるものとも考えられる。

　また一連の石器製作作業や廃棄作業は短期間でなしとげられるが，石器集中部は往々にして時の異なる複数の作業痕跡が重なっている場合が多い。作業の重複期間は長くて1シーズンを超える可能性も考えられる。石器製作作業はすべての作業の一部でしかなく，ごく稀にしかなされなかったと思われる。

　その二者が単独か同一箇所に重複し，しかも複数点が集まった場合に石器集中部と認識されよう。そうした性格の石器集中部には，常習的な寝所すなわち「家」を伴う場合と伴わない場合が考えられる。前者はベースキャンプ，後者はワーキングキャンプとするであろうか。

長﨑潤一は，新潟県津南町の下モ原Ⅰ遺跡と居尻Ａ遺跡との石器遺跡間接合の分析から，下モ原Ⅰ遺跡をベースキャンプ，居尻Ａ遺跡を彫器の刃部再生によって削片を遺したワーキングキャンプと捉えた（長﨑2001）。もちろん，ベースキャンプでも一部の作業や不用品の廃棄を行った石器集中部も認められるはずである。

剝片剝離作業が集中的に行われる場合，石器集中部は出土点数が数十点から数百点に及ぶ多くの点数になるものと推察される。一方，数十点以下の石器集中部は二次加工作業，剝片剝離作業のごく一部の痕跡あるいは保管場・廃棄場であると考えられる。集中的な剝片剝離作業は石材の搬入・保持を伴うことからベースキャンプで行われたものと考えられ，したがって出土点数の多い石器集中部は寝所を伴うベースキャンプに伴うものと理解できる。一方で出土点数の少ない石器集中部はワーキングキャンプであるとともにベースキャンプに付随する可能性もある。多点数石器集中部と少点数石器集中部が共伴関係をもつ場合はまま認められる。石器集中部の分析にあたり以上の点への留意が必要である[7]。

3　発掘調査方法の取り組みと資料集成に向けて

以上を留意すれば，当然発掘調査方法からして改善が必要である。とはいえ，いずれの発掘調査でも下原・富士見町遺跡の調査のように地学者を総動員して分析ができるものではなく，時間と予算の範囲で行わなければならない。後期旧石器時代の遺跡立地研究は相応に進んでおり，必ず出土する場所を推測することはできないが，出土しない場所の予測は立つ。出土する場合にはⅤ層・Ⅳ層下部段階の石器集中部は崖線，斜面の落ち際で出土する傾向があるが，それ以前，それ以降は少しだけ奥まって分布する（伊藤2008a）。

したがって，それを見こして調査計画を立てる必要がある。平坦な場所で文化層が重複しない単独の石器集中部であれば従来どおりで問題ないが，重複する可能性が見こまれたらできるだけ多くセクションベルトを設けて土層を記録すべきである。縄文時代以降の竪穴住居跡ならば少なくとも直交する二本の土層を記録するが，後期旧石器時代にあっても同程度行うのがよいだろう。石器集中部はどのように出土するかわからないが，竪穴住居跡のプランが明確でない場合は3本以上のセクションベルトを設けることと同じである。一個一個の土層ベルトすべてに一次鉱物分析はできないが，松田が行った方法（第2節5），土層断面におけるスコリアの分布分析ならばデジタルカメラで撮影し分布を押えることによって省力化を図ることができるであろう。

縦横2mのグリッド単位で千鳥式に坪掘り掘削しそのつど四面の土層観察・記録を行い，その後残りを掘削すれば省力的に発掘調査することが可能である。ただ全体写真を撮影することはできないが，「これが石器の出土状況の俯瞰写真です」と見せられてもあまり面白くないようにも感じてきた。一般に旧石器時代の調査においては縄文時代以降と比較して，発

掘調査に手間をかけず整理作業に時間を費やしてきたきらいがある。今後は発掘調査にこそ時間をかけるべきだと思う。

　石器集中部，文化層の認定は本集成において重要な要素である。以上の点に留意しできるかぎり報告書を精査し，段階などの振り分けを行うつもりである。

| 第 4 節 |

集団構成と領域・人口

1 集団構成の概念

　本章の最後に，本書の主題につながる集団構成，集団による領域および人口規模について議論する。

　それについては，1970年代に『考古学研究』誌上で交わされた集団関係論がそのさきがけとして重要な示唆を与えてくれる。近藤義郎による，弥生時代共同体論を素地として後期旧石器時代の社会論を論じた先見的な論考がある（近藤 1976）。それによると，最小の遺構単位である遺物集中は 2 〜 3 もしくは 3 〜 4 基が同時期に群在して発見される。遺物集中が居住の単位として「世帯」を示す。その 2 〜 4 基の遺物集中が群在し遺跡を構成する遺物集中群を，居住の最小単位である「単位集団」とする。すなわち，血縁関係にある 2 〜 4 軒の世帯が一団となって生活し，単位集団を形成するのである。遺跡（遺物集中群）は台地，河川流域を単位として遺跡群を形成し，「集団群」を示す。集団群は普段は単位集団として個々に生活様態を有し分散居住しているが，共通の祖先を有すること，血縁関係を有することによって上位組織としての氏族共同体を形成する。それを集団群と呼ぶ。すなわち，世帯－単位集団－集団群の三段階である。

　一方，小野は内外の事例の検討から，世帯－世帯共同体－氏族－部族の四段階からなる集団構成を設定した（小野 1976）。まず，ブロック数基をもって分散居住の基本単位である「世帯」，その上位に鈴木遺跡などの大遺跡に相当する，世帯－氏族の中間項として「世帯共同体」を設定する。さらに上位には，武蔵野台地などの台地をもって集合居住時の合同世帯である「氏族」，最終的にはナイフ形石器の地域性をもって措定される関東・中部地方などの広い範囲に「部族」を設ける。「氏族」は環状ブロック群の理解に適合するかもしれない。三段階か四段階かは別として，遺跡を単位とし居住を一にする単位集団と，その集合時の形態もしくは上位血縁集団を示す集団群（氏族，部族を含む）の二様態にみることができよう。

　こうした集団構成説に対しては岩崎泰一，仲田が疑義を挟んで批判している（岩崎 1992, 仲田 2002）。批判の論点の中心は石器集中部が世帯を，石器集中部がいくつか集まって形成する遺跡（石器集中部群）が単位集団をさすかどうかにある。確かに石器は「石器をめぐる行動」の痕跡に過ぎず，社会構成そのものはさしていない。ただ先述したように，高橋章司が大阪府翠鳥園遺跡などにおける石器製作において，個人単位の製作痕跡を抽出しそれが世帯を指呼する可能性のある複数人の痕跡として遺されていることを示した点は「石器をめぐ

第 1 章　総説　51

る行動」が世帯の存在を示唆している（高橋 2003a・b）。また，安蒜，栗島は石器集中部における母岩別資料の検討から，世帯が共同して石器製作を行い別の石器集中部に製作単位を移動させる姿を復元したが，複数の単位が連関している様も示し，世帯の上位に単位集団があることを想起させる（安蒜 1977・1992，栗島 1987a・b 他）。

確かに，石器集中部は剝片剝離作業が集中的に行われる石器製作の痕跡ばかりではなく，剝片剝離が行われず単品が集まった保管場・廃棄場のように多様な痕跡の集合であり，石器集中部があれば世帯をあるいは近くに家族の寝所・居所を見いだしうるものではないことは注意が必要である。とはいえ，世帯とそれが集まり共同して暮らす単位集団の存在は，安蒜らの研究を通じて確実視してよい。本書でもさまざまなケースを想定しながらも，近藤らの集団関係論をベースに石器集中部−遺跡（石器集中部群）を世帯−単位集団関係として分析の中心に置きながら展開していく。

一方，遺跡群−集団群は何をさすのか。遺跡（石器集中部群）が同時期にその周囲にある遺跡（石器集中部群）とどのような関係にあるのか。後期旧石器時代前半期に特徴的な環状ブロック群は，単位集団の上位組織の存在をうかがわせる資料とされている。たとえば大工原豊や島田は環状ブロック群の分析から，大きな環状ブロック群は，散住する単位集団が同盟関係を維持するために一か所に集中する姿であることを論じた（大工原 1990・1991，島田 2012）。集合した複数の単位集団が集団群の姿であり，程なく離散した時には遺跡群−集団群を形成するのであろうか。

集団群は，情報交換網，婚姻網を共有するグループを想定できる。もし親戚関係にある男女間の婚姻関係があった可能性を否定するならば，他人同士の婚姻に必要な 500 人程度のグループを想定しなければならないかもしれない。しかしながら今般の遺跡構造研究において，集団群の実態を石器群，考古資料から導く研究を寡聞にして知らない。田村や国武は領域に関する研究を進めたが，それらは単位集団が行動する範囲とその排他的性格について論じたものであり「集団群」の存在に必ずしも直結しない（田村 1992，国武 2008他）。集団群のヒントは意外と石器型式にあるかもしれない。たとえば関東地方において石材受給等行動論から見れば各台地等地域で異なりを見せるにもかかわらず，石器形態に関してはほぼ一律である。石器のもつ型式的な意味，デザイン性などにおいて集団群による流行，規制などが表出している可能性がある。ただ本書では集団群に関する議論はここまでにし，分析・解釈を通じて扱わないつもりである。

2　人口をめぐる諸問題

後期旧石器時代の人口についての議論は，仲田の論考に詳しいのでそれを参照に論じる（仲田 2002）。筆者は1995年に後期旧石器時代における関東地方の人口について論じた（伊藤

1995a）が，その後三十年を経て研究状況も変化したので，それに批判的に論を展開していく。

　岡村道雄は，先土器時代の日本列島の人口を約15,000人と推定した（岡村 1990）。すなわち，列島内には，河川単位などの4～20㎞くらいの範囲に数か所から30か所ほどの遺跡を有するグループ（小群）が約280存在し，その小群の人口を40人と仮定して，列島内に約11,000人と計算し，未発見・集計もれを加え15,000人としたのである。なお，この15,000人が列島内の平野に分布したとすれば，日本列島の平野：約35,000㎢，武蔵野台地約846㎢の比率に当てはめると，武蔵野台地で約360（362.6）人である。

　筆者は，武蔵野台地野川上流域の遺跡，石器集中部の件数から，Ⅴ層・Ⅳ層下部段階の武蔵野台地において「500人近い人数」，関東圏で「1000人に達するか達しないかの人数」（伊藤 1995a：p.11）とした。

　仲田が指摘しているとおり，これらには古典的な民族誌の人口への理解が影響している。井川史子によると，オーストラリア先住民の単位集団（バンド）は平均約25人で構成され，バンドが20グループ程度集まり言語上で他と区分が可能な単位である「方言族」を構成するとされる（井川 1976）。その上で，500人程度をもって方言族，婚姻圏の単位とされることが一般的に看取されるというバーゼル（J. B. Birdsell）が，オーストラリア・アボリジニの事例によって示した見解を引用する。500人は「狩猟採集民社会構成の魔法の数字」とのことで，口蔵幸雄による狩猟採集民の人口を論じた論考にもそれを首肯させるデータが示されている（口蔵 1983）。

　これに対し仲田は，500人モデルが実態に即して修正され低人口が推定できるとした上で，精緻な推定からⅤ層・Ⅳ層下部段階，南関東地方について，変数によって異なる幅をもたせつつもおおむね200～300人程度，多くて500人以下を導いた。いずれにせよ岡村・筆者の推計よりも半分もしくはそれ以下に相当する。

　人口推定にあたり，係数の取り方に差異があるとはいえ，いずれの場合でも遺跡－石器集中部数から算出しており，それ以外の実証的方法は考えにくい。筆者前著の頃の1990～2000年当時からすれば，現在は資料の蓄積も著しい。現在の研究状況から検討していきたい。

3　石器集中部件数からの人口推計

　本書は武蔵野台地，Ⅶ層段階からⅤ層・Ⅳ層下部段階までの石器集中部を集成しているので，そのデータが活用できる。しかし，それは本来遺された石器集中部の総数を表わしていない。集成されなかった石器集中部として，①調査報告書が刊行されたが石器集中部の数量がわからない例，②発掘調査が行われたが該当層序まで発掘されなかった例，③発掘調査が行われる以前にすでに消滅した例などがあげられ，実数との隔絶が指摘できる。一方で，開発事例がなく該当する石器集中部が発見されない例に対しては，過去の報告書刊行数から予

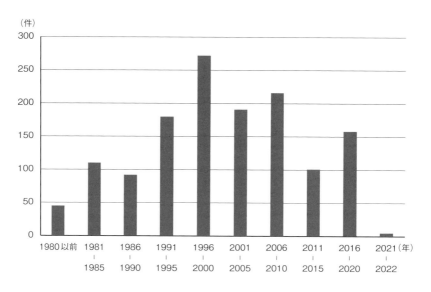

チャート1−1　報告書刊行年次別にみる石器集中部件数

測ができる。

　集成された石器集中部は，Ⅶ層段階からⅤ層・Ⅳ層下部段階の間，おおむね8,000〜8,500年間で約1,300件である。

　チャート1−1は集成された石器集中部件数を，発掘調査年次（実際は報告書刊行年次）別（5年単位）で棒グラフにしたものである。2022年までの集計では「1980年以前」から「1996−2000年」にかけて件数は増えつづけるがそれ以降は増えない。各年での最高値は1994年で，1987年〜1991年のバブル景気の後に相当し，一方2012・2013年はきわめて少なく，2008年のリーマンショック後の景気低迷による開発行為の減少によるものとみられる。GDPの推移とも似ていて，社会情勢と連動していることがわかる。2010年以前は5年間で10〜60％の比率で総件数が増加していたものの，2011年以降は10％に落ち込んでいる。この先を予想すると，年々減少の一途をたどり調査すればいつかはなくなるとし，2400年に検出件数がなくなるまで少しずつ減少すると想定すれば，石器集中部は最終的には約5,000件となる。2400年まで2010年代と同様のペースで刊行されれば約9,000件となる。

　Ⅶ層段階からⅤ層・Ⅳ層下部段階の間は約8,000〜8,500年であるので，一世帯が4人で構成され一世帯が1年間に石器集中部3件を形成すると仮定すると，武蔵野台地の人口は石器集中部5,000件とすると約0.8人，9,000件とすると約1.5人となる。きわめて雑な計算であるが，旧説「約360人から500人弱」の数百分の一である。

　「約1.5人」はいささか少なすぎるので，つぎに遺跡・石器集中部分布状況から石器集中部件数，人口を推定する。武蔵野台地における後期旧石器時代の遺跡分布については多くの検討がなされている（比田井・伊藤・松田・西井他 1999，日本旧石器学会 2010，伊藤・山田・塚田

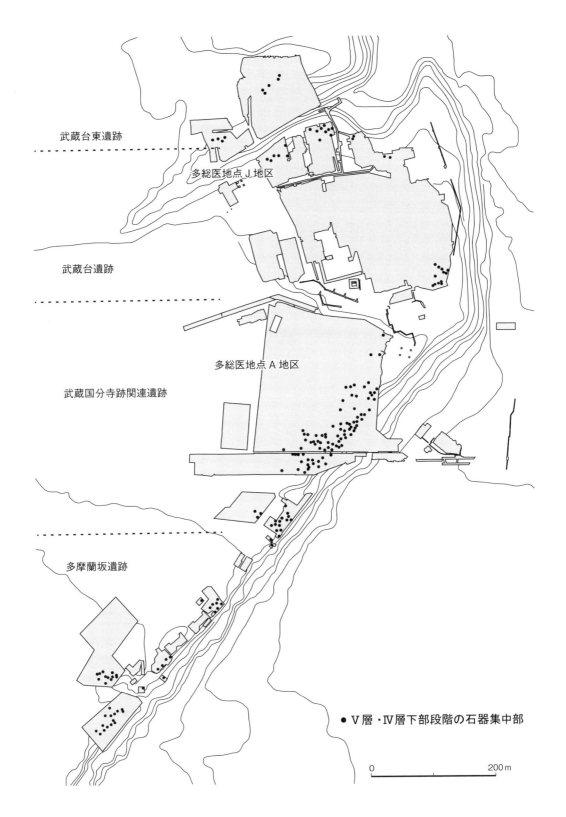

図1-8 武蔵台遺跡他の石器集中部分布

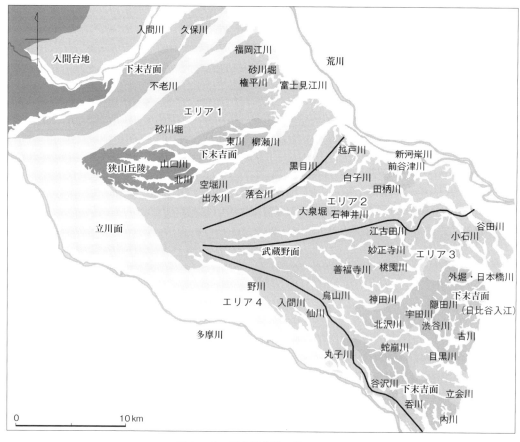

図1−9　武蔵野台地の地形と河川

他 2019他)。遺跡は武蔵野台地全体に展開するが，おおむね河川直近の段丘上に中小河川に沿って分布することがわかっている（伊藤 2008a・c・2009）。中小河川から離れた奥地，台地平坦部には認められない。このことから，遺跡（石器集中部）の件数は中小河川の総延長に比例する可能性が高い。

渡部一二によると，黒目川以南の主要中小河川の総延長は約215kmとされている（渡部 1989）。ただ，野川や石神井川などの主流となる河川だけでなく蛇崩川や大泉堀などの支流，名もない支流を加えると約450kmである（図1−9）。ところで，国分寺崖線上流部（現野川源流よりも上方）に位置する国分寺市多摩蘭坂遺跡，府中市武蔵国分寺跡関連遺跡・武蔵台遺跡・武蔵台東遺跡（図1−8）は後期旧石器時代初頭期の遺跡として著名であるが，後期旧石器時代中盤のⅤ層・Ⅳ層下部段階で最も多くの石器集中部が検出されており，崖線に沿って約1.6kmに渡り4遺跡で187件（石器集中部情報がなく集成から除かれたものも含む）が数えられる[8]。集中していると考えられる崖線沿いの一部の区画が発掘されていないものの，武蔵野台地のなかでは最も大規模に分布する調査事例に相当する。

そこで，武蔵野台地全体が延長1.6kmの間に石器集中部187件あるものとすると，武蔵野台地の中小河川総延長約450kmの左・右両岸には105,187.5件が分布すると計算される。先述と同様に一世帯4人で構成され一世帯が1年間に石器集中部を3件形成すると仮定し，Ⅴ層・Ⅳ層下部段階該当年数を4,500年もしくは4,000年間すると，石器集中部105,187.5件は約31.2～35.1人（105,187.5件×4÷3÷「4,500年～4,000年」），世帯数は約7.8～8.8世帯となる。

4　武蔵野台地の人口

武蔵野台地の人口について，旧説では約360人から500人弱であり，一方本書の推計では約31～35人（または約1.5人）となった。

発掘調査年次にかかわる人口推計に関しては，いくら発掘しても全体を掘り尽くすには至らないという疑念が残る。ただ発掘調査において，現実に旧石器時代の遺構が検出される事例は少なく，より上層，砂川期以降で出土するにもかかわらず，Ⅴ層・Ⅳ層下部より下位で検出されない事例も多い。よしんばこの5倍の未発見石器集中部がまだ地中に埋もれているとしても，人口7.5人である。また，後述するとおりⅤ層・Ⅳ層下部段階はⅦ層段階，Ⅵ層段階それぞれの10倍の石器集中部が検出されているので，「Ⅶ層～Ⅴ層・Ⅳ層下部段階」が約1.5人とすれば，「Ⅴ層・Ⅳ層下部段階」だけならば約3人に達するかもしれない。とは言え旧説とは大きな開きがあり少なすぎる。

武蔵台遺跡等にかかわる人口推計では，中小河川総延長から外れる地域・河川があり実数は多くなる可能性もある。現在，立川面内には国分寺崖線沿いを除いて中小河川は存在しない。立川面に立地する下原・富士見町遺跡のような大遺跡を捕捉できていない可能性がある。ただ，多摩蘭坂遺跡，武蔵国分寺跡関連遺跡・武蔵台遺跡・武蔵台東遺跡は武蔵野台地で最多の石器出土点数，石器集中部件数を誇る。他にもはけうえ遺跡，西之台遺跡など野川上流域の遺跡群などのように密集している地域はあるだろうが，武蔵台遺跡等の密集度が台地全域に展開していたとは，分布状況を検討するかぎりでは到底考えられない。したがってこの推計「約31.2～35.1人」を上回ることは考えられない。

加えて，先述したとおり石器集中部の半分は寝所を想定しうる剥片剥離作業が集中的に行われる石器製作の痕跡であるかもしれないが，残り半分は人口規模とかかわりが薄い保管場・廃棄場であると考えられる。とすれば寝所を想定しうる石器集中部はもっと少ないであろうから，おそらく「約31.2～35.1人」を下回る低人口を想定するのが適切であろう。

もしかしたらわれわれは石器集中部を縄文時代以降の竪穴住居跡と同一視してしまいがちかもしれない。しかしながら竪穴住居跡が建っている期間は10年とも20～30年とも言われる。それにくらべれば石器集中部はたとえ数カ月間にわたって形成されたにせよ一瞬の作業

痕跡でしかない。発掘調査を経験すれば，多くの一般的な遺跡で縄文土器片や縄文石器類が旧石器時代の石器とは桁違いに多量に出土することを知っている。そのことに思いいたれば，後期旧石器時代の人口が縄文時代以降よりも明らかに桁違いに少ないことに気づくであろう。

そもそも石器集中部件数が人口規模を表わしていない可能性があるが，これらのことを勘案すればⅤ層・Ⅳ層下部段階の人口は旧説の360人〜500人弱には到底及ばない低人口であると推察されよう[9]。河川直近の段丘上，中小河川に沿ってしか寝所を設けることができず，川から離れた奥地，台地平坦部には入り込むことができない，限定的な資源利用が背景にあるものと考えられる。

とは言えこの人口「約31.2〜35.1人」では1〜3個程度の単位集団しか維持できない値である。ということは1〜3個程度の単位集団だけが広い武蔵野台地を遊動していたことになる。実際には石器組成が近似している大宮台地や多摩丘陵の一部や東京低地を遊動領域に組み込んでいて，その単位集団はもう少し多いかもしれない。

ところで，関東平野全体では約17,000km²を測る。それは武蔵野台地の約20.1倍に相当し，地域間の粗密を無視して計算上では関東平野の人口は「約627〜706人」となる[10]。けっこう多い。その人口規模のネットワークが形成されており，情報交換，物々交換や婚姻がなされていたものと理解できる。

武蔵野台地に石器集中部が多く検出されたⅤ層・Ⅳ層下部段階だからその人口規模である一方で，Ⅴ層・Ⅳ層下部段階以前，Ⅶ層段階やⅥ層段階は石器集中部件数が圧倒的に少ない（約1/5・1/9）ので，Ⅶ層段階，Ⅵ層段階の人口規模は小さいものと推察できる。Ⅵ層段階は約500〜1,000年間しかないので石器集中部件数が少なくてもⅤ層・Ⅳ層下部段階の人口に近いかもしれないが，石器集中部件数が少なくかつ約2,500年間続くⅦ層段階はかなりの低人口で，「約31.2〜35.1人」の半分以下もしくは1/3以下のかなりの低人口であると想定でき，単位集団1個分にもならない可能性がある。となれば武蔵野台地内が無人であった期間が続く一方で，その間赤城山麓や相模野台地などの関東平野の周辺地域へ展開していたと仮定すれば，有人期間にはⅤ層・Ⅳ層下部段階の武蔵野台地と同じような数個の単位集団が維持されることになる。またそのような低人口であるならば疫病や冷害，虫害などの突発的イベントへの耐用度が低く，集団が減少または減失してしまうことも起こりうると考えられる。

5　武蔵野台地をめぐる石材利用

本書の分析において石材利用に関する分析が大きなウエイトを占める。どこから搬入したかは遊動領域，移動経路等にかかわるからである。

かつて関東地方における遺跡出土石器の石材鑑定についてはその地域における地質学者に

お願いすることが多く，その結果石材名称はさまざまで統一的に集成することが難しかった。そうしたところ，1990年代に柴田徹が南関東地方の各地の遺跡出土石器を実見してめぐり，石材鑑定を行うようになった（柴田 1995・1996他）。その結果，柴田による石材名称が各報告書等に反映されるようになり，集計可能な一応の統一が図られるようになった。ただ全点を鑑定できるはずもなく，地学研究者ではない報告担当者が出土石器の石材を決めるケースも少なからずあり，石材名称の統一も中途半端ではある。近年地道な踏査や理化学分析の発達により，個別の石材に対する研究は進みつつあり（たとえば金井・一之瀬 2024，前嶋 2024），今後さらなる進化と見直しがなされるものと思われる。

　柴田が推進した以降の研究成果によると，武蔵野台地からみて近傍で採取される石材と遠隔地でしか採取できない石材がある（柴田 1995，比田井 1996他）。チャート，頁岩・珪質頁岩，ホルンフェルスは近傍の荒川，多摩川水系の河原で採取できる。また，荒川と多摩川の河原でなくても台地内部の中小河川である黒目川・白子川・石神井川・神田川などの中・上流部の河原では，川底に武蔵野礫層が露出しているので採取することが可能である。また，野川流域＝国分寺崖線沿いでは崖に武蔵野礫層が露出し，かつすぐ南の立川面上では土壌が形成されはじめているとはいえ小河谷に立川礫層面が露出し採取可能である。ただそれらで採取できる石は「玉石混淆」で，良質石材の探索には時間がかかる。一方，多摩川上流の特定の谷まで遠征すれば，良質の石材がより容易に採取できる可能性がある（田村・国武 2006）。頁岩のうちには，利根川上流域で採取できる黒色頁岩，東北地方奥羽山脈西部を中心に採取できる東北頁岩（珪質頁岩），千葉県の嶺岡層群白滝層産出の白滝頁岩など遠距離の石材も認められる。

　凝灰岩は荒川，多摩川水系では採取できない。近傍では丹沢山地で産出される硬質細粒凝灰岩が著名であるが，相模川が太古多摩丘陵方向へ流れていたことから多摩丘陵の礫層で採取可能である。安山岩は近傍では奥秩父に産出するが，良質石材であるガラス質黒色安山岩は箱根，栃木県姿川・武子川，群馬県利根川，長野県八風山で採取できる遠隔地の石材である。また伊豆半島にも産地がある。ただ，利根川産は群馬県武尊山付近で産出されるが，利根川の下流である荒川の埼玉県内の河原で採取できる可能性が指摘されており，武蔵野台地北側からは近傍の石材であるかもしれない（西井 1997）。南側の多摩川側からすれば利根川産よりも箱根産のほうが近い感があるが，実際には直線距離で70km離れており近傍の石材とは言えない。

　黒曜石は高原山系，信州，神津島系，伊豆・箱根があげられる。このうち信州は和田峠系，鷹山系，男女倉系，諏訪系，蓼科系に，伊豆・箱根は箱根系，上多賀，柏峠に分けられる。武蔵野台地（鈴木遺跡付近）から黒曜石産地へは直線距離で高原山約130km，信州130km，神津島175km，箱根70km。柏峠95kmである。

　石材は一日の行動圏内で採取できる近傍石材と，移動・採取に二日以上の行程を要すると

考えられる遠隔地石材に分けられよう。近傍石材ではチャート、頁岩・珪質頁岩の一部、ホルンフェルスが、遠隔地石材ではガラス質黒色安山岩、黒色頁岩、東北頁岩、白滝頁岩、黒曜石があげられる。それ以外にも水晶、メノウ、トロトロ石、碧玉などがあげられる。しかし、硬質細粒凝灰岩や利根川産ガラス質黒色安山岩は遠近中間の可能性があり、広い武蔵野台地にあってはその南北で意味合いが違うのはもちろんである（巻頭1）。

6　遠隔地石材の入手と領域について

　遠隔地石材の入手にあたって、小野はつぎの可能性を指摘した（小野 1975・2007）。一つは交易で、集団間の直接交易と中間の媒介集団を経由した交易がある。もう一つは直接採取である。直接採取は、消費地集団が構成員の一部を派遣して採取、運搬する状況を示す。これらは、石材採取地が消費地集団の遊動領域外にあることを前提としている。

　これに対し、田村はビンフォードの唱えた「埋め込み戦略」を紹介した（田村 1992）。埋め込み戦略は集団の回遊的な遊動範囲のなかで遠隔地の石材採取と消費地での消費がセットで組み込まれており、わざわざそれだけのための移動運搬を行わない。武蔵野台地から考えれば、たとえば群馬県赤城山麓、前橋台地周辺で一定期間滞在して生業活動を行い、長野県佐久盆地付近に一定期間滞在した後に信州黒曜石原産地に至る経路と行動が推定できよう。しかし、もしこうした経路を周回しつつ石材を入手し消費していたのならば、移動戦略のなかの継続的な石材消費行動によって、入手した石材をつぎの係留地で少しずつ消費しつつ、また新たな石材を入手してつぎへ向かう受給形態が想起できる。したがってその場合、武蔵野台地に到着時には使用価値が高い信州黒曜石を有しつつも、佐久盆地周辺で入手した八風山産ガラス質黒色安山岩、群馬県域で入手した利根川上流域のガラス質黒色安山岩、黒色頁岩をも相当量保有した上で、おおむね在地石材も確保している状況が想定できる。

　ところが、武蔵野台地で実際に出土する遺跡は、第2章以降で詳述するが、Ⅶ層段階で黒曜石がおおむね20％、在地石材が50％強で、ガラス質黒色安山岩・黒色頁岩は10％強、Ⅴ層・Ⅳ層下部段階で黒曜石が60％弱、在地石材が30％強で、ガラス質黒色安山岩・黒色頁岩は10％に満たない[11]。したがって周遊活動のついでに石材を入手したのでは、こうした石材組成の不均衡性は起きないはずである。武蔵野台地に限らず、西関東の赤城山麓、大宮台地、相模野台地ではいずれも黒曜石を除けば在地石材が大多数を占めており、その姿には広域移動を伴う埋め込み戦略はそぐわず、在地石材の産出する大河川流域に区切られた台地単位内での移動を示すものと考えられる。

　とすれば黒曜石はやはり特殊であり、多くの場合わざわざ本来の移動範囲を越え派遣隊を組んで直接採取に向かったものと考えるのが妥当である。そして、ガラス質黒色安山岩などの少量を入手する石材については直接採取とも交易（交換）による入手とも考えられよう。

あるいは限られた少ない機会に地域間を越えて移動した過去の名残として保持しつづけているのかもしれない。

　ちなみに遠隔地石材の運搬にかかわる労働量は移動距離とともに石材重量が関係する。筆者が調査した武蔵野台地でも五指に入る大遺跡である武蔵国分寺跡関連遺跡多摩総合医療センター地点（以下，多総医地点とする）A地区（巻頭2）での黒曜石出土点数は12,169点で総重量11,622.05g，1点当たり平均0.96gである。約12kgといえば無理をすれば一人で一度に運ぶことができる重量である。本書で扱う資料のなかで黒曜石の出土点数は約6万点である。60〜70kgといったところであろうが，約8,000〜8,500年間であるので1年あたりの黒曜石重量，労働量たるや微々たるものである。

　ところで，国武はその遊動行動，移動範囲を「移動領域」と「生業領域」の二つの領域として把握した（国武 2003・2008）。遠隔産地の石材が生業活動の範囲を越えて採取される可能性から埋め込み戦略説の破綻を見出し，石材獲得のために移動する領域を移動領域，生業活動が行われるために移動する領域を生業領域として領域概念を分離したのである。先の議論に引きつけるならば，この移動領域とは集団の構成員の一部を派遣して直接に採取する先との移動距離であって，点と点の関係に過ぎないと見るべきであろう。一方，生業領域は生活に必要な食糧，資源の多くを調達する範囲であり，優占的な利用をも含意する。したがって「生業」をつけずたんに「領域」としても構わないものと理解しているが，ここでは国武にならって生業領域とするつもりである。

　ただその生業領域は単位集団にとってのものであり，隣接する単位集団間，集団群内で同じになるというものではなかろう。すなわちそれはある単位集団の季節的遊動の経路をトレースしたもので，実際には追跡不可能である。また，時間スケールの問題もつきまとう。ある1年間の季節的遊動に伴う生業領域が永劫に続くものではなく，その後にはまったく異なる地域で生業領域を形成することも想定できる。入手した石材を使い切ってしまう時間幅を超えるならば，石材組成から生業領域を測ることは困難になる。そもそも単位集団そのものが離合集散の一断片に過ぎないとも言えよう。

　田村は領域に二つの種類があることを述べている（田村 1992）。一つは他の集団の立ち入りを防衛する領域である「縄ばり」，もう一つは立ち入りを防衛しない領域である「行動圏」である。本書では基本的にまず行動圏であると想定するが，協同関係にある隣接した単位集団以外の立ち入りを抑制する縄ばりが成立していく可能性は考えうる。

7　環境変動と生態学による環境利用

　後期旧石器時代の構造変動を論じる際に，環境変動との関係に注目することは多い（たとえば小原 2023）。小原の著書は火山活動の影響の大きい群馬県域の赤城山麓を扱っているの

で，環境変動を考慮する必要があろう。しかし，気候変動がそのまま直截的に人類の行動に影響するというものではないようだ。江戸時代の飢饉はたんに寒冷化などの自然現象によるのではなく，人々が経済発展に傾倒するあまり前回の飢饉の教訓を忘れてしまうから起きるのだという（中塚 2022）。われわれは後期旧石器時代の大規模な気候変動を把握できていても，数十年に一度起きる程度の多雨，少雨，寒冷，乾燥，そしてそれがどの石器群に対応するかをまだ把握できておらず，かつそれらに社会的要因が複雑に絡みあった状況を理解するには至っていない。突発的な疫病，害虫による被害などはなおさら把握できない。

　1991年に行われた石器文化研究会のシンポジウム「AT降灰以前の石器文化」の総合討論において，ATの降灰が人類文化に影響を与えたか否かの議論で辻誠一郎から「石器が，ATが降ったときに変化するのかしないのかというようなのは，これは当てもんで，論理的にも展開性のないものであろうと思います」「やっぱり考古学でしっかりした環境作用，環境形成作用っていうかかわりを持っていただき，方法論を解決して頂きたいという風に思いました」（辻 1992：p.98）との発言があった。その後，環境変動史も人類構造変動史も研究が進展したが，理解できたことは当然のことながら単純な適応関係ではないということである。そうした観点から本書では，後期旧石器時代の環境変動にはふれない。様相の解明こそすれ，基本的に環境変動に要因を求めない。

　つぎに，考古学資料の解釈にあたって人類学，動物生態学の理論・概念を用いるケースがまま認められる。リスク低減戦略，最適捕食理論，管理化理論，二極構造論，技術組織論，信頼性と保守性，短期行動戦略としてのフォレイジャーとコレクターなどである（いずれも富樫 2016：pp.12 - 23）。しかしながら，本書ではそれらのモデルによって解釈する方法は採用しない。

　ただ，エリック・P・ピアンカによる生態学における細区画的利用／粗区画的利用をあげる（ピアンカ 1980）。要約すれば，資源が比較的連続する環境にあっては，生物は出くわしたものを利用する。何でも利用，満遍なく利用できるもしくは利用せざるをえない環境利用を「細区画的利用」と言う。一方，利用可能な資源が点在するパッチ状環境にあっては，生物は必要な資源を求め点在する間を移動し，必要な時間滞在し利用する。時間によって異なる区画，対象を利用するもしくは利用せざるをえない環境利用を「粗区画的利用」と言う。

　このモデルを人類にそのまま当てはめるのは難しいが，卑近に表現すれば，近くの木の実を集めつついろいろして暮らすか（細区画），ある季節には遠くまでシカを追いかけていくか（粗区画）となるのであろうか。そう単純でもないが，資源が多いから定住し少ないから遊動するということではない環境利用が含意でき，武蔵野台地における後期旧石器時代中盤の行動戦略に活用できそうである。

| 第5節 | |

分析の手順

1 時期区分の設定

　本節では，具体的な分析にあたりその方法，設定などを説明する。

　ここまで，……Ⅶ層段階，Ⅵ層段階，Ⅴ層・Ⅳ層下部段階……として述べてきたが，あらためて分析するにあたり，第1群から第5群までに設定しそれに則って各遺跡の石器集中部を振り分ける。それはこれまでの編年「Ⅶ層段階」「Ⅵ層段階」「Ⅴ層・Ⅳ層下部段階」をおおむねトレースするものではあるが，武蔵野編年，石器文化研究会編年の時期・段階の性格は如何であるかをあらためて検討するため，あえて個性のない名称で設定する。

　【第1群】Ⅹ層段階からⅨ層段階に相当する。

　武蔵野台地第Ⅹ層～第Ⅸ層から出土した石器群が該当する。なお本書の対象ではないので，実質的には群別の意味はもたない。

　【第2群】Ⅶ層段階に相当する。

　武蔵野台地第Ⅶ層最下部から第Ⅶ層上部にかけて出土した石器群が該当する。報告書の石器集中部の垂直分布図において出土のピーク部が第Ⅶ層の相当部に該当するもの，もしくはその報告書の記載で第Ⅶ層検出とされたものを抽出する。

　その土層上の下限においては，学史上では武蔵野編年において第Ⅰ文化期を第Ⅰa亜文化期，第Ⅰb亜文化期，第Ⅰc亜文化期に区分する（小田 1980）など，その出土層準が基準にならない事例があることは承知している。また台地内地域間，遺跡によって，同じ第2黒色帯の第Ⅸ層との間で線引きは不安定である可能性がある。したがってその下限にどれほどの意味があるか詳らかでないが，第1群との比較は本書の対象ではないのであえて機械的に区分した。ナイフ形石器は斜刃形基部一側縁加工ナイフ形石器，斜刃形二側縁加工ナイフ形石器を特徴とするが，その形態のバラエティーは少ない（図2-4参照）。

　【第3群】Ⅵ層段階に相当する。

　武蔵野台地第Ⅶ層最上部，第Ⅵ層および第Ⅴ層最下部から出土した石器群が該当する。調査報告書の石器集中部の垂直分布図とその横に示された層序図において出土のピーク部が第Ⅶ層最上部から第Ⅴ層最下部の間に相当するもの，もしくはその記載で第Ⅵ層検出とされたものを抽出する。第Ⅰc亜文化期，Ⅵ層段階の認定と同じである。第Ⅴ層最下部に関しては，第Ⅴ層中・上部に位置する後述の第4群（Ⅴ層・Ⅳ層下部段階）との区分が一見難しそうである。ただ，傾向として第3群の特徴をもつ石器群の石器集中部は第Ⅴ層最下部（出土

第1章　総説　　63

深度はおおむね1.0〜0.95）より下位に，第4群のそれはおおむね第Ⅴ層中下部より上位（出土深度はおおむね0.9以下）に相当し深度の区切りがあるようで，第4群との区別は比較的わかりやすい（深度なので深いほうが数値は大きい）。

ナイフ形石器の形態については斜刃形二側縁加工ナイフ形石器が主体で，その形態のバリエーションは少ない（図2－5参照）。層序区分をまたがり，わかりにくく従来の編年観をトレースしたものであるが，その区分の理由は第3群の分析によって比較的明確に捉えることができる。結論を言えば，黒曜石を主とした石材組成を構成するかがポイントとなる。

【第4群】Ⅴ層・Ⅳ層下部段階に相当する。

武蔵野台地第Ⅴ層中下部から第Ⅳ層中部にかけて出土した石器群が該当する。報告書の石器集中部の垂直分布図において出土のピーク部が第Ⅴ層中下部から第Ⅳ層中部に相当するもの，もしくはその記載で第Ⅴ層中下部相当から第Ⅳ層中部検出とされたものを抽出する。出土深度において0.9〜0.46に相当する。

第3群との区分は先述したとおりである。一方，その後，第5群（砂川期以降）との層序上の区分は不明瞭である。一応出土深度0.46/0.45で区分するが，明確ではない場合はナイフ形石器の形態が平刃形基部一側縁加工ナイフ形石器，長狭形切出形石器，幅広形切出形石器，涙滴形ナイフ形石器を特徴とするものを第4群，斜刃形二側縁加工ナイフ形石器（茂呂型ナイフ形石器），先端加工ナイフ形石器を有するものを第5群（砂川期）とする。角錐状石器も第4群の指標となる。

第4群のナイフ形石器は第5群（月見野期）のそれと幅広形切出形石器，涙滴形ナイフ形石器などを組成する点で類似性が指摘されている。月見野期の出土層序は第Ⅳ層上部・第Ⅲ層，出土深度は0.11〜0.40が主体で，第4群と空隙があるので区分ができる。第4群と第5群の石器の特徴においても，少点数の石器集中部では不明瞭なものも存在する。報告書の記載，文化層の認定を参考にするが，どちらにも含むことができない資料群が一定量認められる。

先述したとおり，Ⅴ層・Ⅳ層下部段階はⅤ中－Ⅳ下亜段階とⅣ中2亜段階に区分できるとした。その妥当性を検証する意味で，第4群のうち出土深度が0.7以上（＝下層）を第4a群，0.7未満（＝上層）を第4b群と設定する。「Ⅴ中－Ⅳ下亜段階とⅣ中2亜段階」の区分とは似て非なるもので，ナイフ形石器の形態，石器組成等を根拠としない資料操作上の区分である。ただし第4群のうちには，垂直分布図に層序図が載せられていないなどのため出土深度が測れず第4a群とも第4b群とも判別がつかないものが約30％存在する。それらについては便宜上第4c群と名づける。第4a群，第4b群，第4c群を加えると第4群となる。

【第5群】砂川期以降に相当する。

第4群以降の後期旧石器時代の石器群が該当する。なお本書では分析の対象としていないので，実質的には群別の意味はもたない。ちなみに本群は，砂川期，月見野期，尖頭器石

器群，細石刃石器群が含まれるが，武蔵野台地ではそれらの層序から前後関係を明確に捉えることは難しい。第Ⅲ層および第Ⅳ層上部の層厚が薄いからであるが，それらの時期が時間的に重複しつつ連続的である可能性を捨てきれない。

　これらの区分基準をもとに武蔵野台地の第2群，第3群，第4群（第4a群，第4b群）を抽出する。なお，基準に照らしても分けられない石器群は除く。したがってこの区分の分析から得られる結果は限定的かもしれない。第2群については第1群の分析を行わないため，その始期の様相は攫めない。後期旧石器時代初頭－前期に相当する「Ⅹ層段階－Ⅸ層段階－Ⅶ層段階の三区分」と「第Ⅰa期－第Ⅰb期の二区分」のどちらが整合的かは解明できないであろう。また，第4群から第5群への変遷の状況，その区分の是非も第5群の分析を行わないため解明しにくい。「砂川期」の設定が正しいかを見きわめることはできないであろう。ただ，第2群，第3群，第4群の詳細な分析とそれぞれの比較からその性格，区分の是非を理解できるものと考えている。

2　地域の区分

　武蔵野台地は関東平野に位置し，入間川，荒川，多摩川，古東京川（東京湾）に囲まれた東西約40km，南北約30kmの大規模な台地である（巻頭1・図1－9）。その範囲は東京都区部の西部，北多摩，埼玉県所沢市・富士見市など県南西部が該当する。

　青梅市を扇頂とする古多摩川が形成した広大な扇状地を形成するため，武蔵野面は西に高く東と北東に低くはあるがおおむね平坦である。台地内を流れる不老川，福岡江川，砂川堀，富士見江川，柳瀬川，黒目川，越戸川，白子川，前谷津川，石神井川，谷田川，小石川，神田川，古川，目黒川，立会川，呑川，谷沢川，丸子川，仙川は扇状地を形成する過程の古多摩川の流路の名残などで形成されており，その周囲のみが下刻により谷となっている。

　一方で武蔵野台地は河岸段丘でもあり，多摩川が南側へ流れを変えるに従って段丘を形成する。高位段丘に武蔵野段丘（武蔵野面），主な低位段丘に立川段丘（立川面）があり，両者の間に国分寺崖線が形成され野川が流れている。台地南東部などには下末吉面がある。古多摩川の削り残しで，起伏が激しく谷がうねっているのが特徴である。

　武蔵野台地内の地域的な偏差を分析するため，台地内を4つの地域に区分する（図1－9）。

【エリア1】北部：荒川・新河岸川の上流に注ぐ川（不老川，福岡江川，砂川堀，富士見江川，柳瀬川，黒目川およびその支流）の流域

【エリア2】北東部：荒川・新河岸川の下流，隅田川に注ぐ川（越戸川，白子川，前谷津川，石神井川およびその支流）の流域

【エリア3】南東部：東京湾に注ぐ川（谷田川，小石川，神田川，古川，目黒川，立会川，

呑川およびその支流）の流域

　【エリア4】南西部：多摩川に注ぐ川（野川，仙川，丸子川およびその支流）の流域および立川面

3　石器集中部情報の集成

　分析にあたっては，該当する石器集中部の情報を集成し，集計する。資料の収集は2022年までに刊行された報告書による。掲載されている石器集中部の石器組成に関する情報を得る。

　石器集中部は，ブロック，ユニット，遺物集中部などさまざまな呼称があり，その定義，有効性については五十嵐が疑義を示したことは先述したとおりであるが（五十嵐 1999他），そのまま利用する。1980年代以前の報告書を中心に石器集中部単位の情報が掲載されていないものがあるので，それらは利用できない。

　各群別の集計する情報は，石器出土点数，器種組成，石材組成，ナイフ形石器・角錐状石器・石核の石材組成である。ただし，石器出土点数が4点以下の石器集中部は「遺構外」扱いの石器と不分明なので集計から除く。また，器種組成，石材組成とも示されていないものは用いない。石材組成がわからないものは多々あるが，それらは器種組成のみを用いる。なお石材組成がわかるものの器種組成がわからない報告書もあるが，それは石材組成を用いる。ナイフ形石器・角錐状石器・石核の石材組成は報告書からわかるもののみ用いる。判明しないものが多い。

　報告書の集計の常であるが，合計等が合致しないものは多い。報告書を精査して判明するものは訂正するが，わからないものはそのまま用い，分析にあたってはそれぞれの該当する値を用いる。器種組成総点数と石材組成総点数は合致しないものも多い。器種組成の点数の合計と石器出土点数も合致しない。分析にあたっては集計表を多用するが，集計対象によって点数が異なるために，各々の集計間で石器出土点数が異なることはまま認められる。

　石器器種は調査報告書各々で異なる場合が多い。器種認定は各々の判断があり異なる傾向にあるが，調査報告書の表記を尊重しつつ大胆に9種類に統合する。剝片，石核，RF，ナイフ形石器，尖頭器，角錐状石器，スクレイパー，礫石器，その他である。「剝片」には砕片，石刃，打面調整剝片，削片，石刃，細石刃などを含む。剝片と砕片の違いはその大きさによるところが多いと考えられるが，報告書に区分の基準が書かれている例はわずかで明確ではない。じつはこの点が「剝片」の問題点で，その上目的的剝片と調整剝片・砕片が混在しており，集計からはその違いがわからない。たとえば黒曜石はそのガラス質の性質から小剝片・砕片が多量に生じやすい。したがって器種情報だけでは，黒曜石に関して他の石材にくらべ多量の剝片剝離が行われたものと解釈できてしまうので特に注意が必要である。

「RF」は加工痕を有する剥片，使用痕を有する剥片などを含む。「ナイフ形石器」には背付尖頭器，背付石器などを含む。「尖頭器」は槍先形尖頭器，樋状剥離を有する尖頭器，尖頭状石器などを含む。「スクレイパー」は掻器，削器などを含む。「礫石器」は敲石，磨石，台石，砥石などを含む。その他は原石，彫器，錐，鋸歯縁石器などを含む。

　石材も報告書各々で異なる場合が多い。石材認定は調査者，鑑定者および石材に関する助言者の判断によって異なる傾向にあるが，報告書の表示を尊重しつつ大胆に9種類に統合する。黒曜石，チャート，頁岩，安山岩，ホルンフェルス，凝灰岩，流紋岩，砂岩，他石材である。珪質頁岩は頁岩，ガラス質黒色安山岩は安山岩というように，〇質，形容詞の付くものは語尾の岩種でまとめる。珪質岩，珪岩はチャートに含める。粘板岩は頁岩に含める。玄武岩は安山岩に含める。ただし，その石材組成に玄武岩と安山岩の両方が存在する場合は，玄武岩は他石材とする。斑レイ岩，閃緑岩，玉髄，碧玉，瑪瑙，黄玉石は他石材に含める。珪質頁岩，黒色頁岩，白滝頁岩など産地を想像させる岩種もあるが全般的に同定されているわけではないので，ここでは頁岩として一括する。

　これにより，黒曜石，流紋岩は遠隔地石材，安山岩，凝灰岩は遠隔地〜中間石材，チャート，ホルンフェルス，砂岩は近傍石材と捉えることができる。ただし頁岩は遠隔地石材と近傍石材の混合で，分離できないのが残念である。集成の結果は第2群を巻末の別表2，第3群を別表4，第4群を別表6に示す。

　ナイフ形石器，角錐状石器，石核についてはわかるかぎりで，その石材組成を示す。ただし報告書から読み取れるデータは多くなく出土全点の各石器の石材組成がわかるものだけを集成する。第2群のナイフ形石器，石核を巻末の別表3，第3群のナイフ形石器，石核を別表5，第4群のナイフ形石器，角錐状石器，石核を別表7に示す。

　その結果得られた石器集中部は，
　　第2群：206件（エリア1：35件，エリア2：71件，エリア3：26件，エリア4：74件）
　　第3群：115件（エリア1：22件，エリア2：57件，エリア3：9件，エリア4：27件）
　　第4群：1,025件（エリア1：148件，エリア2：299件，エリア3：159件，エリア4：419件）
である。第4群のうち第4a群は292件，第4b群は447件である。

4　黒曜石原産地組成の集成

　石器集中部の情報とは別に，各分析者による黒曜石原産地組成の分析結果を集成する。石器集中部単位ではなく遺跡・文化層単位で行い，群別に集計する。したがって石器集中部情報と直接の対応関係にない。

　原産地の区分は，日本考古学協会2011年度栃木大会実行委員会によって行われた集成の

基準に従い（日本考古学協会2011年度栃木大会実行委員会〔芹澤清八他〕2011），原産地分析結果を高原山系，信州，神津島系，伊豆・箱根，その他の大区分，信州は和田峠系，鷹山系，男女倉系，諏訪系，蓼科系，細別不可，伊豆・箱根は箱根系，上多賀，柏峠の中区分へと振り分ける。なお，たとえば鷹山が和田峠系に属するか独立させるか，和田土屋橋（北）が和田峠系か男女倉系か，上多賀が箱根系か伊豆（天城）系かなど分析者によって中区分，小区分が異なる場合が認められるが，それはできるだけ明治大学文化財施設杉原重夫の分類にそろえる（杉原・金成2010他）（巻頭1，図3－8参照）。

　分析のなかには分析年代が古く測定値が示されない，大区分までしか判別していない事例などもあるので，ある程度の傾向を示すものと捉えることが肝要である。第2群の黒曜石原産地組成は表2－4，第3群は表2－5，第4群は表3－3に示す。

　以上の石器集中部の石器情報をローデータのまま集計し分析を行う。これらに統計処理，補正処理が不可欠なことは承知しているが，本章で示してきたとおり研究史上に絡めとられた編年観，遺跡形成過程論，旧来の統一性の欠いた用語・表記など課題は多く，その負荷は限りない。とてもでないが数値で示すことができる補正値は示しえない。関数処理，クラスター分析を試みたが，そうした経緯から有意な結果は得られなかった。次章以降では，一見定量的に見える集成に対しなかば定性的に検討するのが最善であると考え，ローデータを解釈することに努めていくつもりである。

　　註

1）　最近，武蔵野台地第2黒色帯（第Ⅶ・Ⅸ層）と下総台地のそれとが並行関係になく，下総台地第Ⅸ層が武蔵野台地第Ⅸ層よりも古く第Ⅹ b 層あたりに相当するのではないかという見解を聞いたことがある。台地によって黒色帯の形成に違いがあり，目安にならないことの証左であり，南関東地域間の石器文化研究会編年の見直しが不可欠である事例と言えよう。

2）　元神奈川県教育委員会の砂田佳弘氏の御教示による。記して感謝する。なお，武蔵野台地でも埼玉県，東京都所属の職員が中心となりネットワークを構築できればよかったが，できなかった。

3）　立川ローム層序の層厚，性質等の違いは台地全体の巨視的な違いとともに，一遺跡内においても看取できる。微地形のわずかな傾斜などによって変化することは言を俟たない。その点「層厚」の「等高線」の指し示すところは一定の傾向として捉える必要があり，遺跡形成過程論がますます重要である。

4）　図1－5は比田井他による第2回日本旧石器学会ポスターセッションによる。ただし，同予稿集にはポスター発表の資料は掲載されておらず，『多摩川流域の考古学的遺跡の成立と古環境復元』に採録されている（比田井・伊藤・西井他 2008 a・b）。

5）　立川ロームの一次鉱物分析は，調査組織から数社の自然科学分析専門会社に委託されることによって実施されている。武蔵野台地における各遺跡報告書では，すでに約40年前から今も変

わらず一次鉱物分析が数多く報告されている。おおむね武蔵野台地の，そして隣接する遺跡であったらほぼ同じ結果が得られる可能性が高いにもかかわらず，その分析は繰り返されるばかりである。今まで行ってきたこと追認するだけのものだと言って過言ではない。委託側の調査担当者も受託側の自然科学分析専門会社も今までの方法にこだわらず，新たな方法の開発を行うべきである。調査担当者であった自身の自戒を込めて記す。

6）表1－1は報告書に掲載されたテフラ_Y－no.と考古学的層序を比較した元図から，テフラ_Y－no.を軸にして作成しなおしたものである。ただ元図では遺跡によってはY－no.のいくつかが同定されていない，対比図に斜線や破線を用いるなどより複雑，曖昧な部分を残している。したがって，本図はそれらを捨象した概略として表現するものとなっている。なお，国分寺市恋ヶ窪東遺跡報告は国分寺市層序を用いている。国分寺市層序は立川ローム標準層序とは異なる番号付けがなされているが，ここでは標準層序へ変換した。

7）石器製作がどのくらいの頻度で行うのかは判然としないが，毎日石器を作っているわけではないだろう。一定期間居住し資源の枯渇を回避するため移動するタイミングまでに，石器製作を行わないこともあるかもしれない。したがってその把握は困難であるが，ベースキャンプで石器製作作業をまったく行わないことは理論上ありうる。

8）小さな窪みの周辺に位置する傾向がある。武蔵台東遺跡はまさにそういう小支谷地形に位置し，図1－8では判然としないものの各調査区の分布もそうした小さな窪みの近くにある。台地河川の総延長にはそうした小支谷，小さな窪みなどは数えられていない。しかし，各地の中小河川でも傾向は同じであるものと理解される。なお，多摩蘭坂遺跡，武蔵国分寺跡関連遺跡，武蔵台遺跡，武蔵台東遺跡のⅦ層段階，Ⅵ層段階の石器集中部は6件のみである。一般に同段階の石器集中部はⅤ層・Ⅳ層下部段階より少ないものの，本遺跡事例で代表させるには躊躇せざるをえない少なさである。

9）旧説（岡村1990，伊藤1995a）で人口を多く推定したのは，遺跡が台地全体に分布すると仮定したからである。その後の研究（比田井・伊藤・松田・西井他1999他）から河川直近の段丘上に中小河川に沿って分布し，河川から離れた台地平坦部には分布しないことがわかった。この傾向は相模野台地でも認められるので（図4－2参照），普遍的な傾向である可能性が高い。

10）関東平野の面積には台地よりも遺跡が少ないと想定される丘陵を含む。そもそも対象としたⅤ層・Ⅳ層下部段階では武蔵野台地が最も遺跡が多いと言われており関東平野全体に敷衍できず，もっと少ない可能性がある。

11）大略の石材組成においては，黒曜石には信州のみならず伊豆・箱根等，ガラス質黒色安山岩には八風山，利根川上流のみならず箱根，姿川・武子川も含まれている。

第2章　第2群・第3群

第1節	茂呂遺跡をめぐって
第2節	第2群・第3群の分析
第3節	第2群・第3群の様相

第1節

茂呂遺跡をめぐって

1　茂呂遺跡論争

　第2群，第3群の分析に先立ち，第3群（VI層段階）に属するかどうか論争のあった茂呂遺跡の位置づけと研究史上の意義について論じる。

　東京都板橋区小茂根五丁目に所在する茂呂遺跡は，武蔵野台地で初めて発掘調査が行われた旧石器時代の遺跡である。杉原荘介，芹沢，吉田格らの明治大学考古学研究室と武蔵野郷土館は1951年7月10日から19日まで発掘調査を行い，旧石器時代の遺物を出土させることに成功した。1951年は旧石器時代の遺物が初めて出土した群馬県岩宿遺跡の発掘調査の2年後に相当し，南関東地方で最初の調査事例である。

　石器集中部・礫群各2基，石器78点が発見された。その後，旧石器時代に属するかどうか認められるまで紆余曲折があったものの，発掘調査から8年後，1959年に本報告が刊行された（杉原・吉田・芹沢 1959）。

　ここでいう茂呂遺跡論争とは，1980年代から90年代にかけて服部隆博らと谷口康浩らの間で異見のあったその編年的位置づけに関するものである。1980年代，武蔵野台地の編年研究については一応の確立を見せ，その出土層序とナイフ形石器（図2-6-19〜21）の型式的検討によって位置づけが可能となっていた。茂呂遺跡はVI層段階（第3群）もしくは砂川期（第5群）のどちらかと考えられるものの，両者のナイフ形石器の形態は斜刃形二側縁加工を呈し，明確な差異はない。栗島義明が砂川期と位置づけるなど，1980年代中盤には砂川期とすることが一般的であった（栗島 1986）。その頃はVI層段階の理解がそれほど進んでいなかったこともある。その間，石器文化研究会による「AT降灰以前の石器文化」の研究によりAT下位石器群への理解が進むなかで，服部がナイフ形石器の微細な形態的な特徴の差異からVI層段階とすることが妥当であることを論じた（服部 1991・1992他）。一方で谷口は，出土状態に関する報告書図面の層序図（図2-1）から「砂川期」が妥当であると位置づけた（谷口 1995）。ソフトロームおよび黒色帯との層間から考えたのである。ただ本論争はその後発展することはなかった。

　筆者は，2018年度に板橋区立郷土資料館の企画展「再発見！いたばしの遺跡—いたばしの旧石器時代・縄文時代—」に協力した際，明治大学博物館の好意により発掘調査時の記録を見る機会に恵まれた。記録類のなかに層序図の原図が現存していた（図2-2はその書きおこし）。原図は大枠では本報告（杉原・吉田・芹沢 1959）第2図（図2-1）と同じである

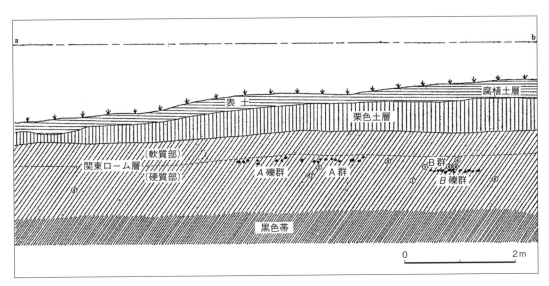

図2－1　茂呂遺跡報告の層序図（杉原・吉田・芹沢 1959）

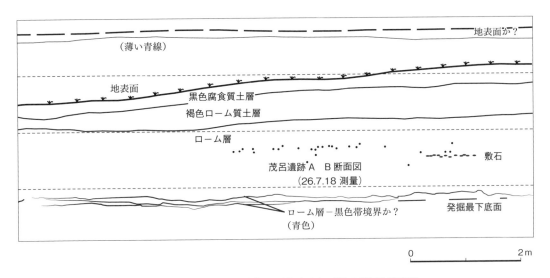

図2－2　茂呂遺跡の層序図原図（原図は明治大学博物館所蔵）

ものの，報告書に掲載された「ローム層軟質部」，「ローム層硬質部」そして「黒色帯」の記載は原図にはなかった。すなわち，谷口が石器群出土層序の根拠としたソフトロームと黒色帯は，原図には存在しなかったのである。じつは1951年の原図と1959年の報告書掲載図の間には，ローム層に関する研究の歴史が横たわっている。

2　関東ローム層の研究史

　杉原，芹沢は群馬県岩宿遺跡，茂呂遺跡を日本列島における旧石器時代のものとして日本

考古学協会で発表したものの，反応は冷ややかであった。真っ向から否定もされなかったが，ほとんど相手にされなかったのである。そこで旧石器時代であることを確実に位置づけるための手立ての一つとして，遺物出土層の性格・年代を明らかにすることを選んだ。

　地質学研究においては，関東ローム層への理解は1880年代から進められていたものの，その成因，区分等の研究はいっこうに進展していなかった。地質学の対象はより深層にあり，関東ローム層は表土の一部との認識が強かったようである。そうしたなかで，①第二次世界大戦終了後に東京の復興・地形改変が進みつつあり地下鉄・ビル建設工事等で表層地下の地質に注目が集まっていたこと，②1920年代生まれで第二次世界大戦後に大学を卒業した若手研究者が注目しはじめたことにより，1950年代に関東ローム層研究の機運が高まりつつあった。ちなみに羽鳥，貝塚爽平，成瀬洋そして戸谷洋はいずれも1920年代生まれである。

　杉原・芹沢による地形・地質学者への働きかけもその機運の一因である。1953年9月19日，地学団体研究会東京支部例会にて，関東ロームの組織的研究，野外観察，柱状図づくり，粒度分析，鉱物組成研究の重要性が指摘され，貝塚を連絡責任者として関東ローム研究グループが発足した。杉原もこの例会に出席している。以後日曜巡検が開始され，東京都内国分寺崖線の露頭を皮切りに柱状図作りなどの検討が精力的に進められた。

　現在，武蔵野台地の関東ローム層は立川・武蔵野・下末吉・多摩ロームに区分され，関東各地のローム層はそれに対応され，さらにそれは立川面，武蔵野面，下末吉面……の形成過程に対応することがわかっている。その成果の端緒は1952年の福田理・羽鳥，1953年の貝塚・戸谷の論考（福田・羽鳥 1952，貝塚・戸谷 1953）に現れつつあったが，1953年の関東ローム研究グループ巡検における討論のなかで，武蔵野台地においては古多摩川の河道変化に起因して段丘が形成されたこと，段丘形成時期とその構成地層等にもとづいて関東ローム層を4区分することが整合的であることが発見された（羽鳥 2004bより）。その成果は1954年10月に国際第四紀連絡委員会日本支部例会において羽鳥が代表して発表し，最終的に関東ローム研究グループによって関東各地の巡検の成果として1956・1958・1960年に『地質学雑誌』に発表，1965年に一冊の本として上梓されるにいたった（関東ローム研究グループ1956・1965他）。

3　茂呂遺跡と関東ローム層研究

　関東ローム層の研究史を紐解くと，茂呂遺跡の調査が明確に位置づけられる。1951年の発掘調査時に，関東ローム層の研究はほとんど行われていなかった。茂呂遺跡の調査が関東ローム層研究の端緒の一つだったことは先述したとおりである。標準となる模式地もまだない。

　ローム層最上部の黒色帯については，1930年代までにわかっていたものの，第1黒色帯

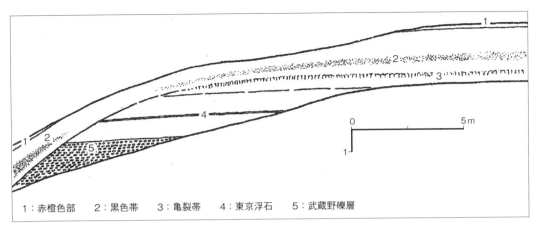

1：赤橙色部　2：黒色帯　3：亀裂帯　4：東京浮石　5：武蔵野礫層

図2-3　旧岩﨑別邸北側露頭のローム層（関東ローム研究グループ 1956）

と第2黒色帯の二枚の黒色帯の存在が指摘されたのは1954年である（関東ローム団体研究会 1954）。また，ソフトロームは1956年である（戸谷・貝塚 1956, 関東ローム研究グループ 1956）。茂呂遺跡の層序図原図には「ローム層」の上層が「褐色ローム質土層」と記されており，これが現在のわれわれが認識するソフトロームなのか漸移層なのかわからず，果たして「ローム層」上面は現在われわれが認識するローム上面かどうかも判然としない。このように，1951年の茂呂遺跡の発掘調査には，ソフトロームとハードロームの差異や黒色帯などローム層を検討できる術をもたなかったものと考えられる。

　1959年の本報告に示された層序図はどうしてこのように描かれたのであろうか。ほとんどわからない発掘調査時の1951年から，わかった1959年までの間の関東ローム層研究の進展の成果を積極的に取り入れた結果であることは容易に想像できる。推測の域を出ないが，武蔵野台地の標準露頭とされる世田谷区岡本に位置する旧岩﨑別邸（現静嘉堂文庫）北側の露頭の層序，層厚をそのまま援用したのではないか（図2-3）（関東ローム研究グループ 1956）。報告の文中にそれを匂わせる表現もある（杉原・吉田・芹沢 1959：p.89）。報告中の茂呂遺跡の層厚は旧岩﨑別邸北側の露頭とほぼ同じである。その層序，層厚はまったく違うはずなのに。

　杉原らは報告において，茂呂遺跡の資料がローム層中から出土し，旧石器時代に所属することを表現したかったのであり，その表現がこの層序図となり，決して事実を曲げようとしたわけではない。後世のわれわれは層序図の表現から勝手に「ソフトローム」と「黒色帯」を取り出して，1959年以降に形成された武蔵野台地の旧石器時代編年にあてはめようとしていたのであり，問題の所在はそこにある。われわれが基礎とする日本列島の地域編年はおおむね1970-1990年頃に形成，確立したもので，その俎上でしか考えられない。ここではそれ以前の調査についてふれたが，じつはつねに錯誤が潜んでいる。2020年代の視点からそれをつむぎだすことによって，より実相に近づいていけるものである。

茂呂遺跡石器群を編年的にあらためて位置づけるとすれば，Ⅵ層段階（第3群）が妥当である。報告文中には，石器はローム層から約50cm掘り下げると出土したと書かれている。武蔵野台地のローム層の層厚は南西側に厚く北東側に薄くなっており，南西端にある旧岩﨑別邸北側の露頭ならば100cm以上の厚さのところも北東側の茂呂遺跡ではその半分である（第1章第2節3，図1‒5参照）。となれば深いほうのⅥ層段階（第3群）が妥当で，もし砂川期（第5群）であったらローム層を掘削しはじめてすぐに出土が始まるであろう[1]。

　茂呂遺跡石器群は黒曜石を主体とした組成である。茂呂遺跡はⅥ層段階，すなわち第3群と黒曜石の関係を計る上で，重要な資料となろう。

第 2 節

第 2 群・第 3 群の分析

1　ナイフ形石器の形態

　筆者はかつて南関東地方の主要なナイフ形石器の形態を抽出して，両者の違いについて検討したことがある（伊藤 1997a）。そのとき作成した図を図 2 - 4・5 にそのまま掲載する。

　図 2 - 4 は第 2 群（元の論考〔伊藤 1997a〕ではⅦ層段階）のナイフ形石器である。そのナイフ形石器は二大別三細分に分類することができる。第一は，斜刃形二側縁加工ナイフ形石器で 1・2・5 ～ 7・20 ～ 24 が該当する。このうち，1・2・5 ～ 7 は打面を残置せず基部を丸く仕上げるタイプで，3 cm 前後の小型と 6 cm 前後の中型が認められる。20 ～ 24 は片側縁の基部側を抉り込むように加工し反対の片側縁は全縁に加工を施す点が特徴である。もう一つは縦長剝片を用いた斜刃形基部一側縁加工ナイフ形石器である。3・4・8 ～ 19 が該当する。先端部にも加工するものが多く，一側縁の全縁に加工しているものはほとんど認められない。打面が基部側に残置されることが多い。長さが 5 cm 前後の中型と，8 cm 以上の大型がある。

　図 2 - 5 は第 3 群（元の論考〔伊藤 1997a〕ではⅥ層段階）のナイフ形石器である。それらは四大別五細分に分類することができる。第一は斜刃形二側縁加工ナイフ形石器で 1 ～ 20 が該当する。1 ～ 3 は長さ 2 cm 前後の小型。神奈川県寺尾遺跡第Ⅵ文化層の多くがこのタイプに属する。4 ～ 20 は長さ 3 ～ 6 cm の中型タイプである。刃部側の側縁の二次加工はおおむね基部側に集中し，刃部が身の半分以上の長さになる。下膨れの形状を呈し，最大幅は中央より下に位置する。基部を丸く仕上げており，裏面基部に平坦剝離が施されているのも特徴である。第二は斜刃形基部一側縁加工ナイフ形石器で，21 ～ 28 が該当する。基部と先端部に加工するものも認められる。打面は基部にそのまま残っているものが多いが，打面部に加工を施しているものも少数ながら認められる。第三は 29 で，先端加工ナイフ形石器，第四は 30・31 で平刃形基部一側縁加工ナイフ形石器である。

　第 2 群と第 3 群のナイフ形石器の特徴においては共通性が勝っている。両段階において，斜刃形二側縁加工ナイフ形石器と斜刃形基部一側縁加工ナイフ形石器が主体で大きな違いはない。一方で，形態上の個別の属性において異質性があげられる。特に斜刃形二側縁加工ナイフ形石器では，第 2 群では基部が大きく，基部側を抉り込むように二次加工した特徴が表出されるが，第 3 群にはその特徴が認められない。第 3 群には基部を丸く仕上げ下膨れの形状を呈する傾向が顕著である。裏面基部加工が施されているタイプも多く認められる。

第 2 章　第 2 群・第 3 群　　77

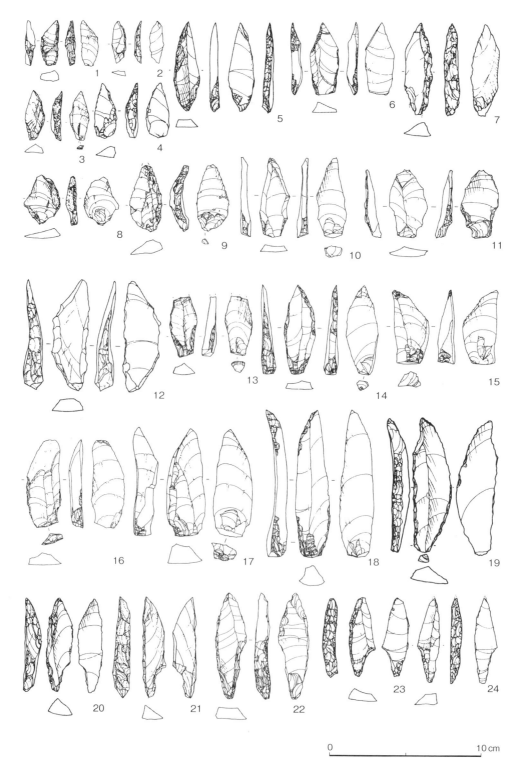

図2-4 第2群の代表的なナイフ形石器（伊藤 1997a）

1・2：東京都嘉留多遺跡第4文化層，5・23・24：千葉県北海道遺跡，6・14〜18：東京都大門遺跡第4文化層，7：千葉県元割遺跡，3・8・13：東京都鈴木遺跡，4：東京都多聞寺前遺跡Ⅶ層文化層，9：東京都嘉留多遺跡第4文化層，10・11：東京都下里本邑遺跡第Ⅶ層の石器文化，12：東京都はけうえ遺跡第Ⅶ層文化，19・20：千葉県復山谷遺跡E区，21：神奈川県橋本遺跡第Ⅵ文化層，22：東京都もみじ山遺跡東京外かく環状道路練馬地区第Ⅶ層の文化層

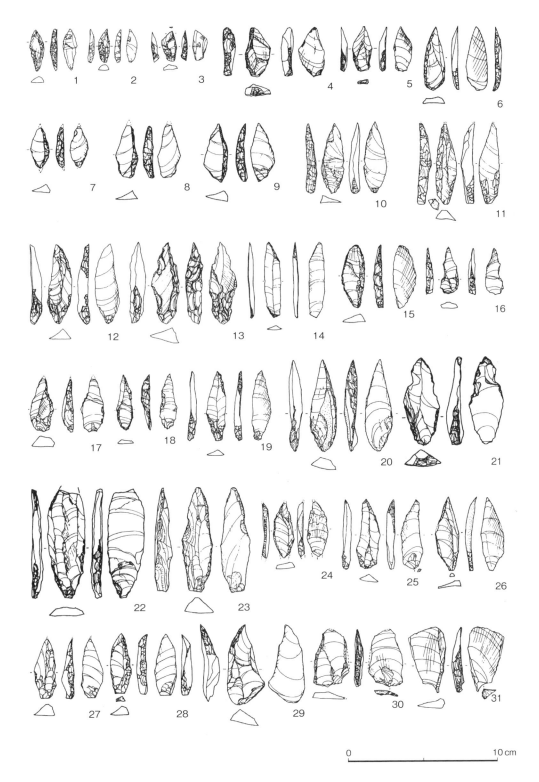

図2−5　第3群の代表的なナイフ形石器（伊藤 1997a）

1・2：東京都真砂遺跡第一文化層，3：東京都東京天文台構内遺跡第1次調査区，4・5：東京都武蔵台遺跡第2次調査区Ⅵa層，6：千葉県若葉台遺跡，7〜9・29：千葉県戸香和田戸遺跡第5文化層，10・11・24・25・30・31：東京都鈴木遺跡Ⅰ所収区Ⅵ層，12・13：東京都御殿前遺跡Ⅵ層，14：千葉県権現後遺跡第4文化層，15〜19：千葉県権現後遺跡第4文化層，20：埼玉県栗谷ツ遺跡第15地点，21・22：東京都飛田給北遺跡第Ⅰ文化層，23：千葉県ヲサル山遺跡，26〜28：千葉県若葉台遺跡

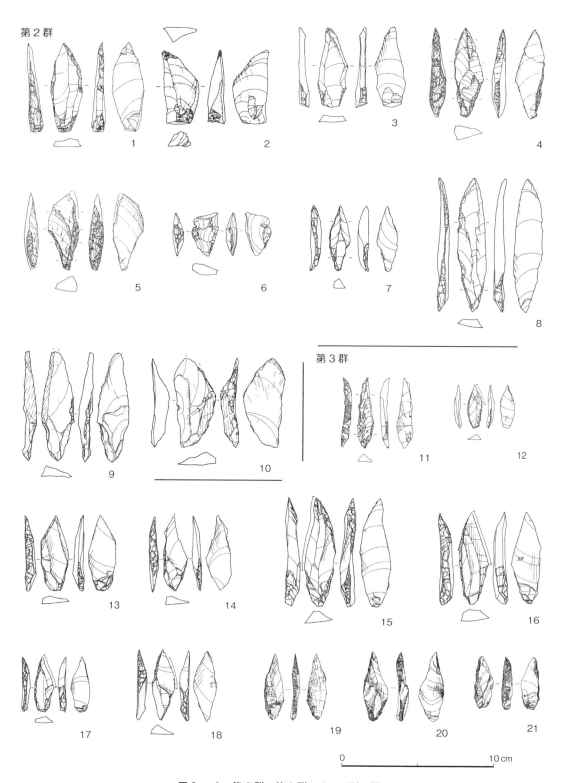

図2−6 第2群・第3群のナイフ形石器

また，幅広形二側縁加工ナイフ形石器は第3群に多く，また小型が第3群に，大型が第2群に多い点も異質性の一つである。総じて述べるならば，第2群と第3群のナイフ形石器は共通性こそ顕著であるものの，部分的な細かな差異において異質性が認められる。こうした見解は服部や小菅も述べており，当時は一般的な捉え方であった（服部1992，小菅1991）。

さてこの比較に対して，竹岡俊樹は『旧石器時代の型式学』で本図（図2-4・5）を掲載し「この第Ⅶ層段階と第Ⅵ層段階の資料の比較には意味がない」と批判した（竹岡2003：p.218）。竹岡は本書でいう形態としての斜刃形二側縁加工ナイフ形石器を「茂呂系文化」というように文化伝統として捉え，その消長によって文化変容を捕捉しようとした。文化伝統の系譜の観点からは，Ⅶ層段階，Ⅵ層段階という区分は意味がないということであろう。

武蔵野編年，石器文化研究会編年においてⅦ層段階，Ⅵ層段階という段階区分ができたのは，層位的前後関係とともにナイフ形石器の形態組成を主体とした諸属性の比較によるものである。そのナイフ形石器の形態的特徴において両者の共通性こそ顕著であるというのは，じつはいささか奇妙である。次項からは石器集中部情報の分析によってその異質性を明らかにしていく。

ところでその前に一言。図2-4・5において「代表的なナイフ形石器」とタイトルしたとおり，それらは1990年代当時の一般的な認識によって「恣意的」に抽出された石器である。石器を抽出するにことによって印象を誘導できることは明らかである。そこであらためて集成した資料におけるナイフ形石器を検討する。図2-6は第2群，第3群の図2-4・5では扱わなかった石器から選択したものである。そうしたところ，6の幅広形切出形石器のように図2-4には掲載されていない石器が散見できるものの，おおむね図2-4・5の形態組成の範疇に入るものであった。従前のイメージはおおむね首肯されるものであった。

2　遺跡分布・遺跡件数

以下，石器集中部情報の分析を進める。基礎情報は第2群が別表2，第3群が別表4である。

まずは集計された遺跡・調査地点・文化層（以下，遺跡とする）の件数である。第2群は62件，エリア1：13件，エリア2：18件，エリア3：13件，エリア4：18件である。第3群は61件，エリア1：18件，エリア2：24件，エリア3：4件，エリア4：15件である（表2-1）。後述の第4群と比較すればエリア1に多いこと，エリア3に少ないことも含めて，第2群と第3群は似たような傾向にある。

図2-7は第2群の，図2-8は第3群の遺跡分布を示す。武蔵野台地においては，遺跡は多摩川（武蔵野面の崖線沿い），荒川の崖線沿いとその中小河川および支流・小支谷沿いに分布し，崖線や中小河川から離れた台地平坦部には認められない。第2群，第3群とも

表 2 － 1　遺跡件数・石器集中部件数・石器出土点数

		エリア1	エリア2	エリア3	エリア4	計
第2群	遺跡件数	13	18	13	18	62
	石器集中部件数	35	71	26	74	206
	石器出土点数	1260	2273	1254	3115	7902
第2′群	遺跡件数	13	18	13	18	62
	石器集中部件数	35	71	22	74	202
	石器出土点数	1260	2273	366	3115	7014
第3群	遺跡件数	18	24	4	15	61
	石器集中部件数	22	57	9	27	115
	石器出土点数	905	4481	847	1779	8012
第4群	遺跡件数	48	66	56	95	265
	石器集中部件数	148	299	159	419	1025
	石器出土点数	11455	30778	10821	46374	99428
第4a群	遺跡件数	7	18	12	33	70
	石器集中部件数	16	86	48	142	292
	石器出土点数	1982	6103	2229	8609	18923
第4b群	遺跡件数	8	22	23	43	96
	石器集中部件数	18	145	66	218	447
	石器出土点数	3171	19416	4593	32154	59334
第4b_k群	遺跡件数	5	21	22	41	89
	石器集中部件数	8	143	65	214	430
	石器出土点数	617	18982	3990	31066	54655
第4b_m1群	遺跡件数	3	1	1	3	8
	石器集中部件数	10	2	1	4	17
	石器出土点数	2554	434	603	1088	4679

		エリア1	エリア2	エリア3	エリア4	計
第2群	集中部／遺跡	2.7	3.9	2.0	4.1	3.3
	出土点数／遺跡	96.9	126.3	96.5	173.1	127.5
	出土点数／集中部	36.0	32.0	48.2	42.1	38.4
第2′群	集中部／遺跡	2.7	3.9	1.7	4.1	3.3
	出土点数／遺跡	96.9	126.3	28.2	173.1	113.1
	出土点数／集中部	36.0	32.0	16.6	42.1	34.7
第3群	集中部／遺跡	1.2	2.4	2.3	1.8	1.9
	出土点数／遺跡	50.3	186.7	211.8	118.6	131.3
	出土点数／集中部	41.1	78.6	94.1	65.9	69.7
第4群	集中部／遺跡	3.1	4.5	2.8	4.4	3.9
	出土点数／遺跡	238.6	466.3	193.2	488.1	375.2
	出土点数／集中部	77.4	102.9	68.1	110.7	97.0
第4a群	集中部／遺跡	2.3	4.8	4.0	4.3	4.2
	出土点数／遺跡	283.1	339.1	185.8	260.9	270.3
	出土点数／集中部	123.9	71.0	46.4	60.6	64.8
第4b群	集中部／遺跡	2.3	6.6	2.9	5.1	4.7
	出土点数／遺跡	396.4	882.5	199.7	747.8	618.1
	出土点数／集中部	176.2	133.9	69.6	147.5	132.7
第4b_k群	集中部／遺跡	1.6	6.8	3.0	5.2	4.8
	出土点数／遺跡	123.4	903.9	181.4	757.7	614.1
	出土点数／集中部	77.1	132.7	61.4	145.2	127.1
第4b_m1群	集中部／遺跡	3.3	2.0	1.0	1.3	2.1
	出土点数／遺跡	851.3	434.0	603.0	362.7	584.9
	出土点数／集中部	255.4	217.0	603.0	272.0	275.2

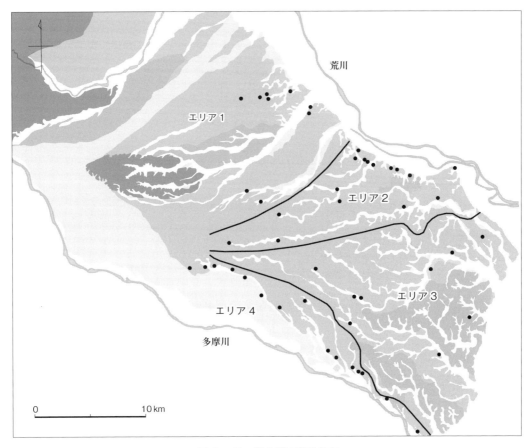

図2-7 第2群の遺跡分布

その傾向に合致するが，特にエリア3，すなわち東京都心部，下末吉面周辺には少なく，荒川沿いと多摩川沿い（野川流域）に多い傾向がある。台地内部の中小河川沿岸にも分布は認められるものの，荒川沿い，多摩川沿い（野川流域）にくらべれば少ない。これは第1群から続く傾向であり，一方で第4群以降には台地内部の中小河川沿岸にも多く分布するので（図3-10参照），これは第3群以前の特徴と言うことができそうである（伊藤 2008c・2009・2012，伊藤・山田・塚田他 2019）。第2群，第3群とも開けた台地外縁部を利用できても，森林が形成されたと推察される台地内部の開拓・居住は限定的であったのであろうか。資源利用の限界性が垣間見られる。エリア1に比較的多い点は，第2群においてその東側の下総台地，北側の群馬県域に遺跡が多いことと関連あるかもしれない。

3　石器組成

対象すべての石器集中部から出土した石器の器種組成，石材組成の総計はつぎのとおりで

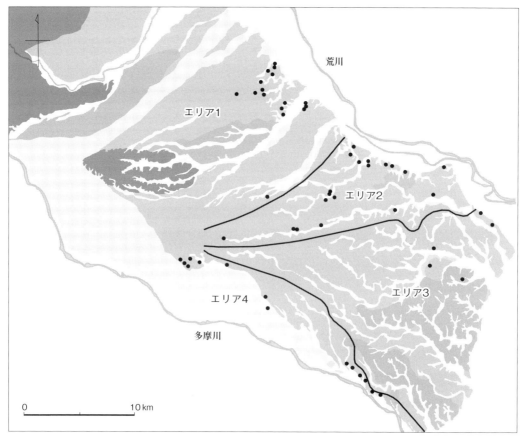

図 2 - 8　第 3 群の遺跡分布

ある。

　器種組成は表 2 - 2 に示す。第 2 群と第 3 群の間にあまり大きな差はない。器種総点数に対する剝片の比率は第 2 群 84.8％，第 3 群 89.0％，石核は第 2 群 3.7％，第 3 群 1.5％である。第 3 群は第 2 群より剝片の比率が高く，石核の比率が低い。この点は石材種と関連している可能性がある。後述するとおり第 3 群は黒曜石が多いが，一般的に黒曜石では小剝片・砕片を含む「剝片」が多く，石核が少ない傾向を看取することができ，それに合致するものと考えられる[2]。

　狭義の石器（ナイフ形石器，尖頭器，スクレイパー，礫石器，その他）内での組成比率は，ナイフ形石器は第 2 群 50.2％，第 3 群 58.4％，スクレイパーは第 2 群 18.8％，第 3 群 17.4％，礫石器は第 2 群 13.9％，第 3 群 6.1％である。特段の特徴があるわけではないが，第 3 群では礫石器が少なくナイフ形石器が多い傾向を看取できる。第 2 群にせよ第 3 群にせよ，エリア 1 ではナイフ形石器の比率が低い傾向にあるが，他にはエリア別の傾向は見出せない。

　石材組成は表 2 - 3，チャート 2 - 1 に示す。第 2 群は黒曜石 30.1％，チャート 26.2％，

表 2 - 2　器種組成

	剥片	石核	RF	ナイフ形石器	尖頭器	角錐状石器	スクレイパー	礫石器	その他	計
第2群	6410	278	335	267			100	74	91	7555
（%）	84.8	3.7	4.4	3.5			1.3	1.0	1.2	
第2'群	5645	274	330	206			67	73	72	6667
（%）	84.7	4.1	4.9	3.1			1.0	1.1	1.1	
第3群	6909	120	386	201	1		60	21	61	7759
（%）	89.0	1.5	5.0	2.6	0.0		0.8	0.3	0.8	
第4群	88636	2655	2654	2081	141	271	1332	347	531	98648
（%）	89.9	2.7	2.7	2.1	0.1	0.3	1.4	0.4	0.5	
第4a群	16184	592	609	421	4	67	218	91	187	18373
（%）	88.1	3.2	3.3	2.3	0.0	0.4	1.2	0.5	1.0	
第4b群	53771	1496	1266	1126	130	147	824	179	252	59191
（%）	90.8	2.5	2.1	1.9	0.2	0.2	1.4	0.3	0.4	
第4b_k群	49188	1491	1246	1120	101	146	799	179	242	54512
（%）	90.2	2.7	2.3	2.1	0.2	0.3	1.5	0.3	0.4	
第4b_m1群	4583	5	20	6	29	1	25		10	4679
（%）	97.9	0.1	0.4	0.1	0.6	0.0	0.5		0.2	

頁岩17.0%，安山岩9.2%，ホルンフェルス11.3%，凝灰岩4.5%，流紋岩０%，砂岩1.0%，他石材0.6%である。第３群は黒曜石82.7%，チャート5.5%，頁岩8.5%，安山岩1.8%，ホルンフェルス0.4%，凝灰岩0.5%，流紋岩０%，砂岩0.4%，他石材0.1%である。第２群では黒曜石が第一，チャートが第二であるが，それ以外の石材も相当量組成している。一方，第３群では黒曜石が圧倒的に多く組成である。

　第２群における黒曜石については留意が必要である。黒曜石は2,141点を組成し，第３群のような圧倒的ではないが比率第一位である。ただ，そのなかで多量の黒曜石を出土した遺跡が１件ある。小石川駕篭町遺跡第１文化層１～３・５号ユニットがそれで，黒曜石は885点を組成し，これらの石器集中部だけで第２類の黒曜石の41.3%に達する。小石川駕篭町遺跡同ユニットの出土点数は888点で，黒曜石以外では頁岩１点，水晶１点，鉄石英１点だけという他の遺跡・石器集中部とは明らかに異なる特徴をもっている。小石川駕篭町遺跡の報告書の情報量は必ずしも多くなく，出土層序に関する情報は「第１文化層（Ⅶ層）」という記載以外にはなく他と違う状況の実態はわからない。ちなみに，小石川駕篭町遺跡第１文化層１～３・５号ユニットを除いた第２群の石材組成は，黒曜石20.2%，チャート30.0%，頁岩19.4%，安山岩10.5%，ホルンフェルス13.0%，凝灰岩5.2%，流紋岩０%，砂岩1.1%，他石材0.7%である。チャートが第一位になる。

　黒曜石原産地組成については，器種組成，石材組成のように石器集中部単位ではなく，遺跡単位で情報を集成する（表２-４・５，チャート２-２）。

　集成されたすべての遺跡の黒曜石原産地組成総計に対する各産地の比率は，第２群では高原山系0.3%，信州51.8%（和田峠系3.8%，鷹山系０%，男女倉系０%，諏訪系0.8%，

表2-3 石材組成

	黒曜石	チャート	頁岩	安山岩	ホルンフェルス	凝灰岩	流紋岩	砂岩	他石材	石材計
第2群	2141	1866	1207	654	807	322	3	69	44	7113
（％）	30.1	26.2	17.0	9.2	11.3	4.5	0.0	1.0	0.6	
第2'群	1256	1866	1206	654	807	322	3	69	42	6225
（％）	20.2	30.0	19.4	10.5	13.0	5.2	0.0	1.1	0.7	
第3群	6451	427	665	144	34	39	3	31	11	7805
（％）	82.7	5.5	8.5	1.8	0.4	0.5	0.0	0.4	0.1	
第4群	50429	19074	9556	2939	2725	1788	148	561	748	87968
（％）	57.3	21.7	10.9	3.3	3.1	2.0	0.2	0.6	0.9	
第4a群	8272	4293	1594	747	508	277	88	92	82	15953
（％）	51.9	26.9	10.0	4.7	3.2	1.7	0.6	0.6	0.5	
第4b群	33902	10388	6152	1478	1920	1119	40	354	491	55844
（％）	60.7	18.6	11.0	2.6	3.4	2.0	0.1	0.6	0.9	
第4b_k群	29284	10366	6128	1472	1920	1116	40	352	487	51165
（％）	57.2	20.3	12.0	2.9	3.8	2.2	0.1	0.7	1.0	
第4b_m1群	4618	22	24	6		3		2	4	4679
（％）	98.7	0.5	0.5	0.1		0.1		0.0	0.1	

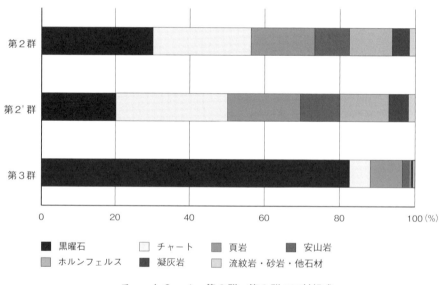

チャート2-1　第2群・第3群の石材組成

蓼科系36.2％，細別不可10.8％），神津島系4.0％，伊豆・箱根44.2％（箱根系14.3％，上多賀0.3％，柏峠29.6％）である。蓼科系が第一位，柏峠が第二位，箱根系が第三位である。第3群では高原山系0.5％，信州95.1％（和田峠系59.2％，鷹山系3.1％，男女倉系11.1％，諏訪系12.7％，蓼科系8.0％，和田峠・鷹山系（両者細別不可）1.1％），神津島系0.1％，伊豆・箱根4.2％（箱根系0.7％，上多賀0.1％，柏峠3.4％）である。和田峠系が過半数以上で第一位，諏訪系が第二位，男女倉系が第三位である。

表2-4 第2群の黒曜石原産地組成

エリア	区市町	遺跡	地点	文化層	判別数	高原山系	信州 和田峠系	信州 諏訪系	信州 蓼科系	信州 信州細別不可	神津島系	伊豆・箱根 箱根系	伊豆・箱根 上多賀	伊豆・箱根 柏峠	報告書
1	東久留米市	下里本邑遺跡		第Ⅶ層の石器文化	9	1	8								244
	東久留米市	神明山南遺跡			4							4			230
	東久留米市	多聞寺前遺跡		Ⅶ層文化層	4							4			230
	三芳町	藤久保東遺跡	藤久保第一土地区画整理地区	第Ⅶ層	2		2								53
	合計				19	1	10					8			
				(％)		5.3	52.6					42.1			
2	板橋区	西台後藤田遺跡	第1地点	第Ⅶ層文化層	3		2		1						160
	板橋区	氷川神社北方遺跡		Ⅶ層	3									3	158
	板橋区	四葉地区遺跡		Ⅶ層	3		1	1					1		165
	小平市	鈴木遺跡		鈴木9文化層	7		1				2			4	229
	練馬区	比丘尼橋遺跡	C地点	5群	143			2	139			1		1	182
	合計				159		4	3	140		2	1	1	8	
				(％)			2.5	1.9	88.1		1.3	0.6	0.6	5.0	
3	杉並区	白幡遺跡	集合住宅建設工事区	第Ⅶ層	1		1								131
	杉並区	堂の下遺跡		第Ⅳ集中部	2				2						132
	文京区	小石川駕籠町遺跡		第1文化層	200					43	14	48		95	77
	合計				203		1		2	43	14	48		95	
				(％)			0.5		1.0	21.2	6.9	23.6		46.8	
4	国分寺市	武蔵国分寺跡北方地区	西国分寺区画整理地区	第8遺物群	1									1	241
	府中市	武蔵国分寺跡関連遺跡	多総医地区A地点	第3文化層	14									14	211
	三鷹市	島屋敷遺跡	第2次調査区	第Ⅱ石器群	2				2						197
	合計				17				2					15	
				(％)					11.8					88.2	
総計					398	1	15	3	144	43	16	57	1	118	
				(％)		0.3	3.8	0.8	36.2	10.8	4.0	14.3	0.3	29.6	

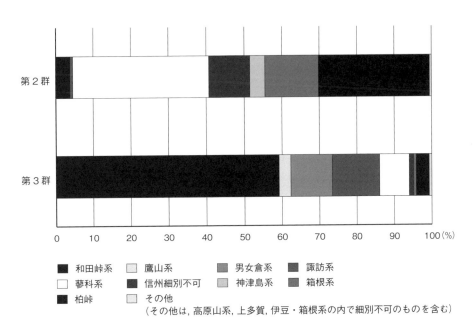

チャート2-2 第2群・第3群の黒曜石原産地組成

表２－５　第３群の黒曜石原産地組成

エリア	区市町	遺跡	地点	文化層	判別数	高原山系	信州						神津島系	伊豆・箱根			報告書
							和田峠系	鷹山系	男女倉系	諏訪系	蓼科系	和田峠・鷹山系		箱根系	上多賀	柏峠	
1	富士見市	権平沢遺跡	第1地点	1号石器集中	15		7		8								35
	三芳町	藤久保東遺跡	藤久保第一土地区画整理地区	第VI層	5								1	3		1	53
	合計				20		7		8				1	3		1	
				(%)			35.0		40.0				5.0	15.0		5.0	
2	板橋区	菅原神社台地上遺跡		第VII・VI層文化	4		3									1	155
	板橋区	西台後藤田遺跡	第1地点	第V層下部文化層	3		2									1	160
	板橋区	茂呂遺跡	A地点		1		1										鈴木正男
	板橋区	四葉地区遺跡		VI層	37		19			6	10			1	1		165
	北区	桐ケ丘遺跡		3群	21			20		1							145
	小平市	鈴木遺跡		鈴木8文化層	88		42			44						2	229
	練馬区	比丘尼橋遺跡	C地点	4群	33	1	10	2		1	17			1		1	182
	合計				187	1	77	22		52	27			2	1	5	
				(%)		0.5	41.2	11.8		27.8	14.4			1.1	0.5	2.7	
3	新宿区	下落合二丁目遺跡	集合住宅建設調査区	第2・3文化層	9		1			8							64
	新宿区	百人町三丁目遺跡	6次調査地	VI層	39				1		29	8				1	68
	杉並区	白幡遺跡	集合住宅建設工事区	第VI層	5					5							131
	文京区	真砂遺跡		第一文化層	124		124										79
	合計				177		125		1	13	29	8				1	
				(%)			70.6		0.6	7.3	16.4	4.5				0.6	
4	国分寺市	国分寺№37遺跡	共同住宅建設調査区	第II文化層	2			1		1							231
	国分寺市	武蔵国分寺跡遺跡北方地区	西国分寺区画整理地区	第7遺物群	23		5									18	241
	三鷹市	天文台構内遺跡	III所収区所収北地区	第5文化層	331	3	224		73	28	3						201
	合計				356	3	229	1	73	29	3					18	
				(%)		0.8	64.3	0.3	20.5	8.1	0.8					5.1	
総計					740	4	438	23	82	94	59	8	1	5	1	25	
				(%)		0.5	59.2	3.1	11.1	12.7	8.0	1.1	0.1	0.7	0.1	3.4	

　ただし，原産地推定を実施した遺跡は第2群15件，第3群16件と必ずしも多くはない。出土点数のほぼすべてを実施した事例がある一方，1，2点のみという事例もある。特に第2群では比丘尼橋遺跡C地点5群と小石川駕篭町遺跡第1文化層が群を抜いて多く，その結果蓼科系に集中するものの，それ以外に和田峠系，柏峠など幾種類かの原産地石材が散見されており，黒曜石以外の石材も含めどれも少しずつかつ遺跡によって異なり多様であることが理解できる。一方，第3群は分析数に多寡はあるものの，おおむね原産地が信州，特に和田峠系に集中している。たとえば1点だけ分析し和田峠系と判定された茂呂遺跡A地点は，肉眼観察では大部分が同一母岩であると認識できるので，和田峠系の比率がかなり高いことが推測される。第3群では黒曜石が石材組成の82.7％，信州が黒曜石原産地組成の95.1％，和田峠系が黒曜石原産地組成の59.2％であるので，石材組成の約80％が信州黒曜石，約50％が和田峠系と概算される。

4 石器集中部の件数・石器出土点数

つぎは石器集中部の件数，石器出土点数についてである。

第2群では遺跡62件（エリア1：13件，エリア2：18件，エリア3：13件，エリア4：18件）に対し，石器集中部206件（エリア1：35件，エリア2：71件，エリア3：26件，エリア4：74件），石器出土点数7,902点（エリア1：1,260点，エリア2：2,273点，エリア3：1,254点，エリア4：3,115点）である。

第3群は遺跡61件（エリア1：18件，エリア2：24件，エリア3：4件，エリア4：15件）に対し，石器集中部115件（エリア1：22件，エリア2：57件，エリア3：9件，エリア4：27件），石器出土点数8,012点（エリア1：905点，エリア2：4,481点，エリア3：847点，エリア4：1,779点）である。

第2群における遺跡1件に対する石器集中部の平均件数は3.3件，石器集中部1件に対する平均の石器出土点数は38.4点である。第3群における遺跡1件に対する石器集中部の平均件数は1.9件，石器集中部1件に対する平均の石器出土点数は69.7点である。また第2群の各石器集中部における石器出土点数の中央値は21点，平均値38.4点，第3群の各石器集中部における石器出土点数の中央値は35点，平均値は69.7点である。

このことから第3群は第2群との比較において，遺跡件数はほぼ同じであるが石器集中部件数は少ない，すなわち一つの遺跡に存在する石器集中部は少なく，第3群は約2件と第2群の半分近くしか有しない。一方で，第2群と第3群の石器出土点数はほぼ同じで，したがって1件の石器集中部あたりの出土点数は第3群が第2群の2倍に近いことになる。出土点数分布の中央値・平均値とも第3群のほうが多い。明らかに石器集中部形成・構成の経緯が異なると考えられる。

エリア別に見ると，石器集中部件数，石器出土点数とも多いエリアは，第2群ではエリア2・4，第3群ではエリア2で，少ないエリアは，第2群ではエリア1・3，第3群ではエリア3と認識される。これは各エリアの面積に比例しない。エリア2は荒川沿い（板橋区内）に，エリア4は多摩川沿い（野川流域）に遺跡が多いからであろう。第2項で検討した遺跡立地の傾向とほぼ一致する（図2-7・8）。ただし，荒川沿いの埼玉県側（ほぼエリア1に相当）に石器集中部件数，石器出土点数が少ないのは，調査地点1か所の調査面積が小さいからだと考えられる。

エリアごとの1件の石器集中部に石器が平均何点出土するかについては，第2群がエリア1：36.0点，エリア2：32.0。エリア3：48.2点，エリア4：42.1点で，第3群がエリア1：41.1点，エリア2：78.6，エリア3：94.1点，エリア4：65.9点となり，石器集中部件数，石器出土点数の傾向とは異なっている。これは多いエリア，たとえば第2群がエリア3の小石川駕篭町遺跡第1文化層1号ブロックの493点，第3群がエリア2の鈴木遺跡鈴

木8文化層北102ブロックの483点のような，出土点数の多い石器集中部の値に引っぱられるからで，個々の石器集中部の状況に沿ったものである。ただエリア1で値が少ないのは，調査面積が小さいという理由でなく，少点数の石器集中部が多いエリアの特徴であると考えられる[3]。

5　石器集中部の階層

第3群は第2群と比較して一つの遺跡に石器集中部の件数は少なく，一つの石器集中部に石器出土点数は多い。これは第3群の石器集中部は点数が多いものばかりで，第2群の石器集中部は点数が少ないものばかりなのであろうか。上記のように，実際はバラツキが大きく，第2群では小石川駕籠町遺跡第1文化層1号ブロックが493点である一方，石器出土点数5点の石器集中部まで認められる（4点以下は集計から捨象）。第3群も同様である。

そこで石器集中部ごとの石器出土点数を20点以下，21〜40点，41〜60点……81〜100点，101点以上は点数が少ないので100点単位として101〜200点……401点以上に階層分けを行い，点数の多寡を検討する（表2−6。チャート2−3）。第2群は，20点以下：49.5%，21〜40点：23.8%，41〜60点：9.7%，61〜80点：4.4%，81〜100点：3.9%，101〜200点：7.3%，201〜300点：1.0%，401点以上：0.5%である。第3群は，20点以下：33.9%，21〜40点：18.3 %，41〜60点：21.7 %，61〜80点：3.5 %，81〜100点：4.3 %，101〜200点：9.6%，201〜300点：2.6%，301〜400点：3.5%，401点以上：2.6%である。

第2群では石器出土点数20点以下が約50%に達し，多点数の石器集中部が少ない傾向にある。第3群では20点以下が35%，30点以下をもってようやく50%に達する。すなわち第

表2−6　石器集中部出土点数の階層

点数		5〜20	21〜40	41〜60	61〜80	81〜100	101〜200	201〜300	301〜400	401以上	計
第2群		102	49	20	9	8	15	2		1	206
	（%）	49.5	23.8	9.7	4.4	3.9	7.3	1.0		0.5	
第2'群		101	49	20	9	8	13	2			202
	（%）	50.0	24.3	9.9	4.5	4.0	6.4	1.0			
第3群		39	21	25	4	5	11	3	4	3	115
	（%）	33.9	18.3	21.7	3.5	4.3	9.6	2.6	3.5	2.6	
第4群		376	199	106	66	48	117	42	16	55	1025
	（%）	36.7	19.4	10.3	6.4	4.7	11.4	4.1	1.6	5.4	
第4a群		116	65	28	16	18	29	10	3	7	292
	（%）	39.7	22.3	9.6	5.5	6.2	9.9	3.4	1.0	2.4	
第4b群		128	86	45	36	23	58	21	10	40	447
	（%）	28.6	19.2	10.1	8.1	5.1	13.0	4.7	2.2	8.9	
第4b_k群		127	84	42	35	23	56	18	10	35	430
	（%）	29.5	19.5	9.8	8.1	5.3	13.0	4.2	2.3	8.1	
第4b_m1群		1	2	3	1		2	3		5	17
	（%）	5.9	11.8	17.6	5.9		11.8	17.6		29.4	

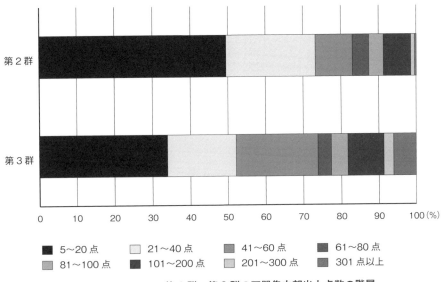

チャート2－3　第2群・第3群の石器集中部出土点数の階層

2群は少点数の石器集中部が多いことが理解でき，両者の違いは第2群が20点以下主体に対し第3群は40点付近に重心がある点である。石器集中部の性格，石器集中部間の役割違いに起因する可能性が高い。

　出土点数101点以上の石器集中部は第2群18件，第3群21件と拮抗しているが，内容は異なる。第3群は101〜200点11件，201〜300点3件，301〜400点4件，401〜500点3件と大小さまざまであるのに対し，第2群は101〜200点15件，201〜300点2件，401〜500点1件である。特に第2群の多点数の石器集中部には環状ブロック群の範疇に捉えられるものがある。

　環状ブロック群は石器集中部が環状に配列した状態を示すもので，その所属時期は愛鷹山麓ではBBⅤ層，下総台地では第Ⅸ層から検出され，主に第1群（Ⅸ層段階以前）の所属とみられ，第2群（Ⅶ層段階）への注目は少ない（橋本2006，佐藤2006，山岡2020）。田無南町遺跡旧石器時代1がⅦ層段階の環状ブロック群の可能性があると言われたが（橋本2006），報告書によれば第Ⅸ層最上部が生活面とされているので第1群とし第2群では扱わない。

　第2群では，藤久保東遺跡藤久保第一土地区画整理地区第Ⅶ層石器集中1〜6・9〜15，柿ノ木坂遺跡西区第2文化層石器集中16〜21，西台後藤田遺跡第1地点第Ⅶ層文化層1〜7・9号ブロック，比丘尼橋遺跡C地点5群4〜10号石器集中部，もみじ山遺跡東京外かく環状道路練馬地区第Ⅶ層の文化層ブロック1〜9号，百人町三丁目西遺跡第3次調査地第2文化層1〜3号ブロック，小石川駕篭町遺跡第1文化層1〜3・5号ユニット，羽根沢台遺跡Ⅱ所収区第Ⅶ文化層Ⅶa〜mユニット，野水遺跡第2地点第3文化層1〜10号ブロック，嘉留多遺跡第4文化層1〜7号ブロックの10か所の環状ブロック群を認めることが

できる。藤久保東遺跡藤久保第一土地区画整理地区第Ⅶ層が中央部に空白地帯を有し周囲を環状に石器群がある正規の環状ブロック群と言える以外は，中央部にも分布が認められ環状と言うより円形と言ったほうがいいもの，「環状」の一部に分布がない弧状に近いもの，いびつな楕円を呈したものなどイレギュラーであるのが実態である。とはいえ環状，円形の長径が30mを超えるのがほとんどである。従来環状ブロック群とされてきたものが，田無南町遺跡旧石器時代1，野水遺跡第1地点第4文化層や栃木県上林遺跡のような，大型できれいな環状を呈するものばかりではないことはわかっており，実態として環状，円形なのか「普通の石器集中部群」なのか区別が難しいことは織りこみずみと言える。

　第2群における環状ブロック群を報告書垂直分布／出土層序状況から検討すると，第Ⅶ層下部が中心で第Ⅸ層上面とは紙一重である。第2群として扱うのではなく第1群とすべきとの見方もあるかもしれない。しかし，第2群の環状ブロック群ではない一般の石器集中部も多くが第Ⅶ層下部に相当し，第Ⅶ層上部と捉えられるものは少数派である。したがって環状ブロック群と一般の石器集中部を時期的に分ける根拠はない。環状ブロック群が石斧や台形様石器を失い明確な環状という形を損ないながらも第2群に残存し，環状ブロック群以外の石器集中部と共存したものと考えられる。

　話を戻そう。第2群石器集中部の石器出土点数上位13位，111点以上のうち11件は環状ブロック群に属し，環状ブロック群でない石器集中部は鈴木遺跡鈴木9文化層北107ブロック180点，菅原神社台地上遺跡第Ⅶ層文化31号ブロック171点の2件である。110点以下には環状ブロック群でない石器集中部が続く。環状ブロック群に多点数の石器集中部が多いのは確実であるが，だからと言って環状ブロック群にめだって少点数の石器集中部が少ないわけではない。出土点数20点以下に限れば，環状ブロック群に属する石器集中部は環状ブロック群ではない石器集中部より少ないが，出土点数30点以下で両者は拮抗する（環状ブロック群には21〜30点が多い）。

　すなわち，環状ブロック群には多点数の石器集中部が1件，もしくは2，3件存する一方で，少点数の石器集中部も多い。換言すれば第2群は多点数の石器集中部は環状ブロック群に集約される一方で，それ以外は20点以下を主体とした少点数の石器集中部に重点があることを示している。一方第3群は，少点数石器集中部とともに40点前後の石器集中部に重心があり，かつ多点数に向かって徐々に散布する。

　なお，器種組成，石材組成は，環状ブロック群と環状ブロック群ではない石器集中部では大差が見られない。

6　第一石材の岩種

　石器集中部は複数の石材で構成されていることが多い。石器集中部のなかで最も多い石材

を第一石材とし，その第一石材の岩種ごとの石器集中部の件数を集計する（表2－7，チャート2－4）。なお，表2－7，チャート2－4では，複数の石材が同数で第一石材である場合は，1をその岩種の数で除する（4つの石材が同数で第一石材の場合は各0.25）（石材組成が判明している石器集中部のみが対象で，表2－6と対応せず）。

第2群においては，黒曜石20.8％，チャート31.3％，頁岩20.0％，安山岩13.2％，ホルンフェルス11.1％，凝灰岩2.1％，砂岩0.9％，他石材0.5％である。第3群においては，黒曜石74.8％，チャート7.2％，頁岩12.6％，安山岩3.6％，ホルンフェルス0.9％，砂岩0.9％である。第2群においてはチャートが最も多いものの，黒曜石，頁岩，安山岩が拮抗している。一方で，第3群では黒曜石が約75％と圧倒的な多さである。

第3群において石器出土点数41点以上の石器集中部51件のうち，第一石材が黒曜石ではない石器集中部は菅原神社台地上遺跡第Ⅵ層文化4号・24号a・30号ブロック，栗谷ツ遺跡第15地点・第16地点，武蔵国分寺跡遺跡北方地区西国分寺区画整理地区第7遺物群4号石器集中部，多摩蘭坂遺跡第4地点第3文化層4号ブロック，城山遺跡第96地点第2文化層10号石器集中地点の8件だけである。一方，石器出土点数41点以下の石器集中部58件のうち，第一石材が黒曜石でないもしくは黒曜石だけではない石器集中部は21件である。ということは，第一石材が黒曜石のみで構成される石器集中部では石器出土点数40点以下37件，41点以上43件となる。黒曜石が第一石材ではない事例は少点数石器集中部にこそみられるものの，多点数石器集中部には少ない。ちなみに，田村はⅥ層段階（第3群）においても黒曜石以外の石材が主体の石器群が認められることを強調したが（田村1992），その代表例として取り上げられた花沢東遺跡第5文化（詳細情報がないため本書では集計外）は

表2－7　第一石材の岩種

	黒曜石	チャート	頁岩	安山岩	ホルンフェルス	凝灰岩	流紋岩	砂岩	他石材	計
第2群	37.83	57.00	36.42	24.08	20.25	3.83		1.58	1	182
（％）	20.8	31.3	20.0	13.2	11.1	2.1		0.9	0.5	
第2′群	33.83	57.00	36.42	24.08	20.25	3.83		1.58	1	178
（％）	19.0	32.0	20.5	13.5	11.4	2.2		0.9	0.6	
第3群	83	8	14	4	1			1		111
（％）	74.8	7.2	12.6	3.6	0.9			0.9		
第4群	444.33	242.50	97.33	59.83	31.00	23.00	2.33	6.83	5.83	913
（％）	48.7	26.6	10.7	6.6	3.4	2.5	0.3	0.7	0.6	
第4a群	108.00	86.50	22.50	21.50	8.00	3.00		3.50	1.00	254
（％）	42.5	34.1	8.9	8.5	3.1	1.2		1.4	0.4	
第4b群	240.83	80.00	52.33	17.33	15.50	12.00	1.33	2.33	2.33	424
（％）	56.8	18.9	12.3	4.1	3.7	2.8	0.3	0.6	0.6	
第4b_k群	223.83	80.00	52.33	17.33	15.50	12.00	1.33	2.33	2.33	407
（％）	55.0	19.7	12.9	4.3	3.8	2.9	0.3	0.6	0.6	
第4b_m1群	17									17
（％）	100.0									

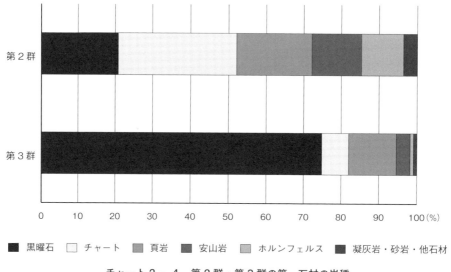

チャート2-4　第2群・第3群の第一石材の岩種

40点以下の出土点数である。

　第一石材がどのような石材であれ，全体の80，90％をもって第一である場合と30，40％でもって第一である場合ではだいぶ意味あいが異なる。そこで，石器出土総点数に占める第一石材の点数の比率（第一石材占有率とする）を0.1～10％，10.1～20％……90.1～100％の階層に分け，その石器集中部が何件存するか集計する（表2-8）。そうしたところ第一石材であるのだから20％以下はなく，第2群において20.1～30％：2.7％，30.1～40％：11.0％，40.1～50％：16.5％，50.1～60％：13.2％，60.1～70％：13.7％，70.1～80％：13.7％，80.1～90％：8.2％，90.1～100％：20.9％である。第3群において20.1～30％：0.9％，30.1～40％：2.7％，40.1～50％：4.5％，50.1～60％：6.3％，60.1～70％：6.3％，70.1～80％：6.3％，80.1～90％：11.7％，90.1～100％：61.3％である。ちなみに第3群の100％は30件，27.0％である。両群の差は歴然で，第2群が専有率の高いものから低いものまで多様であるのに対し第3群は約70％の石器集中部で第一石材が80％以上を占める。

　この傾向は，石器集中部の出土点数の多寡によっても変化しない。第2群の石器出土点数を20点以下，21～40点，41点以上にクラス分けしても第一石材占有率にあまり変化はみられない。どのクラスにおいても，石器出土点数が100点の石器集中部でも10点の石器集中部でも，第一石材占有率が約40％も100％も認められる。

　第3群の石器集中部において石器出土点数を40点以下（クラスAとする），41点以上（クラスBとする）にクラス分けし（表2-8，チャート2-5下段），クラスAの第一石材占有率が，20.1～30％の石器集中部は全体の1.7％，以下30.1～40％：3.4％，40.1～50％：6.9％，50.1～60％：8.6％，60.1～70％：10.3％，70.1～80％：3.4％，80.1～90％：15.5％，

表2-8 第一石材占有率の階層

占有率（%）	20.1〜30	30.1〜40	40.1〜50	50.1〜60	60.1〜70	70.1〜80	80.1〜90	90.1〜100	計
第2群	5	20	30	24	25	25	15	38	182
（%）	2.7	11.0	16.5	13.2	13.7	13.7	8.2	20.9	
第2'群	5	20	30	24	25	25	15	34	178
（%）	2.8	11.2	16.9	13.5	14.0	14.0	8.4	19.1	
第3群	1	3	5	7	7	7	13	68	111
（%）	0.9	2.7	4.5	6.3	6.3	6.3	11.7	61.3	
クラスA	1	2	4	5	6	2	9	29	58
（%）	1.7	3.4	6.9	8.6	10.3	3.4	15.5	50.0	
クラスB		1	1	2	1	5	4	39	53
（%）		1.9	1.9	3.8	1.9	9.4	7.5	73.6	
第4群	12	77	106	118	114	123	132	231	913
（%）	1.3	8.4	11.6	12.9	12.5	13.5	14.5	25.3	
第4a群	5	15	29	21	38	32	42	72	254
（%）	2.0	5.9	11.4	8.3	15.0	12.6	16.5	28.3	
第4b群	6	36	50	60	49	55	60	108	424
（%）	1.4	8.5	11.8	14.2	11.6	13.0	14.2	25.5	
第4b_k群	6	36	50	60	49	54	58	94	407
（%）	1.5	8.8	12.3	14.7	12.0	13.3	14.3	23.1	
第4b_m1群						1	2	14	17
（%）						5.9	11.8	82.4	

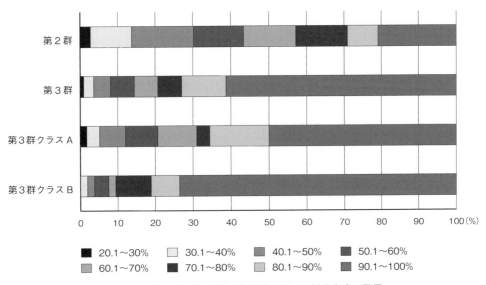

チャート2-5　第2群・第3群の第一石材占有率の階層

90.1〜100%：50%である。クラスBは，30.1〜40%：1.9%，40.1〜50%：1.9%，50.1〜60%：3.8%，60.1〜70%：1.9%，70.1〜80%：9.4%，80.1〜90%：7.5%，90.1〜100%：73.6%である。すなわち第一石材占有率はクラスAが低くクラスBが高いのであるが，目立つのは多点数石器集中部で第一石材占有率が高いことではなく，むしろ少点数石器集中部

表2－9　石器集中部を構成する岩種数

	1種類	2種類	3種類	4種類	5種類	6種類	7種類	8種類以上	計
第2群	17	38	48	39	24	16			182
（%）	9.3	20.9	26.4	21.4	13.2	8.8			
第2'群	15	36	48	39	24	16			178
（%）	8.4	20.2	27.0	21.9	13.5	9.0			
第3群	30	34	24	15	4	3		1	111
（%）	27.0	30.6	21.6	13.5	3.6	2.7		0.9	
クラスA	21	19	13	3	2				58
（%）	36.2	32.8	22.4	5.2	3.4				
クラスB	9	15	11	12	2	3		1	53
（%）	17.0	28.3	20.8	22.6	3.8	5.7		1.9	
第4群	89	181	186	193	122	67	54	21	913
（%）	9.7	19.8	20.4	21.1	13.4	7.3	5.9	2.3	
第4a群	35	60	58	44	25	19	10	3	254
（%）	13.8	23.6	22.8	17.3	9.8	7.5	3.9	1.2	
第4b群	31	68	76	85	71	44	35	14	424
（%）	7.3	16.0	17.9	20.0	16.7	10.4	8.3	3.3	
第4b_k群	27	63	73	82	69	44	35	14	407
（%）	6.6	15.5	17.9	20.1	17.0	10.8	8.6	3.4	
第4b_m1群	4	5	3	3	2				17
（%）	23.5	29.4	17.6	17.6	11.8				

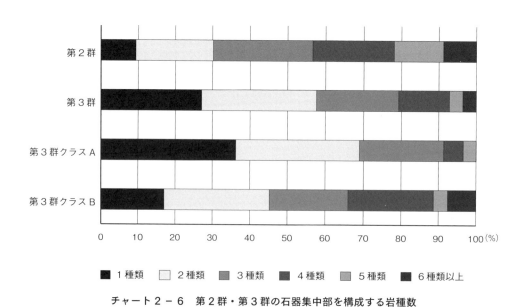

チャート2－6　第2群・第3群の石器集中部を構成する岩種数

において二番目，三番目に多い石材が相応の数に及ぶということである。たとえば15点出土の石器集中部で黒曜石が7点あるが，チャートと頁岩が4点ずつあるといった具合に。

　第一石材占有率は，一つの石器集中部が何種類の石材から構成されるかと関連する（表2－9，チャート2－6）。第2類において，1種類9.3％，2種類20.9％，3種類26.4％，4

種類21.4％，5種類13.2％，6種類8.8％である。なお石器出土点数によってクラス分けしても，出土点数が多ければ種類が増える傾向にはあるもののあまり有意な差はない。第3類において，1種類27.0％，2種類30.6％，3種類21.6％，4種類13.5％，5種類3.6％，6種類2.7％，8種類0.9％である。第2類とは異なり，1種類と2種類合わせで約60％に達する。これを石器出土点数によってクラスA，クラスBに分けると，クラスAは1種類36.2％，2種類32.8％，3種類22.4％，4種類5.2％，5種類3.4％である。一方クラスBは1種類17.0％，2種類28.3％，3種類20.8％，4種類22.6％，5種類3.8％，6種類5.7％，8種類1.9％である。石器集中部の出土点数が少なければ石材の種類が少なくなるのは当然である。とはいえ少点数石器集中部でも一定量，3～5種類の石材を有しているのは，先述したとおり二番手，三番手の石材を相当数有することと関係していて，少点数石器集中部でもあえて複数の石材を有している構造があるものと理解できる。

7　ナイフ形石器・石核の比率

　石器集中部での最も重要な作業は石器製作である。第2群，第3群においては剥片剥離技術によって剥片を製作し，それを二次加工によって狭義の石器にする。その狭義の石器のなかで最も多いのがナイフ形石器で50％強に相当する。したがって石器集中部の目的はナイフ形石器に集約される。

　石器集中部におけるナイフ形石器の出土点数は，第2群で0～38点，第3群で0～20点である。石器集中部における石器出土総点数にバラツキがあるのと同様に，バラツキがある。ただし第2群の先述している小石川駕篭町遺跡第1文化層1号ユニットの38点，5号ユニットの13点を除けば最多は9点である。第3群も石器出土点数最多の鈴木遺跡鈴木8文化層北102ブロックの20点を除けば最多は9点である。

　石器集中部の石器出土点数が多ければナイフ形石器点数も多いと想定されるが，果して明確にそうした関係，石器出土点数とナイフ形石器点数の間に相関関係があるのか。第2群の相関係数は0.76，第3群は0.60である。小石川駕篭町遺跡第1文化層1～5号ユニットを除く第2群は0.36である。また，第3群において鈴木遺跡鈴木8文化層北102ブロックを除くと0.46である。相関係数は「1.0から0.7が強い正の相関関係，0.7から0.4が正の相関関係，0.4から0.2が弱い正の相関，0.2から－0.2がほとんど相関関係にない」とされる。ちなみに石器出土点数と剥片点数の相関関係は第2群，第3群ともに1.00である。したがって第2群は強い正の相関関係，第3群は正の相関関係にあるものの，最も多い小石川駕篭町遺跡と鈴木遺跡を除けば相関関係は低くなる。石器出土点数の多い石器集中部1によって係数の値は変化してしまい，この資料であまり参考にならないかもしれないしそこに論点がある可能性もある。

第2群においては少点数石器集中部（石器出土点数20点以下）の石器集中部にはナイフ形石器0点というものが多く，かつ多点数石器集中部を含めたすべての石器集中部の約90％が6点以下である。第3群においてもナイフ形石器0点の石器集中部は多く，ナイフ形石器点数6点以下がすべての石器集中部の約95％に達する。したがって点数の多寡にかかわらず数点のナイフ形石器を遺すわけで，多点数石器集中部は「石器を多量の製作しナイフ形石器を多く残す」ということはない。

　そこで，石器集中部を石器出土点数の多寡でクラス分けし，その石器出土点数に対するナイフ形石器点数の比率を比較すると，以下表では示していないが，第2群が少点数石器集中部（石器出土点数20点以下）5.6％，多点数石器集中部（21点以上）3.2％，第3群が少点数石器集中部（クラスＡ：石器出土点数40点以下）4.5％，多点数石器集中部（クラスＢ：41点以上）2.3％である。第2群，第3群とも比率が少点数に高く多点数に低い傾向が認められる。ちなみに小石川駕篭町遺跡第1文化層1〜5号ユニットを除くと，第2群は少点数石器集中部5.5％，多点数石器集中部2.7％で多寡の格差は広がる。

　このことは石器集中部の性格によるものと考えられる。石器集中部には集約的な剝片剝離の場から石器生産の最終工程の場，保管場・廃棄場まで，常習的な寝所であるベースキャンプからワーキングキャンプまで多様なあり方の痕跡であると考えられ，それに即してナイフ形石器の点数，比率も異なるものと考えられる。集約的なナイフ形石器製作の作業場では製作されたナイフ形石器は使用するために持ち出され，保管場ではナイフ形石器を保管していたものと考えられる。換言すれば，少点数石器集中部でも一定数のナイフ形石器を保持し枯渇を防ぐリスク回避の様相を看取できる。

　ナイフ形石器の石材組成については，別表3・5，表2-10に示す。ただし，器種単位の石材情報が掲載されている報告は少ない。石材組成の比率について第2群は黒曜石36.4％，チャート18.6％，頁岩24.3％，安山岩5.7％，ホルンフェルス5.7％，凝灰岩6.4％，流紋岩0％，砂岩2.1％，他石材0.7％である。第3群は黒曜石87.0％，チャート2.3％，頁岩8.5％，安山岩1.7％，ホルンフェルス0％，凝灰岩0％，流紋岩0％，砂岩0％，他石材0.6％であ

表2-10　第2群・第3群のナイフ形石器・石核石材組成集計

		黒曜石	チャート	頁岩	安山岩	ホルンフェルス	凝灰岩	砂岩	他石材	石材計
第2群	ナイフ形石器	51	26	34	8	8	9	3	1	140
	（%）	36.4	18.6	24.3	5.7	5.7	6.4	2.1	0.7	
	石核	9	49	19	12	13		1	1	104
	（%）	8.7	47.1	18.3	11.5	12.5		1.0	1.0	
第3群	ナイフ形石器	154	4	15	3				1	177
	（%）	87.0	2.3	8.5	1.7				0.6	
	石核	45	10	25	1	4	3	3		91
	（%）	49.5	11.0	27.5	1.1	4.4	3.3	3.3		

る。全点における石材組成と比較すると，第2群，第3群とも大きな違いはない。ただし，第2群においては黒曜石，頁岩が6，7ポイント高くチャートが約8ポイント低い。石材の緻密度など品質の良いものがナイフ形石器製作に利用されている可能性がある。第3群でも黒曜石は約4ポイント高く，チャートは約3ポイント低いが，こちらはもともと黒曜石が80％以上もあって差が生じる余地が少ないものと理解される。

スクレイパーの石器出土総点数に対する比率は1％以下で，出土しない石器集中部が第2群，第3群ともに72.0％に達する。石器出土総点数との相関係数は第2群0.79，第3群0.23である。ただ20点出土する小石川駕籠町遺跡第1文化層1号ユニットをはじめとした同遺跡を除けば第2群は0.14で，相関関係はほとんどない。礫石器，その他の石器も同様である。

石器集中部における石核の出土点数は，第2群では0～12点である。小石川駕籠町遺跡第1文化層で特に多いことはない。というよりもむしろ少ない。第3群は0～10点である。石器出土点数と石核点数の間の相関係数について，第2群は0.49，第3群は0.34である。ナイフ形石器と比較して相関係数は低い。ナイフ形石器よりも点数が少ないことが関係しよう。

ナイフ形石器の場合と同様に石器集中部を出土点数でクラスに分け，その石器集中部に対する石核点数を比較すると，第2群が少点数石器集中部（石器出土点数20点以下）5.4％，多点数石器集中部（21点以上）3.4％，第3群が少点数石器集中部（クラスA：石器出土点数40点以下）3.4％，多点数石器集中部（クラスB：41点以上）1.3％で，第2群，第3群ともナイフ形石器同様に比率が少点数に高く多点数に低い傾向がみられる。ナイフ形石器の場合と同様に，大小にかかわらず一定量を保持しようとする戦略がある一方で石器集中部の性格によって左右されるものと考えられる。

石核の石材組成の比率について第2群は黒曜石8.7％，チャート47.1％，頁岩18.3％，安山岩11.5％，ホルンフェルス12.5％，凝灰岩0％，流紋岩0％，砂岩1.0％，他石材1.0％である。第3群は黒曜石49.5％，チャート11.0％，頁岩27.5％，安山岩1.1％，ホルンフェルス4.4％，凝灰岩3.3％，流紋岩0％，砂岩3.3％，他石材0％である（別表3・5，表2-10）。全点における石材組成と比較すると，第2群，第3群とも黒曜石が少なく，チャート，頁岩が多い傾向にある。黒曜石は第2群で21.4ポイント低く，第3群で33.2ポイント低い。一般に黒曜石の石核は少なく，管見で知るかぎり他地域にもみられる傾向である。黒曜石の個体は石核調整，打縁調整などにおいて細かな剝離作業を繰り返すため一個体における剝片の比率が高く相対的に石核の比率が低くなるものと考えられる。

黒曜石の石核が少なく見える原因はもう一つあり，菅原神社台地上遺跡第Ⅵ層文化4号，24号a，30号ブロックにおいて硬質頁岩（東北頁岩と考えられる）が18点出土し，それが頁岩の比率を押し上げ相対的に黒曜石の比率を下げているからである。

第3節

第2群・第3群の様相

1　第2群環状ブロック群の特徴

　本節では第2節での分析を受け，石器をめぐる行動から第2群，第3群の単位集団の生業領域，行動様態の解釈を試みる。第2群に関しては第1群の分析を行っていないのでその成立過程を見出しにくいが，第3群，場合によっては第3章で扱う第4群との比較を通じて摑まえてみる。

　ところで，ここまで第2群環状ブロック群の一つである小石川駕篭町遺跡第1文化層1～3・5号ユニットが第2群のなかで異質であると述べてきた。石器出土点数の多さ，黒曜石比率の高さ，ナイフ形石器・スクレイパーの出土点数の多さなどの特徴は，他の第2群の石器集中部202件の特徴とまったくなじまない。なぜ一遺跡だけ「優越」しているのか説明ができず，第2群の範疇に属するものとは言いにくい。報告書に掲載された情報が少ないので詳細はわからないが，田無南町遺跡旧石器時代1，野水遺跡第1地点第1文化層など第1群の大規模な環状ブロック群と同等と判断して，第1群（IX層段階）に所属させるのが適当と考える。今後第2群から「小石川駕篭町遺跡第1文化層1～3・5号ユニット」を除いたものを第2′群とし，検討の対象としたい。なお，第2′群としての分析データは各表の第2群の下に記してある。また，第2′群の各石器集中部における石器出土点数の中央値は20.5点，平均値は34.5点である。

　第2′群の規模は第3群とそれほど変わりないが，第4群と比較すると遺跡数，石器集中部件数，石器出土点数とも大幅に小規模であり，人口規模は小さく一か所への滞留期間は短いものと推察される。それが後期旧石器時代前半期の様相であることは，既往の研究から明らかである。特に少点数石器集中部が多いことが大きな特徴と言え，その小規模性は際立つものと言えよう。

　第2′群の石器集中部の第一の特徴は，環状ブロック群が認められることである。環状ブロック群は関東・東海地方では第1群において盛況するものの，武蔵野台地において第2群でも不完全な環状，楕円形を呈する状態のものとして残るようである。石斧や台形様石器を組成することなく，環状ブロック群としては終末期のものであろう。

　環状ブロック群は，石器出土点数207点を最大に100点台，2桁台後半の点数を有する1～3件の中心的な多点数石器集中部と，20点以下を主体とする少点数石器集中部から形成される。第2′群の環状ブロック群はすべて，島田が3類型に分類した内の，グレード1・2

に相当する（島田 2011・2012）。その説に従えば，それらは第1群の大規模環状ブロック群のような単位集団の集合体＝集団群の姿ではなく，一単位集団によるものと判断できる。単位集団によって遺された工程の全部もしくは一部の複数個体の剝片剝離作業が集中的に行われる場と石器生産の最終工程，保管場・廃棄場の双方から構成されるもので，寝所を伴う単位集団のベースキャンプであると考えられる。

　ただ，剝片剝離作業が集中的に行われる遺跡は環状ブロック群だけではない。多聞寺前遺跡Ⅶ層文化，菅原神社台地上遺跡第Ⅶ層文化，中東遺跡第6地点（4次）第Ⅶ層，武蔵国分寺跡504次調査区第4文化層のような崖沿いなどに直線状に並ぶ複数の石器集中部が該当し，それらも寝所を伴うベースキャンプと考えられる。第3群と比較して一遺跡における石器集中部件数が多いのは，環状ブロック群とともにこれら直線状に数件の石器集中部が並列している遺跡の数に起因している。

2　第2′群の様相

　第2′群のもう一つの特徴として，石器集中部全件のうち半分近くに及ぶ，石器出土点数20点以下あるいはそれに近い少点数石器集中部の存在である。多点数石器集中部に伴うことなく単独もしくは数件で構成する少点数石器集中部は，石器生産の最終工程，保管場・廃棄場であり，ワーキングキャンプに遺されたものと考えられる。こうした，環状ブロック群を起点としたベースキャンプとワーキングキャンプの二重性こそが第2′群の特徴である。

　石材の観点から言えば，多点数石器集中部にしても少点数石器集中部にしても荒川，多摩川の河原，台地内中小河川の武蔵野礫層上の河原で採取できる近傍の石材（チャート，ホルンフェルス，珪質頁岩の一部）と，利根川上流域の黒色頁岩・ガラス質黒色安山岩，箱根山麓のガラス質黒色安山岩，ほかに大洗産ガラス質黒色安山岩，東北頁岩，そして黒曜石など遠隔地の石材を各々有している。黒曜石に関しては，石材組成第一位の第3群，第4群とは異なり第二位であり，石材の「主役」とはなっていない。

　黒曜石原産地については，小石川駕篭町遺跡第1文化層を除くことで，比丘尼橋遺跡C地点5群だけで分析数の約75％にも及んでしまい，データに偏りがあって実態を判断しにくい。それでも蓼科系だけでなく和田峠系，柏峠が目立つことがわかる。いずれの遺跡でも蓼科系が第一位というのではなく，蓼科系，和田峠系，柏峠など異なった原産地の黒曜石一種類がそれぞれの遺跡における原産地組成の大部分を占める傾向にある。

　第一石材の岩種についても，第3群，第4群と比較すると特定の岩種への偏在が少ない，すなわち黒曜石，チャート，頁岩，安山岩，ホルンフェルスのどれも第一石材になる確率がある。確かに第3群，第4群で比率が高い黒曜石が第2′群で少ないためそのように見える一面があるが，石材組成第一位であるチャートに対して頁岩，安山岩，ホルンフェルスが肉

薄するほどの値を示している。特に安山岩を第一石材とするケースは荒川側（エリア1・2）に目立つ。利根川産ガラス質安山岩が荒川（後期旧石器時代の利根川）の河原で採取できる可能性があるので，荒川側の遺跡にとって近傍の石材であることは違いないが，この傾向は第3群，第4群にはない第2′群だけのものである。このように，遺跡，石器集中部ごとに主として構成する石材が異なっていることが第2′群の特徴である。

　一方で石器集中部を構成する岩種数は，第3群では1，2種類が多数を占め，また第4群では2，3種類が主体であるのに対し，第2′群では2〜4種類が主体である。すなわち，石器集中部内に少しだけ多くの石材を抱える傾向が看取できる。第2′群が第一石材の占有率が第3群，第4群と比較して低い傾向にあることとも関係していよう。

　すなわち，石器集中部ごとに石材組成が異なるなど，これらの特徴は，単位集団が地域全体の動静に影響されにくく，移動領域，生業領域に関し独自の判断と履歴を有していることを示す。換言すれば地域性の未発達と言えよう。具体的には，個別の単位集団が近傍石材の直接採取を基本としながらも，単位集団間で交換しつつ，それぞれの単位集団は武蔵野台地の範囲を超えた関東−中部高地地方を射程に据えた多方面への遊動経路を有している結果であると考えられる。それは単位集団の離合集散の結果でもあり，関東山地に貼りついた西関東地方だけでなく，場合によっては「下野−北総回廊」（国武 2008），すなわち栃木県南部から千葉県北部に広がる地形の傾斜が緩やかで平原が広がる大きな東関東地方までも含めて遊動しつつ，短期的には武蔵野台地だけを生業領域としている可能性もある。遺跡が武蔵野台地外縁部に偏るのも，台地内部の森林資源を利用することが少なく，荒川，多摩川沿いの水辺資源を優先的に利用したという側面もあろうが，多方向に開けた行動様態に対応してのことと考えられる。開かれた生業領域であるからこそ，その場で調達できる資源，食糧を得ようとする。「細区画的環境の資源利用」にあると言えよう。

　少点数石器集中部でも多点数石器集中部でもナイフ形石器等の狭義の石器を一定数保持しようとする様相，安山岩など全体的にはあまり多用しない石材を少数ながら一定数保持しようとする様相は，単位集団の独自性，地域性の未発達，多方向に開けた行動様態を保つ際に必要なリスク回避の戦略の一つと考えられる。

　このことは第2′群における人口の少なさとも関係している。確かに第3群と比較して石器集中部の件数は多いものの，少点数石器集中部が多く，その半分が石器生産の最終工程，保管場・廃棄場であると考えられ，寝所を伴うベースキャンプは限定的である。第3群の期間は約500〜1,000年間であるのに対し，第2′群の期間は約2,000〜2,500年間とされる（中村 2013，工藤 2012）。土層堆積状況，その堆積速度なども考慮する必要があるものの，第3群の半分以下もしくはもっと少ない人口である可能性が高い。第1章第4節4で述べたとおり，武蔵野台地の第4群の時期の人口は「約31.2〜35.1人」等だと考えられたので，おそらく第2′群ではその半分に満たないもしくは半分に遠く及ばないであろう。一個の単位

集団さえも維持できないほどである。このことは武蔵野台地に数人しかいないのではなく，相応の人口を有する1個から数個の単位集団が存在していた時期とまったく無人だった時期があったものと解釈できる。となれば一定期間台地内を遊動しつつも，中・長期的には周辺へ，すなわち西関東地方からさらに広い範囲へ広域展開し武蔵野台地を空けるものと考えられ，先述した「多方向に開けた行動様態」とも合致しよう。

　石器集中部が第Ⅶ層下部に多く上部に少ないという傾向は，その後半期が人口減少とともに無人であった期間が長くあることも示している。すなわち，第2′群は第1群からの連続する一方で，第3群とは断絶的であった。突発的な環境変動の中である単位集団が滅失し，また生き残った集団のなかから回復される，そうしたダイナミックな人口変動を想定できるかもしれない。同じ先祖－子孫関係にある「武蔵野台地」人が途切れることなく居住し続けたと想定する必要はない上に，第2′群－第3群間に連続性が認められないと考えるほうが第3群を理解する上で都合がよい。

3　第3群の様相

　第3群の石器集中部の石器出土点数は，最多483点から最少5点（4点以下は捨象）までで構成され，多点数石器集中部と少点数石器集中部の双方からなっている。おおむねクラスB（41点以上）は剝片剝離作業が集中的に行われた場と理解できる。クラスBのうちでも出土点数が多いものは複数個体の剝片剝離作業が集中的に行われた場で，多くの母岩が搬入されたものと考えられる。鈴木遺跡鈴木8文化層や集成に含まれなかった真砂遺跡第一文化層がこれに該当する。クラスBでも41〜60点あたりでは，一個体全体に近い剝離が行われるか2，3個体の一部の剝片剝離が行われたのであろう。一方，クラスA（石器出土点数40点以下）は石器生産の一部工程・最終工程が行われた場，保管場・廃棄場に相当するが，その多くは単体すなわち搬入品である可能性が高く，ナイフ形石器，目的的に使用する石刃などを搬入，使用後に保管・遺棄したものと理解できる。ただクラスAでは，黒曜石以外の石材については剝片剝離が行われているようである。なお，クラスBでも道具の搬入，保管・遺棄を示す単体の石器を少量でも有している。

　第3群のもう一つの特徴は，一つの遺跡で石器集中部が1件のみ検出されるケースが多いことである。第3群では石器集中部が1件で構成される遺跡の比率は遺跡全体の50.1%，1遺跡に石器集中部1件がある比率は石器集中部総件数の27.0%である。一方，第2′群はそれぞれ10.9%，16.3%であるので，その差は明瞭である。

　多点数の石器集中部が寝所を伴うベースキャンプで，多点数の石器集中部が一世帯を指しているとすれば，第3群は一世帯だけで一つの単位集団を構成している事例が多いことになる。第2′群とはまったく異なる現象である。

多点数の石器集中部（クラスB）を中心に形成される遺跡をベースキャンプとしたが，クラスBも石器出土点数41〜60点あたりと101点以上の2種類に分かれる。ともに信州黒曜石と考えられる黒曜石を主体として構成されているので遠距離からわざわざ入手する必要があるが，出土点数41〜60点クラスの石器集中部が示す世帯，単位集団が1点1g，合計しても数十gの黒曜石だけを直接採取に赴いたとは考えにくい。41〜60点クラスもベースキャンプだとしても，やはり101点以上の多点数の石器集中部から分配されたか，その単位集団の移動経路のなかで41〜60点クラスが派生的に形成されたかのどちらかと考えられる。101点以上の石器集中部は信州黒曜石の搬入を契機とする拠点的役割を果たしたのであろう。第2′群にはない遺跡間の連環関係をみることになる。

4　第3群における黒曜石の入手

第3群の石材のほとんどは黒曜石であり，原産地同定から信州，特に和田峠系が圧倒的に多いことがわかっている。第3群（Ⅵ層段階）での信州黒曜石の偏りは以前から明らかで多くの議論がある（金山 1990，角張 1991a，田村 1992他）。従来，埋め込み戦略の一環として長距離の季節的遊動行動を伴う生業活動のなかで黒曜石を採取・入手していると理解されてきた。

それに関連し，池谷信之，望月明彦が砂川相当期，愛鷹山麓における石材消費行動について分析したところでは，富士川を遡上する遊動経路のなかで信州黒曜石を入手，愛鷹山麓で黒曜石を消費し，それがなくなると近傍の石材，ホルンフェルスを用いることを証明した（池谷・望月 1998，池谷 2001）。第3群はこれに似ているが，黒曜石欠乏期に他の石材で代用されることは稀である。石器集中部クラスBのうち，黒曜石以外が第一石材となる石器集中部は29件中4件である（ただし内2件は菅原神社台地上遺跡第Ⅵ層文化で東北頁岩）。このことは，ほぼ常時黒曜石を入手できていることを示している。第1章第4節6で述べたように，埋め込み戦略にもとづく広域の生業領域をもつ長距離移動を想定した場合，その途次でガラス質黒色安山岩など黒曜石以外の石材を採取し，武蔵野台地に至ってもそれらが多く遺されているはずである。したがって第3群では，途中の滞在地はなく信州黒曜石原産地へ直行して採取したと考えるのが妥当である。

ということは，黒曜石枯渇に備え黒曜石を求めるためにだけ信州黒曜石原産地に行く，もしくは信州黒曜石原産地周辺に必要とする資源，たとえばある特定の哺乳類がいてその捕獲と合わせて信州周辺に行くとものと類推できる。その場合，単位集団が全員で行き，信州地方での生活・生業を一定期間過ごして後どこへも寄らずに武蔵野台地へ直帰する，もしくは単位集団の一部のメンバーを派遣し採取して戻ってくる，のどちらかと考えられる。いずれにせよ中間地点の石材を入手していないのだから，生業活動を行いながら荒川沿いを遡上し

碓氷峠を越える，あるいは相模川沿いから甲府盆地に出るといったことではなく，どこにも寄らず多摩川最上部で関東山地に入り東京都・埼玉県・山梨県・長野県境，甲武信ヶ岳周辺の尾根を走破し信州黒曜石原産地へ直行し，同じコースで武蔵野台地まで直帰すると考えるのが妥当である。武蔵野台地西端から信州黒曜石原産地（和田峠周辺）まで直線距離で約110km，1，2泊程度では往復できず過酷なルートではあるが，少々の食糧を準備しておけば途中で狩猟採集活動を行わなければならないほどの距離ではない。先述したとおりある遺跡での黒曜石の平均重量は約1gで，第3群の黒曜石は約6,500点が集計されている。すべてをたった一度，一人で運搬することもたやすい重量であるので，運搬重量は微々たるものである。

　ところで黒曜石原産地推定分析の結果は，約60％が和田峠系であった（表2－5）。長野県長和町を流れる依田川は最上流に西の和田川と東の男女倉沢川をもち，和田川周辺に和田峠系原産地の大部分，男女倉沢川に男女倉系原産地を有する（図3－8参照）。第4群に属すると考えられる樋状剝離を有する尖頭器の製作遺跡，男女倉遺跡は男女倉沢川周辺である。一方，和田川の右岸，広原湿原には広原遺跡群が位置する（明治大学黒耀石研究センター 2016他）。広原Ⅱ遺跡4層石器群ではAT下位の石刃石器群が多量に認められる（島田 2018・2019）。同石器群自体は第3群相当期ではない可能性が高く，広原Ⅱ遺跡から武蔵野台地へ石器が直接搬出されたとは考えられないが，和田川の谷筋のどこかに広原平原のような第3群における固定的な黒曜石採取地があるものと理解できよう。

　そしてこの広域移動は，広域にわたる資源を求めようとしているのではなく，信州と武蔵野台地という局所的な特別な資源を利用しようとするものである。その点で「粗区画的環境の資源利用」と言うことができ，「細区画」の第2群との相違を看てとることができる。

　ひるがえってみると，出土する信州黒曜石は膨大な量というほどでもなく，信州黒曜石を入手する機会は頻繁であったとは考えにくい。ある契機にしか採取に向かわなかったと考えられる。とすればその限られた機会は，得られた黒曜石を集中的に消費した多点数の石器集中部からなる単位集団に与えられたものと考えられる。であるからこそ，そこから少点数の石器集中部へ展開，派生，分配されたものと理解できる。一方で，黒曜石主体の石器集中部においても多くの場合，少量の近傍の石材を有している。過度に黒曜石へ負荷をかけることを避けるためのリスク軽減の方策であり，少点数の石器集中部でも石核やナイフ形石器を一定量有すること，チャートの石核が多いこともそれと同様の結果と考えられる。

　先に第Ⅶ層上部に遺跡が少なく，第2′群と第3群の間に人口減退期間があったと指摘した。第2′群と第3群の異質性を鑑みれば，第3群の出自は第2′群がそのまま変化しただけとは言えないのではないか。第2′群の単位集団の一部が何らかの契機に拡散したか，どこかから新たに移住したのかもしれない。そしてその存続期間については，第2′群が第Ⅶ層下部に多く上部に少ないとされるのに対し，そうした偏りは認められない。第Ⅶ層最上部か

ら第Ⅴ層最下部まで満遍なく検出されており，連続して土地利用されたものと理解できる。第3群は約500〜1,000年間であるとされ，第2′群より短いと考えられる（中村 2013，工藤2012）。加えて単位集団を示すベースキャンプと考えられる遺跡・石器集中部は第2′群より多いので，人口は第2′群より多いものと考えられる。第1章第4節で示した第4群（Ⅴ層・Ⅳ層下部段階）の人口に届かなくても「約31.2〜35.1人」の人口に近いのではないか。短期的には武蔵野台地内部だけを生業領域としつつ，中・長期的には大宮台地〜相模野台地の周辺地域を含め生業領域としていたのだと理解している。

　ところで，石器出土点数81点以上に限れば，石器集中部24件のうちに黒曜石以外が第一石材となる石器集中部は菅原神社台地上遺跡第Ⅵ層文化30号ブロック・4号ブロックの2件だけである。それらは，黒曜石が欠乏した際に代替えとして黒曜石以外の石材が利用されたと想定できるかもしれない。であるが，菅原神社台地上遺跡第Ⅵ層文化は遠隔地石材である東北頁岩を主体とする。信州黒曜石と同様に遠隔地の石材を入手するという点で共通はしているが，信州黒曜石原産地よりも遠い産地であるのだから代替えにはならないと考えるのが妥当である。

　じつは菅原神社台地上遺跡の調査担当者で，Ⅵ層段階であると位置づけたのは筆者自身である。第Ⅵ層文化は第Ⅶ層文化と同じ場所に検出されており，調査時には一つの文化層として認識し報告書でも一括して「第Ⅶ・Ⅵ層文化」を報告した。ただ，調査時に「第Ⅵ層文化」のほうが若干上位出土のように感じられ，両者に母岩共有関係はなく石材構成が異なっていたため，報告書の成果編で操作概念として第Ⅶ層と第Ⅵ層に分けたのである（伊藤1997a）。しかし，あらためて垂直分布図で確認すると両者に垂直方向に有意な差異がほとんどなく，第Ⅵ層も第Ⅶ層も薄くどちらの所属かどうかわからない。本書の結論に引きつけると，東北頁岩を主体とするという菅原神社台地上遺跡第Ⅵ層文化の特性は，単位集団が地域全体の動静に影響されにくく独自の石材入手の履歴を有する第2′群の特徴にこそ合致する。「第Ⅶ層文化」の4件，「第Ⅵ層文化」の5件，合計して9件の石器集中部を構成する点も，一遺跡における石器集中部件数が少ない第3群ではなく，多い第2′群にふさわしい。遺跡によって石材の履歴が異なる第2′群の特徴にも合致する。したがって，菅原神社台地上遺跡第Ⅵ層文化は第2′群である可能性を指摘したい。

　となると，チャートや安山岩を主体とする栗谷ツ遺跡第15地点・第16地点，頁岩（黒色頁岩）を主体とする飛田給北遺跡第1地点第Ⅰ文化層も第2′群とすべきかもしれない[4]。本書の悉皆的分析の範囲では一個一個の遺跡の性格付けには限界がある。ただ，第2群での小石川駕籠町遺跡第1文化層のケースのように第3群全体の組成情報に影響を与えるほどでもなく可能性の域を出ないため，ここではわざわざ「第3′群」と設定せず指摘するにとどめておきたい。

5 既往研究とのすり合わせ

　1990年代から2000年代前半は遺跡構造論・行動論・技術構造論研究が盛んで，第2群・第3群，特に武蔵野台地をめぐる第3群（VI層段階）の遺跡構造研究には多くの論文が著された。遺跡構造研究にあっては，黒曜石主体が顕著で，調査件数の多い武蔵野台地のなかで最も少ない第3群の石器群がその研究に適していたのであろう。吉川耕太郎，石村智，馬路晃祥による研究がそれである（吉川 1998・2002・2003，石村 2002，馬路 2003）。また山岡拓也は第2群（VII層段階）を中心にした技術構造論について著している（山岡 2004・2006・2012他）。それらからいくつかの研究成果を本書での結論にすり合わせておきたい。

　吉川は1998年の論考において，南関東地方の第3群（VI層段階）の遺跡における器種組成，石核の残存状況，接合資料から，本書の石器集中部のクラス分けにほぼ相当するⅠ～Ⅳ類の類型分けを行い，大から小へ石器原料の搬出を行う石材消費過程を導き出した（吉川 1998）。2002・2003年の論考では，1998年の論考の結論に石材組成をからめ分析した（吉川 2002・2003）。黒曜石欠乏期に近傍の石材を利用することに注目，また信州黒曜石，伊豆・箱根系黒曜石，東北頁岩（珪質頁岩）など主とする石材組成が異なる遺跡が認められ，広域に生業領域を形成しているものと位置づけた。本書の分析方法と比較的近く遺跡の類型分けについては本書の結論とあまり変わらないが，石材獲得をめぐる領域に関しては異なるものとなっている。

　石村の論考は第3群について本書と同じような石器集中部の分析と通じ，Pianka，Schachtによる資源に対する作用戦略を示した淘汰モデル（ピアンカ 1980）を利用して，低い資源量，低い生産力のもと競争の少ない穏やかな「r戦略」をとるとした（石村 2002）。第4群（V層・IV層下部段階）と比較すればおおむねそのとおりであり，本書の見解とも矛盾しない。石村はその後，黒曜石を主体とする遺跡と黒曜石以外の石材を主体とする遺跡の接合資料・剝片の統計的分析を通じて，両者の違い，黒曜石の利用とその枯渇時の在地石材の利用について言及するが，本書の分析結果から見れば黒曜石以外の石材の石器群を過大評価しているように感じる。

　山岡の著書は，武蔵野台地における第2群相当期（おおむねVII層段階）の石器集中部を前後の時期と比較しつつ技術構造を中心に論じたものである（山岡 2012）。石器集中部を単位として分析する点は本書と同じであるが，母岩別の石核保持の有無等による類型化，接合資料の技術的構造，ナイフ形石器の形態との関係への注目など技術的な分析が中心となっている。第1群相当期から第3群相当期への石刃技術の発達と資源多様性との関係が主体となっており，あまり本書の結論と重なっていない。ただ，黒曜石か黒曜石以外の石材であるかが重要な要因となっており，その視点と結論は本書と近いかもしれない。

　三者の論考は石器製作技術に注目するもので，その点本書と異なっているが結論は似たも

のになっている。ただ，それらは2000年前後までに刊行した報告書をもとにしているので，その後資料は2倍に増加している点も留意する必要がある（チャート1－1参照）。

　第2章の結論をその他の今までの研究と比較すると，第2′群に関しては後期旧石器時代前半期における地域性の欠如，列島内での普遍的な行動戦略など，従来の定説の範疇に属するものとすることができる。一方，第3群の本書の結論については「埋め込み戦略」による長距離を移動し広い生業領域をもつとする従来説（田村 1992）とは異なったものであると言えよう。

6　ナイフ形石器の変化

　本章第2節冒頭において，竹岡の批判を引き合いに出しながら第2群と第3群のナイフ形石器の共通点と相違点を掲げた。おおむね両群とも二側縁加工ナイフ形石器から構成され共通する点のほうが多く，相違点は「基部を丸く仕上げ下膨れの形状」といったフォルム上の細かな点であった。一方でその生業領域や行動戦略は第2′群と第3群では大きく違うことを指摘した。

　ではなぜ両者の生業領域や行動戦略が違うのに，ナイフ形石器に共通性が認められるのか。ナイフ形石器の形態は機能，技術，文化の三者によって決定させられることを考える必要がある。ナイフ形石器は刺突具，時に切裁具として用いられるため，尖端部と鋭利な刃部を必要し，自ずとその形状を制限するため基本的に大差は起きない。技術的側面では第2′群，第3群とも石刃技法による石刃からナイフ形石器に仕上げることから，その素材である石刃技術が形態を制限しており，差異が生まれにくい。「基部を丸く仕上げ下膨れの形状」といった細かな差異は，黒曜石を用いた石刃技術か黒曜石以外の石材を用いた石刃技術かによって生じる差であると考えられる。

　そして文化的側面である。ナイフ形石器の形態は関東・中部地方においてはどの時期でもほぼ似たような変化の様相を示している。広域にあって単位集団が異なってもナイフ形石器は一定程度の形態的規則性は保たれているのは，生業領域や行動戦略が違っていても石器自体は共通した文化要素のもとにあるからである。言うなれば，それが単位集団の上位概念である「集団群」というものであろうか。それこそが，これまで多くの研究者によって否定されながらもしぶとく生き続ける「ナイフ形石器文化」概念の正体であり，ナイフ形石器の形態自体は荷担者集団の生業領域や行動様態とはあまり関係ないものと考える。

　　　註
　1）　茂呂遺跡発掘調査の現場写真は白黒であるので，写真からはロームと黒色帯等の色調の差が

わからない。報告を見るとトレンチ状に掘りつくしたように捉えられるが，写真からは掘削土を調査区外に排出することなく横に置き，掘っている横から埋めるかのような様相を呈していることがわかった。したがって，土層をきちんと観察できていたか心もとないところがある。

2）　ガラス質である黒曜石は他の石材とくらべて小剥片・砕片が生じやすく，目的的剥片の点数をそれら小剥片・砕片がおおい隠している可能性がある。一方裏話し的であるが，発掘調査において作業員が密集する石器集中部の中心部を掘削する際には最新の注意を払うものである。作業員は，しゃがんで眼を凝らして掘削し，光りかつ一般的に有名で価値が高いと考えている黒曜石に対してはどんなに小さくても見つけ出す傾向にある。一方でチャートやホルンフェルスは光らないし土色に近くスコリアと区別しにくいため，見逃しがちである。したがって，真の石材組成からチャート等の微細な砕片が失われた状況を，われわれが石材組成として認識している可能性が高い。

3）　便宜上，石器出土点数が相対的に多いものを「多点数」，少ないものを「少点数」とする。

4）　服部は，栗谷ツ遺跡のナイフ形石器の形態的特徴に対してⅦ層段階的要素を認め，Ⅵ層段階の初期的様相と位置づけた（服部 1992）。なお，報告書には第Ⅵ層と明記されている。飛田給北遺跡第1地点はⅥ層段階（第3群）とされている。ただ出土層序は第Ⅵ層とされるが，立川面に位置し「第Ⅶ層相当層」より下層が砂質層であるため，層序対比に不安を感じるので本集成に含めていない。

第3章　第4群

第1節	面取尖頭器石器群の分析
第2節	第4群の分析
第3節	第4群の様相
第4節	第4群の細分
第5節	第4a群および第4b群の分析と様相

第1節

面取尖頭器石器群の分析

1 樋状剝離を有する尖頭器から面取尖頭器へ

　筆者は36年前に「樋状剝離を有する尖頭器」に関する論考を著し（伊藤 1989a・b），それから約30年を経て同じ主題で論考を著した（伊藤 2018・2019）。本節では，それをベースにして新たに樋状剝離を有する尖頭器について論じる。樋状剝離を有する尖頭器はおおむね第5群（砂川期）に属するものと主に相模野台地での研究を通じて捉えられてきたが，後述するように第4群を主体とするものである可能性が高いので，本節で扱うわけである。

　樋状剝離を有する尖頭器は「面的加工が施された尖頭器状の器体に樋状剝離面を作出された石器」とされる（川口 1988：p.29）。先端側の側縁に樋状剝離を施して刃部・刺突部の一部を構成する尖頭器である。篠原正，堤隆によって有樋尖頭器と命名され，現状ではそちらが知られている（篠原 1980，堤 1988・1989）。

　武蔵野台地においては数多くの樋状剝離を有する尖頭器が出土しているが，近年刊行された比丘尼橋遺跡C地点の報告書では2群（第2文化層の意，本書における第4b群に相当）において34点の尖頭形石器（おおむね尖頭器の意）が出土した。その多くが樋状剝離を有する尖頭器と見られるが，表面の主に左側縁に残る平坦面は必ずしも樋状剝離面ばかりではなく，両面調整・片面調整以前の剝離面，素材節理面で形成されているものが相当量認められる。以前より千葉県東内野遺跡，平賀一ノ台遺跡などで樋状剝離面でなく調整以前の剝離面からなる「樋状剝離を有する尖頭器」が注目されていた（戸田・篠原他 1977，道澤 1985）。すなわち，樋状剝離による面構成を基本としながらもそれ以外でも同じ形態を保つことができている。その「代用」に注目し，樋状剝離を有する尖頭器とともに「樋状剝離」でないものをも包摂して，本書では面取尖頭器と呼称することとする。なお田村，国武，堀恭介が面取尖頭器を採用している（田村 2000，国武 2002，堀 2017）。この用語にする意味はもう一つあるが，おいおい明らかになるであろう。

　ところで武蔵野台地には，西武蔵野遺跡，江戸城址北丸竹橋門地区，田直遺跡のような面取尖頭器を出土する以外にあまり研究上顧みられない遺跡・石器集中部がある。それらではナイフ形石器，石核をほとんど有せず，黒曜石の面取尖頭器，削片，小剝片・砕片が数百点規模で多量に密集して出土する（図3-1）[1]。したがって，一般的な剝片剝離工程に復元できるような接合資料もない。

　これらには石核からの剝片剝離の痕跡がほとんど認められないので，尖頭器，特に面取尖

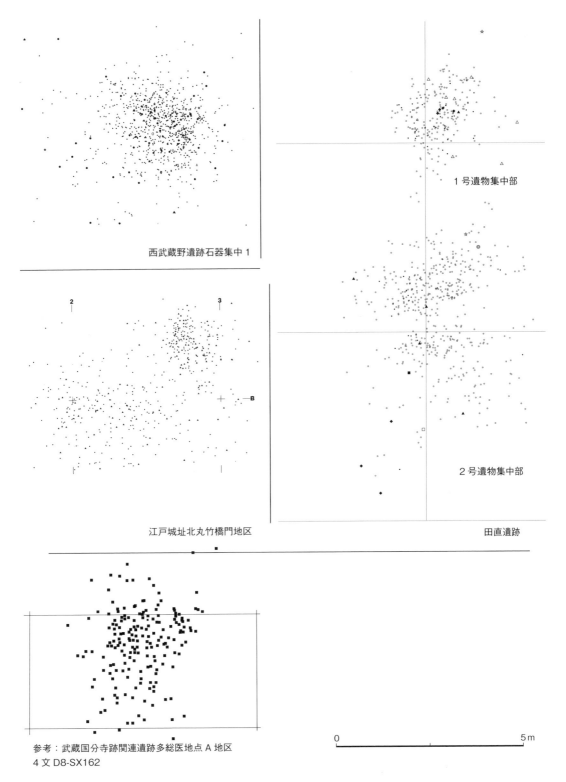

図3-1 面取尖頭器石器群1類の石器分布状況

頭器製作の痕跡と考えるのが妥当であり，以前は仙川遺跡第Ⅲ層のような第5群（尖頭器石器群）に属すると考えられていた。尖頭器と言えば後期旧石器時代終末期とするのが相場だった。しかし，仙川遺跡がローム層上面直下の第Ⅲ層から出土するのに対し，これらはローム層上面から相応の深度に相当する第Ⅳ層から出土する。旧来の学説よりも古期に位置づけられる石器群である。

2　面取尖頭器石器群の類型

　武蔵野台地では45件の遺跡・文化層から157点の面取尖頭器が出土しているが（図3-2・3）[2]，製作址を伴うものから単独で出土するものまでさまざまである。面取尖頭器をめぐる遺跡構造論的解釈は白石，須藤，国武，堀の論考（白石 1997，須藤・茅野市教育委員会 2023，国武 2002，堀 2017）に詳しいので，それらを参考にして，あらためて面取尖頭器石器群の組成から導かれる性格などについて検討する。

　ただ面取尖頭器石器群は小剝片・砕片主体で接合資料が少なくその性格づけが難しいため，類別が難しいのが実態である。一応，つぎの6類に類型分けが可能である。

　1類：面取尖頭器，削片および多くの小剝片・砕片を組成する。ナイフ形石器も組成する場合があるが，面取尖頭器よりは少ない。面取尖頭器の製作址と考えられる。原石を持ち込んで製作されたのではなく，両面調整石器（両面体）を搬入し面取尖頭器製作の最終工程を行ったものと考えられる。遺跡によって差異もあるが，出土した面取尖頭器は半割品，部分品が多く，完成品は搬出されたと考えられる。

　2類：面取尖頭器およびナイフ形石器を剝片・砕片などとともに組成する。一般的な剝片剝離過程の痕跡を有しナイフ形石器などの製作址であると考えられるが，一定量の面取尖頭器の製作がなされているか多数保有しているものと考えられる。

　3類：ナイフ形石器を中心に組成し，面取尖頭器は1～3点にとどまる。ナイフ形石器製作を伴う剝片剝離過程の製作址であり，面取尖頭器は搬入品，単独品あるいは客体的であると考えられる。1類もしくは2類の遺跡から面取尖頭器が搬入され，使用，消費されたものと理解できる。

　4類：石器集中部から離れた単独出土。1類もしくは2類の遺跡から搬入され使用，消費されたものと理解できる。周囲の剝片剝離過程を示す石器集中部とは無関係の可能性がある。

　5類：槍先形尖頭器製作址，もしくは槍先形尖頭器およびナイフ形石器双方の製作址である。槍先形尖頭器が中心で面取尖頭器は少量である。第5群，特に月見野期以降に相当し，本来的に槍先形尖頭器石器群の脈絡で理解されるものである。樋状剝離痕とされるもののなかには衝撃剝離痕の可能性もあるかもしれない。

　6類：状況が不明のもの。たとえば下原・富士見町遺跡の多くの事例は石器集中部が上

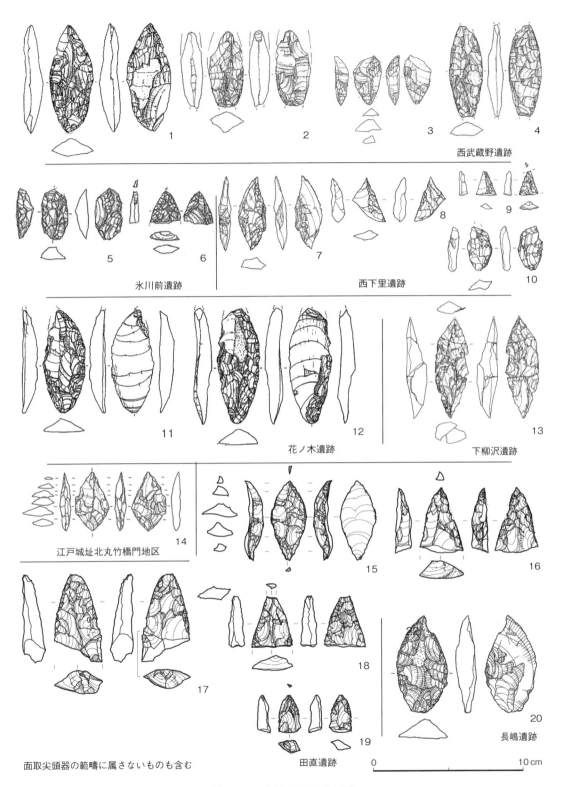

図3−2　面取尖頭器（1類）

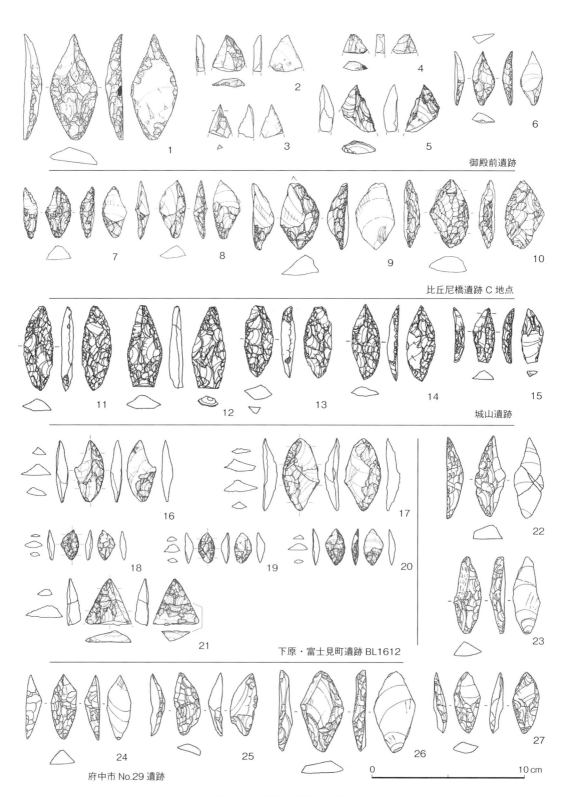

図3-3 面取尖頭器（2類）

下層に重複し混然としてしまい，類型分けが難しい。

　実際には中間的様相の石器群も多いが，45件の面取尖頭器を有する遺跡・石器群はおおむねつぎのように分類できる（表3－1）。

　1類：西武蔵野遺跡石器集中1～8，氷川前遺跡第5地点1号石器集中部，西下里遺跡第Ⅱ次調査区第1文化層3号ブロック，花ノ木遺跡第1文化層石器集中1・9，下柳沢遺跡第3文化層19号ブロック，江戸城址北丸竹橋門地区1号ブロック，田直遺跡1・2号遺物集中部，長嶋遺跡C区，下原・富士見町遺跡垂直区分帯17BL1706

　2類：御殿前遺跡第3・4期調査区，比丘尼橋遺跡C地点2群，葛原遺跡B地点第Ⅱ文化層（ただし不明多し），吉祥寺南町三丁目遺跡B地点，城山遺跡第9次調査区Ⅳ中層，下原・富士見町遺跡垂直区分帯16BL1612，府中市№.29遺跡第Ⅰ文化層

　3類：武蔵国分寺跡関連遺跡多総医地点A地区第4文化層，泉水山・冨士谷遺跡第16地区第4文化層，丸山東遺跡東京外かく環状道路練馬地区第Ⅳ層の文化層，井の頭池遺跡群A地点Ⅴ所収区，向ノ原遺跡第3次調査区1群，武蔵国分寺跡関連遺跡多総医地点A地区第5文化層，多摩蘭坂遺跡第5地点第6文化層，鈴木遺跡鈴木5文化層，嘉留多遺跡第2次調査区第1文化層

　4類：新橋遺跡第Ⅳ上層文化，日影山遺跡第2地点，瀬田遺跡Ⅱ所収区第1文化層，城山南遺跡，坂上遺跡Ⅳ中文化層，天文台構内遺跡Ⅲ所収区南地区

　5類：前山遺跡久我山二丁目住宅調査区第Ⅳ層文化，御殿山遺跡第1地区D地点Ⅲ層中部，野川中洲北遺跡西区Ⅲ層，井の頭池遺跡群A地点Eグリッド

　6類：下原・富士見町遺跡垂直区分帯12～15・18，葛原遺跡B地点第Ⅰ文化層，西下里遺跡第Ⅱ次調査区第1文化層2号ブロック，中砂遺跡第3号石器集中，吉祥寺南一丁目遺跡J地点，島屋敷遺跡第1次調査区近現代覆土

　以上のように類型分けしたが，実態としては類型の垣根を越えて多様である。1類の下柳沢遺跡第3文化層19号ブロックは，面取尖頭器の最終工程（仕上げ）ではなく再加工・メンテナンスの場と考えられる。6類とした中砂遺跡第3号石器集中は面取尖頭器とともに削片が出土し小規模ながら面取尖頭器の最終工程（仕上げ）の場と考えられるが，削片が彫器の製作に伴う可能性もあり判断が難しい。5類については面取尖頭器製作を思わせる石器群は他にもある。しかし，横田遺跡，多聞寺前遺跡Ⅳ上文化層，仙川遺跡第Ⅲ層，武蔵国分寺跡関連遺跡多総医地点A地区第Ⅶ文化層のように槍先形尖頭器製作に伴うものの可能性が高く，面取尖頭器石器群と，ナイフ形石器から槍先形尖頭器石器群へ切り替わった後の様相を分けて考えるべきであろう。

　ともあれ第Ⅲ層から出土する後期旧石器時代終末期の槍先尖頭器石器群に相当する5類と状況不明の6類を除けば，面取尖頭器はおおむね1類，2類で仕上げ工程を行い，3類，4類へ搬出されたものと理解できる。ところで，そもそも面取尖頭器仕上げ前の両面調整石

表3－1　武蔵野台地の面取尖頭器石材組成

類型	群別	市町村	遺跡	地点	文化層	黒曜石未判別	和田峠系	鷹山系	諏訪系	蓼科系	箱根系	柏峠	チャート	頁岩	安山岩	ホルンフェルス	凝灰岩	他石材	不明	計
1	4b	入間市	西武蔵野遺跡							2										2
	4b	富士見市	氷川前遺跡	第5地点		1														1
	4b	東久留米市	西下里遺跡	第II次調査区	第1文化層3号ブロック				5	7										12
	4b	和光市	花ノ木遺跡		第1文化層	3														3
	4b	千代田区	江戸城址	北丸竹橋門地区		1														1
	4b	世田谷区	田直遺跡							3										3
	4b	三鷹市	長嶋遺跡	C区								1								1
	4b	調布市	下原・富士見遺跡		垂直区分帯17	1														1
	5	西東京市	下柳沢遺跡		第3文化層		1													1
	合計					6	1		5	12	1									25
	(%)					24.0	4.0		20.0	48.0	4.0									
2	4b	北区	御殿前遺跡	第3・4期調査区		1			3	3										7
	4b	練馬区	比丘尼橋遺跡	C地点	2群		2	2		1				13	6	2	2	1		29
	4b	調布市	城山遺跡	第9次調査区	IV中層		8													8
	4b	調布市	府中市№29遺跡		第I文化層	1			1	2		3	2	5	1				1	16
	4b_5	練馬区	葛原遺跡	B地点	第II文化層									1	1					2
	4b_5	調布市	下原・富士町遺跡		垂直区分帯16	7								2	1					10
	5	武蔵野市	吉祥寺南町三丁目遺跡	B地点		1								2	1					4
	合計					10	10	2	4	6		3	7	21	7	2	2	1	1	76
	(%)					13.2	13.2	2.6	5.3	7.9		3.9	9.2	27.6	9.2	2.6	2.6	1.3	1.3	
3	4a	府中市	武蔵国分寺跡関連遺跡	多総医地点A地区	第4文化層				1											1
	4b	朝霞区	泉水山・冨士谷遺跡	第16地区	第4文化層	1														1
	4b	練馬区	丸山東遺跡	東京外かく環状道路練馬地区	第IV層の文化層	3														3
	4b	三鷹市	井の頭池遺跡群	A地点V所収区										1	1					2
	4b	杉並区	向ノ原遺跡	第3次調査区	1群	3														3
	4b	府中市	武蔵国分寺跡関連遺跡	多総医地点A地区	第5文化層								1	1						2
	4b	国分寺市	多摩蘭坂遺跡	第5地点	第6文化層										1					1
	4b	小平市	鈴木遺跡		鈴木5文化層										1					1
	5	世田谷区	嘉留多遺跡	第2次調査区	第1文化層	1														1
	合計					8			1				1	2	3					15
	(%)					53.3			6.7				6.7	13.3	20.0					
4	5	小金井市	新橋遺跡		第IV上層文化	1														1
	5	国分寺市	日影山遺跡	第2地点		1														1
	5	世田谷区	瀬田遺跡	II所収区	第1文化層										1					1
	?	和光市	城山南遺跡		IV中文化層	1														1
	?	三鷹市	坂上遺跡			2														2
	?	三鷹市	天文台構内遺跡	III所収区南地区					1											1
	合計					5			1						1					7
	(%)					71.4			14.3						14.3					
5	5	杉並区	前山遺跡	久我山二丁目住宅調査区	第IV層文化	1														1
	5	武蔵野市	御殿山遺跡	第1地区D地点	III層中部									1						1
	5	武蔵野市	井の頭池遺跡群	A地点	Eグリッド	1														1
	5	小金井市	野川中洲北遺跡	西区	III層										1					1
	合計					2								1	1					4
	(%)					50.0								25.0	25.0					
6	4b	調布市	下原・富士町遺跡		垂直区分帯18	4									1					5
	4b_5	練馬区	葛原遺跡	B地点	第I文化層	1							1	1	1					4
	4b_5	東久留米市	西下里遺跡	第II次調査区	第1文化層3号ブロック	1														1
	5	調布市	下原・富士町遺跡		垂直区分帯15	4									1		2			7
	5	調布市	下原・富士町遺跡		垂直区分帯14	2														2
	5	調布市	下原・富士町遺跡		垂直区分帯13	3														3
	5	調布市	下原・富士町遺跡		垂直区分帯12	5														5
	?	所沢市	中砂遺跡		第3号石器集中	1														1
	?	武蔵野市	吉祥寺南町一丁目遺跡	J地点		1														1
	?	三鷹市	島屋敷遺跡	第1次調査区	近現代覆土	1														1
	合計					23							1	1	3		2			30
	(%)					76.7							3.3	3.3	10.0		6.7			
	総計					54	11	2	10	19	1	3	10	25	14	2	4	1	1	157
						34.4	7.0	1.3	6.4	12.1	0.6	1.9	6.4	15.9	8.9	1.3	2.5	0.6	0.6	

注）本表では117頁に示す該当石器集中部等の情報に，同じ文化層すべての面取尖頭器の情報を加えて集計している。

器はどこから搬入されたのか。また，1類と2類の違いも明確ではない。それを解明するには，面取尖頭器石器群の所属時期，群別を理解し，それらの履歴を検討する必要がある。

3　面取尖頭器の編年研究史

　面取尖頭器に対する研究は，長野県男女倉遺跡，千葉県東内野遺跡，青森県大平山元Ⅱ遺跡で発見されたことが端緒となる（信州ローム研究会 1972，男女倉遺跡緊急発掘調査団 1975，戸田・篠原他 1977，三宅他 1979）。森嶋稔は，樋状剝離を石器製作に組み込んだ技法を男女倉技法，それによって製作された尖頭器を男女倉型ナイフ形石器，彫器を男女倉型彫器とした（森嶋 1978）。それらを受けた研究の第二段階は1980年代後半である。尖頭器研究の隆盛と相まって，面取尖頭器をめぐる研究論文が相次いだ（堤 1988・1989，川口 1988，伊藤 1989a・b）。その多くがその特徴的な技術的側面に対してであった。

　一方，編年的位置づけに関しては，「尖頭器は後期旧石器時代終末期」と定番のように理解されていた。鈴木らは，相模野編年第Ⅳ期から第Ⅴ期にかけて（ともに本書における第5群），ナイフ形石器石器群が主体的で槍先形尖頭器が客体的であったものが、槍先形尖頭器が主体的へと変化していく様相として捉えた（鈴木・矢島 1978・1979，諏訪間 1988）。槍先形尖頭器を客体的に有するとする第Ⅳ期の代表的な遺跡，月見野第Ⅰ遺跡B1下では，面取尖頭器を搬入品として有する。

　これに対し須藤と筆者はそれぞれ，男女倉遺跡では面取尖頭器は平刃形基部一側縁加工ナイフ形石器，長狭形切出形石器，幅広形切出形石器，涙滴形ナイフ形石器および角錐状石器が出土することから，信州（中部高地）ではⅤ層・Ⅳ層下部段階（本書の第4群）相当に面取尖頭器が成立したと位置づけた（須藤 1989，伊藤 1989b）（図3-4）。信州でこそⅤ層・Ⅳ層下部段階（第4群）に成立するものの南関東地方では砂川期から月見野期（第5群）にかけて位置づけられ，傾斜的な編年によって信州よりも一段階新しくした。これは当時，信州を尖頭器の初源地，原郷土と捉える研究の風潮があったことと関連している。佐藤宏之はこの研究動向に対し，信州を「尖頭器文化」の最古に位置づける根拠に乏しく長期間を継続してようやく信州から関東地方へ伝播する状況は考えにくいと否定した（佐藤 1991b）。尖頭器が世界各地に見られる普遍的器種であり，形態的変化が型式的な意味を担うことに対しても否定的に捉えた。尖頭器研究の急速な冷え込みとともに，それ以降，信州最古説，傾斜編年は影をひそめるところとなった。

　その後，相模野台地では資料の蓄積が顕著であった。栗原伸好は，B2Uの県営高座渋谷団地内遺跡第Ⅴ文化層，下九沢山谷遺跡第Ⅵ文化層からL2の大和市№210遺跡第Ⅱ文化層，用田鳥居前遺跡第Ⅴ文化層を経て，B1層下部の槍先形尖頭器，面取尖頭器に連続していく様相を捉えた（栗原 2000）。従来，相模野編年第Ⅲ期に相当するB2Uにおいて下九沢山谷遺

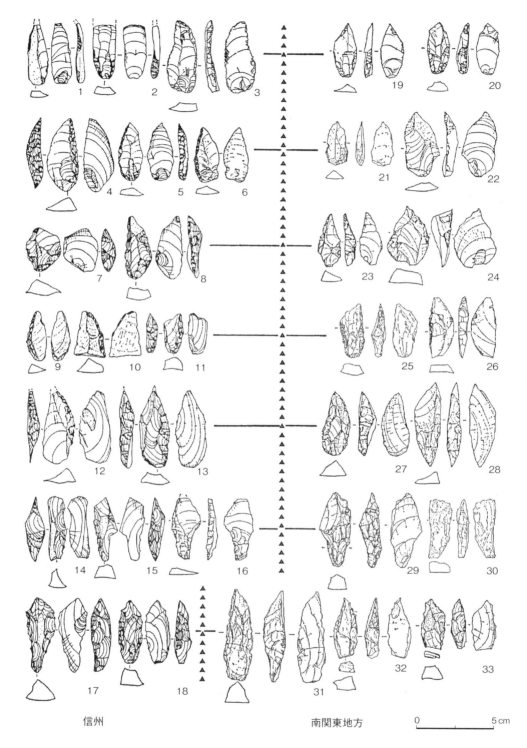

信州　　　　　　　　　　　南関東地方　　　　　０　　　　５cm

図3-4　信州と南関東地方のナイフ形石器・角錐状石器（伊藤1989b）

1〜8・11〜15・17・18：男女倉遺跡J地点・第I地点，3・6・9・10・16：渋川II遺跡，19・20：はけうえ遺跡第IV中層文化，21・25：多摩蘭坂遺跡IV層，22・27・28：野川遺跡IV3a文化層，23・24：西之台遺跡B地点第IV中層，26：下九沢山谷遺跡第VI文化層，29・33：柏ケ谷長ヲサ遺跡第VIII文化層，30：自由学園南遺跡第1次調査区IV下層文化，31・32：上草柳第2地点遺跡第II文化層

跡第Ⅵ文化層の面取尖頭器が明らかになっていたが，それが相模野第Ⅳ期（第5群）に相当するB1下部の石器群にどのようにつながるかわからなかった。それに対し，L2の資料の蓄積をもって連続的に捉えたのである。

　武蔵野台地においても，府中市№.29遺跡第1文化層において第Ⅳ層中部から面取尖頭器が出土した。報告者の比田井は，角錐状石器も組成することからⅤ層・Ⅳ層下部段階（第4群）の流れをくむ砂川期初頭であると位置づけた（報告書：武蔵野260）。このように面取尖頭器は次第にさかのぼってⅤ層・Ⅳ層下部段階に近づいていったのであるが，決定打となったのは下原・富士見町遺跡における出土である（藤田 2007）。その短報において藤田が面取尖頭器について取り上げ，相当数の出土が見られること，そのうちの一部はⅡa期（Ⅴ層・Ⅳ層下部段階，第4群）であることを明らかにした。

　このように南関東地方における面取尖頭器は，研究当初よりも少しずつ初源時期が遡り，Ⅴ層・Ⅳ層下部段階にも散見されることがわかってきた。しかし，2017年に著された堀の武蔵野台地における面取尖頭器の論考においてその中心が砂川期に位置づけられる前提で論が展開されているように，依然として砂川期以降のものとして考える向きもある（堀 2017）。これに対し，筆者は武蔵野台地の面取尖頭器について，その出土層序の検討からⅤ層・Ⅳ層下部段階Ⅳ中2亜段階（第4b群）が主体であると位置づけたところである（伊藤 2018）。

4　面取尖頭器石器群のナイフ形石器・角錐状石器

　面取尖頭器は45件の遺跡から157点が出土している。29点を出土する遺跡から1点のみのものまで認められる。編年的位置づけについて，共伴するナイフ形石器の形態等および出土深度をもとに第4a群，第4b群，第5群のいずれかであるか判断したい。なお，第3群以前には認められない。

　ナイフ形石器等を共伴する遺跡は多くないが，ナイフ形石器の形態的特徴，石器の特徴は以下のとおりである（1・2類の一部は図3－5参照）。

　武蔵国分寺跡関連遺跡多総医地点A地区第4文化層：面取尖頭器が出土した石器集中部D8－SX139では，長狭形切出形石器，涙滴形ナイフ形石器が認められる。

　武蔵国分寺跡関連遺跡多総医地点A地区第5文化層：面取尖頭器が出土し石器集中部A97－SX121では長狭形切出形石器，涙滴形ナイフ形石器，角錐状石器が，D8－SX162では涙滴形ナイフ形石器が認められる。

　西武蔵野遺跡：ナイフ形石器は幅広形切出形石器と涙滴形ナイフ形石器が認められる。

　西下里遺跡第1文化層3号ブロック：報告書では涙滴形ナイフ形石器とされているが，石錐の可能性もあり判然としない。

　花ノ木遺跡第1文化層：厚手の素材に粗い二次加工を施したナイフ形石器1点が出土し

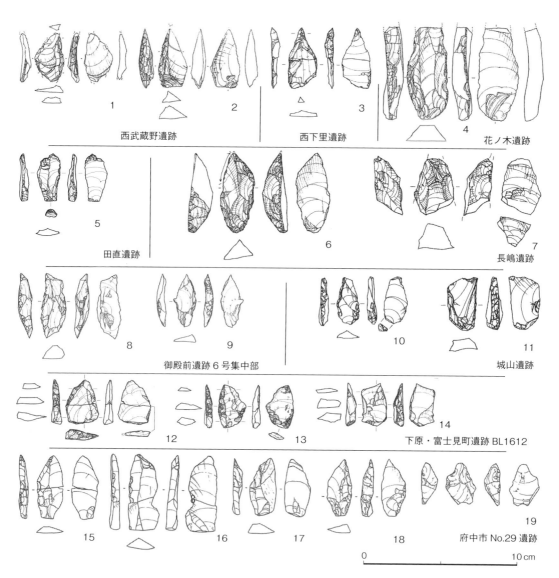

図3-5　面取尖頭器石器群に伴うナイフ形石器・角錐状石器

ている。

　下柳沢遺跡第3文化層19号ブロック：周辺からは周縁加工の槍先形尖頭器，斜刃形二側縁加工ナイフ形石器が出土している。

　田直遺跡：斜刃形基部一側縁加工ナイフ形石器1点が認められる。ただし先端部が衝撃剥離により壊れている。

　長嶋遺跡C区：斜刃形基部一側縁加工ナイフ形石器と角錐状石器を有する。

　御殿前遺跡第3・4期調査区：ナイフ形石器は欠損品が多く把握できにくいが，角錐状石器が認められる。

比丘尼橋遺跡C地点2群：ナイフ形石器は斜刃二側縁加工ナイフ形石器，長狭形切出形石器，幅広形切出形石器，涙滴形ナイフ形石器である。他に角錐状石器を有する。

　吉祥寺南三丁目遺跡B地点：ナイフ形石器は斜刃形二側縁加工ナイフ形石器，先端加工ナイフ形石器，涙滴形ナイフ形石器である。

　城山遺跡第9次調査区Ⅳ中層：ナイフ形石器は斜刃形基部一側縁加工ナイフ形石器，涙滴形ナイフ形石器，幅広形切出形石器である。

　府中市№29遺跡第Ⅰ文化層：ナイフ形石器は先端加工ナイフ形石器，斜刃形一側縁加工基部ナイフ形石器である。また角錐状石器が認められる。

　前山遺跡久我山二丁目住宅調査区第Ⅳ層文化：槍先形尖頭器を主体的に有する。

　野川中洲北遺跡西区Ⅲ層：槍先形尖頭器を多量に有する。斜刃二側縁加工ナイフ形石器も認められる。

　ナイフ形石器を有しないもしくはわずかしか有しない石器群が多く，石器の特徴からは理解できないものが多い。そのなかで，長狭形切出形石器，幅広形切出形石器，涙滴形ナイフ形石器は第4群の指標となる。角錐状石器も同じである。一方，斜刃形二側縁加工ナイフ形石は第5群の指標となり，槍先形尖頭器が多量に出土している場合も同様，第5群の指標である。

5　面取尖頭器石器群の出土深度

　出土深度の目安は以下のとおりである（第1章第2節6・7参照）。

　武蔵国分寺跡関連遺跡多総医地点A地区第4文化層：おおむね0.75である。

　武蔵国分寺跡関連遺跡多総医地点A地区第5文化層：おおむね0.63である。

　西武蔵野遺跡：報告書には垂直分布図に対応する層序図はいっさいなく，判然としない。ただ，隣接する丸山遺跡ではⅢ層からⅤ層まで約1mを測る。また，写真図版からはⅢ層上面から約50cm下位から西武蔵野遺跡当該石器集中部が出土しているように看取できる。状況証拠からしか判断できないが，算出値はおおむね0.5前後が見込まれる。

　氷川前遺跡第5地点：0.50を測る。

　西下里遺跡第1文化層3号ブロック：緩斜面に位置しているが，おおむね0.47を測る。

　花ノ木遺跡第1文化層：石器集中部によって値は異なり，算出値は石器集中1が0.41，石器集中9が0.73を測る。石器集中1には異なる時期の石器を含む可能性があり，一方石器集中9は斜面にかかっており値が不自然になりがちである。

　下柳沢遺跡第3文化層19号ブロック：おおむね0.20を測り，明らかに他の遺跡とくらべて上層に値する。しかし，第4b群に相当する第2文化層と近接しており，出土層位は大きな差がない。第5群（月見野期以降）と考えられるが，第2文化層と同時期の可能性も捨

てきれない。

江戸城址北丸竹橋門地区：垂直分布図がなく不明である。ただし，縄文時代以降の遺構確認面からの深さを測ると，おおむね0.68という値を導き出すことができる。ところで，本遺跡の報告は筆者が約35年前に行ったものであるが，層序にかかわる情報はまったくなかった。ナイフ形石器を伴わない尖頭器であるので第Ⅲ層出土であると思い込んでいたが，あらためて縄文時代以降の遺構図，写真などを検討するとより深いことがわかる。

田直遺跡：1号，2号遺物集中部各々の垂直分布に対応する層序図は異なる方向からのもので整合性に問題があるので明確にはわからない。2号遺物集中部はおおむね0.56を測る。

長嶋遺跡C区：おおむね0.46〜0.52を測る。

御殿前遺跡第3・4期調査区：6号石器集中部は0.37を測る。ただし，本遺跡は斜面地に位置し，垂直分布を整合的に層序に投影できていない模様である。面取尖頭器を出土する各石器集中部は0.29から0.48の値を測る。

比丘尼橋遺跡C地点2群：0.6から0.67を測る。

城山遺跡第9次調査区Ⅳ中層：0.53を測る。

府中市№29遺跡第Ⅰ文化層：上下攪拌が顕著である一方，垂直分布図に対応する層序図が少なく報告書の読み取りが難しいが，わかる範囲ではおおむね0.53を測る。

前山遺跡久我山二丁目住宅調査区第Ⅳ層文化：おおむね0.44を測るが，層序への反映が難しい。

野川中洲北遺跡西区Ⅲ層：第Ⅲ層。明確には捉えられないが0.2前後と推測される。

中砂遺跡第3号石器集中：層序に関する記載なく不明である。

6　面取尖頭器石器群の編年的位置づけ

おおむね目安として，第4a群が0.71以上，第4b群が0.7〜0.46，第5群が0.45以下である。別表6に示された第1章第5節1の時期区分をふまえ，ナイフ形石器の形態的特徴，出土深度からはおおむね以下の群別（時期区分）が可能である。

第4a群：武蔵国分寺跡関連遺跡多総医地点A地区第4文化層

第4b群：西武蔵野遺跡，氷川前遺跡第5地点，西下里遺跡第Ⅱ次調査区第1文化層3号ブロック，花ノ木遺跡第1文化層，江戸城址北丸竹橋門地区，田直遺跡，長嶋遺跡C区，御殿前遺跡第3・4期調査区，比丘尼橋遺跡C地点2群，城山遺跡第9次調査区Ⅳ中層，府中市№29遺跡第Ⅰ文化層，下原・富士見町遺跡垂直区分帯17・18，泉水山・冨士谷遺跡第16地区第4文化層，丸山東遺跡東京外かく環状道路練馬地区第Ⅳ層の文化層，井の頭池遺跡群A地点Ⅴ所収区，向ノ原遺跡第3次調査区1群，武蔵国分寺跡関連遺跡多総医地点A地区第5文化層，多摩蘭坂遺跡第5地点第6文化層，鈴木遺跡鈴木5文化層

第4b群～第5群：葛原遺跡B地点第I文化層・第II文化層，下原・富士見町遺跡垂直区分帯16，西下里遺跡第II次調査区第1文化層2号ブロック

第5群：下柳沢遺跡第3文化層第19号ブロック，吉祥寺南町三丁目遺跡B地点，嘉留多遺跡第2次調査区第1文化層，新橋遺跡第IV上層文化，日影山遺跡第2地点，瀬田遺跡II所収区第1文化層，前山遺跡久我山二丁目住宅調査区第IV層文化，御殿山遺跡第1地区D地点III層中部，野川中洲北遺跡西区III層，下原・富士見町遺跡垂直区分帯12～15，井の頭池遺跡群A地点Eグリッド

時期不明：城山南遺跡，坂上遺跡IV中文化層，天文台構内遺跡III所収区南地区，中砂遺跡第3号石器集中，吉祥寺南一丁目遺跡J地点，島屋敷遺跡第1次調査区近現代覆土

ただし，以下の遺跡に関しては別に詳しい検討が必要である。

葛原遺跡B地点第I文化層・第II文化層：第I文化層は第III層下部出土，出土深度は報告書の精度に問題あるがあえて言えば0.35前後，斜刃形二側縁加工ナイフ形石器を有し，第5類（砂川期以降）の様相を呈する。ただし面取尖頭器はナイフ形石器を有しない少量の石器集中部群から出土しており，必ずしも斜刃形二側縁加工ナイフ形石器群と同時存在とは言えないようである。一方，第II文化層も第IV層上部出土で第5群（砂川期以降）と捉えられてきた。出土深度は精度の問題があるがおおむね0.45前後。ナイフ形石器は先端加工ナイフ形石器1点のみである。削片1点を有する。報告書からは判然としないが，西武蔵野遺跡，田直遺跡のような面取尖頭器の製作痕跡である可能性があり，また出土深度からは第4b群の範疇に入る可能性もある。ところで，飯田は第I文化層と第II文化層は重複関係にあって層位的な有意な差として認識できないと指摘している（飯田 2008）。第1章第3節2で指摘したとおり文化層の設定に疑義があるので判断が難しい。

下原・富士見町遺跡：垂直区分帯12～18において多くの面取尖頭器が出土している。下原・富士見町遺跡は一地点の調査としては武蔵野台地で最多の出土点数を誇り，第IV層において上下に石器が途切れなく出土している。土地利用に間断がないような事例は稀で，台地内でほぼ唯一の事例である。「文化層区分」は難渋をきわめ上下の文化層間で石器が接合し，文化層に代えて「垂直区分帯」を設け上層から11から26までを設定している。面取尖頭器が出土する垂直区分帯12～18は出土深度0.2～0.7あたりに相当し，第5群，第4b群に相当すると見られる。斜刃二側縁加工ナイフ形石器を主体とする垂直区分帯12～15は第5群主体，平刃基部一側縁加工ナイフ形石器，幅広形切出形石器，涙滴形ナイフ形石器を主体とする垂直区分帯17・18は第4b群主体と見るのが妥当と考えられる。ただし垂直区分帯16は双方の特徴の石器が認められ，第4b群と第5群の両方の石器集中部があると考えられる。それを受け，それら垂直区分帯，石器集中部における面取尖頭器の位置づけは難しいが，BL1707は面取尖頭器の製作址ではないかと考えられる。またBL1612は面取尖頭器もナイフ形石器も一定量有し，面取尖頭器とナイフ形石器の両者を製作している可能性がある。

向ノ原遺跡第3次調査区1群：該当する1群は第Ⅳ層中部からの出土である。出土深度は報告書からは明確には測れない。石器は斜刃基部一側縁加工ナイフ形石器，涙滴形ナイフ形石器，角錐状石器を有し第4b群とすることができよう。ただ面取尖頭器が出土したBL7‐1，BL13は他の1群の石器集中部より少し上位から出土したとの所見である[3]。その石器集中部からは斜刃二側縁加工ナイフ形石器が出土し第5群（砂川期以降）の要素もある。一方で角錐状石器が出土し，放射性炭素年代測定ではBL7‐1出土の炭化物が暦年較正年代（2σ）で最も古い試料が25,289〜24,597 calBP，最も新しい資料が24,092〜23,607 calBPを示す（加速器研究所 2020）。おおむね第4b群の後半の年代と判断できる。本書では第5群の可能性を残すものの，第4b群として捉えたい。

　このように面取尖頭器は第4a群から第5群まで認められること，その過半数が第4b群であることが理解できる。出土深度を検討するかぎりでは，第4b群のなかでも後半が多いようである。ところで，第4b群主体としながらも1点だけ第4a群から出土していることに懸念がある。武蔵国分寺跡関連遺跡多総医地点A地区第4文化層D8‐SX139出土の1点がそれであるが，その調査担当者は筆者である。樋状剥離面を有する，まず普通の面取尖頭器の範疇と考えられる。周囲の母岩とは異なる搬入品ながら，水平・垂直両面から観察して石器集中部の内部に位置する。また武蔵国分寺跡関連遺跡は武蔵野台地のなかで最も土層が厚い場所に位置し，第4b群である第5文化層との層位的区分は確実である。そうしたことからこれを第4a群であることを否定する根拠は見出せない。

　とにかく，面取尖頭器は第4群の後半の第4b群，それもその上位，後半期の層序から増えはじめる。ただ第4b群が多いとはいえ，出土深度の信頼度は万全ではない。多くの遺跡でナイフ形石器は少量しか共伴せず，ナイフ形石器文化観からの視点で理解するには限界が露呈する。第5群との境界は曖昧である。

　ただひるがえって考えればその曖昧さの本質は別にあり，二つの問題点が指摘できる。第一に，本書では扱わないが第5群における砂川期の位置づけへの疑義である。砂川期はⅤ層・Ⅳ層下部段階（第4群）の直後の一時期として捉えられてきた。ただ果たして砂川期がそれ以降の第5群（いわゆる月見野期）と一線を画す時期として認定できるのかどうか。ちなみに層位的前後関係からは層厚が薄いため難しい。その再検討がなければそのあたりの時期区分は明確にならないであろう。第二に，よしんば第4b群から第5群への変遷案の元になる，従前のナイフ形石器を中心とした石器組成，剥片剥離工程等による「Ⅴ層・Ⅳ層下部段階→砂川期」（相模野段階編年段階Ⅴ→段階Ⅵ）を肯定的に捉えたとしても，それはナイフ形石器製作を伴う剥片剥離過程を有する石器群の枠組みである。両面調整石器製作工程にもとづく面取尖頭器石器群の始末がそれに符合するとは言えない。旧来の枠組みにあてはめることが正しいとは言えない。

　とはいえ同時期に存在していたわけであるので，面取尖頭器石器群の盛行期を旧来の編年

と対比して「第4b群（V層・IV層下部段階IV中2亜段階）のどこかから第5群前半（砂川期）のどこかまで」と捉えることができるとしてよいであろう。

　そして群別（時期）と類型との関係を対比するとつぎのように見えてくる（表3-1）。1類，2類，3類は例外があるもののおおむね「第4b群（V層・IV層下部段階IV中2亜段階）のどこかから第5群前半（砂川期）のどこかまで」の範疇で理解できる。そこには1類・2類から3類へ搬出され遺された姿が想定できる。5類については第5群（月見野期以降）に相当し，面取尖頭器石器群とは異なる脈絡であろう。そして4類については第5群（砂川期および月見野期以降）が多い。しかし，4類は単独で出土しておりその本来の時期的出自は不明，不安定である。本来は1類，2類，3類と同時期であったと考えてもいいのではないか。

7　1類石器群の特徴

　以下，1群と2群と中心に面取尖頭器石器群がどのように展開していたのかを検討する（表3-2）。

　1類の第一の特徴は群別（時期）が第4b群（もしくは第4b群のどこかから第5群前半のどこかか）に集中する点である。唯一異なる下柳沢遺跡第3文化層第19号ブロックが第5群である。先述したとおり本来は第4b群である可能性もないではない。

　第二の特徴は，その規模と性格である。1類のなかには，該当する石器集中部が千点超や数百点を誇るもの（西武蔵野遺跡，西下里遺跡第II調査区第1文化層3号ブロック，花ノ木遺跡第1文化層，江戸城址北丸竹橋門地区，田直遺跡）から，百点未満のもの（氷川前遺跡第5地点，下柳沢遺跡第3文化層19号ブロック，下原・富士見町遺跡BL1706）まで認められる。1類の石器出土総点数は4,734点，剝片4,633点である。ほとんどで削片を出土し，いずれも小剝片・砕片を主体としほとんど接合資料を有しない。1類の石核はわずか5点，ナイフ形石器は6点で，それらは搬入品，客体的であると考えられる。

　このことから，それらの石器集中部がナイフ形石器製作を伴う剝片剝離過程を示す作業を行ったものではなく，両面調整石器－面取尖頭器の製作を行った製作址であると考えられる。剝片の形状等を鑑みて，原石形態ではなく両面調整石器－半製品で持ち込まれ細部調整が行われ仕上げられた，もしくは再加工・メンテナンス作業がなされた場であると考えられる。一方で面取尖頭器自体は欠損品を含めて25点しかなく（表3-1），完成，再加工した面取尖頭器は使用するため石器群の外へ搬出されたものと理解できる。

　その第三の特徴として，面取尖頭器以外にスクレイパー（搔器，削器），彫器を有する点である（図3-6）。それらは石刃を素材としており，第4群，第5群の他の石器群にはあまりない特徴である。

表 3 - 2 面取尖頭器（1群・2群）石器組成

類型	エリア	市町村	遺跡	地点	文化層	石器集中部	剥片	石核	RF	ナイフ形石器	尖頭器	角錐状石器	スクレイパー	礫石器	その他	器種計	黒曜石	チャート	頁岩	安山岩	ホルンフェルス	凝灰岩	流紋岩	砂岩	他石材	石材計	高原山系	和田峠系	鷹山系	男女倉系	諏訪系	蓼科系	和田峠・鷹山系	信州細別不可	神津島系	箱根系	上多賀	柏峠	伊豆・箱根その他	判別数	報告書
1	1	入間市	西武建野遺跡	第5地点		石器集中1号石器集中1～8	1614	3		2	2		16		3	1640	1604	7	18	4		1		2	4	1640						39								39	2/須藤2024 23
1	1	富士見市	氷川前遺跡				61		7		3					71	71									71					184	348								532	249
1	1	東久留米市	西下里遺跡	第III次調査区	第1文化層	第3号ブロック	828		1	1	12				1	843	843									843															19
1	2	和光市	花ノ木遺跡	第II次調査区	第1文化層	石器集中1～9	422		3		3				6	434	421	10	3							434		10	19	17	3									49	257
1	2	西東京市	下柚木遺跡		第3文化層	19号ブロック	50			2	1	1	1			55	49		4			1			1	55															56
1	3	千代田区	江戸城址	北丸内飯田橋地区		1号ブロック集中部	602				1					603	603									603															107
1	4	世田谷区	田直遺跡			1・2号遺物集中部	743	1	9	1	5		7			766	764	2								766			2			156								158	203
1	4	三鷹市	長嶋遺跡	C区		全1基	259	1	2		2		2			266	261	2		3						266										208				208	216
1	4	調布市	下布田遺跡		垂直区分等17	BL1706	54		1		1					56	51	1	3			1				56															
		合計					4633	5	23	6	30	1	26		10	4734	4667	22	28	7		3		2	5	4734		10	21	17	187	543				208				986	
		(%)					97.9	0.1	0.5	0.1	0.6	0.0	0.5		0.2		98.6	0.5	0.6	0.1		0.1		0.0	0.1			1.0	2.1	1.7	19.0	55.1				21.1					
2	2	北区	御殿前遺跡	第3・4期調査区	2群	全	2993	13	22	9	13	4	5	1	2	3062	2809	57	6	60	5	87		31	7	3062	3	5		58	12	11	10		1	6				106	147
2	2	練馬区	比丘尼橋遺跡	C地点		全	2275	150	87	65	34	5	98	23	77	2814	463	385	1055	417	196	228		9	61	2814		50	134	6	15	36				23		21		285	182
2	2	練馬区	葛原遺跡	B地点		全	235	3	3	1	3					245	◎	◎	◎	◎																					263
2	3	武蔵野市	吉祥寺南町三丁目遺跡	B地点	第II文化層	全	578	11		28	6		16		11	650	69	394	55	3	23	79	1	15	10	650		27	14		2	31			1			2		76	261/柳2017 261/須藤2024
2	4	調布市	城山遺跡	第9次調査区	IV中層		675	4	13	9	22		12	1	4	740	430	158	128	14	2	6		1	1	740		4			5					1		44		54	216
2	4	調布市	下布田遺跡		垂直区分等16	BL1612																																		216
2	4	府中市	武蔵台遺跡	府中市No.29	第I文化層	全	617	35		30	21	3	11		27	744	134	337	179	6		66		6	16	744															260
		合計					7373	216	125	142	99	12	142	25	121	8255	3905	1331	1423	500	226	466	1	62	95	8009	3	86	148	64	34	78	10		1	30		67		521	
		(%)					89.3	2.6	1.5	1.7	1.2	0.1	1.7	0.3	1.5		48.8	16.6	17.8	6.2	2.8	5.8	0.1	0.8	1.2		0.6	16.5	28.4	12.3	6.5	15.0	1.9		0.2	5.8		12.9			

参考資料（相模野台地）

類型	市町村	遺跡	地点	文化層	石器集中部	剥片	器種計	黒曜石	チャート	頁岩	安山岩	ホルンフェルス	凝灰岩	他石材	神津島系	判別数	報告書
1	藤沢市	用田鳥居前遺跡		第V文化層中地点(1.2)	第1石器集中地点	108	113			1	113	◎				19	19
1	大和市	大和市No.210遺跡		第1文化層中地点(1.2)	第1ブロック	450	468				◎	◎				35	35
1	綾瀬市	吉岡遺跡	D区	B1層下部	1～3ブロック	1000	1051	988	◎		◎		43	◎		51	51
2	大和市	深見諏訪山遺跡	D区	第IV文化層	第1～3ブロック	231	267	◎	◎		◎		◎	◎	2	52	52

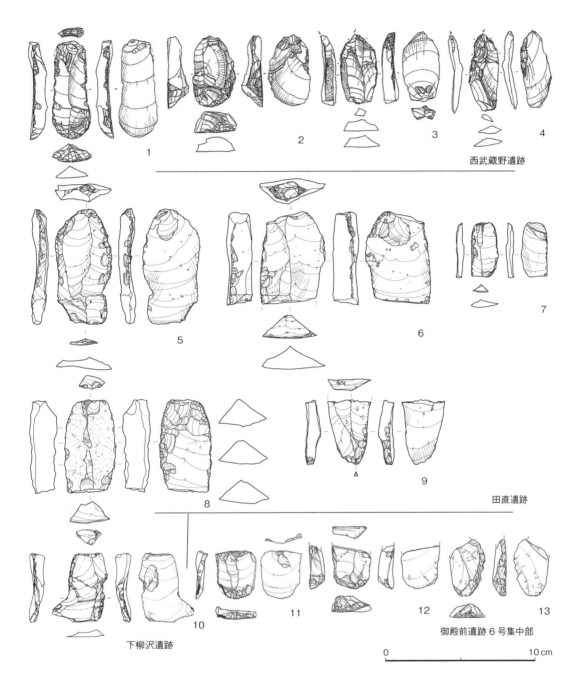

図3-6 面取尖頭器石器群に伴うスクレイパー・彫器

　第四の特徴は，石器出土総点数に対して黒曜石が多数を占める点である。ほとんどが黒曜石の小剥片・砕片で，下柳沢遺跡第3文化層19号ブロックの黒曜石が全体の89.1％，下原・富士見町遺跡BL1706が91.1％である以外は，いずれも97％から100％までに相当する。黒曜石以外の石材は4,734点中67点のみである。黒曜石が圧倒的である第3群よりも黒曜石の

比率が高い。

　また，1類の面取尖頭器は25点出土しているがそのすべてが黒曜石である。黒曜石原産地推定分析の結果では，非分析事例6点，和田峠系1点，諏訪系5点，蓼科系12点，箱根系1点である。一方，石器群全体に関して黒曜石原産地推定分析を実施した西武蔵野遺跡では46点中，蓼科系（冷山）39点，測定不可7点で，西下里遺跡第Ⅱ次調査区第1文化層では532点中，諏訪系（星ヶ台）184点，蓼科系（ほとんど冷山）348点で，田直遺跡では169点中，鷹山系2点，蓼科系（冷山）156点，測定不可11点で，下柳沢遺跡第3文化層19号ブロックでは49点中，和田峠系10点，鷹山系19点，男女倉系17点，諏訪系3点である。これらとは別に，西武蔵野遺跡ではどの資料を産地同定したか不明であるが，熱中性子放射化分析によって全点が八ヶ岳産（蓼科系）であるとされた[4]。このことから多くが信州黒曜石から構成されていることがわかる。江戸城址北丸竹橋門地区などは原産地が判明していないが，肉眼では信州黒曜石に見えることがわかっている。ただし長嶋遺跡C区は判定数中全点が箱根系とされ，他とは異なる脈略が考えられる。

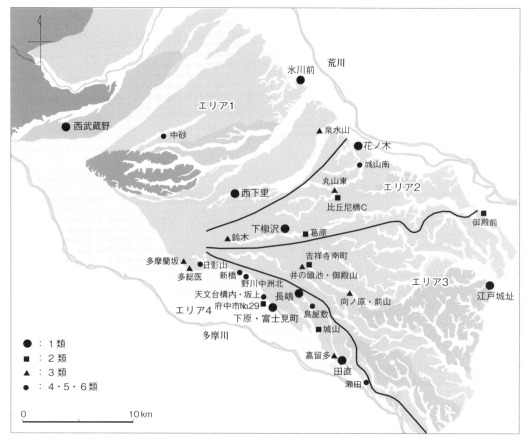

図3－7　面取尖頭器石器群出土の遺跡分布

最後にその遺跡分布である。第4群，第5群とも全体では遺跡は台地外縁部とともに台地中央部の中小河川沿いに密に分布するが，1類の遺跡は台地の外縁部に分布し中央部小河川沿いには認められない（図3-7）。例外は，箱根系黒曜石を利用することがわかっている長嶋遺跡C区と第5群（月見野期以降）と目される下柳沢遺跡第3文化層である。あたかも外縁部にしか進出できなかったかのようである。入間川沿いの西武蔵野遺跡は，ほとんど後期旧石器時代遺跡が分布しない台地西端部に相当する。

以上，第1群の特徴として以下のとおりまとめることができる。

①第4b群を主体とする。

②削片，小剥片・砕片が多く，面取尖頭器の仕上げ，再加工・メンテナンスが行われている。

③完成した面取尖頭器は搬出される。

④黒曜石原産地推定分析で判明しているほとんどは信州黒曜石が占める。蓼科系が目立つ。

⑤スクレイパー（掻器，削器），彫器の加工具を共伴する。

⑥台地外縁部に分布する。

8　信州黒曜石－削片系両面調整石器製作技術システム

その石材を検討すると，1類の面取尖頭器はすべてが黒曜石，それも判明するもののうちの95.0％が信州，そしてその石器群の石器のほとんどが黒曜石である。面取尖頭器，特に1類と信州黒曜石との関係性の強さを考えた場合，すぐに想像できるのは長野県男女倉遺跡第Ⅰ遺跡，第Ⅱ遺跡，第Ⅲ遺跡，B地点，J地点，渋川Ⅱ遺跡，唐沢ヘイゴロゴーロ遺跡，夕立遺跡である（図3-8）（信州ローム研究会 1972, 男女倉遺跡緊急発掘調査団 1975, 宮坂 1962, 川上・神村・森山 1976, 茅野市教育委員会 1993）。これらは信州黒曜石を用いた面取尖頭器の製作址として著名である。

須藤は男女倉遺跡第Ⅲ地点（第Ⅲ遺跡）の再整理作業において，その資料から大型板状原石・剥片を素材として両面調整石器を製作する初期工程において，削片剥離によって器体の一部を扁平化することで両面調整工程の進行を円滑に促進し両面調整石器を製作する状況を解明した（図3-9）（須藤 2018・2020）。その両面調整石器の最終形態として，削片剥離を駆使した面取尖頭器を掻器などとともに製作したものと考えられる。

初期工程に削片剥離を組み込む両面調整石器製作技術は，唐沢ヘイゴロゴーロ遺跡，夕立遺跡などの石器群にも認められ（須藤・茅野市教育委員会 2023, 両角・須藤 2023），信州の霧ヶ峰，八ヶ岳周辺の面取尖頭器を有する両面調整石器群では一般的な技術体系であるものと考えられる。

その男女倉遺跡周辺の山腹では男女倉系，和田峠系の黒曜石の原石を採取することができ，

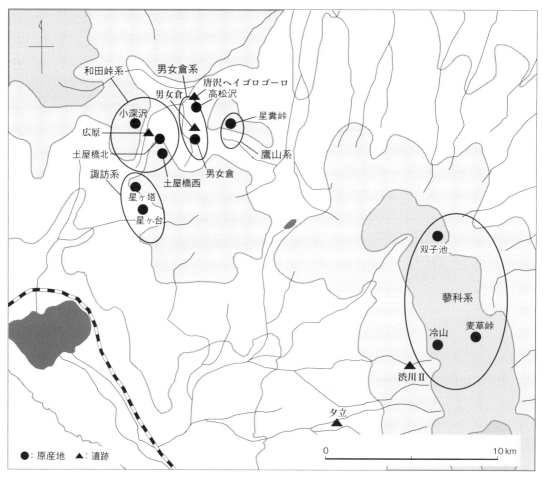

図3－8　信州における黒曜石原産地と遺跡

男女倉遺跡は「原産地遺跡」であると捉えられる[5]。唐沢ヘイゴロゴーロ遺跡は男女倉黒曜石原産地群の北端に位置する。また冷山Ⅱ遺跡から1～2kmで黒曜石露頭の一つにたどりつくことができるので，こちらも原産地遺跡と言えるかもしれない（功刀 1998）。しかし，冷山露頭から谷筋を違えて約5km離れた夕立遺跡は原産地遺跡とは言えないであろう。一方，黒曜石原産地推定分析の結果からは，男女倉遺跡出土の黒曜石が近傍の和田峠系・男女倉系で，渋川Ⅱ遺跡・夕立遺跡の黒曜石が近傍の蓼科系だけではないことが明らかになっている（須藤 2020，須藤・池谷 2021，須藤・茅野市教育委員会 2023，両角・須藤他 2023）。男女倉遺跡第Ⅲ地点では和田峠系以外に鷹山系，諏訪系（星ヶ台）が，渋川Ⅱ遺跡では蓼科系（冷山）以外に鷹山系，諏訪系（星ヶ台）が，夕立遺跡では蓼科系（冷山）以外に諏訪系（星ヶ台）が相当数見られるとのことである。

　これらの遺跡での石器出土総点数は約57,000点に及ぶ。いずれも狭い面積での発掘調査であるから，実態としては数十万点あるいはそれ以上の規模であると考えられる。また，面

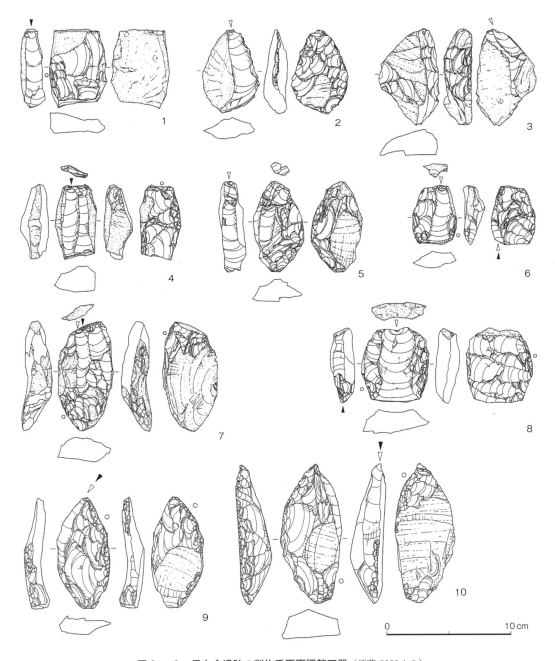

図3-9　男女倉遺跡の削片系両面調整石器（須藤 2020 より）

取尖頭器は北陸地方，関東平野（関東地方全都県），愛鷹山麓に分布し，それらとの関連も見通せる。これらは単に露頭の近くで採取して製作しただけというのではなく霧ヶ峰・八ヶ岳間での搬入，受給，移動を伴うのである。東日本全般への搬出を見すえつつ「信州黒曜石－削片系両面調整石器製作システム」とでも言うべきかなり大きな石器製作システムとその展開場であると捉えられよう（須藤 2020・2024）。

9　1類石器群と信州集団との関係性

　信州の状況をふまえるならば，武蔵野台地における面取尖頭器石器群1類は，信州黒曜石－削片系両面調整石器製作システムの遺跡・石器群から長駆移動し半製品で持ち込まれ完成品に仕上げあるいは完成品のメンテナンスを行った遺跡・石器群であると考えられる。

　1類に属する田直遺跡で出土したスクレイパーは，背面の稜線が広い範囲に肉眼でわかるほど顕著に摩耗している（図3－6－6）（岩瀬2017）。長距離の移動時に携帯していたために形成された可能性がある。各地の黒曜石－面取尖頭器石器群で，同様の痕跡である肉眼で観察可能なほどの摩滅，キズのある石器の事例はいくつもある。栃木県上林遺跡第1文化層の面取尖頭器・尖頭器，新潟県しぐね遺跡第1文化層の面取尖頭器，群馬県今井三騎堂遺跡第II文化層の掻器など（須藤2020，須藤・茅野市教育委員会2023，佐野市教育委員会2004，津南町教育委員会2019，群馬県埋蔵文化財調査事業団2004，山田2008）がそれである[6]。信州－武蔵野台地間に限らず，信州の周辺各地に長距離移動を是とするシステムであると考えられよう。

　いささか脱線すれば，削片系両面調整石器製作システムは尖頭器製作の最終工程に樋状剥離を施すという限定的な技術システムではなく，ナイフ形石器製作を伴う剥片剥離過程のシステムと同等レベルの技術システムであると言うことができる。その意味で樋状剥離を有する尖頭器や有樋尖頭器ではなく，システムとして製作初期から面取面を意図して作り出すという意味で面取尖頭器と称するのがふさわしいと考えている。

　さて，男女倉遺跡B地点，J地点，第I地点，第III地点，渋川II遺跡では面取尖頭器とともにナイフ形石器が出土している。その共伴関係は明確ではないが，斜刃形二側縁加工ナイフ形石器とともに，斜刃形基部一側縁加工ナイフ形石器，長狭形切出形石器，幅広形切出形石器，涙滴形ナイフ形石器が認められる。斜刃形二側縁加工ナイフ形石器は第5群（砂川期）の特徴であるが，それ以外は第4群に相当することを指し示すものと考えられる（図3－4）（伊藤1989b）。この武蔵野台地との同時期性は信州からの移動，搬入を担保するものになる。

　信州黒曜石－削片系両面調整石器群システムの荷担者集団が武蔵野台地へ持ち込んだ姿，1類石器群という仕上げの場は武蔵野台地外縁部に設けられた（図3－7）。その荷担者集団は，基本的に武蔵野台地で展開するナイフ形石器製作にかかわる剥片剥離過程の石器群の荷担者集団とは別で，信州出自の集団であろう。

　というのは，もし面取尖頭器専門の荷担者集団というものはなく，武蔵野台地在地の剥片剥離過程石器群の荷担者集団が一部を信州へ派遣していたとすれば，行動様態を異にする相模野台地など各地の荷担者集団からも派遣することになり，信州黒曜石原産地は単なる搬入・消費側各地域からの入会地になって，信州黒曜石－削片系両面調整石器群システムの本

質性が失われてしまう。信州側に主導権があり，信州側の荷担者集団が各地へ派遣されるからこそ成立するシステムである。第2節以降で詳述するが，面取尖頭器にかかわらない第4群の遺跡では信州黒曜石はあまり利用されない。第5群（砂川期）においても黒曜石利用が少ないことは周知のことである（石器文化研究会 2000）。そのことも面取尖頭器の荷担者集団が在地の剝片剝離過程石器群の荷担者集団と本来は別であることを示している。

　武蔵野台地1類で出土する面取尖頭器は，おそらくほとんどが樋状剝離面を有する可能性が高く，基本に忠実に製作されているものと見られる。そしてその面取尖頭器は台地内各地で使用され狩り場などで落ちて失われ，一部は3類・4類の遺跡へ持ち込まれたものと理解される。

　なお1類石器群には多くスクレイパー（掻器，削器），彫器などが目立つとしたが，岩瀬彬の分析によると田直遺跡で出土したスクレイパー（削器）には線状痕と摩耗が認められ，切断や鋸引きの作業に用いられたことを示しているとのことである（岩瀬 2017）。何らかの加工，たとえば槍の柄の製作のために両面調整石器とセットになって携帯されたのであろう。

10　2類石器群の性格

　1類は信州黒曜石－削片系両面調整石器群システムにもとづく，面取尖頭器の仕上げ，再加工・メンテナンスの場であった。それに対し2類はどのように捉えられるのか。黒曜石製石器が母岩別分類，接合作業に不向きで，その性格を捕捉することが難しいことを前提とした上で推測してみる。

　2類石器群は多様ではあるものの，おおむね面取尖頭器以外にもナイフ形石器製作を伴う剝片剝離工程の痕跡のようである，したがって石材組成に占める黒曜石の比率は必ずしも高いとは限らない。御殿前遺跡第3・4期調査区でこそ91.7％であるものの，比丘尼橋遺跡C地点2群は16.5％，下原・富士見町遺跡垂直区分帯16BL1612は58.1％，府中市No.29遺跡第Ⅰ文化層は18.0％である（表3－2）。また，面取尖頭器の石材としては，御殿前遺跡第3・4期調査区は黒曜石7点，比丘尼橋遺跡C地点2群は黒曜石5点，頁岩13点，安山岩6点，ホルンフェルス2点，凝灰岩2点，他石材1点，下原・富士見町遺跡垂直区分帯16は黒曜石7点，チャート2点，頁岩1点，城山遺跡第9次調査区Ⅳ中層は黒曜石8点，府中市No.29遺跡第Ⅰ文化層で黒曜石7点（うち3点は柏峠），チャート2点，頁岩5点，安山岩1点，不明1点である（表3－1）。

　なかには御殿前遺跡第3・4期調査区のようにほとんどが信州黒曜石の事例もあるものの，多くの石器群で面取尖頭器に信州以外の黒曜石および黒曜石以外の石材も用いており，それらが信州からの搬入によるとは考えられない。それらのうちには1類石器群からの搬入も想定できるが，2類の遺跡・石器集中部内で黒曜石以外の石材で製作したもの，そしてそれ

を搬入したものが想定できる。すなわち1類石器群を介在して，信州黒曜石－削片系両面調整石器群システムからの，ナイフ形石器製作を伴う剥片剥離過程の荷担者集団による，交流を通じての「模倣」であると考えられる。そうした眼でみれば，2類石器群には樋状剥離によらない，表面の面取面が両面調整，二次調整以前の剥離面で構成される面取尖頭器が目立つ。比丘尼橋遺跡C地点2群，府中市№29遺跡第Ⅰ文化層，下原・富士見町遺跡垂直区分帯16BL1612にはそうした「剥離面」の面取尖頭器が少なからず散見される（図3－3）。すなわち，在地集団が信州黒曜石－削片系両面調整石器群システムの一部を面取尖頭器という形態に託して自家薬籠中のものとしたと理解できる。

　そうした武蔵野台地における1類石器群から2類石器群への展開，転換が第4b群（もしくは第4b群のどこかから第5群前半のどこか）の時間的経過のなかで起きたのか，瞬時的に受給して共存しつづけたのかははっきりしない。下原・富士見町遺跡のように垂直区分帯18から12まで長い期間展開していったものも認められる。また2類の代表例である比丘尼橋遺跡C地点2群は出土深度において，多くの1類石器群より深い傾向が認められる。ただ1類石器群から2類石器群への展開・転換と一言で言っても，その過程は多様であったと考えられる。御殿前遺跡第3・4期調査区はナイフ形石器製作と共存するが，面取尖頭器石器群が信州黒曜石で製作されており1類に近いかもしれない。一方，1類とした長嶋遺跡C区はほとんどが黒曜石ではあるが分析された黒曜石のすべてが箱根系であり，信州荷担者集団そのものではなく2類と同じ模倣などの展開・転換の結果とみるべきであろう。

　そして，1類・2類石器群からの搬出された面取尖頭器は3類・4類の遺跡へ搬入される。3類・4類のように遺跡内で製作されない状況は，遺跡内，その単位集団自らによって製作されるナイフ形石器群とは異なる脈略にあることを示している。3類・4類の面取尖頭器22点のうち黒曜石15点，チャート1点，頁岩3点，安山岩3点で1類・2類石器群合計の比率に対比できる絶妙な値である（表3－1）。

　反対に，信州側男女倉遺跡などで長狭形切出形石器等のナイフ形石器が信州黒曜石で製作されていることは，南関東地方のナイフ形石器製作を伴う剥片剥離過程の荷担者集団から技術を受容，模倣した相互関係にあるものと考えることができる。

　第4章で後述するが，武蔵野台地ではこのような信州黒曜石－削片系両面調整石器群システムの在地への展開・転換が見られるものの，周辺地域では各々の特徴に合わせた受給状況が認められ，地域間の関係性にあわせた多様な展開が想定できる。

11　面取尖頭器の形態

　面取尖頭器の形態は群別（時期），類型において変化が見られるのであろうか。

　堤は面取尖頭器（有樋尖頭器）を「左右の側縁が対称形をなす，いわゆるシンメトリーな

木葉形を呈する」形態Aと「樋状剥離側の側縁がくの字状を呈し」「扁平なD字形の断面をみせる」形態Bに分類した（堤 1989）。いわゆる「男女倉型」と「東内野型」である。であるものの，観察すると形態Aと形態Bの中間的なものも多く，尖頭器の形態把握の難しさを示す（図3－2・3）。

　武蔵野台地における面取尖頭器には，形態の変遷は認めにくいという結論に至った（伊藤 2019）。須藤は，従前より古く位置づけることが可能となった面取尖頭器石器群を，大平山元遺跡を通じて細石刃石器群に関連づけた（須藤 2005・2006・2011・2014）。そのなかで，北方の細石刃技術と共通する技術伝統のなかで面取尖頭器，信州黒曜石－削片系両面調整石器群システムを位置づけ，両面調整技術の初期形態であるゆえに形態は一定せず技術の多様性に即した変異ある形態になるとした。

　その形態的バリエーションは，尖頭器の初期形態であるゆえの不安定性に一因があろう。ただし遺跡ごとに形態的特徴があるようで，単位集団各々の製作の手順，くせなどが反映されている可能性がある。したがって東内野型－渋川II遺跡に認められる左右非対称形槍先形尖頭器（飯田 2006）の特徴的な形態自体もその製作過程のなかでその形態になったまでで，大きな意味があるわけではないと考えるべきである。

第2節	

第4群の分析

1 遺跡分布・遺跡件数

　本節ではまず，第4a群，第4b群に分けることをせずに第4群全体について第2′群，第3群との比較の上分析する。前節で述べた面取尖頭器石器群も第4群と認められるものは含める（別表6）。検討のポイントは，遺跡および石器集中部の石器出土点数，少点数の石器集中部と多点数の石器集中部の双方でどのような構成になるかである。黒曜石の多寡が重要なポイントとなろう。

　集計された遺跡件数は，エリア1：48件，エリア2：66件，エリア3：56件，エリア4：95件，第4群総計265件である（表2−1）。エリア4での多さが目立つ。また，第4群の遺跡265件は第2′群の62件，第3群の61件と比較すると，おおむね4倍強に相当する。ただしその存続期間はおおむね第2′群が2,000〜2,500年，第3群が500〜1,000年であるのに対し，第4群は4,000〜4,500年である。第3群は短く，第2′群，第4群と長期間であると考えられるので，1年単位での件数では第2′群はきわめて少なく，第3群と第4群ではそれほどの差はないと考えられる。遺跡数が後期旧石器時代人の単位集団の数，人口に比例すると仮定するならば，第4群は第3群と人口規模において同程度に近いと言えるかもしれない。

　遺跡分布（図3−10）を概観すると，荒川側，多摩川側および石神井川流域に集中しており，台地西部（狭山丘陵周辺）と台地東側（下末吉面周辺・都心部）に少ない傾向にはあるが，第2群（図2−7），第3群（図2−8）と比較すると台地全体に広がっているさまが看取できる。第2群，第3群にはほとんどなかった神田川流域，目黒川流域にも認められる。台地外縁部に偏っていた第2群，第3群から台地中心部・西部（奥部）への進出，資源利用が進んだものと理解できる。

　石器集中部は1,025件（エリア1：148件，エリア2：299件，エリア3：159件，エリア4：419件），石器出土点数99,428点（エリア1：11,455点，エリア2：30,778点，エリア3：10,821点，エリア4：46,374点）である（表2−1）。石器集中部は第2′群202件。第3群115件，石器出土点数は第2′群7,014点，第3群8,012点であるので第4群の多さが際立つ。

　遺跡1件あたりの平均の石器集中部件数は3.9件（エリア1：3.1件，エリア2：4.5件，エリア3：2.8件，エリア4：4.4件）である。エリア1，エリア3に少ないのは，エリア1の埼玉県側やエリア3の杉並区付近においては宅地造成に伴う発掘調査が多く調査面積が

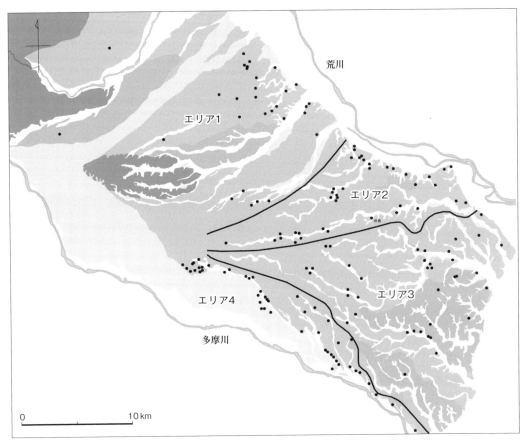

図3－10　第4群の遺跡分布

狭い傾向に起因する可能性がある。なお，遺跡1件あたりの平均の石器集中部件数は第2′群3.3件，第3群1.9件である。第4群は第2′群より少し多く，第3群の約2倍である。遺跡1件あたりの平均の石器出土点数は375.2点である。この値は第2′群，第3群の約3倍に相当する。石器集中部1件あたりの平均の石器出土点数は97.0点である。この値は第2′群の約3倍，第3群の約1.4倍に相当する。これらの値は第2′・3・4群の存続期間と関係ないので，第4群の点数の多さを際立たせるものにある。

　一遺跡に石器集中部が何件あるかを集計して比率を示すと，第4群は一遺跡に石器集中部が1件47.2％，2～10件44.2％，11件以上8.7％である。第2′群は1件47.5％，2～10件45.9％，11件以上6.6％，第3群は1件52.5％，2～10件47.5％である。第3群は5件の3遺跡（ただしそのうち1遺跡は菅原神社台地上遺跡第Ⅵ層文化）が最多で明らかに第4群より少ないが，第4群と第2′群は一見拮抗している。しかしながら実態はかなり異なる。第4群は石器集中部43件の武蔵国分寺跡関連遺跡多総医地点A地区第5文化層を筆頭に，32件の比丘尼橋遺跡C地点2群，26件の武蔵国分寺跡関連遺跡多総医地点A地区第4文化

第3章　第4群　139

層，23件の比丘尼橋遺跡C地点3群，20件の新開遺跡Kb区，17件の下原・富士見町遺跡垂直区分帯18，16件の下戸塚遺跡安部球場跡地調査区第2文化層，15件の自由学園南遺跡第2次調査区，14件の東台遺跡第18地点，丸山東遺跡東京外かく環状道路練馬地区第Ⅳ層の文化層，以下13件4遺跡，12件2遺跡，11件7遺跡と続く。一方，第2′群の石器集中部が11件以上ある遺跡は，17件の武蔵国分寺跡遺跡北方地区西国分寺区画整理地区第8遺物群，15件の羽根沢台遺跡Ⅱ所収区第Ⅶ文化層，13件の藤久保東遺跡藤久保第一土地区画整理地区第Ⅶ層，12件のもみじ山遺跡東京外かく環状道路練馬地区第Ⅶ層の文化層のみで，このうち3遺跡が環状ブロック群である。圧倒的な差が認められる。

　これらの多数の石器集中部を有する遺跡はどのような性格なのか。石器集中部は同時期に存在するのか，報告書に掲載された石器の接合資料，個体別資料分析，加えて共伴する礫群構成礫の接合資料から検討してみよう。

　まずそれらはいずれも数十mから100mを超える範囲，5,000～10,000㎡の面積をもって分布する。それほどでなければ10件以上の石器集中部は入らない。おおむね多数の石器集中部を有する遺跡には二つのパターンが認められる。第一は数十m範囲に円形，環状もしくは崖線に沿って直線状にまとまりをもって，すべての石器集中部が密集してもしくは数mから10m程度の間隔で分布し数百～2000点規模で分布する事例である。それらはすべてに接合関係があるわけではないが，接合関係の重複性とその配置性から同時期である可能性が高い。例：比丘尼橋遺跡C地点3群（23件），新開遺跡Kb区（20件），自由学園南遺跡第2次調査区第2文化層（15件），東台遺跡第18地点（14件），丸山東遺跡東京外かく環状道路練馬地区第Ⅳ層の文化層（14件）。

　第二は数十m範囲にもしくは崖線に沿って直線状に数千点以上の規模で石器集中部が分布するが，いくつかのまとまりが認められる事例である。接合関係の重複性などから一つ一つのまとまりは同時期で，まとまりそれぞれは別時期である可能性がある。例：武蔵国分寺跡関連遺跡多総医地点A地区第5文化層（43件），武蔵国分寺跡関連遺跡多総医地点A地区第4文化層（26件），下戸塚遺跡安部球場跡地調査区第2文化層（16件）。この事例のいくつかのまとまりを一個一個に分ければ，ちょうど第一の事例に匹敵するとも言える。武蔵国分寺跡関連遺跡多総医地点A地区第5文化層などは石器出土点数10,167点を数えるので，2つ以上に分けても大きい。一方で，多数の石器集中部をもつ遺跡には時期の異なる二，三件の石器集中部が集まっただけという事例は見られない。

　したがって40件が同時期ということはなくても，10～20程度の石器集中部が同時期に形成された可能性が高いということである。では「同時期」とはどういうことか。「同時」に十，二十もの世帯が単位集団を形成したということではなく，ベースキャンプとして利用した記憶がある内にいったん他所へ行ったのが回帰しつつ，その場所を覚えているおおむね一世代（20～30年程度か）のなかで形成されたものと推測できよう。いずれにせよ10～20

件もの石器集中部が同時期に回帰的に数多く形成しうるのは，第2′群，第3群になく第4群だけの特徴である。

2　石器組成

　石器集中部から出土した石器の器種組成，石材組成の総計はつぎのとおりである。

　器種組成は表2－2に示す。器種総点数に対する剥片の比率は89.9％，石核は2.7％，RFは2.7％である。剥片は第3群より0.9ポイント高く，石核は第2′群と第3群の中間である。狭義の石器（ナイフ形石器，尖頭器，角錐状石器，スクレイパー，礫石器，その他）総計の全体組成に対する比率は，第4群4.8％，第2′群6.3％，第3群4.4％である。第2′群と第3群の中間である。特段の傾向はない。

　狭義の石器内での組成比率は，ナイフ形石器は第4群44.2％（第2′群49.3％，第3群58.4％），スクレイパーは第4群28.3％（第2′群16.0％，第3群17.4％），礫石器は第4群7.4％（第2′群17.5％，第3群6.1％）である。他に第4群尖頭器3.0％，角錐状石器5.8％である。第4群は器種の種類が増え尖頭器，角錐状石器が組成に加わるが，そのぶんからナイフ形石器が減少したものと理解できる。

　ただし，尖頭器については留意が必要である。表2－2は報告書の記載どおりに集計したものであるが，実際には尖頭器141点のうち，面取尖頭器が約80点[7]，樋状剥離面，面取面が認められない槍先形尖頭器が約30点，ナイフ形石器の特徴を有しただし急斜度調整の二側縁加工が全縁に及ぶため尖頭器とされた類ナイフ形石器が約10点，槍先形尖頭器であるかスクレイパー，角錐状石器であるか判断しづらいものおよび欠損品のため判断不能のものは約20点を数える。尖頭器には欠損品が多く，下半部しか遺っていない部分品であれば面取尖頭器か面取面のない槍先形尖頭器かは判断がつかない。実態として，面取尖頭器と面取尖頭器の半製品以外に，第4群に槍先形尖頭器が存在するかどうか否定的に捉えたほうがよさそうである。

　一方，スクレイパーは第2′・3群から増加している。ナイフ形石器などの刺突具に対して，加工具の増加を見ることができよう。筆者はかつて当該期に特徴的な円形掻器を集成したことがある（伊藤 1992）。皮革加工具と考えられスクレイパーの過半を占める円形掻器は第4群に特徴的で，その結果を裏づけるものとなろう。

　石材組成について，表2－3，チャート3－1に示す。第4群は黒曜石57.3％，チャート21.7％，頁岩10.9％，安山岩3.3％，ホルンフェルス3.1％，凝灰岩2.0％，流紋岩0.2％，砂岩0.6％，他石材0.9％である。黒曜石は第2′群20.2％，第3群82.7％であるので，第4群は第2′群と第3群の中間である。それにくらべたらチャート以下には三つの群に大差はないが，全石材から黒曜石を除いた組成比率では，第4群がチャート50.8％，頁岩25.5％，安

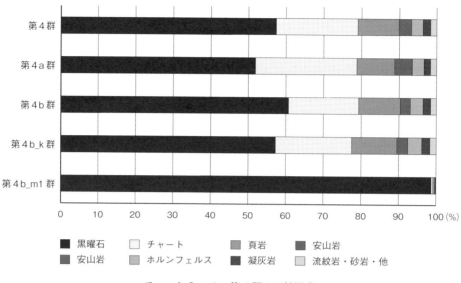

チャート3－1　第4群の石材組成

山岩7.8％，ホルンフェルス7.3％，凝灰岩2.9％等で，第2'群がチャート37.6％，頁岩24.3％，安山岩13.2，ホルンフェルス16.2％，凝灰岩6.5％等，第3群がチャート31.5％，頁岩49.1％，安山岩10.6，ホルンフェルス2.5％，凝灰岩2.9％等であるので，第4群にチャートの比率が高いことがわかる。なお第3群は頁岩が多いが，これは第3群でなく第2'群である可能性がある菅原神社台地上遺跡第Ⅵ層文化などを含むからであり，それを第3群から除き第2'群に加えれば，第2'群のチャート比率35.2％，頁岩29.4％，第3群のチャート42.8％，頁岩30.8％となる。とは言え，それでも第4群のチャートは第2'群，第3群より10ポイント前後高いことになる。

　エリア別に関しては，エリア1で石材組成が判明している石器集中部情報が少ないため，荒川側（エリア1・2）と多摩川側（エリア3・4）とにそれぞれ統合して検討する。黒曜石は荒川側67.7％，多摩川側50.7％で，荒川側が多い傾向にある。ただ第1節で述べたとおり面取尖頭器石器群では黒曜石が多いので，面取尖頭器石器群1類，2類の石器集中部の石材組成を除くと，荒川側65.5％，多摩川側48.9％でいずれも黒曜石比率が減少するがその差は変わらない[8]。

　一方でチャートは荒川側15.0％，多摩川側26.0％，面取尖頭器石器群1類，2類を除いた比率で荒川側18.3％，多摩川側26.9％であり，多摩川側が高い。頁岩，ホルンフェルスも同様に多摩川側が高く，頁岩5.1（6.1）ポイント，ホルンフェルス1.2（1.2）ポイント差である（かっこ内は面取尖頭器石器群1類，2類を除いた場合）。すなわち，多摩川側ではチャートを筆頭に頁岩，ホルンフェルスが黒曜石に対する補完的で主要な位置にあると見ることができる。換言すれば，荒川の河原でも多摩川側と同じ秩父帯起源のチャートが採取される

にもかかわらず多摩川側ほど採取されていない。安山岩は荒川側3.8（3.6）％，多摩川側3.0（3.1）％で，多摩川側よりも荒川側が多く，利根川上流域に産出するガラス質黒色安山岩を荒川の河原で採取したものと考えられる。凝灰岩は荒川側1.9（1.5）％，多摩川側2.1（2.2）％である。硬質細粒凝灰岩は多摩丘陵中の礫層もしくは相模川で採取できるため多摩川側に多いと考えられるが，荒川と安山岩の関係ほどには多摩川－荒川側で差がない。藤久保東遺跡藤久保第一土地区画整理地区に多いのが影響しているが，荒川上流方向に把握されていない凝灰岩の採取できる地点があるのだろうか。エリア別の石材組成はそのエリアで採取しやすい石材が利用されていると見られるが，一概に言えない部分もある。

　最後に，重要なポイントとして石材組成と石器出土点数との関係にふれる。石器集中部の出土点数は第2′群，第3群と同様に多寡，大小さまざまである。出土点数40点以下の石器集中部をクラスA，41点以上200点以下をクラスB，201点以上をクラスCに分け，クラスごとの石器出土総点数に対する石材組成比率を別表6をもとに計算すると，クラスAでは黒曜石38.0％，チャート25.3％，頁岩12.0％，安山岩9.8％，ホルンフェルス6.1％，凝灰岩4.8％，流紋岩0.5％，砂岩1.3％，他石材2.1％で，クラスBでは黒曜石50.8％，チャート24.4％，頁岩11.4％，安山岩5.1％，ホルンフェルス3.7％，凝灰岩2.3％，流紋岩0.1％，砂岩0.8％，他石材1.5％で，クラスCでは黒曜石64.0％，チャート19.7％，頁岩10.4％，安山岩1.3％，ホルンフェルス2.3％，凝灰岩1.4％，流紋岩0.1％，砂岩0.4％，他石材0.3％である。クラスABCとも石材の多い順番は全体組成とほぼ変わらないが，黒曜石の比率はクラスAからクラスCへ向けて上昇する。反対に，安山岩，ホルンフェルス，凝灰岩，流紋岩，砂岩，他石材の比率はクラスAからクラスCへ向けて低下する。チャートと頁岩の比率はクラスAからクラスCへ向けて若干低下するもののあまり変化が認められない。これらが何を示すのかは，石器出土点数等の詳細な検討が不可欠である。

　まとめると，黒曜石に関しては第3群には及ばないものの多用される欠かすことができない石材であることが理解できる。特に多点数の石器集中部で顕著である。チャートは黒曜石につぐが，黒曜石の補完的に位置にある可能性が高いと言える。

3　黒曜石原産地組成

　黒曜石原産地組成は，石器集中部単位ではなく各遺跡を単位とするデータを集計する（表3－3・チャート3－2）。第4群は，総計に対して高原山系1.3％，信州48.2％（和田峠系8.5％，鷹山系4.8％，男女倉系2.1％，諏訪系7.4％，蓼科系24.9％，和田峠・鷹山系0.4％，細別不可0.1％），神津島系0.7％，伊豆・箱根49.1％（箱根系26.4％，上多賀1.4％，柏峠21.3％，細別不可0.6％），その他0.1％である。箱根系が第一位，蓼科系が第二位，柏峠が第三位である。

表3-3 第4群の黒曜石原産地組成

エリア	群別	市町村	遺跡	地点	文化層	判別数	高原山系	和田峠系	鷹山系	男女倉系	諏訪系	蓼科系	和田峠・鷹山系	信州	神津島系	箱根系	上多賀	柏峠	伊豆・箱根	その他	報告書
1	第4a群	三芳町	南田遺跡	H地点	第V層	22										22					55
	第4a群	東久留米市	多聞寺前遺跡	H地点	IV文化層ブロック外	2					1				1						230
	第4b_k群	三芳町	南田遺跡		第IV層下部	32	20						12								55
	第4b_m1群	入間市	西武蔵野遺跡	第II次調査区	第1文化層	39						39									2/須藤2024
	第4b_m1群	東久留米市	西下里遺跡	第12地点	第14号竪穴群	532					184	348									249
	第4c群	富士見市	中沢遺跡		第14号竪穴群	31				28	1	1			1						36
	第4c群	三芳町	藤久保東遺跡	藤久保第一土地区画整理地区	第IV層下部	9		2		5	1		1								53
	第4c群	三芳町	藤久保東遺跡	藤久保第一土地区画整理地区	第V層	1		1													53
	第4c群	東村山市	下沢遺跡		Bトレンチ	1												1			230
	第4c群	東大和市	丸山遺跡	2次調査区		13		2			1					5		5			230
	合計					682	20	5		33	188	388	13		2	27		6			
	(%)						2.9	0.7		4.8	27.6	56.9	1.9		0.3	4.0		0.9			
2	第4a群	北区	桐ヶ丘遺跡		2群	304	1	11	28	2	5	7			1	206		43			145
	第4a群	板橋区	菅原神社台上遺跡	南側	第V層文化	39		26								13					155
	第4a群	練馬区	比丘尼稲遺跡	C地点	3群	287		48	41		18	64				85		31			182
	第4a群	小平市	鈴木遺跡		鈴木7文化層	38		15			11	3						9			229
	第4a群	西東京市	坂下遺跡	第1次調査区	第4文化層	7					1	3	1			1		1			252
	第4a群	西東京市	下柳沢遺跡	早大伏見校地体育館地区	第1文化層	90										83		7			257
	第4a群	西東京市	下柳沢遺跡	早大伏見校地体育館地区	第2文化層	3					1					1		1			257
	第4b_k群	北区	御殿前遺跡	第3・4期調査区	1～11号集中部	106				58	12	11			1	6		55			147
	第4b_k群	板橋区	菅原神社台上遺跡	北側	第V層文化	74		53		2	2		1		1	8		8			155
	第4b_k群	練馬区	成増との山遺跡	I所収区	第V層文化	11		3								4		4			158
	第4b_k群	練馬区	西台後藤田遺跡	第1地点	第IV層下部文化層	9					3	3				3					160
	第4b_k群	練馬区	大泉中里遺跡	第四次調査区		31			1							1		30			172
	第4b_k群	小平市	比丘尼稲遺跡	C地点	2群	285		50	134	6	15	36	2			23		21			182
	第4b_k群	小平市	鈴木遺跡	B地区	鈴木5文化層	186		53	9		13	68		3	1	21		27			229
	第4b_k群	北区	早稲田大学東伏見総合グランド遺跡	八幡神社地区	第2文化層	114		37			1	33			3	31					259
	第4c群	北区	赤羽台遺跡		第1文化層	17		1									7				142
	第4c群	板橋区	星美学園及び周辺地区		V層	1										1					143
	第4c群	板橋区	四葉地区遺跡		IV層下部	25		16		2	2	8				2					165
	第4c群	小平市	四葉地区遺跡		V層	11		4								2		5			165
	第4c群	西東京市	鈴木遺跡	第1次調査区	鈴木6文化層	216		34	9	1	25	29	3			55	1	70	5		229
	第4c群	西東京市	坂下遺跡		第3文化層	7		2			1					3					252
	合計					1861	9	318	213	71	108	262	10	5	6	541	8	305	5		
	(%)						0.5	17.1	11.4	3.8	5.8	14.1	0.5	0.3	0.3	29.1	0.4	16.4	0.3		
3	第4a群	港区	旗本花房家屋敷跡遺跡	安部球場跡地調査区	遺物集中地点	63										63					58
	第4a群	新宿区	下戸塚遺跡		第1文化層	30	21	1		3						4					66
	第4a群	文京区	小石川駕籠町遺跡		第2文化層	7										3		4			77
	第4b_k群	杉並区	堂の下遺跡	安部球場跡地調査区	第III集中地点	77		17			2	2		2	25	30					132
	第4b_k群	新宿区	下戸塚遺跡		第2文化層	53	3	12			1	12		1	1		24				66

信州 / 神津島系 / 伊豆・箱根（各群の列構成）

エリア	群別	市町村	遺跡	地点	文化層	判別数	高原山系	和田峠系	鷹山系	男女倉系	諏訪系	蓼科系	和田峠鷹山系	信州	神津島系	箱根系	上多賀	柏峠	伊豆・箱根	その他	報告書
3	第4b_k群	新宿区	百人町三丁目西遺跡	淀橋市場地点	第2文化層	56												22		6	72
	第4b_k群	新宿区	百人町三丁目西遺跡	Ⅶ所収地点	第Ⅳ下文化層	282		7								101		116	17		74
	第4b_k群	文京区	千駄木遺跡		第Ⅱ集中部	17		5													78
	第4b_k群	杉並区	堂の下遺跡	第3次調査区	1群	8	1														132
	第4c群	杉並区	向ノ原遺跡		遺構外	151		23	34		34	48									138
	第4c群	港区	堀本花屋長屋敷跡遺跡		Ⅳ層下部	1															58
	第4c群	新宿区	百人町三丁目遺跡	6次調査地		7															68
	第4c群	新宿区	若松町遺跡	3次調査地点		5										5					76
	第4c群	渋谷区	鉢山町遺跡	Ⅱ所収地点		131										91	40				123
	合計					888	33	83	34	4	43	108			27	310	67	144	29	6	
	（%）						3.7	9.3	3.8	0.5	4.8	12.2			3.0	34.9	7.5	16.2	3.3	0.7	
4	第4a群	三鷹市	天文台構内遺跡	Ⅲ所収所収区北地区	第4文化層	322	4	3		3	1				6	212		93			201
	第4a群	三鷹市	天文台構内遺跡	Ⅳ所収区	第4文化層	113		4			5	19				27		58			202
	第4a群	三鷹市	天文台構内遺跡	Ⅳ所収区	第5文化層	18			14							1		3			202
	第4a群	三鷹市	長嶋遺跡	D区		1												1			201
	第4a群	府中市	武蔵国分寺跡関連遺跡	武蔵台西地区	第4文化層	42										24		18			213
	第4a群	府中市	武蔵国分寺跡関連遺跡	多摩医療地点A地区	第4文化層	131		1			13	3				63		51			211
	第4a群	府中市	武蔵国分寺跡関連遺跡	多摩医療地点J地区	第4文化層	7										7					211
	第4a群	府中市	武蔵台遺跡	都立府中療育センター改築工事地区	2群	3										1		2			212
	第4a群	国分寺市	国分寺市No.37遺跡	共同住宅建設調査区	第Ⅲ文化層	51						6				9		36			231
	第4a群	国分寺市	花沢東遺跡		第4文化層	8										4		4			238
	第4a群	国分寺市	武蔵国分寺跡墨書北方地区		第6遺物群	1										1					241
	第4b_k群	三鷹市	北野遺跡		第3文化層	73												73			195
	第4b_k群	三鷹市	天文台構内遺跡	Ⅲ所収所収区北地区	第3文化層	366					6	357				2		1			201
	第4b_k群	三鷹市	天文台構内遺跡	Ⅳ所収区	第3文化層	68					11	2				13		42			202
	第4b_m1群	三鷹市	長嶋遺跡	C区		208										208					203
	第4b_k群	府中市	府中市No.29遺跡		Ⅳ中層	54					6	3				1		44			155
	第4b_k群	府中市	武蔵国分寺跡関連遺跡	武蔵台西地区	第6文化層	72					2	18				5		47			213
	第4b_k群	府中市	武蔵国分寺跡関連遺跡	多摩医療地点A地区	第5文化層	275					8	28				6		233			211
	第4b_k群	府中市	武蔵国分寺跡関連遺跡	多摩医療地点J地区	第5文化層	3										3					211
	第4b_k群	調布市	城山遺跡	第9次調査区	Ⅳ中層	76		27	14		5							12	2		261/渡邉2024
	第4b_k群	調布市	飛田給北遺跡	第9地点		43		3			5	35									219
	第4b_k群	小金井市	栗山遺跡	第6次調査区	第3文化層	14															224
	第4b_k群	国分寺市	花沢東遺跡		第3文化	8															238
	第4b_k群	国分寺市	武蔵国分寺跡墨書北方地区		第4遺物群	3										3					241
	第4b_m1群	国分寺市	田直遺跡	1・2号遺物集中部		158						156						2			107
	第4c群	世田谷区	入間町城山遺跡	第55地点	第Ⅳ層下部	5										1		3			215
	第4c群	国分寺市	武蔵国分寺跡墨書北方地区	西国分寺区画整理地区	第5遺物群	11						1				1		9			241
	合計					2134	8	68	22	7	72	628		5	6	591	1	731			
	（%）						0.4	3.2	1.0	0.3	3.4	29.4		0.1	0.3	27.7	0.0	34.3			
総計						5565	70	474	269	115	411	1386	23	5	41	1469	76	1186	34	6	
	（%）						1.3	8.5	4.8	2.1	7.4	24.9	0.4	0.1	0.7	26.4	1.4	21.3	0.6	0.1	

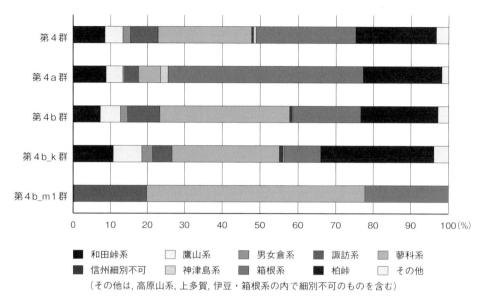

チャート3－2　第4群の黒曜石原産地組成

　黒曜石を多用する面取尖頭器石器群1・2類を除いた一般的な第4群の組成では，高原山系2.0％，信州23.9％（和田峠系11.5％，鷹山系3.5％，男女倉系1.5％，諏訪系0.2％，蓼科系6.6％，和田峠・鷹山系0.4％，細別不可0.1％），神津島系1.2％，伊豆・箱根72.8％（箱根系36.4％，上多賀2.2％，柏峠33.1％，細別不可1.0％），その他0.2％である。箱根系が第一位，柏峠が第二位，和田峠系が大きく離れて第三位である。

　ちなみに，黒曜石原産地組成は分析数，判別数が多い遺跡のデータが全体傾向を引っぱる傾向があり，黒曜石出土点数が多いにもかかわらず分析数，判別数が少ない遺跡の情報は反映されにくくなる。そこで，表には示していないが，判別数を出土点数に置き換えた時の想定される原産地組成を求め，加えて判別数が数点しかない遺跡情報を除いて計算すると，柏峠が40％弱で第一位，箱根系が20％弱で第二位，蓼科が約15％で第三位となる。一方で，第2′群は測定判別数が少ないので傾向を摑みにくいが，第3群は信州が95.1％（和田峠系59.2％，男女倉系11.1％，諏訪系12.7％等）（補正しない正値）と突出している。第4群は第3群とはまったく異なる組成である。

　本節2で，荒川側（エリア1・2）が多摩川側（エリア3・4）より黒曜石の比率が高く，チャート，頁岩，ホルンフェルスの比率が低い傾向にあると述べた。表には示していないが，同様に面取尖頭器1・2類を除いた荒川側，多摩川側の黒曜石原産地組成を求めると，荒川側：高原山系1.6％，信州44.7％，神津島系0.4％，伊豆・箱根53.3％，多摩川側：高原山系1.6％，信州32.6％，神津島系1.3％，伊豆・箱根64.1％である。荒川側は信州，多摩川側は伊豆・箱根が多くなる傾向が看取できる。多摩川側では伊豆・箱根黒曜石とチャートなどと

の親和性が高く，チャートなどは信州黒曜石と互換関係にある可能性も考えられる。また，原産地までの距離も関係しよう。荒川側から伊豆・箱根原産地は遠いが，多摩川側から信州原産地への直線距離は荒川側とは大差ない。関東山地を直行するのではなく，荒川に沿って北へ向かい佐久付近を通る迂回ルートがあるのだろうか。

4 石器集中部の出土点数

　第4群石器集中部における石器出土点数の平均値は97.0点，中央値は33点である。第2′群は平均値34.5点，中央値20.5点，第3群は平均値69.7点，中央値35点であるので，平均値では第2′・3群より高く，中央値では第3群より少し低く第2′群より高い。と同時に平均値と中央値の差は第2′・3群よりも各段に大きい。

　その意味するところは石器集中部出土点数の階層分けからわかることがある。石器集中部における石器出土点数を10点以下，11～20点，21～30点……91～100点，101～200点……401点以上に階層分けし，点数の多寡を検討する（表2－6，チャート3－3）。第4群は5～20点36.7％，21～40点19.4％，41～60点10.3％，61～80点6.4％，81～100点4.7％，101～200点11.4％，201～300点4.1％，301～400点1.6％，401点以上5.4％である。第2′群は5～20点50.0％から201～300点0.2％（1件）までと，少点数の石器集中部が多く多点数の石器集中部は少ないので第4群とまったく異なる。しかし，第3群は少点数の5

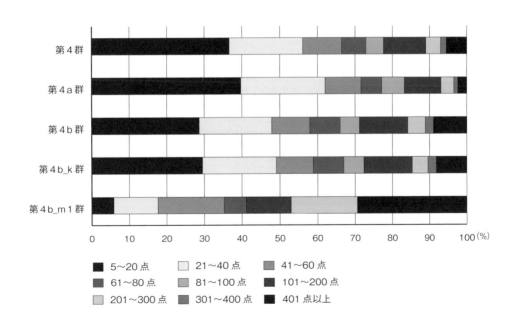

チャート3－3　第4群の石器集中部出土点数の階層

〜20点33.9％，21〜40点18.3％で第4群に近く，少点数の石器集中部の多さでは第4群と第3群が拮抗，むしろ40点以下の比率は第4群のほうが高い傾向にある。

表には示していないが，41〜60点の比率に限っては，第4群は第3群より10ポイント以上の差をつけて低い一方で，61点以上になると第4群は第3群よりおおむね比率が高くなる，すなわち多点数の石器集中部が多い傾向にある。個別に石器集中部を確認すると，別表2・6のとおり，上位5件の出土点数は第2′群：207点，203点，198点，180点，171点，第3群：483点，453点，450点，369点，363点に対し，第4群：1,877点，1,739点，1,608点，1,503点，1,463点で1,000点以上が11件である。第4群には第3群最多の483点を超える石器集中部が43件認められる。このように，第4群は第2′群はもちろん，第3群に対しても出土規模の大きい石器集中部が多いことが理解できる。

すなわち，第4群は石器集中部クラスCが多く，石器集中部クラスAも相応に多い二面性を持ち合わせており，クラスB（中）が少ないという特徴がある。多・少の二面性である。

5　第一石材の岩種

石器集中部は数種類の石材を有する場合が多いが，最も多い石材（第一石材）は何なのか（表2−7，チャート3−4）。第一石材の岩種ごとの比率は，黒曜石48.7％，チャート26.6％，頁岩10.7％，安山岩6.6％，ホルンフェルス3.4％，凝灰岩2.5％，流紋岩0.3％，砂岩0.7％，他石材0.6％である。第一位が黒曜石，第二位がチャート，第三位が頁岩に相当し全

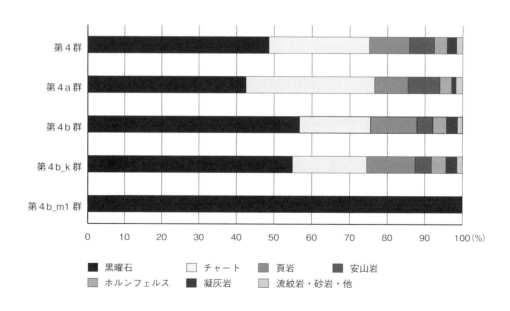

チャート3−4　第4群の第一石材の岩種

体石材組成における順位と同じであるが，第一石材の黒曜石比率は全体組成における黒曜石より8.6ポイント低く，そのぶんチャート以下が高くなっている。

このことは，石器集中部の石器出土点数とかかわっている。石器出土点数40点以下を石器集中部クラスＡ，41～200点を石器集中部クラスＢ，201点以上を石器集中部クラスＣとする。すると第一石材の比率は，クラスＡ：黒曜石41.5％，チャート27.0％，頁岩10.7％，安山岩9.9％，ホルンフェルス5.1％，凝灰岩3.7％等で，クラスＢ：黒曜石54.9％，チャート27.7％，頁岩10.8％，安山岩2.7％，ホルンフェルス1.5％，凝灰岩1.0％等で，クラスＣ：黒曜石67.3％，チャート20.4％，頁岩10.2％，安山岩1.0％，凝灰岩1.0％である。黒曜石はクラスＡからクラスＣへ約13ポイントずつ増え，安山岩，ホルンフェルス以下は減少しクラスＣでは2件だけである。チャートと頁岩の比率はABCでそれほど変化しない。石器集中部クラスＣで黒曜石は第一石材であることが多く，石器集中部クラスＡではそれ以外の岩種が第一石材になるものが表れるということで，石材組成の比率と同じ傾向である。

第一石材がどのような石材であれ，全体の90％をもって第一である場合と30％でもって第一である場合では意味合いが異なる。そこで，石器出土総点数に占める第一石材の点数の比率（第一石材占有率とする）を0.1～10％，10.1～20％……90.1～100％の階層に分け，その石器集中部が何件あるか集計する（表2－8，チャート3－5）。

第4群においては，第一石材点数の全出土点数に占める比率（第一石材占有率），石器集中部全件で20.1～30％から10％ずつに階層分けすると第一石材占有率が20.1～30％の全件数に対する石器集中部件数の比率：1.3％，30.1～40％：8.4％，40.1～50％：11.6％，50.1

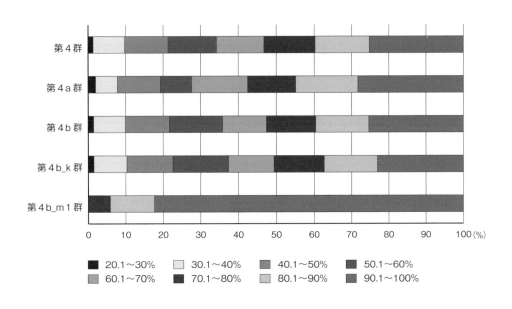

チャート3－5　第4群の第一石材占有率の階層

〜60％：12.9％，60.1〜70：12.5％，70.1〜80％：13.5％，80.1〜90％：14.5％，90.1〜100％：25.3％である。なお第4群は第2′群に対し20.1〜30％は1.5ポイント低く，50.1〜60％まで低い傾向が続き，60.1〜70％から高くなり90.1〜100％が19.1％で6.2ポイント高い。第3群に対しては20.1〜30％から80.1〜90％までは第4群が高い傾向が続き，90.1〜100％だけ36.0ポイントも低くなる。すなわち，第4群は第3群ほどではないが，第一石材占有率が高めに推移する傾向が看取できる。

　表には示していないが，第一石材占有率を石器出土点数によってクラスＡ，クラスＢ，クラスＣに区分し，クラスごとに第一石材占有率の多少の階層別で全件数に対する石器集中部件数の比率を集計すると，クラスＡは20.1〜30％から順に1.5，9.3，12.2，14.1，12.0，15.8，15.1％，90.1〜100％：20.1％，クラスＢは20.1〜30％から順に1.7，6.7，13.1，10.8，12.8，10.4，14.1％，90.1〜100％：30.3％，クラスＣは20.1〜30％から順に0，8.2，4.1，13.3，14.3，10.2，12.2％，90.1〜100％：37.8％である。すなわち，石器集中部において石器出土点数が増えるほど第一石材占有率が高くなり，クラスＡではいくつかの岩種が同列並存する一方で，クラスＣではある岩種に集中することを意味する。

　クラスＣで集中する岩種が黒曜石であることは容易に想像がつくので，黒曜石とその比較としてチャートを選択して詳細に検討する。黒曜石が第一石材の場合のクラスＡ・Ｂ・Ｃ別の黒曜石第一石材占有率について，煩雑になるので第一石材占有率の全件数に対する石器集中部件数の比率90.1〜100％だけ示すとクラスＡ：27.5％，クラスＢ：48.5％，クラスＣ：51.5％で，石器集中部において石器出土点数が増えるほど第一石材占有率が高く，クラスＣで特に占有傾向が強いことがわかる。チャートが第一石材の場合の第一石材占有率については，クラスＡとクラスＢともに第一石材占有率80.1％以上が石器集中部全体の約40％であるなどほぼ類似した傾向が看取される。一方で，クラスＣは50.1〜70％が全体の50％超を占め，クラスＣでは第一石材占有率がそれ以上に高まらない傾向がある。第一石材占有率の平均値は黒曜石77.1％。チャート70.3％，中央値は黒曜石：81.5％，チャート：71.9％である。

　したがって，少点数の石器集中部では第一石材といえども多数を占めることがない，すなわちいくつかの岩種を構成する一方で，黒曜石を含めていずれも占有率が低い。一方，多点数の石器集中部では第一石材が大部分を構成するのは黒曜石が占有するからである。平均値，中央値からも理解できる。

　このことは石器集中部において何種類の岩種が認められるかということとも関係する（表2－9，チャート3－6〔174頁〕）。全件数に対する石器集中部件数の比率，岩種1種類は9.7％，2種類19.8％，3種類20.4％，4種類21.1％，5種類13.4％，6種類が7.3％。7種類5.9％，8種類以上2.3％で，平均値は3.7種類である。2種類から5種類を中心とする。表には示していないが，石器集中部石器出土点数の規模で分けると，クラスＡでは1種類

12.7％，２種類24.7％，３種類26.6％，４種類22.8％，５種類9.5％，６種類2.7％。７種類1.0％，クラスＢでは１種類6.4％，２種類15.5％，３種類14.1％，４種類20.9％，５種類18.5％，６種類12.5％。７種類9.1％，８種類3.0％，クラスＣでは１種類5.1％，２種類6.1％，３種類6.1％，４種類14.3％，５種類17.3％，６種類16.3％。７種類22.4％，８種類以上12.2％である。平均値はクラスＡ：3.0種類，クラスＢ：4.2種類，クラスＣ：5.3種類である。石器出土点数の増加に伴い岩種数も増加するのは当然ではあるが，たとえば石器集中部クラスＡであっても黒曜石とチャートに加えて頁岩，安山岩，ホルンフェルス以下のどれか１種類以上を有する状態が標準的であり，クラスＣへ向かって第一石材占有率が高まるのにもかかわらず岩種数はさらに１種類，２種類と増えていることを示している。

　ちなみに石器集中部においてそれぞれの岩種を１点も有しない比率は，別表６から計算すると，黒曜石19.9％，チャート27.4％，頁岩45.9％，安山岩54.2％，ホルンフェルス64.2％，凝灰岩67.9％，流紋岩97.8％，砂岩78.8％，他石材79.0％である。なお，第2′群では１種類8.4％，２種類20.2％，３種類27.0％，４種類21.9％，５種類13.5％，６種類9.0％，第３群では１種類27.0％，２種類30.6％，３種類21.6％，４種類13.5％，５種類3.6％，６種類2.7％，８種類0.9％である。第４群は第３群とはまったく異なるが，第２類とは近似している。

6　ナイフ形石器・角錐状石器・石核の比率

　石器集中部は石器製作の痕跡という一面があり，その成果としてナイフ形石器，角錐状石器等を製作するという目的が想定できる。その過程で剝片，砕片が製作され最終的に石核が残される……という側面が考えられる。そこで，ナイフ形石器，角錐状石器，石核の組成について分析する。

　まず，ナイフ形石器等について。石器集中部の石器出土点数が多ければナイフ形石器点数も多いのかどうか。石器出土点数とナイフ形石器点数の間の相関係数は0.7である。正の相関関係にあり，第４群は第2′群（0.36），第３群（0.6）よりも高い。第４群の石器集中部におけるナイフ形石器の出土点数は，吉祥寺南町１丁目遺跡Ｏ地点１号ブロックの54点，丸山東遺跡東京外かく環状道路練馬地区第Ⅳ層の文化層ブロック３号の36点，自由学園南遺跡第２次調査区第２ブロックの36点を最多に０点までで，ナイフ形石器16点以上の石器集中部18件，11～15点16件，６～10点53件，１～５点491件，０点424件である（表３－４）。第2′群，第３群では鈴木遺跡鈴木８文化層北102ブロックの20点を除けば，すべて10点以下である。第４群と第2′群，第３群では石器集中部件数，特に多点数の石器集中部が圧倒的に違うので比較しにくいものの，第2′群，第３群の石器集中部では石器出土点数の多寡にかかわらずナイフ形石器を一定量のみ有する傾向が認められた。一方，第４群では多点

表 3 - 4　石器集中部におけるナイフ形石器出土点数の階層

点数	0	1～5	6～10	11～15	16～20	21～25	26～30	31以上
第2′群	100	78	7					
（％）	54.1	42.2	3.8					
第3群	50	52	8		1			
（％）	45.0	46.8	7.2		0.9			
第4群	424	491	53	16	7	5	2	4
（％）	42.3	49.0	5.3	1.6	0.7	0.5	0.2	0.4

数の石器集中部にナイフ形石器を多く出土する事例が散見された。またナイフ形石器0点の事例もありバラツキが認められる。

　ナイフ形石器の器種組成全体のなかの比率は2.1％である（表2－2参照）。第2′群（3.1％），第3群（2.6％）よりも低い。表には示していないが，クラスA（石器出土点数40点以下），クラスB（41点～200点），クラスC（201点以上）ごとの石器出土点数に対するナイフ形石器点数の比率を比較すると，クラスA：3.7％，クラスB：2.5％，クラスC：1.7％である。クラスCには剝片，特に小剝片・砕片が多いので多点数になるほど下がるのは道理であり，第2′群，第3群と同じである。

　ナイフ形石器の石材組成については，別表7，表3－5に示す。黒曜石53.7％，チャート23.0％，頁岩13.0％，安山岩4.5％，ホルンフェルス1.8％，凝灰岩2.3％，流紋岩0.3％，砂岩0.3％，他石材1.2％である。全体の石材組成（表2－3参照）と比較してほぼ同じながらも，ナイフ形石器は黒曜石が3.6ポイント低くチャートが1.3ポイント高いなどの差が認められる。石器出土点数が多いほどナイフ形石器が黒曜石である比率は下がり，そのぶんチャートの比率が上がる。黒曜石による石器製作の場合，チャート等と比較して小剝片・砕片が多く生じる傾向が想定できるので，それにしたがって全体組成に対する黒曜石の比率は高くなるものと考えられる。それとの対比で，ナイフ形石器の黒曜石比率は低く見えてしまうわけである。ただし，第2′群のナイフ形石器の黒曜石は全体組成より6.3ポイント，第3群の黒曜石は4.3ポイント高く（表2－3参照），第2′群，第3群では黒曜石のナイフ形石器への優先的利用が看取できたわけであるので，その傾向は第4群にないことになる。なお，表には示していないが，ナイフ形石器の石材組成を石器集中部クラスA（40点以下），クラスB（41～200点），クラスC（201点以上）に分けて比率を計算すると，黒曜石の比率がクラスA：55.2％，クラスB：54.2％，クラスC：50.9％である。

　最後に，気づかされるのはナイフ形石器の破損率の高さである。筆者が調査を担当し武蔵野台地第4群で最も多くのナイフ形石器が出土した武蔵国分寺跡関連遺跡多総医地点A地区において，完形・略完形品を除いた破損品・半割品・部分品の比率は41.1％である。集成されたすべてのナイフ形石器のうち，報告書から確認できる範囲（報告書に掲載されていないナイフ形石器を除いたもの）では，約35％が破損品等であると考えられる。一方，同様

表 3 - 5　第 4 群のナイフ形石器・角錐状石器・石核石材組成集計

	黒曜石	チャート	頁岩	安山岩	ホルンフェルス	凝灰岩	流紋岩	砂岩	他石材	石材計
ナイフ形石器	845	362	204	70	28	36	4	5	19	1573
（％）	53.7	23.0	13.0	4.5	1.8	2.3	0.3	0.3	1.2	
角錐状石器	132	30	10	17	5	4			4	202
（％）	65.3	14.9	5.0	8.4	2.5	2.0			2.0	
石核	513	672	243	85	83	57	5	25	16	1699
（％）	30.2	39.6	14.3	5.0	4.9	3.4	0.3	1.5	0.9	

に報告書から確認できる範囲で，第 2′ 群，第 3 群ともに約30％である[9]。第 4 群のほうが破損したナイフ形石器を保有する傾向が若干高い。

　つぎに第 4 群にのみ認められる角錐状石器について。角錐状石器は，武蔵国分寺跡関連遺跡多総医地点 A 地区第 5 文化層A98 - SX103の13点，同第 5 文化層D8 - SX61の12点，荒牧遺跡第 5 文化層 9 号ブロックの 9 点が点数の多い石器集中部である。クラス A であろうがクラス C であろうがおおむね 5 点以下で， 6 点以上出土する石器集中部は 4 件だけ，そして 0 点の石器集中部は846件で全体の80％強に相当する。その出土点数は271点で，ナイフ形石器の約13％にしか達しない。そのためで統計的な相関係数にはそぐわないが，石器出土点数と角錐状石器の点数の相関係数を計算すると0.42でほとんど相関関係にない（ちなみに第 4a 群： - 0.02，第 4b_k 群：0.52）。表には示していないが，石器集中部ごとの石器出土点数に対する角錐状石器点数を比較すると，クラス A：0.7％，クラス B：0.4％，クラス C：0.2％である。ナイフ形石器同様に総点数が増えると比率は下がるが，いずれもわずかであるので傾向は明確にはわからない。

　角錐状石器の石材組成については，別表 7，表 3 - 5 に示す。岩種が判明している202点の石材組成は黒曜石65.3％，チャート14.9％，頁岩5.0％，安山岩8.4％，ホルンフェルス2.5％，凝灰岩2.0％，他石材2.0％である。黒曜石に関してナイフ形石器より11.6ポイント高い。角錐状石器と黒曜石の親和的関係がうかがえ，それはナイフ形石器と黒曜石の間にはない。

　最後に石核である。丸山東遺跡東京外かく環状道路練馬地区第Ⅳ層の文化層ブロック 3 号の84点，比丘尼橋遺跡 C 地点 2 群第16石器集中部の48点，下原・富士見町遺跡垂直区分帯18BL1801の36点から 0 点まで分布する。石器集中部における石器出土点数と石核との相関係数は0.56で，「正の相関関係」にあたる。ちなみに第 2′ 群0.75，第 3 群0.34であるので，両者の中間に相当する。第 3 群は特段に石核が少ないので，あまり比較にならない。表には示していないが，石器集中部ごとの石器出土点数に対する石核点数の比率を比較すると，クラス A：5.1％，クラス B：3.7％，クラス C：1.8％である。

　石核の石材組成は，つぎのとおりである（別表 7，表 3 - 5）。石核の石材組成は黒曜

石30.2%，チャー39.6%，頁岩14.3%，安山岩5.0%，ホルンフェルス4.9 %，凝灰岩3.4%，流紋岩0.3%，砂岩1.5%，他石材0.9%である。全体組成と比べ黒曜石は27.1ポイントも低く，チャートは17.9ポイント，頁岩は3.4ポイント高い。この傾向は第4群におけるナイフ形石器，角錐状石器石材とも，第2′群，第3群における石核石材とも同じである。

第3節

第 4 群の様相

1 第 4 群における領域性の確立

第 2′ 群は存続期間に比して石器集中部件数が少なく，無人期間を伴う低人口のなかで周辺地域との往来を含めつつ一定期間に武蔵野台地内に生業領域を設定しており，その範囲内でもてる少ない技術力によってできるだけ資源利用を達しようとした細区画的資源利用であったと考えられる。一方で第 3 群は石器石材を信州黒曜石に大きく依存しており，和田峠周辺との直接的往還によって粗区画的資源利用を行うきわめて特殊な行動戦略が看取できた。第 4 群はどちらかというと第 2′ 群と近似しており，それとの相違点を見きわめながらの検討結果の解釈になるであろう。

さて第 4 群は第 2′ 群の存続期間より 2 倍程度長い一方で，遺跡件数で約4.3倍，石器集中部件数で5.1倍あり，実質上 2 倍以上の増加を示している。これが人口に直結するわけではないものの，第 2′ 群と第 4 群の間で人口規模の拡大もしくは有人期間の伸長（他地域への移動・移住の減退）を想定できる。第 3 群を介しつつ，台地外縁部から台地中央部，台地全体へ進出し，人口拡大と土地開拓が連動したものであることが理解できる。

第 4 群の器種組成におけるスクレイパーの増加（狭義の石器組成での比率で第 2′ 群16.0％→第 4 群28.3％）は，ナイフ形石器等刺突具に対する加工具の増加と見ることができる。第 4 群のスクレイパーはその形態が円形掻器に収斂されており（伊藤 1992），その規格性自体も道具の信頼性の高さを示していよう。そして第 4 群では新たに角錐状石器が加わるが，その一部は複刃削器として加工具の一種ではないかという議論がある（田村 1992，森先 2007）。この状況は，資源利用度の上昇に対応した道具多様性の発露の様相と捉えられる。植物資源の活用と見る向きもあるが，具体的な資源対象と連動すると想定するに至らないかもしれない。

一遺跡における石器集中部の平均件数は，第 4 群が第 2′ 群より少し多い（1.2倍，第 2′ 群3.3件→第 4 群3.9件）だけであるが，それは両群ともに一遺跡に 1 件の石器集中部で構成される事例が相当数認められるからであって，第 4 群では石器集中部43件の武蔵国分寺跡関連遺跡多総医地点 A 地区第 5 文化層を筆頭に「きわめて多くの石器集中部を有する遺跡」が第 2′ 群と比較して格段に多いのが実態である。多くの石器集中部を有する遺跡は先述したとおり，10，20の石器集中部が同時期に存在したものと理解した。それらは同時期の10，20の（あるいは少点数の石器集中部を除くことからそれを下回る）寝所であるテントに伴

うものと考えられる。とは言え，いっぺんに形成されたものとは考えにくい。むしろ徐々に形成されるものと考えられ，つぎの二説が考えられる。第一はベースキャンプの継続的居住利用である。縄文時代の集落と同じように寝所を変えることなく一か所に居住しつづけた結果，累積的に石器集中部が形成されたと考える。とはいえ縄文時代の大集落のように数百軒に及ぶことはないのであるから，数十年，百年定住することはなく「10週間が20週間に伸びた」程度の滞在時間を想定するのが現実的である。第二は，同じ立地への回帰的な移動による複数回の利用である。遊動行動を続けつつ同一の単位集団が同一立地に戻ってくる状態を示す。明確には言えるものではないが同一人物がその一生のうちに何回か回帰する姿を想起できよう。

　多数の石器集中部を有する遺跡では，往々にして離れた石器集中部間で接合資料はなくても離れた礫群間での接合資料が認められる。これはその単位集団が回帰してきた時に石器同一母岩はすでに保持していない一方で遺棄された礫を再利用した現象と考えられる。そうした同時期内であるものの多少の時間経過を伴う土地利用とはきわめて整合的である。二案のどちらとも共通して，移動頻度の低下，滞在期間の長期化，回帰性の高まりを第4群の特徴として物語っている。このことは資源利用度の上昇と相まって，領域性の確立，すなわち他の単位集団の利用を排除するかのように一定の土地への依存を高める様相と見ることができるかもしれない。第2′群，第3群ではこれらの様相は考えにくく，その差は大きい。

　第2′群は基本的に近傍の石材を中心とした石材獲得行動を示し，単位集団の生業領域自体は細区画的資源利用を伴う台地内の比較的狭いものであったと考えることができる。ただし，単位集団によって石材獲得手段が異なり，かつ近傍石材ではない安山岩を比較的多く組成するなど，多方面に開いた石材獲得行動の一面を有している。このことは人口密度の低いなか，単位集団自体が武蔵野台地を脱して，ある契機に関東地方の周辺へ転進を図ると想定したところである。一方，第4群においてはある契機に異なる地域へ生業領域を展開する行動は顕著ではないと考えられる。黒曜石獲得のためにメンバーを派遣することはあっても，短期的にはほぼ武蔵野台地だけを生業領域としたものと理解でき，それを領域性の形成と称することが可能である。とは言え第4群は，粗区画的資源利用期である第3群を挟み，第2′群と同様に，領域内の利用できる資源は何でも利用する細区画的資源利用であると考えられる。技術力の向上が利用できる資源の量を格段に上昇させたのであろうが。以上をふまえて具体的に検討していく。

2　黒曜石の増加と一括搬入・消費

　本項では黒曜石の一括搬入についてふれるが，その前に黒曜石の特性について考えてみたい。黒曜石はガラス質のため小剝片・砕片が生じやすいので，そのぶんだけ出土点数が増え

る。出土点数は目的的剝片も砕片も1点に数えるため，小剝片・砕片が多いと「多く」見えがちである。目的的剝片だけであれば，黒曜石はチャート，頁岩等よりも少ない可能性も考えられる。しかしその数量を抽出することは困難である。

　点数ではなく重量がより実態を示しうる。とは言え報告書から石器の重量を把握することは難しい。石器集中部単位で重量が記載された報告書は少ないからである。筆者が調査を担当し武蔵野台地で最も石器出土点数が多い武蔵国分寺跡関連遺跡多総医地点A地区第4・5文化層（第4群）では石材ごとの総重量が把握されている。黒曜石は8,240点，8,378.55g，チャート2,816点，19,938.93g，頁岩は991点，8,076.12gである。1点あたりの平均重量は黒曜石1.02g，チャート7.08g，頁岩8.15gである。黒曜石はチャートの，点数ベースで約3倍だが，重量ベースでは約40％である。これを仮に武蔵野台地全対象資料にあてはめれば，黒曜石おおむね51kg，チャート135kg，頁岩79kgである。したがって，黒曜石を多量とするのは必ずしも実態を表わしていない可能性がある。

　ただ黒曜石の比重はチャート，頁岩より小さいので，重量の少なさから過少評価するのも正しくない。あわせて具体的に示すことはできないが，武蔵野台地のチャートは多くが粗質で目的的剝片，ナイフ形石器などの素材となる剝片の比率は黒曜石よりも低いと考えられる。ナイフ形石器の石材は判明している範囲で黒曜石845点，チャート362点，頁岩204点で，黒曜石のほうが多く製作されている。したがって，チャートが黒曜石に勝っているとも言い切れない一面も認められる。遠距離からわざわざもたらせる点で黒曜石の重要性は揺るがない。

　本題に戻る。遺跡1件における平均の石器出土点数は第4群375.2点，第2′群113.1点，石器集中部1件における平均の石器出土点数は第4群97.0点，第2′群34.7点である。これは単に石器集中部の出土点数が多くなったのではなく，第4群において石器集中部クラスA（40点以下）が相応数保持されるに加えて，クラスC（200点以上），特に数百点，千点クラスが加わることに起因する。クラスAを基礎とすることは第2′群そして第3群と同じでありながらも，それに石器集中部クラスCが加わるのが第4群の姿である。そして，そのクラスCを主に構成するのが黒曜石である。

　石材組成において，黒曜石は57.3％で第一位，過半数を占める。先述した特殊な石器群である面取尖頭器石器群1類のデータを除いても55.0％，面取尖頭器石器群1・2類を除いて54.6％であるので，第2′群の20.2％を軽く凌駕する。黒曜石は石器集中部クラスAで3,407点に過ぎないのに対しクラスCで33,495点（面取尖頭器石器群1類を除くと29,454点）に及ぶ。したがって黒曜石の多くが石器集中部クラスCに搬入，消費されていることが理解できる。換言すれば，第2′群では少点数の石器集中部の石器活動が主体であったのに対し，第4群になるとそれに黒曜石を中心とした多点数の石器集中部の石器活動が加わったものとすることができる。

黒曜石原産地推定結果からは，そのなかでも伊豆・箱根黒曜石の突出が際立っている。第4群の黒曜石原産地組成は信州48.2％，伊豆・箱根49.1％（箱根系26.4％，柏峠21.3％他）ではあるものの，面取尖頭器石器群1類のデータを除くと信州42.2％，伊豆・箱根55.3％（箱根系27.2％，柏峠24.2％他）となり，伊豆・箱根が過半数を超える。とは言え，伊豆・箱根黒曜石が全体石材組成の約30％であるということも忘れてはならない。チャート等も利用されたからである。

　チャートは石器集中部クラスAで2,275点，クラスCで10,295点（チャート全体の54.0％）であり，黒曜石ほどではないもののクラスCに搬入，消費されている様相が看取できる。ただし，クラスCでチャートが第一石材にある事例は少なからず認められる（20件）が，チャートが第一石材である場合の石材占有率は必ずしも高くない。たとえば約500点の石器集中部で，黒曜石が第一石材の場合は黒曜石420点，チャート50点，ホルンフェルス10点……といった傾向を示すのに対し，チャートが第一石材である場合はチャート250点，黒曜石200点，ホルンフェルス10点……といった傾向になる。なお，頁岩にはチャートと同じ傾向が看取できるものの，安山岩，ホルンフェルス，凝灰岩等には認められない。このことは，伊豆・箱根黒曜石とチャートが信州黒曜石とともに「多点数の石器集中部への搬入，消費」を形成しつつ，チャートは黒曜石に対して従属的な位置にあることを示している。

　多点数の出土が多いことから黒曜石の石器集中部クラスCへの搬入の機会は少なく，おそらく一括して持ち込まれ消費されたものと考えられる。伊豆・箱根原産地に対してさえ，五月雨式に採取に向かうことはできなかったはずである。一度に何個の母岩を搬入したかについては，黒曜石で一つの母岩に完全復元される接合資料がないのでわからないが，チャートの一母岩接合資料は20～30点程度が一般的なようである。したがって500点の石器が出土するならばそれに対応する同程度の20個もしくは小剥片・砕片の多さを考慮してその半分の10個以下の母岩が搬入されたことになる。もし各世帯で黒曜石を搬入消費し石器集中部に遺したのならば，多点数石器集中部数個分に相当する単位集団からメンバーを選別して黒曜石原産地に派遣し，一度に百個程度の原石を入手してきたものと想定できよう。それら黒曜石の一括搬入・消費は，領域性の確立，移動頻度の低下，滞在期間の長期化，回帰性の高まりがなされたからこそ達成されたことである。

　とすればチャートは黒曜石母岩の枯渇に備えて用意，搬入された補完的な石材であり，一括搬入に備えた枯渇時のリスク回避のためと想定できる。あわせて，多点数石器集中部では黒曜石の一括搬入の状況と比較すればわずかにしかならないものの，頁岩，安山岩，ホルンフェルス，凝灰岩等を一定量有していることも忘れてはならない。多点数石器集中部の平均岩種数は5.3種類あり，特に安山岩，凝灰岩，黒色頁岩など遠隔地の石材を有する点を含め，黒曜石，チャート以外の一定の石材を保持しつづけることによって石材の多量搬入が途切れるアクシデントが生じた時に備えてのさらなるリスク低減を図っているものと考えられる。

3　石器集中部クラスA・Bの役割

　多点数石器集中部の形成とともに，少点数石器集中部の役割も第4群のもう一つの特色である。石器出土点数40点以下をクラスAと設定したが，実際はもう少し多い点数でもその特徴に該当するかもしれない。クラスAの役割は，おそらく第2群，第3群と変わらない。すなわち，第2章第3節で述べたとおり，石器生産の一部工程，最終工程，保管場・廃棄場であり，おおむね寝所を伴わないワーキングキャンプもしくはベースキャンプ内での保管場・廃棄場と考えられる。

　石器集中部クラスCでは一種類の石材だけが突出し石器生産する事例も認められるものの，多くは3種類前後の石材（2〜4種類の石材種を有する石器集中部は全体の74.1％）を保持している。特に頁岩，安山岩，ホルンフェルス，凝灰岩はクラスAがクラスB・Cより保持率が高い。石器生産とは別に安山岩，凝灰岩，黒色頁岩など遠隔地の石材を混ぜた石器（狭義の石器とともに剝片を含め）を維持・保持しつつ，リスク管理に努めていたものと理解できる。

　石器集中部クラスBについてはクラスAからクラスCへのグラデーションのなかで捕捉しにくい一面があるが，第2′群・第3群と同じく石器の保管とともに石器生産の痕跡として捉えられるものと考えられる。第4群の多点数の石器集中部が特殊なのであり，石器集中部クラスBは第2′類の「石器集中部クラスB（20点以上実数の207点以下）」の系譜から続く一般的な石器生産の場と理解して構わないであろう。

　野口は1995年の論考で，武蔵野台地「IV下・V上層段階」（第4類）の遺跡間における石器製作作業工程について，大規模な遺跡から工程途中の個体を持ち出し中規模の遺跡へ搬入し，工程を続ける工程連鎖構造を示した（野口 1995）。国武も同様な指摘をしている（国武 2003）。本書の展開に引きつければ，石器集中部クラスCで一括搬入された個体（母岩）は分割されクラスBへ分配される様相を指している。単位集団が分割されて新しい単位集団ができあがった，もしくは特定の単位集団から一般的な単位集団へ個体が分配されたことが想定されよう。たいへん興味深く首肯される考えではあるが，現在の資料群から実際にそこまで言えるかどうかはかなり難しい。現在（2022年末現在）の報告書刊行数は1995年当時の3倍以上に達し，石器集中部件数はそれ以上に増えている（チャート1-1参照）。多点数の石器集中部について現在の集計に対して1995年以前に刊行されたものは約25％にとどまる。当時の資料群で果してそこまで言えていたのか。

　ただしヒントはある。石器集中部クラスCでは黒曜石の組成に占める比率，第一石材である比率は圧倒的である。一方，クラスBでは黒曜石の組成比率，第一石材比率は高いものの，チャートがそれに肉薄する。したがってクラスBでは，黒曜石母岩のクラスCからの譲渡などとともに，チャート等の確保とその石器製作が重要な役割を果たしているものと

理解できる。必ずしもクラスCからの母岩の譲渡に寄らない側面も強調しなくてはならない。

4 武蔵野台地内の地域性

　石器集中部における石材組成の傾向を石器出土点数にからめて，石器をめぐる行動論として捉えたが，一方で武蔵野台地内における石材獲得の地域性という側面で理解が可能である。エリア1が全般に石器集中部件数が少ない上に黒曜石原産地推定分析の実施事例は少ないので，その性格づけは難しい。一方，エリア2では大規模な遺跡，石器集中部も多く黒曜石原産地推定も行われているので，エリア1・2を合わせて荒川側とし，エリア3・4の多摩川側と対比して地域性の把握ができそうである。

　そうしたところ多点数の石器集中部の石材組成においては荒川側と多摩川側の差は顕著であった。クラスCでは，荒川側において全石材組成に対する黒曜石比率80.2％，チャート比率9.2％に対し，多摩川側において黒曜石比率53.2％，チャート比率26.0％である。このことは荒川側に面取尖頭器石器群1類が多いこともあるが，それを除いても信州黒曜石を多く用い伊豆・箱根黒曜石とチャートは少ないことを示す。一方で多摩川側では伊豆・箱根黒曜石が多くチャートがそれに補完的に続くことを示している。それは石材原産地との距離に左右されるものと考えられるが，「伊豆・箱根黒曜石とチャートの補完的関係」として石材環境によらない社会的な要因も認められる。先ほどから述べてきたように大規模石器集中部において伊豆箱根黒曜石を一括搬入・消費しチャートがそれを補完する特徴は多摩川側が中心で，荒川側ではその特徴から遠いことを示している。

　また安山岩が多摩川側より荒川側に多く，エリア2の多点数の石器集中部の一つ（比丘尼橋遺跡C地点2群第24石器集中部）で安山岩を第一石材とする事例が認められるなど安山岩との親和性が高い。安山岩の多さは荒川流域の石材環境に起因しているものと考えられる。安山岩を含め荒川側の特徴は大宮台地と共通するように見受けられる（西井2023）。武蔵野台地荒川側と大宮台地の親和性を予見できよう。

　他方で，石器集中部の石器出土点数については荒川側と多摩川側との間で大差は認められない。むしろ，エリア2とエリア4に遺跡件数，石器集中部件数，石器出土点数が多く，エリア1とエリア3に少ない。先に開発件数とのかかわりを指摘したが，エリア1とエリア3は遺跡件数，石器集中部件数に対する石器出土点数の割合も少ないので，単に発掘調査件数，発掘調査面数が少ないというだけでなく全体に小規模であると考えられる。

　それには，地形とのかかわりが考えられる（伊藤2001・2008a）。エリア2は主に白子川・石神井川流域，エリア4は野川流域であるが，それらは現代の湧水地点と重なり当時も良好な水環境にあったものと理解できる（新井・藤原・舟田他1987）。また白子川と野川の間の

中小河川の中流域では河川が武蔵野礫層の上に載っており，河原でチャート等の河原石が採取できる（久保 1988）。石器石材の一部はこれらによる可能性もあるので，石材環境としても優れていると考えられる。その範囲は各エリアに厳密に一致するわけではないが，エリア1とエリア3の一部は「武蔵野礫層河原」範囲から外れている部分が多い点は注視すべきであろう。そうした地形・地質環境との関係も看取できるのである（図1 - 9参照）。

5　ナイフ形石器の過剰生産

　第2′群，第3群においては出土点数の多寡にかかわらず石器集中部では一定量のナイフ形石器を保有する傾向が看取された。それに対し第4群のナイフ形石器出土点数は第2′群，第3群よりも石器出土総点数との相関係数が高く，どちらかというと多点数の石器集中部はナイフ形石器を多く有し，少点数の石器集中部では少なく有するようである。それは石器集中部クラスCで，11〜54点の多くのナイフ形石器を有する石器集中部があるからである。すなわち，石器集中部にはナイフ形石器を一定量保管する性格をもつ一面とともに，多点数の石器集中部では多量のナイフ形石器を有してしまう面もあることを示している。それらは剥片剥離が多く行われた多点数の石器集中部に多いが，そこから搬出されて使用される分を超えて生産してしまう，過剰生産の可能性がある。黒曜石とその補完的位置にあるチャートそれぞれを一括に搬入する性格上，需要を超えて製作してしまうのではないだろうか。

　ただ，第4群のナイフ形石器には破損品・半割品・部分品の比率が第2′群，第3群より5〜10ポイント高い。そのぶんが「過剰生産」分に相当するのかもしれない。本来破損する割合は変わらないものだとすれば，第4群では使用して破損したナイフ形石器を石器集中部へ持ち帰った可能性も推測できる。とすれば，第2′群，第3群では狩猟場などで廃棄されていた破損品が第4群では持ち帰る。すなわち持ち帰るという行為が第4群の拠点性，移動頻度の低下，滞在期間の長期化，回帰性と関係する可能性がある。

　第4群のナイフ形石器の器種組成における比率は，第2′群，第3群より低かった。第4群では角錐状石器，尖頭器が登場し，そのぶんナイフ形石器は低下したと考えられるが，一方で道具多様性の一環とみてよいであろう。そのなか，ナイフ形石器の石材組成では黒曜石が第一位であったが，全出土点数の黒曜石の比率よりナイフ形石器の黒曜石の比率は，3.6ポイント低かった。黒曜石は他の石材より小剥片・砕片が多い傾向にあるので，ナイフ形石器に限定すればポイントが下がるのは当然の結果かもしれないが，第2′群，第3群は高いので反対の結果を導いている。特に第3群に認められる「ナイフ形石器と黒曜石の有意な関係」は第4群では観られない可能性がある。黒曜石を一括搬入するにもかかわらず。それは，ナイフ形石器に特化した第3群から角錐状石器，尖頭器など器種多様化した第4群へのシフトと連動したものであるとみることができよう。

第3章　第4群　161

一方で，角錐状石器と黒曜石の間に有意な関係性が認められそうである。この点は第5節6で詳述する。

　ところで，南関東地方の第3群（VI層段階）から第4群（V層・IV層下部段階）にかけての集団領域論，遺跡構造論にかけての論考として，角張の先見的な論考がある（角張1991a）。その角張の言説では該期が集団群の規制よりも個々の単位集団の個性が顕在化する点，いわゆる「単位型」に注目している。本書の言う大規模石器集中部での一括搬入・消費とそれを中心にしたネットワーク，領域化の確立，植物依存の道具体系などと共通する観点であるが，その点は第5節7であらためてふれる。

第4節

第4群の細分

1 「Ⅴ層・Ⅳ層下部段階」の細分

　第1章第1節5で述べたが筆者はかつて，南関東地方のⅤ層・Ⅳ層下部段階（第4群）の石器群について，文化層の出土層序の順に並べ，ナイフ形石器の形態的特徴等を基準として4つの亜段階に細分したことがある（伊藤 1991）。武蔵野台地層序第Ⅴ層中部から第Ⅳ中2層までの層序区分にのっとって，Ⅴ中亜段階，Ⅴ上亜段階，Ⅳ下亜段階，Ⅳ中2亜段階とした。

　その細分はナイフ形石器の変遷によってなされ，Ⅴ中亜段階：斜刃形二側縁加工ナイフ形石器，横刃形一側縁加工ナイフ形石器（国府型ナイフ形石器），斜刃形基部一側縁加工ナイフ形石器→Ⅴ上亜段階：斜刃形基部一側縁加工ナイフ形石器，平刃形基部一側縁加工ナイフ形石器，長狭形切出形石器→Ⅳ下亜段階：長狭形切出形石器，幅広形切出形石器→Ⅳ中2亜段階：幅広形切出形石器，涙滴形ナイフ形石器，斜刃形基部一側縁加工ナイフ形石器という流れである（図3－11）。

　そのポイントはナイフ形石器の技術的要素がⅤ上亜段階からⅣ中2亜段階へ向かってつぎのとおり漸進的に変化することである。

　素材の剥片：縦長剥片→横長剥片

　素材の用い方：縦位→横位

　刃部の傾き：斜刃→平刃

　平面形状：縦長→幅広

　大きさ：大型→小型

　形態：平刃形基部一側縁加工ナイフ形石器→長狭形切出形石器→幅広形切出形石器→涙滴形ナイフ形石器

　これは筆者の考えであるものの，段階編年をさらに細分する方向に向かおうとする当時の研究趨勢を反映したもので，織笠昭の先験的な研究（織笠 1987c）などをふまえつつ研究者間の議論・会話の中で醸成された一面もある。実際，須藤（須藤 1989），西井（西井 1996），亀田（亀田 1995）らは同様なⅤ層・Ⅳ層下部段階の細分を行った。特に亀田は，器種・石材組成および石器製作技術の多様化，礫群の大規模化などの観点から，武蔵野台地・相模野台地の石器群を一期から四期に細分した。これらの段階内細分はおおむね受け入れられ，遺跡報告書等において文化層時期決定のスタンダードとして用いられることもあった。

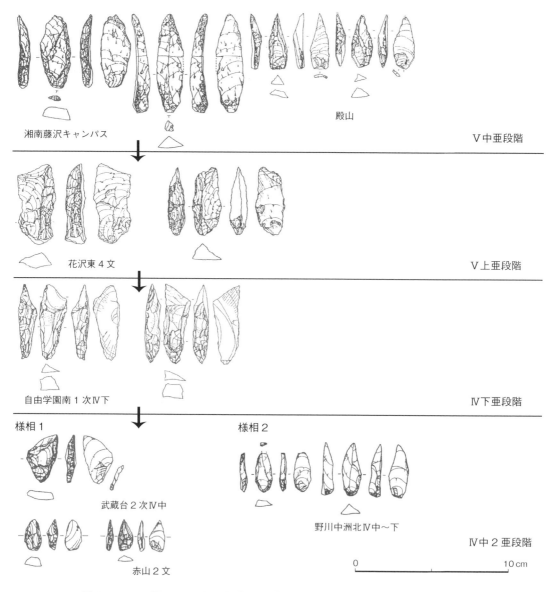

図3−11 Ⅴ層・Ⅳ層下部段階（第4群）のナイフ形石器の変遷（伊藤2007aより）

2　段階内細分への疑義とその後の展開

　一方，編年細分に対していくつかの反対説が表明され，その問題点が指摘された。その代表者は諏訪間である。諏訪間は，相模野台地の石器群について層位的前後関係および石器組成等の諸属性の比較から，段階Ⅰ〜Ⅺの11段階に区分した（諏訪間1988）。その編年は細かく，特にB1よりも上位で著しいが，本段階にあたる段階Ⅴは細分できないとした。その後の論考でもそれは変わらず，細分できない理由をつぎのように述べている（諏訪間1995・

1996・2000，諏訪間・麻生 1991，諏訪間・堤 1997）。

①各石器群の層位的前後関係の対比が厳密に行われていない可能性が高く，細分の根拠が
　あいまいである。

②ナイフ形石器形態にバラエティーが大きく，型式組成の抽出が困難である。特定石材へ
　の偏移が大きく，時期差によるのか石材の物質的規制によるのか判断できない。

　また野口は1995・1996年の論考において本段階をめぐる「石器文化」概念に対し，批判
的に多くの問題点を指摘した（野口 1995・1996）。編年研究を包括する大きな課題であるの
で本書では扱いきれないが，ナイフ形石器の組成差がそのまま時間差を示すことに疑義を示
した点は諏訪間の批判に通じている。

　ところで，長さ 3 cm程度の小型の幅広形切出形石器，涙滴形ナイフ形石器を主体とする石
器群は月見野期（第 5 群）に多くその所属と考えられていたが，西井は大宮台地における
出土事例を検討し，それら埼玉県明花向遺跡 C 区，新屋敷遺跡，滝の宮坂遺跡の石器群は
砂川段階石器群の出土層序より下位であることから，おおむね本書の第4b群に相当する西
井編年（西井 1996）による Ⅲ 期から Ⅳ 期に位置づけた（西井 2001）[10]。これによって本段階後
半期の様相が鮮明になると，武蔵野台地においても Ⅳ 層下部〜中部に幅広形切出形石器，
涙滴形ナイフ形石器を主体とした石器群が相次いで出土し認識するところとなった（堂ヶ谷
戸遺跡第33次調査区，朝日町遺跡，荒牧遺跡第 4 文化層，多摩蘭坂遺跡第 5 地点第 6 文化
層等（国武 2003））。

　それらの資料の蓄積を受けて国武は，武蔵野台地，大宮台地を中心とした本段階の石器群
について，石材差に注目し，石材消費状況の検討からその居住形態・領域の変化を論じた
（国武 2003）。そこでは，筆者による編年細分（伊藤 1991）を踏襲し，その Ⅳ 下亜段階と Ⅳ 中
2 亜段階の石器群を選んで，比較を行った。その際，筆者による Ⅳ 下亜段階を「Ⅳ 層下部段
階」と，Ⅳ 中 2 亜段階を「Ⅴ 層・Ⅳ 層下部段階最新段階」と表記し，新屋敷遺跡，堂ヶ谷
戸遺跡第33次調査区などを Ⅴ 層・Ⅳ 層下部段階最新段階にあてた。

　国武は Ⅴ 層・Ⅳ 層下部段階最新段階の区分の基準として，「斜め上に設定した打面を鋸歯
状の調整によって除去し，平面形態が涙滴形もしくは台形を呈する小形のナイフ形石器」
（国武 2003：p.63）をあげた。それは，筆者の示す幅広形切出形石器，涙滴形ナイフ形石器に
相当するので，ほぼ筆者の編年細分に等しいことが理解される。ただし，筆者が Ⅳ 中 2 亜
段階の様相 2 とした斜刃形基部一側縁加工ナイフ形石器を有する石器群を国武は Ⅳ 層下部
段階としており，異なりを見せている（I.C.U.Loc.15遺跡，嘉留多遺跡第 2 次調査区第 2 文
化層）。国武の示す主題は，角張，田村，亀田，野口，佐藤宏之の示す社会構造，居住形態
論（角張 1991a，田村 1992，亀田 1995，野口 1995，佐藤 1996）を視野に入れつつ，その変化の
画期が「Ⅴ 層・Ⅳ 層下部段階最新段階」＝ Ⅳ 中 2 亜段階にあることを示すもので，示唆に
富んだものであった。

その後筆者は国武の論考を受け，Ⅴ層・Ⅳ層下部段階をⅣ中2亜段階とそれ以前の「Ⅴ中亜段階，Ⅴ上亜段階，Ⅳ下亜段階」とに二分して捉えることにした（伊藤 2016）。その後の調査資料の蓄積のなかで，Ⅴ中亜段階，Ⅴ上亜段階，Ⅳ下亜段階の資料がⅣ中2亜段階にくらべて増えていないことも関係している。2016年の論考では武蔵野編年を意識して特に「Ⅴ中亜段階，Ⅴ上亜段階，Ⅳ下亜段階」を「Ⅱa期前半」，「Ⅳ中2亜段階」を「Ⅱa期後半」としているが，後に前半をⅤ中－Ⅳ下亜段階，後半をⅣ中2亜段階と設定しなおしている（伊藤 2018）。

3　Ⅴ層・Ⅳ層下部段階を細分することについて

　Ⅴ層・Ⅳ層下部段階の細分案は，もともと文化層の出土層序を順列に並べることによって設定した（伊藤 1991）。しかし第1章で述べたとおり武蔵野台地にあっては立川ロームの細分は各遺跡における土層形成過程を考慮しないで引かれたものであり，必ずしも時間軸を表現しない。したがって諏訪間が指摘するとおり，その段階細分はたとえその変遷が正しいのだとしても根拠は確実ではない。

　本書ではいったん，段階細分を白紙にし，第1章第2節5で示したとおり立川ロームの出土深度によって二細分する。報告書の記載，石器集中部垂直分布図に付された層序図などの検討から，第4群のうち，出土深度が0.7以上（＝下層）を第4a群，0.7未満（＝上層）を第4b群と設定する。そのどちらとも判別がつかない残り約30％を便宜上第4c群と名付ける。第4c群は層厚の薄いエリア1，埼玉県側に多い。

　これに従って，第4群の石器集中部1,025件から，第4a群292件，第4b群447件が抽出される。残りの286件の石器集中部はどちらに属するか判断できない第4c群である。以上を対象に第4a群と第4b群の分析を行い，第4群が前半と後半で変化していくのかどうかを，次章で検討することとする。

　ところで，国武は武蔵野台地，大宮台地におけるⅤ層・Ⅳ層下部段階を「Ⅳ層下部段階」と「Ⅴ層・Ⅳ層下部段階最新段階」に分けることにより，その間での石材消費行動の違いをつむぎだし，その画期的変化の様相を明らかにした（国武 2003）。それでは，先述した野口（野口 1995）と同様に石材消費についての遺跡における搬入・搬出形態，すなわち原石で搬入しどこまで消費するか，剥片として搬入するかに注目して論を進めている。

　Ⅳ層下部段階については，黒色頁岩の搬入形態を通じて，黒色頁岩が採取される利根川流域と伊豆・箱根黒曜石産地を往還する移動を想定する。後に提唱する「下野－北総回廊」（国武 2008）あるいは田村が提唱した南関東と信州を往還する「広域循環放射型」（田村 1992）と同じような形態を示すもので，Ⅵ層段階（第3群）以前の状態が継続するものと理解できる。Ⅴ層・Ⅳ層下部段階最新段階については，信州黒曜石，伊豆・箱根黒曜石そして

珪質頁岩，チャートが特定の遺跡において多量に原石が搬入され，消費されることに注目した。一方でそれは石材獲得機会の頻度が低下していることを示し，そこから特定の石材を多量搬入する特定地点が存在し，そこから分散しつつまた回帰する居住形態が成立し，計画性，領域性が形成されたことを導きだした。

　本章第3節で示した，石器集中部クラスCを中心とした一括搬入・消費，領域性の確立とほぼ一致する。国武はそれらがV層・IV層下部段階当初になされた事象ではなく，その後半，「V層・IV層下部段階最新段階」でなされた事象であることを示したところである。その意味でたいへん有意義な論説であるが，果たして現資料からそう言えるのであろうか。

　国武論文（国武 2003）ではIV層下部段階，V層・IV層下部段階最新段階それぞれの遺跡・石器集中部を提示している。IV層下部段階は本書でいう第4a群，V層・IV層下部段階最新段階は第4b群にほぼ相当しているはずであるが必ずしもそうなってはおらず，第4a群であるがV層・IV層下部段階最新段階，第4b群であるがIV層下部段階となる資料が少なからず存在する。また国武論文と別表6をてらしあわせてその石材組成を集計すると，表では示していないが，IV層下部段階は黒曜石67.2％，チャート9.8％，頁岩4.7 ％，安山岩6.4％，ホルンフェルス1.6％，凝灰岩4.9％，流紋岩0.3％，砂岩2.7％，他石材2.4％，V層・IV層下部段階最新段階は黒曜石43.3％，チャート30.1％，頁岩16.2％，安山岩4.1％，ホルンフェルス2.5％，凝灰岩1.9％，流紋岩0.2％，砂岩0.60％，他石材1.1％である。IV層下部段階でピックアップした黒色頁岩を含む頁岩はV層・IV層下部段階最新段階より11.5ポイント低く，V層・IV層下部段階最新段階において多量搬入・消費を謳った黒曜石はIV層下部段階より23.9ポイント低い。正反対の結果を示している。

　一個一個の遺跡の性格を追究した国武の論説を量的分析である本書のデータにおとしこむのが無理かもしれないが，資料の抽出基準を含め分析方法に整合性が取れていたのか検討してみる必要がありそうである。とはいえ，V層・IV層下部段階最新段階とIV層下部段階の抽出にあたっては筆者の細分案（伊藤 1991）によっていると明言しているのだから，抽出基準の問題は国武に帰するものではなく筆者にある。

　あらためて出土深度にもとづいた第4a群，第4b群分けを通じて，その違いを本章第2節と同じ分析方法で検討する。第4群の特徴として人口増加が，石器集中部件数の増加から想定される。一方で石器集中部における平均出土点数の増加が石材の一括搬入，消費が行われ，荷担者の単位集団が「ぜいたく」に石材を消費することを示している。それらは第4群の初めに起きたのか。第4b群に起きたのか。

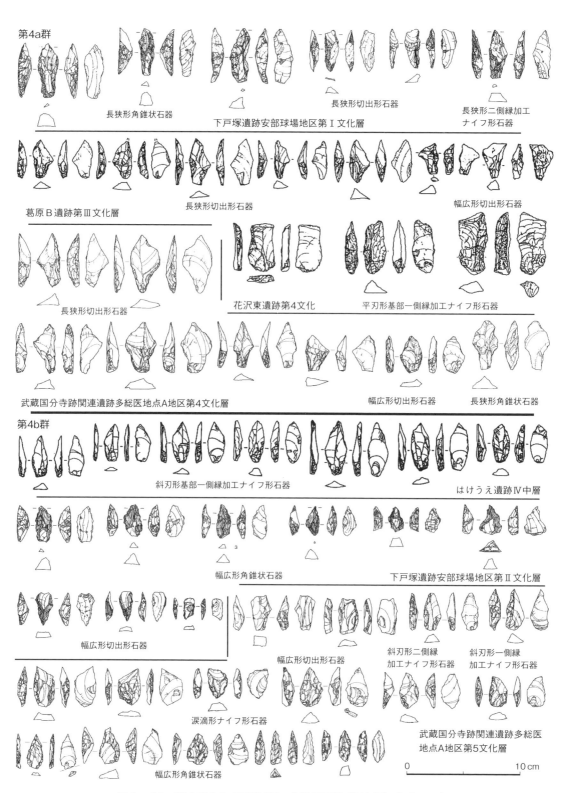

図3−12 第4群のナイフ形石器・角錐状石器（旧来観）（伊藤 2018）

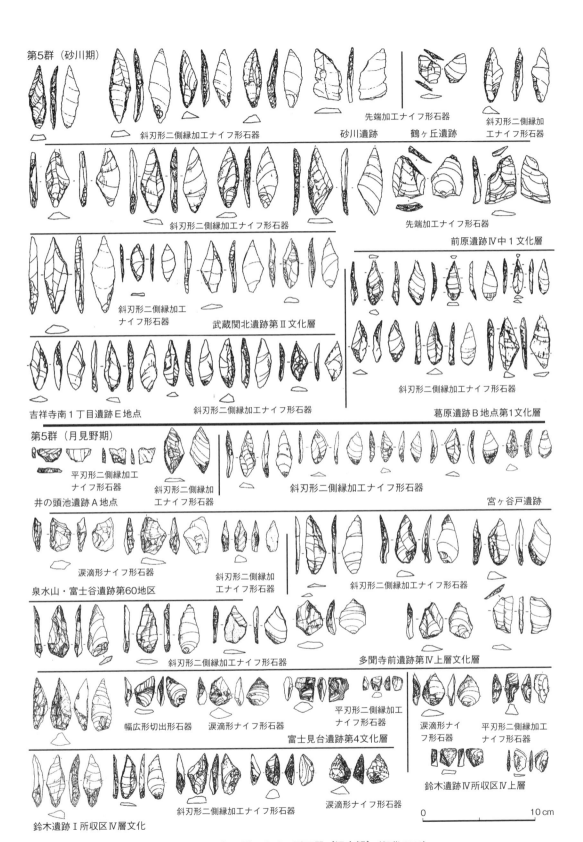

図3-13　第5群のナイフ形石器（旧来観）（伊藤 2018）

第5節

第4a群および第4b群の分析と様相

1　遺跡件数

　本章第1節で述べたように，面取尖頭器石器群の多くが第4b群に属するものと考えられる。しかしその組成は黒曜石が大半を占め小剝片・砕片から構成されており，ナイフ形石器製作を主体とする剝片剝離過程の石器集中部とは異質な様相を呈し同等には扱えない。ただ面取尖頭器石器群2類以降は，ナイフ形石器製作と剝片剝離過程を主とする石器集中部と区分不可能であり，面取尖頭器石器群1群だけが区分可能である。そこで，面取尖頭器石器群1群に相当する石器集中部データを第4b_m1群（m1は面取尖頭器石器群1類の略）

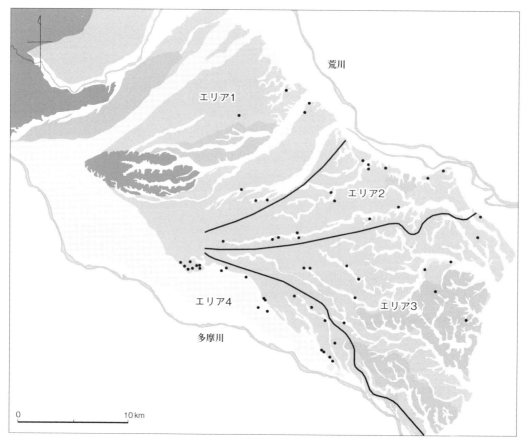

図3－14　第4a群の遺跡分布

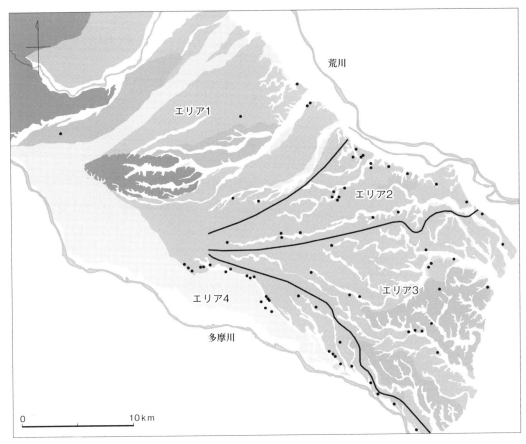

図3－15　第4b群の遺跡分布

（西武蔵野遺跡石器集中1～8，花ノ木遺跡第1文化層石器集中1・9，氷川前遺跡第5地点1号石器集中部，西下里遺跡第Ⅱ次調査区第1文化層第3号ブロック，江戸城址北丸竹橋門地区1号ブロック，田直遺跡1・2号遺物集中部，長嶋遺跡C区全1基，下原・富士見町遺跡垂直区分帯17BL1706，計17件）とし，それ以外を第4b_k群（kはナイフ形石器石器群の略）とする。それに従って，第4a群との比較対比は4b群ではなく第4b_k群を対象とする。

　遺跡件数等については，第4a群の遺跡70件，石器集中部292件，石器出土点数18,923点である。第4b_k群の遺跡89件，石器集中部430件，石器出土点数54,655点である（表2－1）。遺跡分布は図3－14・15に示す。第4a群と第4b群（第4b_k群）の間に特段の傾向はない。

　一方，遺跡1件あたりの平均の石器集中部件数は第4a群4.2件，第4b_k群4.8件，遺跡1件あたりの平均の石器出土点数は第4a群270.3点，第4b_k群614.1点である（表2－1）。ともに第4a群から第4b_k群へ値が増加している。ちなみに一遺跡に石器集中部が何件あ

るかについて件数別の比率は，第4a群が一遺跡に1件40.0%，2〜10件51.4%，11件以上8.6%，第4b_k群が一遺跡に1件44.3%，2〜10件42.0，11件以上13.6%である。第4a群から第4b_k群へ石器集中部1件の事例があまり変わらない一方で，11件以上は増加している。

2　石器組成

　まず器種組成について表2-2に示す。第4a群は剥片88.1%，石核3.2%。RF3.3%である。第4b_k群は剥片90.2%，石核2.7%，RF2.3%である。狭義の石器（ナイフ形石器，尖頭器，角錐状石器，スクレイパー，礫石器，その他）の総計は，第4a群5.4%，第4b_k群4.7%である。第4a群から第4b_k群へ剥片（主に小剥片・砕片）が増加する点が，他の値に変化をもたらしたと考えられる。

　狭義の石器（ナイフ形石器，尖頭器，角錐状石器，スクレイパー，礫石器，その他）内での組成比率は，第4a群がナイフ形石器42.6%，尖頭器0.4%，角錐状石器6.8%，スクレイパー22.1%，礫石器9.2%，その他18.9%，第4b_k群がナイフ形石器43.3%，尖頭器3.9%，角錐状石器5.6%，スクレイパー30.9%，礫石器6.9%，その他9.4%である。第4a群から第4b_k群へ尖頭器が3.5ポイント増加，スクレイパーが8.8ポイント増加，角錐状石器が2.2ポイント減少している。尖頭器の増加は面取尖頭器の登場に，スクレイパーの増加は円形掻器の増加に起因するもとと考えられる。

　石材組成について表2-3，チャート3-1に示す。第4a群は黒曜石51.9%，チャート26.9%，頁岩10.0%，安山岩4.7%，ホルンフェルス3.2%，凝灰岩1.7%，流紋岩0.6%，砂岩0.6%，他石材0.5%，第4b_k群は黒曜石57.2%，チャート20.3%，頁岩12.0%，安山岩2.9%，ホルンフェルス3.8%，凝灰岩2.2%，流紋岩0.1%，砂岩0.7%，他石材1.0%である。第4a群から第4b_k群へ黒曜石が5.3ポイント増加し，チャートが6.6ポイント減少する。

　黒曜石原産地組成は表3-3，チャート3-2に示す。第4a群は高原山系1.6%，信州23.5%（和田峠系8.8%，鷹山系4.5%，男女倉系0.5%，諏訪系3.8%，蓼科系5.9%），神津島系2.0%，伊豆・箱根72.9%（箱根系51.6%，上多賀0.2%，柏峠20.9%），第4b_k群は高原山系1.6%，信州56.1%（和田峠系10.7%，鷹山系7.8%，男女倉系2.8%，諏訪系5.2%，蓼科系28.5%，和田峠・鷹山系0.8%，細別不可0.1%），神津島系0.3%，伊豆・箱根41.6%（箱根系9.6%，上多賀0.9%，柏峠30.0%，細別不可1.1%），その他0.3%である。すなわち，第4a群では箱根系が過半数で1位，柏峠2位である。信州すべてを合計すれば柏峠に拮抗する。一方，第4b_k群では柏峠1位，蓼科系2位で，箱根系3位である。第4b_k群の蓼科系をはじめとした信州黒曜石は，面取尖頭器石器群2類での組成が中心である。また，第4a群から第4b_k群へ伊豆・箱根黒曜石のなかで箱根系から柏峠へ変遷する状況が看取でき

る（伊藤 2016）。

　ちなみに，判別数から想定して出土点数に置きかえて想定される原産地組成を推算すると，第4a群で箱根系が40％強で1位，柏峠が約25％で2位，和田峠系が約15％で3位，第4b_k群で柏峠が50％弱で1位，蓼科系が約15％で2位，男女倉系が約10％で3位，箱根系は5位である。第4a群から第4b_k群へ，箱根系から柏峠への変遷が看取できる。これは，第4a群でその最多点数を誇り全資料の黒曜石の約19％を有する武蔵国分寺跡関連遺跡多総医地点A地区第4文化層，第4b_k群でその最多点数を誇り全資料の黒曜石の約23％を有する武蔵国分寺跡関連遺跡多総医地点A地区第5文化層の傾向を反映するものである[11]。

3　石器集中部の出土点数と第一石材

　石器集中部における石器出土点数について，第4a群は中央値27点，平均値64.8点，第4b_k群は中央値43点，平均値127.1点である。ちなみに第4b_m1群は中央値190点，平均値275.2点である。第4a群から第4b_k群へ中央値，平均値とも大きくなる。

　石器集中部における石器出土点数の出土点数を10点以下，11〜20点，21〜30点……91〜100点，101〜200点……401点以上に階層分けを行い，点数の多寡を検討する（表2-6，チャート3-3）。第4a群は5〜20点39.7％，21〜40点22.3％，41〜60点9.6％，61〜80点5.5％，81〜100点6.2％，101〜200点9.9％，201〜300点3.4％，301〜400点1.0％，401点以上2.4％，第4b_k群は5〜20点約29.5％，21〜40点19.5％，41〜60点9.8％，61〜80点8.1％，81〜100点5.3％，101〜200点13.0％，201〜300点4.2％，301〜400点2.3％，401点以上8.1％である。第4a群から第4b_k群へ，少点数の石器集中部はほぼ増減がない一方で多点数の石器集中部が増加する傾向が看取できる。第4a群では出土点数758点の武蔵国分寺跡関連遺跡多総医地点A地区第4文化層D8-SX72が最多であるが，第4b_k群ではこれを超える点数を有する石器集中部が下原・富士見町遺跡垂直区分帯18BL1805の1,877点を最多に14件認められる。

　石器集中部のなかで最も多い石材，第一石材の石器集中部の件数を石材ごとに集計する（表2-7，チャート3-4）。第4a群は黒曜石42.5％，チャート34.1％，頁岩8.9％，安山岩8.5％，ホルンフェルス3.1％，凝灰岩1.2％，砂岩1.4％，他石材0.4％，第4b_k群は黒曜石55.0％，チャート19.7％，頁岩12.9％，安山岩4.3％，ホルンフェルス3.8％，凝灰岩2.9％，流紋岩0.3％，砂岩0.6％，他石材0.6％である。第4a群から第4b_k群へ相対的に黒曜石が増加しチャートが減少する。

　第4群全体ではクラスAからCにかけ黒曜石は増えていく一方で安山岩，ホルンフェルス以下は減っていく様が見てとれたが，第4a群，第4b_k群でも同じ傾向が認められる。第一石材が黒曜石である比率は第4a群クラスA：38.5％，クラスB：42.9％，クラスC：

第3章　第4群　173

81.3％，第4b_k群クラスA：44.7％，クラスB：64.5％，クラスC：65.5％であり，おおむね第4a群から第4b_k群へ各クラスにおいて黒曜石が第一石材である比率が増加するが，クラスCにおいては第4a群から第4b_k群へ第一石材が黒曜石である比率は下がってしまう。第4b_k群のクラスCでチャートが一定程度有効的に利用されている証左であろう。

　石器出土総点数に占める第一石材の点数の比率（第一石材占有率）について0.1～10％，10.1～20％……90.1～100％の階層に分け集計する（表2－8，チャート3－5）。第4a群は第一石材占有率全体に対する石器集中部件数の比率が20.1～30％：2.0％，30.1～40％：5.9％，40.1～50％：11.4％，50.1～60％：8.3％，60.1～70％：15.0％，70.1～80％：12.6％，80.1～90％：16.5％，90.1～100％：28.3％，第4b_k群は20.1～30％：1.5％，30.1～40％：8.8％，40.1～50％：12.3％，50.1～60％：14.7％，60.1～70：12.0％，70.1～80％：13.3％，80.1～90％：14.3％，90.1～100％：23.1％である。意外にも第4a群から第4b_k群へ，80.1～90％が2.2ポイント減少，90.1～100％が5.2ポイント減少し，すなわち最も多い石材であってもそれが占有する傾向が低くなっている。これは第4b_k群において，クラスC，多点数の石器集中部においてチャートが第一石材となる場合が一定量みられ，その石器集中部が相応数の黒曜石，頁岩などともに組成するからであると考えられる。第4a群にはクラスCが少ないため，この傾向が認められない。

　石器集中部に組成する岩種数（図2－9，チャート3－6）について，第4a群は1種類の全件数に対する石器集中部件数の比率13.8％，2種類23.6％，3種類22.8％，4種類17.3％，5種類9.8％，6種類7.5％。7種類3.9％，8種類以上1.2％，第4b_k群は1種類6.6％，

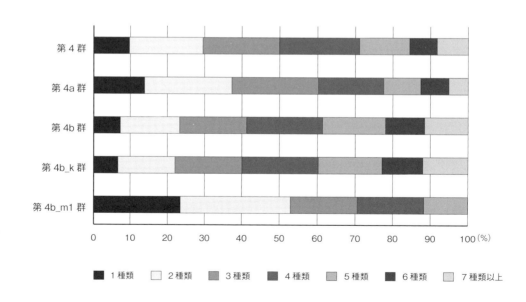

チャート3－6　第4群の石器集中部を構成する岩種類数

174

2種類15.5%，3種類17.9%，4種類20.1%，5種類17.0%，6種類が10.8%。7種類8.6%，8種類以上3.4%である。第4a群から第4b_k群へ1〜3種類が減少し，4種類以上が増加する傾向がみてとれる。第4b_k群で石器出土点数が増加するに従って，わずかの点数であれ安山岩，ホルンフェルス，凝灰岩などの岩種が保有するようになるからである。

4　第4a群から第4b_k群への変化の様相

　以上のとおり第4a群から第4b_k群へ，①遺跡あたりの石器集中部件数の増加・石器出土点数の増加，②石器出土点数の多い石器集中部（クラスC）の増加，③石材組成における黒曜石の増加，チャートの減少，④第一石材が黒曜石である比率の増加，⑤岩種数の増加，⑥チャートを第一石材とする石器集中部が一定量存在，が看取された。③・④の様相は多点数の石器集中部の増加，黒曜石主体石器群の増加を指し示し，⑤はリスク管理のための複数石材保有，⑥はチャートの補完的位置を指し示すと思われ，これらは前節で述べた第4群の特徴そのままである。ということは，第4群の様相，すなわち移動頻度の低下，滞在期間の長期化，回帰性の高まり，領域性の確立，黒曜石と補助的なチャートの多点数石器集中部への搬入，消費などの特徴はその初期段階で完成されたものではなく第4b_k群へ向けて顕著になっていったものと言える。ただ，そのことが第4b_k群の初頭に顕著な画期があったとは言えない。なぜなら第4a群と第4b群の群別は「出土深度」にもとづく相対的なものだからである。第4a群から第4b_k群への変化を第3群から第4a群への変化をくらべると，その変化の様相は微々たるものに過ぎないのも事実である。むしろ第4b_k群初頭に画期を求めるのではなく，第4群を通じて徐々に形成されたものと理解するほうが整合的である。

　さらに，第4a群から第4b_k群への変化の様相として⑦器種組成比率におけるスクレイパーの増加，尖頭器の登場，角錐状石器の減少をあげることができる。それらは滞在期間の長期化などに伴った道具の多様化にかかわりがあると思われるが，掻器の重要度の高まりが強調されよう。それは第4b_k群における角錐状石器の役割と関係しようが，その点は次々項で述べる。また，尖頭器，特に面取尖頭器の登場，受容が同じ刺突具である角錐状石器の比率減少に影響を与えた可能性がある。

5　柏峠原産地と柏峠黒曜石の利用

　最後に第4a群から第4b_k群への変化の様相としてあげられるのは，⑧利用黒曜石の箱根系黒曜石から柏峠黒曜石と信州黒曜石（主に蓼科系）への変化である。第4b_k群における信州黒曜石は面取尖頭器石器群2類に多いので，その多くは「信州黒曜石－削片系両面調整石器製作システム」の受容によるものと考えられる。とすると残りは柏峠黒曜石，すな

わち，第4b_k群で顕著になる一括搬入，消費される黒曜石の多くは柏峠黒曜石によって成しとげられたものである。

　柏峠原産地の調査・研究は，池谷，諏訪間らの論考に詳しい（池谷 2003，諏訪間 2006・2010，杉山編 2013）。柏峠原産地は静岡県伊東市街から南西へ約4kmの位置に所在し，伊東市と伊豆市にまたがる冷川峠・柏峠の主に西側に広がっている。針葉樹および落葉樹林の森林が覆い茂る険阻な山間の樹枝状の複雑で急斜な沢に，露頭もしくは露頭直下に崩れた状態の数か所において原石採取地が確認できるという。ただ原石採取地点ごとの状況，分布の濃淡も一定ではないようで，露頭崖下の沢は小さく険阻であまり採取に適した条件ではない。いずれにせよ，地震による崩落などがあって森林が深く近づきにくく当時の状況を推測するのは難しいようである。

　柏峠の標高は400m台と信州の原産地と比較してかなり低く伊東市街からほど近いものの，標高0m付近の伊東市街からは急激に上昇しなくてはならない。反対側の狩野川流域からも同じで，たどり着くにはかなりの難行である。そもそも武蔵野台地側からはもっと手前から難行である。また，伊豆半島には旧石器時代の遺跡が少なく，熱海市・伊東市・伊豆市以南の遺跡としては，草創期の遺跡，表採資料の遺跡を除けば，狩野川流域の伊豆の国市久根ヶ崎遺跡1件だけである（日本旧石器学会 2010）。こうしたことから信州黒曜石原産地とは異なり，柏峠黒曜石採取以外の生業活動に伴う遺跡の想定は考えにくく，武蔵野台地側にとってはほぼ黒曜石採取のための土地であり，一直線に派遣されたものと考えられる。

　阿部敬等によると，柏峠で採取できる原石の多くは長軸2cm前後が一般的である（阿部・中村・三好・柴田 2010）。近傍の愛鷹・箱根山麓で出土する小型の石核で5cm，大きくて10cm大を測るので，大型のものが選択されているものと理解される。中村は，遺跡出土の原石のあり方を調べ原産地の原石との比較を通じて，石材選択のパターンを推察した（中村 2010）。長径10cm以下の角礫を用いるが，第4群相当期では5cm角程度の角礫が多いとのことである。踏査・採取各地点の原石の性状，サイズが同じであるかどうかは不明であるが，信州，箱根系黒曜石と比較して柏峠黒曜石の原石は小ぶりであることは明白である。柏峠黒曜石の個体・母岩は，夾雑物を含み大型剥片の剥離には向かないだろう。その点第4b_k群の石器群の特徴として，小型剥片を素材とした石核から幅広の小剥片を剥離する剥片剥離過程の存在が注目される。新橋遺跡Ⅳ中層（織笠 1982），下戸塚遺跡第2文化層（上多賀産）（亀田1996a），菅原神社台地上遺跡第Ⅴ層文化（伊藤 1997b）などをあげることができ，小型素材を効果的に利用している様が看取できる。

　そうした大型石器に不向きな性質からか，柏峠黒曜石出土遺跡は他の黒曜石より狭い範囲にしか分布しない。国武は日本考古学協会の原産地分析データ集成（日本考古学協会2011年度栃木大会実行委員会 2011）をもとに原産地別出土遺跡の分布図を作成し検討したが，それによると信州各産地，高原山系，神津島系，箱根系原産地は関東地方全域と産地によっては中

部地方に分布するのに対し，伊豆系黒曜石（本書の柏峠に相当）はほとんど静岡県愛鷹・箱根山麓，相模野台地と武蔵野台地にしか分布しないとしている（国武 2015）。

　どうして第4b_k群が柏峠黒曜石なのかは判然としない。ただし特定の原産地に偏ることは，領域性の確立など規制的になる状況を合致しているので，柏峠を利用しようとする規制が働いたのであろう。

6　角錐状石器の変遷

　こうした結論は，扱った資料が異なるものの国武論文（国武 2003）と大同小異である。その国武の「Ⅳ下層段階」から「Ⅴ層・Ⅳ層下部最新段階」の変化は，元をたどればⅤ中－Ⅳ下亜段階からⅣ中2亜段階へのナイフ形石器の型式的変化（伊藤 1991）によるものであった。第4a群と第4b_k群の群別は，ナイフ形石器の型式的変化を見通すことができるであろうか。

　ナイフ形石器の前に，まず角錐状石器について検討する。先述したとおり，角錐状石器には黒曜石の親和的関係がうかがうことができた。そこで，表には示していないが，岩種が判明している角錐状石器の石材組成を点検すると，第4a群（46点）は黒曜石60.9%，チャート8.7%，頁岩13.0%，安山岩15.2%，ホルンフェルス2.2%，第4b_k群（126点）は黒曜石71.4%，チャート14.3%，頁岩3.2，安山岩4.8%，ホルンフェルス3.2%，凝灰岩0.8%，他石材2.4%である。4a群から第4b_k群へ黒曜石10.5ポイント増加，チャート5.6ポイント増加，頁岩9.8ポイント減少，安山岩10.4ポイント減少である。黒曜石との親和的関係は第4b_k群のほうが強いとみることもできるが，全体の石材組成における黒曜石比率の増加に連動している可能性もある。

　角錐状石器の形態的特徴の変化について，亀田は下戸塚遺跡第1文化層（第4a群）と第2文化層（第4b_k群）の角錐状石器の形態について「形態も縦に長く，基部を作り出すような形態」「から，やや寸詰まりで基部が平坦な形態」へと変遷する様相を捉えた（亀田 1996b：p.443）（図3－16）。第4a群から第4b_k群へ長い→短い，長幅比率が高い→低いという傾向が見えてくる。

　そこで悉皆的石器集中部データをもとに報告書に掲載された完形角錐状石器の実測図の長さ，幅を計測，長さと長幅比率（長さ÷幅）をそれぞれ集計し，長さ0.5cm単位に区分しその該当個数をチャート化したものがチャート3－7，長幅比率を小数点以下2桁で四捨五入した単位で区分し該当個数をチャート化したものがチャート3－8である[12]。長さに関して，中央値は第4a群3.9cm，第4b_k群3.1cm，平均値は第4a群4.4cm，第4b_k群3.3cmである。長幅比率に関して，中央値は第4a群2.4，第4b_k群2.2，平均値は第4a群2.6，第4b_k群2.3である。第4a群から第4b_k群へ短く長幅比率が減少する傾向がある。チャートから詳細に読み込むと，第4a群では長さ「2.6～4.0cm」と「4.6cm以上」の二つのピーク，長幅比

第3章　第4群　177

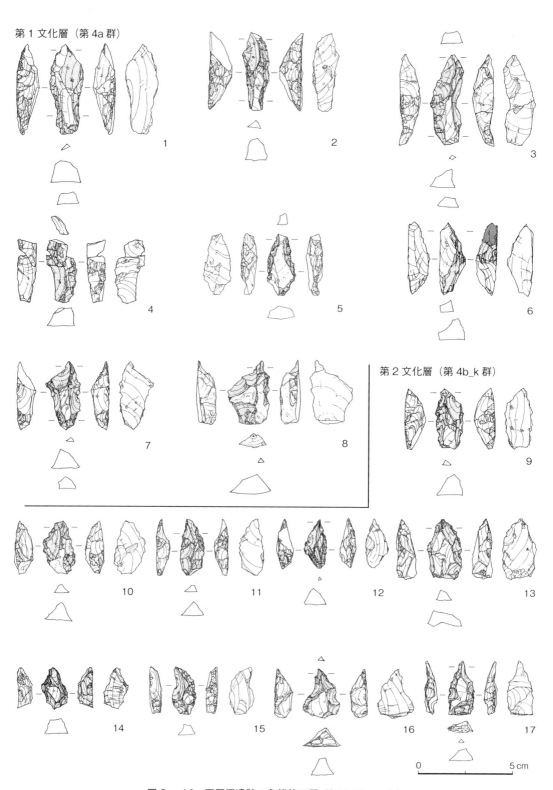

図3−16 下戸塚遺跡の角錐状石器（亀田 1996bより）

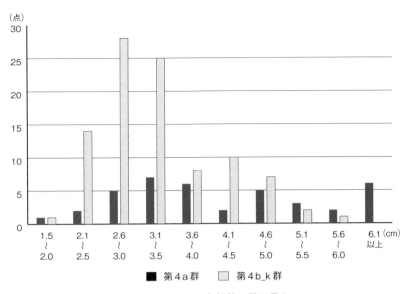

チャート3－7　角錐状石器の長さ

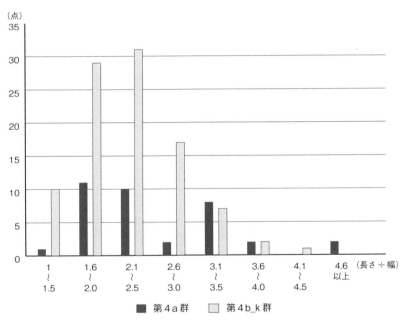

チャート3－8　角錐状石器の長幅比率

率「1.6～2.5」と「3.1以上」の二つのピークがあるが，第4b_k群では長さ「2.6～3.5㎝」一つ，長幅比率「1.6～3.0」一つのピークになることがわかる。すなわち第4群から第4b_k群へ短広形が維持される一方で，第4b_k群で長狭形が減少するのである。

　ところで，森先は角錐状石器には「角錐状尖頭器」「複刃厚形削器」「厚形石錐」の異なる

機能的多様な類型が認められるとした（森先 2007）。本書の分析に引きつければ，長狭形の角錐状石器は刺突具である「角錐状尖頭器」，短広形の角錐状石器は刺突部をもたない「複刃厚形削器」の可能性が高く，本来は機能的に別の石器であると考えるほうが整合的である。とすれば第4a群の長狭形の角錐状石器，すなわち刺突具である「角錐状尖頭器」は第4b_k群には少なくなり，想像をたくましくすれば面取尖頭器の流入によって刺突具の機能は引き継がれたものと理解できる。一方，短広形の角錐状石器，すなわち加工具である「複刃厚形削器」は第4a群から第4b_k群へ増加，円形掻器などのスクレイパーと同じ流れをなしているものと理解できよう。第4b_k群の道具多様性とも関係する。

　角錐状石器は古本州島の西南側に広く分布することから西南日本からの伝播であると言説されるが，このように伝播論で捉えなくても，地域における道具の機能的多様性のなかで把握できると考えられる。

7　ナイフ形石器の変遷

　最後に，ナイフ形石器が第4a群から第4b_k群へどのように変化しているか検討する。本章第4節で，第4群（Ｖ層・Ⅳ層下部段階）におけるナイフ形石器の変遷について，旧来の説として①素材の剥片：縦長剥片→横長剥片，②素材の用い方：縦位→横位，③平面形状：縦長→幅広，④大きさ：大型→小型，⑤ナイフ形石器の形態：基部一側縁加工ナイフ形石器→長狭形切出形石器→幅広形切出形石器→涙滴形ナイフ形石器など（図3 - 11，形態名称は図3 - 12・13参照）に要約して指摘した。元の根拠としてはその層位的前後関係にある（伊藤 1991）が，第1章第2節で著したように層位自体の対比に関する根拠は薄弱である。とは言うものの，現在の研究状況でも基部一側縁加工ナイフ形石器，長狭形切出形石器を第4a群に，幅広形切出形石器，涙滴形ナイフ形石器を第4b_k群（Ⅳ中2亜段階，最新段階）に置くなど，その変遷観は一定程度有効性があるものと信じられている。

　第4a群の基部一側縁加工ナイフ形石器，長狭形切出形石器を主体とする石器群の具体的事例については，武蔵台東遺跡第Ｖ中文化層と武蔵台遺跡多総医地点Ｊ地区第4文化層をあげることができる。武蔵台東遺跡第Ｖ中文化層では，長さ約7㎝に及ぶ先端が尖り基部に打面を残置した基部一側縁加工ナイフ形石器が特徴的である（図3 - 17）。Ⅵ層段階（第3群）との連続性をうかがわせると言われる神奈川県湘南藤沢キャンパス内遺跡第Ｖ文化層にも通じる形態である。武蔵台遺跡多総医地点Ｊ地区第4文化層は長さ6，7㎝に及ぶ長狭形切出形石器を主体とする（図3 - 18）。おおむね縦長剥片を縦位に用いるが，ガラス質黒色安山岩の横長剥片を横位に用いる例（8）も認められる。

　一方，第4b_k群の幅広形切出形石器，涙滴形ナイフ形石器を主体とする石器群については，堂ヶ谷戸遺跡第33次調査区をあげることができる（図3 - 19）。幅広形切出形石器とし

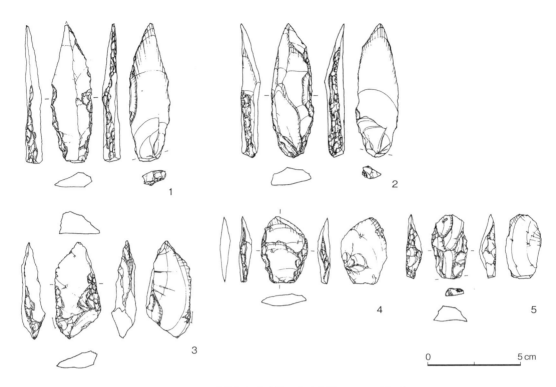

図 3 - 17　武蔵台東遺跡第Ⅴ中文化層のナイフ形石器

ては 1 ～ 3・5 ～ 7・10，涙滴形ナイフ形石器としては 13 ～ 19 にみることができる。涙滴形ナイフ形石器は基部側が丸く仕上げられている点が特徴といえよう。

　この 3 例からは，先述した特徴のごとく第 4a 群から第 4b_k 群へナイフ形石器が変化しているかのようにみえる。しかし，それはこの 3 遺跡の資料を抽出したからで，実態はそれほど明確ではない。第 4a 群の武蔵台遺跡多総医地点 J 地区第 4 文化層のような長さ 6，7 cmに及ぶ大型の事例は大門遺跡第 2 文化層，多聞寺前遺跡Ⅳ下文化層など散見される。しかし，小型のナイフ形石器と共伴する石器群ばかりで，武蔵台遺跡多総医地点 J 地区第 4 文化層のような大型ナイフ形石器のみから構成される石器群は管見にして知らない。一方第 4b_k 群のナイフ形石器は，「幅広形切出形石器と涙滴形ナイフ形石器」から構成される石器群の代表とされる大宮台地の埼玉県明花向遺跡 C 地区（埼玉県埋蔵文化財調査事業団 1984），滝の宮坂遺跡（埼玉県埋蔵文化財調査事業団 1997）石器群のような資料はめずらしく，武蔵野台地では堂ヶ谷戸遺跡第 33 次調査区以外にはない。幅広形切出形石器，涙滴形ナイフ形石器とともに，少量でも斜刃形二側縁加工ナイフ形石器，長狭形切出形石器を伴うのが普遍的な様相である。

　第 4 群のナイフ形石器全点を分析する紙数はないので，代表して第 4 群で最も多くナイフ形石器を出土する武蔵国分寺跡関連遺跡多総医地点 A 地区のナイフ形石器を検討する（巻

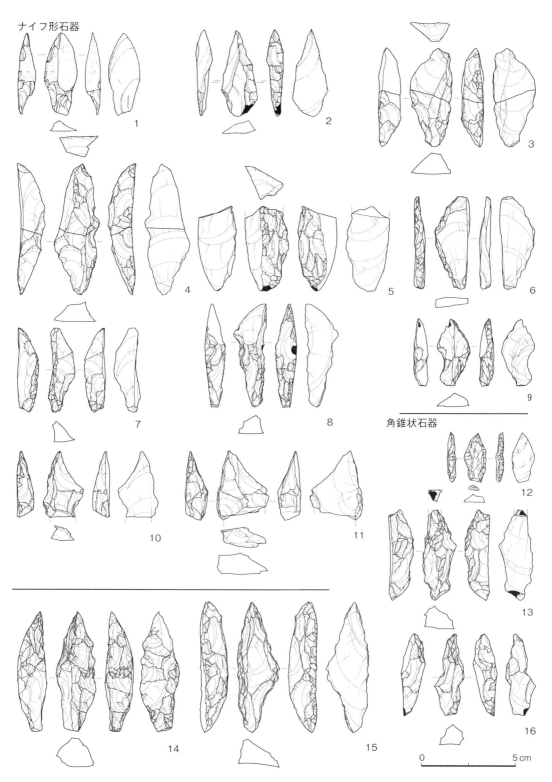

図３－18　武蔵台遺跡多総医地点Ｊ地区第４文化層のナイフ形石器・角錐状石器

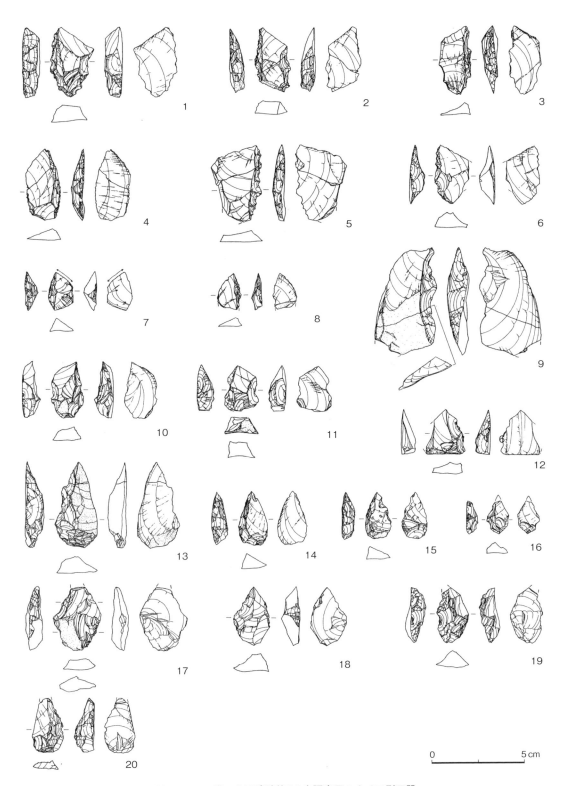

図3-19 堂ヶ谷戸遺跡第33次調査区のナイフ形石器

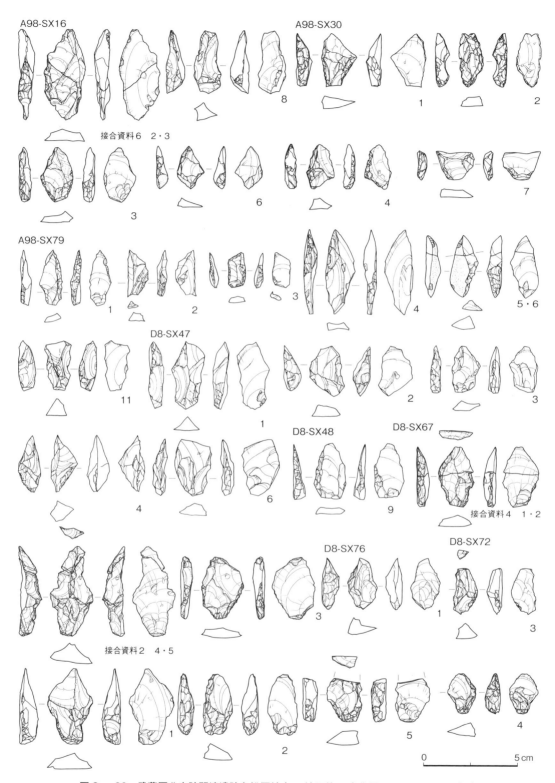

図3−20 武蔵国分寺跡関連遺跡多総医地点A地区第4文化層のナイフ形石器（1）

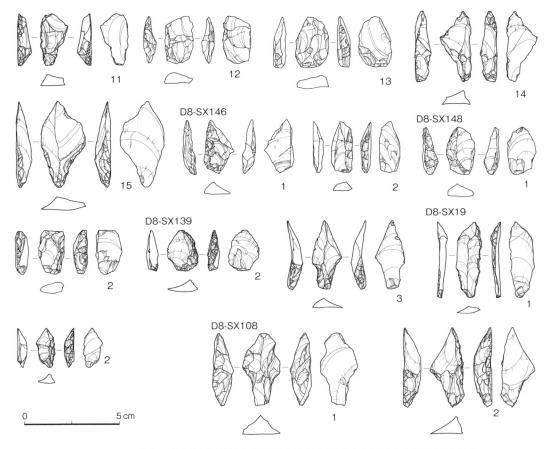

図 3 – 21　武蔵国分寺跡関連遺跡多総医地点 A 地区第 4 文化層のナイフ形石器（2）

頭 3）[13]。第4a 群に相当する多総医地点 A 地区第 4 文化層のナイフ形石器を図 3 – 20・21，第4b_k 群に相当する第 5 文化層を図 3 – 22～25 に，完形，略完形の全点を報告書掲載順に掲載する。第 4 文化層と第 5 文化層は平面上で一部は重複するが，層厚において少なくとも 30～40cm の間隙があり，第4a 群と第4b_k 群に分たれる別時期である。一見して両者に明確な形態的差異はない。確かに，第 4 文化層では縦長すなわち長狭形切出形石器が眼につく（D8 – SX67 – 4・5，D8 – SX72 – 1・15，D8 – SX139 – 3，D8 – SX108 – 1・2）。一方，第 5 文化層では A97 – SX121 – 1・8・13，A97 – SX211 – 1，A97 – SX218 – 4・5，A97 – SX196 – 2，A98 – SX82 – 4・10，A98 – SX102 – 4，D8 – SX158 – 2，D8 – SX160 – 1～6，D8 – SX163 – 2，D8 – SX61 – 3 など涙滴形ナイフ形石器が多く認められる。しかし，第 4 文化層に涙滴形ナイフ形石器，第 5 文化層に長狭形切出形石器がみられるように共通性も多く，あまり違わないように見うけられる。

　そこで角錐状石器と同様に，悉皆的石器集中部データをもとに報告書に掲載された完形・略完形のナイフ形石器の長さ，幅を計測，長さと長幅比率（長さ÷幅）をそれぞれ集計する。

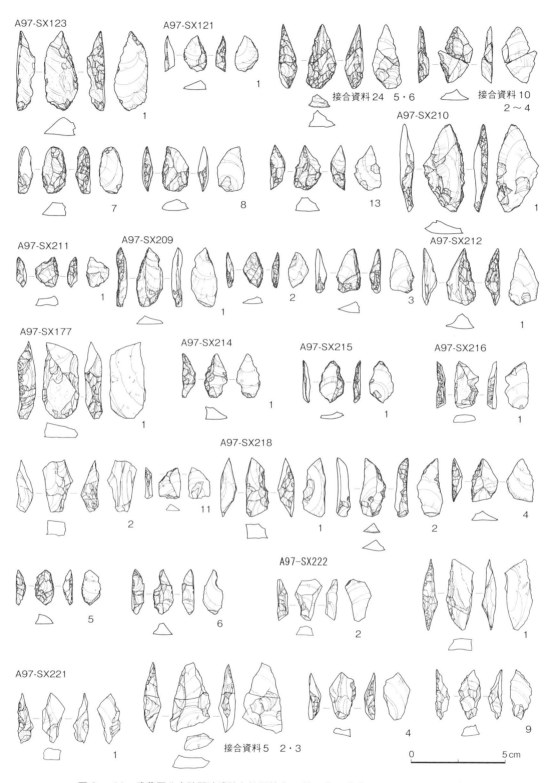

図 3 − 22　武蔵国分寺跡関連遺跡多総医地点 A 地区第 5 文化層のナイフ形石器（1）

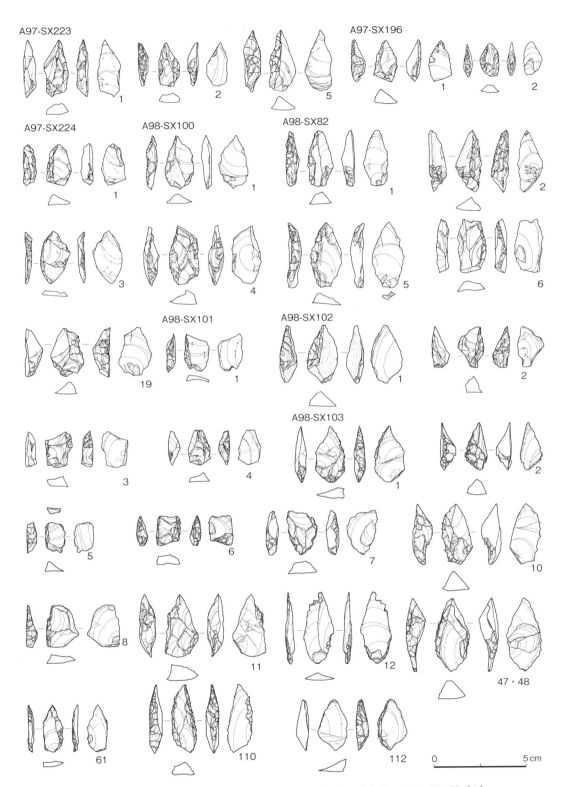

図 3 − 23　武蔵国分寺跡関連遺跡多総医地点 A 地区第 5 文化層のナイフ形石器（2）

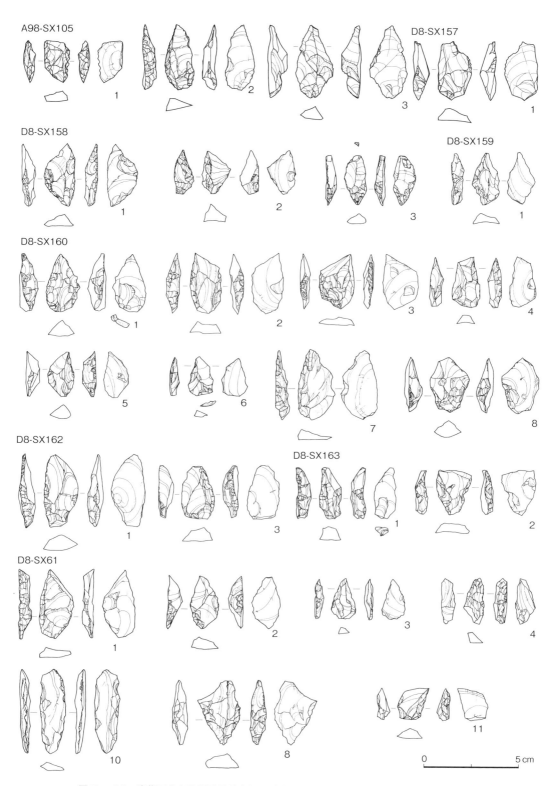

図 3 − 24　武蔵国分寺跡関連遺跡多総医地点 A 地区第 5 文化層のナイフ形石器（3）

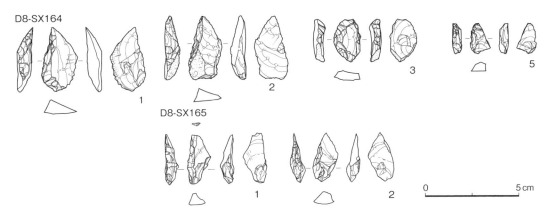

図 3 - 25 武蔵国分寺跡関連遺跡多総医地点 A 地区第 5 文化層のナイフ形石器（4）

　長さに関して，中央値は第 4 a 群 3.3 cm，第 4 b_k 群 3.1 cm，平均値は第 4 a 群 3.6 cm，第 4 b_k 群 3.2 cm である。長幅比率に関して，中央値は第 4 a 群 2.1，第 4 b_k 群 2.0，平均値は第 4 a 群 2.2，第 4 b_k 群 2.1 である。第 4 a 群のほうが中央値約 0.2 cm わずかに長いだけで，わずかに長幅比率が大きいだけである。

　長さ 0.5 cm 単位に区分しその該当個数の比率をチャート化したものがチャート 3 - 9，長幅比率を小数点以下 2 桁で四捨五入した単位で区分し該当個数の比率をチャート化したものがチャート 3 - 10 である。なお第 4 a 群と第 4 b_k 群の間にはその点数に開きがあり，前者が 421 点に対し後者は 1,120 点，計測点数で 280 点，724 点である。格差が大きくそのままでは視認しづらいので，百分率（比率）に変換して示す。

　長さ（チャート 3 - 9）は，第 4 a 群も第 4 b_k 群も 2.6～3.0 cm をピークに山形を形成する。ただし第 4 a 群は 2.6～3.0 cm をピークとしつつ長くなるにつれ減少するも，減少の度合いは低くかつ 6.1 cm 以上で増える。4 b_k 群は 1.6～3.5 cm で第 4 a 群の比率を上回るが，3.6 cm 以上で急速に減少する。したがって第 4 b_k 群は短いタイプに集中する一方で第 4 a 群は短いタイプを中心としつつ長いタイプも若干認められる。長幅比率（チャート 3 - 10）では，第 4 a 群も第 4 b_k 群も 1.6～2.0 をピークに山形を形成する。ただ第 4 a 群は 1.6～2.0 から上位へ緩く減少するのに対し，4 b_k 群は上位へ急激に減少する。第 4 a 群には幅に対して長さが大きいタイプがわずかに多いことを示す。

　第 4 a 群から第 4 b_k 群へ長い→短い，長狭→短広の傾向が認められるとは言え，武蔵国分寺跡関連遺跡多総医地点 A 地区の例と同様にその変化はわずかでしかない。

　確かに第 4 a 群の武蔵台遺跡多総医地点 J 地区第 4 文化層（図 3 - 18）から第 4 b_k 群の明花向遺跡 C 地区，堂ヶ谷戸遺跡第 33 次調査区（図 3 - 19）へ，あるいは筆者の 1991 年の論考で論じた縦長→幅広，大型→小型などの変遷観（伊藤 1991）は資料によっては追うことができる。傾向はある。しかし明確な角錐状石器とは異なり，ナイフ形石器には 1991 年変

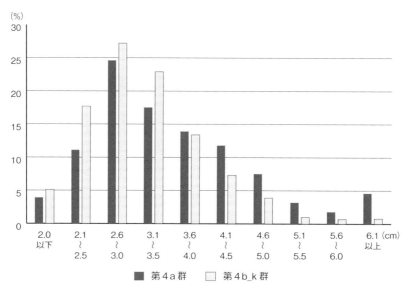

チャート3-9　第4群のナイフ形石器の長さ

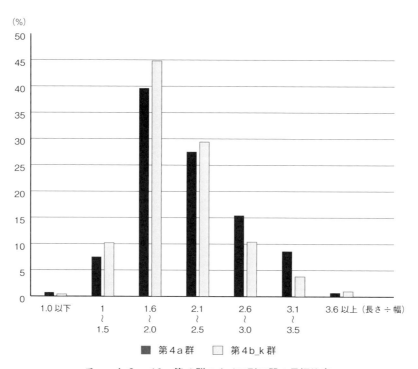

チャート3-10　第4群のナイフ形石器の長幅比率

遷観に沿った編年細分はできないと断じざるを得ない[14]。涙滴形ナイフ形石器は第4a群にもある。長狭形切出形石器は第4b_k群にもある。

　むしろ第4群においては、遺跡ごとにナイフ形石器の特性が偏重する傾向があるのでは

ないか。遺跡間で石器形態に偏りが少ない第2′群，第3群とは異なり（第2章第3節6），単位集団自体が有する個性が領域性の確立，滞在期間の長期化などとともに石器形態の個性化として表出したものと理解できる（角張1991a，田村1992）。

1991年の論考のように石器をピックアップして加工部位を基準に分類し編年や地域間の対比を行う研究手法は，広い範囲での地域性，一定以上の時期差の指標としては有効である一面もあるが，過信すれば有効性を失う。石器群のなかから仮説に沿った資料を恣意的に抽出している可能性が高いからである。現在の研究においても，たとえばある種の石器や「細石核」を自らの定義，仮説，イメージに従って抽出しその特性を時間的，空間的に比較する研究は後を絶たない。高精度年代測定法の発達は，この手法を助長さえする。もしかしたらその石器の隣に異なる石器が出土しているのを無視しているかもしれない。石器形態研究が編年研究，地域間対比研究と直結する研究の時代は，終わった。

旧来の二次加工部位による石器形態分類に代わり，近年では石器形態を捕捉する手法として楕円フーリエ解析等による幾何学的形態測定学，3Dモデルによる形態属性解析などの定量分析の手法が開発されている（野口2010・2021他，千葉他2019，熊谷2022，戸塚2024）。今後報告書に掲載されるものは手実測あるいは写真撮影を利用した二次元的実測図であったとしても3D計測により実測され3Dデータを報告書に添付する必要があろう。

本項の最後に国府型ナイフ形石器について，井関文明の集成と分析を参考に簡単にだけふれる（井関2005）。南関東地方では，近畿地方からの荷担者集団の移入，文化伝統の伝播の表徴とされる国府型ナイフ形石器が散見される。ただ武蔵野台地には，埼玉県殿山遺跡や神奈川県柏ケ谷長ヲサ遺跡で出土したような横長剥片を横位に用い上下対称で一側縁の刃部が円弧形を呈する横刃形一側縁加工ナイフ形石器は出土していない。武蔵野台地の類似する石器は，第4群の石器群に通底する剥片剥離過程による剥片で製作可能なナイフ形石器ばかりである。そもそもここまで述べてきたとおりナイフ形石器の形態はバリエーションある技術のなかでいかようにも製作可能である。石器の形態からは単位集団の移入や荷担者集団間の交換までは想定できないと考えている。したがって，国府型ナイフ形石器に関してこれ以上の論考はかなわない。

8　二つの荷担者集団

第3群からの大きな画期の後，移動頻度の低下，滞在期間の長期化，回帰性の高まり，領域性の確立，道具多様性が始まり，第4a群から第4b_k群へ向かいそれが促進された。それに関し，国武は「V層・IV層下部段階最新段階」に居住形態の回帰性，計画性・領域性の確立がなされたと論じた（国武2003）。また亀田の論調もこれに近い（亀田1995）。しかしながら，ナイフ形石器による変遷観が見出せないとなると，本当に「V層・IV層下部段階最新

段階」，すなわち第4b_k群に画期があったと言えるのか。

　第4a群と第4b群の群別は出土層序の上下関係に過ぎず，そこには時間的前後関係以外に担保されてはいない。したがって第4b群のはじめに領域性の確立等の画期があったとは言いえない。むしろ第4a群と第4b_k群の比較対比からは，第4a群の初めに始まった変化の胎動が第4b_k群の終わりに向け徐々に進行していったとみるほうが妥当ではなかろうか。変化の進行はおそらく何度かのイベントを通じてなされたかもしれないが，現在の研究の分解能ではこれ以上把握することはできない。

　面取尖頭器石器群は第4b群から第5群にかけてに相当し，第4b_k群石器群と同時期に存在した。面取尖頭器石器群1群においてはほとんどが信州産黒曜石で構成される。一方，第4b_k群石器群では伊豆箱根黒曜石とチャート主体で，信州黒曜石の多くは面取尖頭器石器群2類によっている。石器群の構成も，面取尖頭器製作とナイフ形石器を製作する剝片剝離過程とではインダストリーが異なり，ほとんど共通性がない。したがって，面取尖頭器石器群の荷担者集団は第4b_k群石器群の荷担者集団とは別で，信州地方に居所を定めつつ武蔵野台地にまで行き来する集団と考えられる。第3群の荷担者集団と似ていよう。面取尖頭器石器群1類の石器出土点数は第4b群全体の7.9%に及んでおり，それらの石器構成のほとんどが小剝片・砕片であることからそれが人口規模に直結するわけではないのではあるが，無視できない規模であることは間違いない。ただ面取尖頭器石器群2類の石器群を通じナイフ形石器を主体とする剝片剝離過程石器群と融合し，その技術は武蔵野台地の剝片剝離過程石器群荷担者集団に取り込まれている模様である。

　とはいえ，面取尖頭器石器群が第4b群の初めを画期として登場したかどうかは特定できるものではない。この点を過信しても仕方ないが，本章第1節3で示したように面取尖頭器石器群の出土深度は0.5前後が多かった。第4a群と第4b群の出土深度の境界を0.71/0.7（0.7は0.5より下層）に設定しているので，面取尖頭器石器群は第4b群の後半以降に現れ，第5群（砂川期）まで続いた可能性がある。第4群は現在の分解能では理解できないより錯綜し連続した変化のイベントが存在したのであろう。

註

1）　それらの分布の密集度について，図3－1に示す面取尖頭器製作痕跡を示す石器集中部4件の石器出土点数の平均密度は約47.5点/㎡である。参考資料として左下に掲載する面取尖頭器が搬入品として1点のみ出土する一般的な石器集中部（武蔵国分寺跡関連遺跡第5文化層D8－SX162）の平均密度は約19.1点/㎡である。

2）　報告書に掲載された実測図によって集計する。組成表には槍先形尖頭器と面取尖頭器を区別して集計しないのがつねである。また，尖頭器の面構成は複雑でどこまでが樋状剝離面，面取面かを即断するのが難しい。尖頭器製作址の場合，半割品，欠損品が多く，面取面を形成する

前の未製品が遺されている可能性もある。

3） 調査担当者の堀恭介氏の御教示による。記して感謝する。

4） 出典は各々の報告書によるが，西武蔵野遺跡については須藤 2024 による。

5） 和田土屋橋西産，和田土屋橋北産黒曜石は男女倉沢川流域で採取することができるとのことである（須藤・池谷 2021）。サンプル採取地点と地中の黒曜石堆積環境は別物であり，和田峠系は西側の和田川，男女倉系は東側の男女倉沢川流域に限定されるわけではない。

6） 黒曜石原産地推定の結果は，田直遺跡石器群が蓼科系主体，しぐね遺跡第 1 文化層は信州の可能性が高い。ただし，上林遺跡第 1 文化層は高原山系が主体，今井三騎堂遺跡第 II 文化層は未分析である。

7） 第 1 節では面取尖頭器 157 点中，第 4 群もしくは「第 4 群〜第 5 群」は 120 点とした。本節では石器集中部データの集計にもとづいているため，石器集中部単位のデータをもたない情報を除いており，そのため約 80 点（84 点）としている。

8） 石材組成および黒曜石原産地組成においては，黒曜石を多く占める面取尖頭器石器群の組成比率が第 4 群全体に大きく影響するので扱った資料について特に追記する。石器情報において面取尖頭器石器群として扱うのは，石材組成において 1 類：西武蔵野遺跡石器集中 1 〜 8，氷川前遺跡第 5 地点 1 号石器集中部，西下里遺跡第 II 次調査区第 1 文化層第 3 号ブロック，花ノ木遺跡第 1 文化層石器集中 1・9，江戸城址北丸竹橋門地区 1 号ブロック，田直遺跡 1・2 号遺物集中部，長嶋遺跡 C 区，下原・富士見町遺跡垂直区分帯 17 BL1706，2 類：御殿前遺跡第 3・4 期調査区 1 〜 3・5 〜 11 号集中部，比丘尼橋遺跡 C 地点 2 群第 1 〜 32 号石器集中部，下原・富士見町遺跡垂直区分帯 16 BL1612 である。黒曜石原産地組成において 1 類：西武蔵野遺跡石器集中 1 〜 8，西下里遺跡第 II 次調査区第 1 文化層第 3 号ブロック，田直遺跡 1・2 号遺物集中部，2 類：御殿前遺跡第 3・4 期調査区，比丘尼橋遺跡 C 地点 2 群，城山遺跡第 9 次調査区 IV 中層，府中市 No.29 遺跡第 I 文化層である。ただし 2 類は面取尖頭器製作のみならず剝片剝離過程の痕跡も含んでいることを付言する。また石材組成と黒曜石原産地組成では，情報の違いにより対象資料が異なっている。なお石器出土点数などの情報の集計にあたっては面取尖頭器石器群が全体の比率に影響を与えることないので，これを除いての集計は行わない。

9） 報告書にすべてのナイフ形石器の実測図が掲載されているわけではない。一部の破損品等が掲載されていないと思われるので，実際の破損率はどの群ももう少し高いであろう。

10） 西井編年の III 期は筆者編年細分（伊藤 1991）の IV 下亜段階，IV 期は IV 中 2 亜段階におおむね該当する。

11） 武蔵国分寺跡関連遺跡多総医地点の整理作業を通じ原産地推定結果と個体別資料分析をつき合わせるなかで，原産地分析試料以外でも第 4 文化層（第 4a 群）は箱根系と柏峠が拮抗，第 5 文化層（第 4b_k 群）は柏峠が大多数を占めることを確認している。

12） 角錐状石器の長さ，幅（チャート 3 - 7・8）および後述のナイフ形石器の長さ・幅（チャート 3 - 9・10）は右図のとおり，その平面図における長さ，幅の最大となる箇所を計測する。

13） 武蔵国分寺跡関連遺跡多総医地点 A 地区と武蔵台遺跡多総医地点 J 地区は同一事業地区にあるが，400 m 離れており，それぞれは同時に存在した石器集中部群ではない。また，武蔵台東遺跡は多総医地点 J 地区の小支谷（黒鐘谷）を挟んだ対岸に位置する（図 1 - 8）。

14）筆者によるナイフ形石器によるⅤ層・Ⅳ層下部段階（第4群）の細分は，同段階，ひいては
列島の後期旧石器時代中盤の様相を解明するにあたり，相応に参考にされてきた。同時期に書
かれた亀田，西井の編年細分に先駆けて執筆し，それらに影響を与えた（亀田 1995，西井
1996）。本書で触れた国武の当該時期の遺跡構造論の根拠になり，森先が列島の環境適応行動を
論じるにあたり全国対比する根拠の一つとなった（国武 2003，森先 2022）。最近では春日井杏
乃が石材消費論を論じるにあたり利用している（春日井 2024）。それ以外にも数多くの引用が
ある。記して深謝する。

第4章　新たな遺跡構造論

第1節	周辺地域の様相
第2節	武蔵野台地の行動様態

第1節

周辺地域の様相

1 大宮台地・赤城山麓

　本節では本書のまとめに先立ち，武蔵野台地での特性をより深く理解するために武蔵野台地の周辺地域，西関東地方の様相を検討する。とはいえ，ここまでの分析の中心は石器集中部の石材構成であった。地域によって石材環境は異なり，それに従って石材組成も異なるため厳密な比較は難しい。やはりポイントは黒曜石の利用である。

　ところで2023年秋，岩宿博物館の企画展「岩宿II石器文化からみた関東地方」を見学する機会に恵まれた（岩宿博物館 2023）。第4群に相当する時期の関東地方各地の石器が展示されていたが，各地域の石器，特にナイフ形石器は石材と形態にバリエーションがあるといえども，そのバリエーションはきわめて似ていた。石器から見えてくる地域性は関東地方で同じであると理解でき，石器形態にみる地域性と共通性はその生業領域と遺跡構造論とは別の次元であることを示唆している。では生業領域と遺跡構造論にかかわる地域差とはどのようなものであろうか。西関東地方，特に赤城山麓，大宮台地，相模野台地を検討し武蔵野台地と比較する（巻頭1）。

　まず大宮台地は，荒川を挟んで武蔵野台地の北側に位置する。ちょうど武蔵野台地エリア1の対岸，間に約50〜100mの荒川が形成する断崖が横たわるとはいえ6km前後しか離れていない。

　大宮台地の遺跡の集成は水村孝行，田中英司らの成果に詳しいが（水村・田中・西井 1986，西井・千葉・川口 1991，埼玉考古学会 1997），最新の成果として西井によるさいたま市内の集成と分析に注目する（西井 2023）。大宮台地は武蔵野台地エリア1と同様に少点数の石器集中部が多く，第3群の鈴木遺跡鈴木8文化層や第4群の石器集中部クラスCのような多数点の石器集中部は認められない。石材組成は黒曜石，安山岩（ガラス質黒色安山岩）が多く，チャートは第2群相当期を除き武蔵野台地ほどには組成されない（小林 1997）。石材組成はその地の石材採取環境に作用されるとはいえ，その様相は武蔵野台地荒川側，特にエリア1に近似していると言える。武蔵野台地荒川側には多摩川側と第4群を中心に地域性の違いが看取されたが，その点を鑑みれば武蔵野台地荒川側と大宮台地は同じ地域性のうちにある可能性も考えられる。大宮台地と武蔵野台地荒川側は生業領域を一にするのだろう。

　群馬県では西側の榛名山麓，東側の赤城山麓に利根川が形成する段丘と扇状地上に丘陵，台地が発達している。後期旧石器時代の遺跡は利根川上流域や榛名山麓側にも認められるが，

その大部分が赤城山麓に位置するので，ここでは群馬県域を「赤城山麓」に代表させて呼ぶことにする。後期旧石器時代にあって大宮台地は現加須低地を挟んで赤城山麓最東端の館林台地に続いており，また荒川を遡上すれば現利根川に通じるので，赤城山麓は武蔵野台地から遠くない距離にある。

　赤城山麓の遺跡の集成，研究は岩宿博物館・岩宿フォーラム実行委員会による岩宿フォーラム／シンポジウム等を通じてなされてきたが（笠懸野岩宿文化資料館・岩宿フォーラム実行委員会 1994他多数），ここでは小原による最新の成果を主に参考する（小原 2016・2018・2023）。赤城山麓では浅間山等噴出のテフラが数多く検出されており，小原はそのテフラの高精度測定年代値を軸に編年を組み立てている。それはテフラ編年の難しい武蔵野台地とくらべると細かく，本書の武蔵野台地における群別区分はそれに対応せず，また赤城山麓に立川ローム層序は通用しないので，その対比は難しい。そこでいくつか話題を抽出して対比させるにとどめたい。

　武蔵野台地第3群においては，信州黒曜石を多数占める点が特徴であった。第3群は赤城山麓においては「AT前後：30 ka cal BP」におおむね相当しようが，伊勢崎市堀下八幡遺跡で黒色安山岩，黒色頁岩を主体に石材が構成されるなど，多くの石器群が近傍の石材である黒色安山岩，黒色頁岩を中心に組成する。黒曜石を主体とする石器群は渋川市亀泉坂上遺跡第2文化層，みどり市清水遺跡第2地点等わずかである。第3群にみられた信州原産地との頻繁な直接往還は赤城山麓では限定的に捉えなければならない。

　赤城山麓では，第4群にほぼ相当するAs‒BP Group降灰期に遺跡件数が激減すると言われてきた（小菅 1994他）。しかし小原の分析によればAT上位からAs‒BP Group層中にかけての遺跡は60件を数え，赤城山麓のそれ以前の遺跡と比較してもことさら少ないわけではない（小原 2016）。As‒BP Group降灰期と第4群や相模野段階編年段階Vがぴったり同時期とは言えないので（As‒BP Group降灰期のほうが長いか）単純な比較はできないが，関東地方にあって武蔵野台地が異様に多いわけでそれ以外の地域と比較して赤城山麓が特段に少ないとは言えないと考えられる。

　また赤城山麓東部のAs‒BP Group層中石器群について，「切出形石器と角錐状石器，および縦長剥片剥離技術の石器が伴う石器群」，「切出形石器と角錐状石器が伴う石器群」と「縦長剥片を指向する小形ナイフ形石器を伴う石器群」の3つの石器群が認められるとする（小原 2016）。それらは段階内時期差というよりも，第4群にも認められた遺跡間，単位集団自体が有する石器形態の個性と考えることができ，同時期の特徴と考えることができる。

2　相模野台地との層序対比

　相模野台地，座間丘陵，高座丘陵（一括して相模野台地とする）については，武蔵野台地

と同様に報告書から石器集中部の石器組成情報を集成，集計し「石器をめぐる行動」に関する様相を分析し，その比較から両台地の共通点と相違点を明らかにしていきたい。

　相模野台地は，南北約30km，東西最長約10km，約280km²の面積を測る。武蔵野台地の約1/3であるが，同じ首都圏に位置するため発掘調査件数が多い。武蔵野台地とは多摩丘陵を挟んで最短約10km離れているので，共通点，相違点を抽出するのにちょうどよい距離である。

　武蔵野台地の石器群と相模野台地の石器群は，神奈川考古のシンポジューム，石器文化研究会のシンポジウムなどを通じて石器の型式的特徴などからほぼ同じ内容，同じ変化の方向として理解されてきた。ただその一方で，「石器をめぐる行動」，遺跡構造論の分野で比較されることはほとんどなかった。

　そこでその必要性を感じるわけであるが，何をもって時間的物差しとし，両台地を比較するかが重要である。なるほど石器型式，剥片剥離技術の特徴は確かに同じであるが，第3章で述べたようにナイフ形石器の形態的特徴は従来把握しているよりも連続的，多様で，詳細な地域性を見出すには不適格である。最近では相模野台地の遺跡における高精度年代測定値が高屋敷飛鳥によって集成され（高屋敷2024），年代値による比較が容易になったとはいえ，第1章第2節1で述べたように武蔵野台地での後期旧石器時代中盤の年代測定値の蓄積は進んでおらず，いまだそれによる対比は難しい。となれば，立川ローム層序の比較に頼ることになる。立川ローム層の地域間対比は，石器文化研究会による図（石器文化研究会1989）が著名であり，これによって対比ができあがったかのような感があるが，実際にはローム層上面，始良Tn火山灰，立川ローム最下面に線引きして対比可能できるようにしただけである（図4－1）。

　相模野台地の立川ローム層序はL1，BB1，L2，BB2，L3，BB3……とロームと暗色帯の互層によって層序区分がなされている。武蔵野台地の第Ⅲ層，第Ⅳ層……と，どのように対比可能かは必ずしも明確ではない。広域火山灰は始良Tn火山灰にほぼ限られ，ほとんどのテフラが富士山起源テフラでその同定は簡単ではない。相模野B3が武蔵野第Ⅶ層，L3が第Ⅵ層，B2が第Ⅴ層に対比できると考えられそうであるが，暗色帯（黒色帯）自体の形成が遺跡によってまちまちであまり当てにならないことは第1章第2節で述べたとおりである。

　ところで相模野台地では「Y－no.」による対比が進んでいる（上本・上杉他1994，上本・上杉1996，上本2010他）。否定的に捉える向きもあるが，武蔵野地台地でも9件の遺跡の事例報告があるのでそれとの対比は参考になる（表1－1）。遺跡によって差があるが，武蔵野第Ⅶ層／第Ⅵ層の境界は相模野B3／L3の境界にほぼ一致する。武蔵野第Ⅵ層／第Ⅴ層の境界は相模野L3／B2Lの境界に一致する場合が多い。武蔵野第Ⅴ層／第Ⅳ層の境界は相模野B2U／L2の境界に一致する場合が多い。テフラの形態的特徴によって「Y－no.」を確定しつつも，暗色帯（黒色帯）の上限，下限の肉眼視がこれに影響と与えた可能性がある

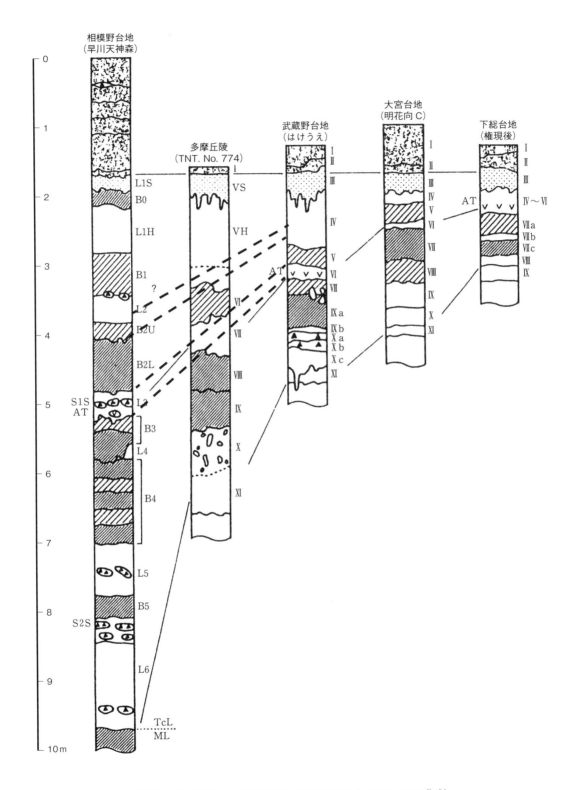

図 4-1 立川ローム層の対比（石器文化研究会 1989 をもとに作成）

第4章 新たな遺跡構造論　199

かもしれないので一概には言えないが，おおむねB3が第Ⅶ層に，L3が第Ⅵ層に，B2L＋B2Uが第Ⅴ層に対応するようである。

　B3＝第Ⅶ層，L3＝第Ⅵ層についてはおおむね従来の編年の評価に合致するが，ただ問題はⅤ層・Ⅳ層下部段階（第4群）と相模野段階編年段階Ⅴである。武蔵野台地ではⅤ層・Ⅳ層下部段階（第4群）をⅤ中－Ⅳ下亜段階（おおむね第4a群）とⅣ中2亜段階（おおむね第4b群）に区分した。一方で，相模野編年第Ⅲ期，相模野段階編年段階Ⅴは細分されなかった（矢島・鈴木 1976，鈴木・矢島 1978・1979，諏訪間 1988）。そして相模野B2Uの上層のL2は第Ⅳ期（段階Ⅵ）とされている。「Y－no.」対比に従いB2L＋B2Uを第Ⅴ層（≒Ⅴ中－Ⅳ下亜段階）とし，L2を砂川期（第5群）とすると，実はⅣ中2亜段階（第4b群）にあたる層序が相模野台地立川ロームからなくなってしまう。実際にはL2の石器集中部の約10～20％が石器の形態的特徴から見てⅤ層・Ⅳ層下部段階（第4群）的様相であることを考えると，B2L＋B2U＝第Ⅴ層でも，B2L＝Ⅴ中－Ⅳ下亜段階・B2U＝Ⅳ中2亜段階でもなく，層序の途中で線引きされるような，既存の層序区分に対し一対一に対応しないのが実態であると考えられよう（図4－1の破線で結んだもの）。

3　相模野台地の時期区分の設定

　ということで相模野台地，武蔵野台地間の層序対比は基本的に難しいが，それでも報告書の石器情報から何らかの対比結果を得るには，既存の層序区分を石器型式的特徴も参考にしながら設定しなければならない。そこで半ば強引であるが，相模野台地の遺跡・石器集中部の群別（時期分け）を，層序をもとにB3群，L3群，B2群（B2L群，B2U群）に分け，B3群と武蔵野台地第2群，L3群と第3群，B2群と第4群（B2L群と第4a群，B2U群と第4b群）の比較を行う。B3群，L3群，B2群，B2L群，B2U群の設定基準はつぎのとおりである。

　【B3群】B3出土の石器集中部に相当する。

　相模野台地B3最下部からB3上部にかけて出土した石器群が該当する。報告書の石器集中部の垂直分布図において出土のピーク部がB3層下部からB3上部の相当部に該当するもの，もしくはその報告書の記載でB3検出とされたものを抽出する。おおむね相模野段階編年段階Ⅲに相当する。

　【L3群】L3出土の石器集中部に相当する。

　相模野台地B3最上部，L3およびB2L層最下部から出土した石器群が該当する。報告書の石器集中部の垂直分布図とその横に示された層序図において出土のピーク部がB3最上部からB2L最下部の間に相当するもの，もしくはその記載でL3検出とされたものを抽出する。おおむね相模野段階編年段階Ⅳに相当する。B3最上部やB2L最下部を含めるのは石器形態の特徴によるもので，相模野段階編年でもそのような措置がなされており，武蔵野台地第3

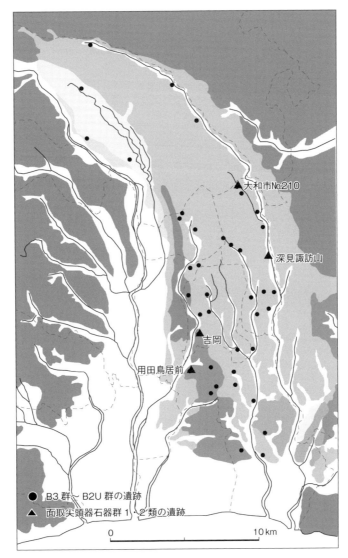

図4-2　相模野台地の遺跡分布

群とも対応する。そうしないと段階Ⅳの代表的石器群である寺尾遺跡第Ⅵ文化層はB3群に属することになってしまう。

　【B2L群】B2L出土の石器集中部に相当する。
　報告書の石器集中部の垂直分布図において出土のピーク部がB2Lに相当するもの，もしくはその記載でB2L最下部を除くB2Lが生活面とされたものを抽出する。おおむね相模野段階編年段階Ⅴに相当する。
　【B2U群】B2U出土の石器集中部に相当する。
　報告書の石器集中部の垂直分布図において出土のピーク部がB2Uに相当するもの，もし

くはその記載でB2Uが生活面とされたものを抽出する。おおむね相模野段階編年段階Vに相当する。

B2L群とB2U群を合わせたものがB2群である。

B3群，L3群の抽出においては石器の特徴が考慮されているものの，相模野台地の群別についてはおおむね出土層序によって群別するものである。石器形態からみて相模野段階編年段階V（第4群相当）に相当すると考えられるL2層出土の石器集中部は対象としない。また，相模野台地層序は標準化が図られていると言うが，それでも南北に長い台地で層相は異なろう。武蔵野台地の群別にあたってはそうした状況を考慮したが，この場合は特段に調整しない。

以上の群別に従い，従来の集成・分析の成果（旧石器研究プロジェクトチーム 2011～2015・2021，鈴木 2024，諏訪間 2019，矢島・野口・門内・吉川 1997・1998）を参考にして武蔵野台地と同じ基準で石器集中部データを集成する（別表8）[1]。2023年刊行までの報告書を対象とする。なお，黒曜石原産地組成については武蔵野台地と比較して事例が少ないので，集成に至らなかった群別がある。その結果得られた石器集中部データは，B3群30件，L3群39件，B2U群145件，B2L群63件である（表4-1）。以下，B3群，L3群，B2群（B2U群，B2L群）の順にそれぞれ武蔵野台地第2′群，第3群，第4群（第4a群，第4b群）と比較しながら分析する。なお，分析結果は表4-1から表4-7までに示す。

ただし，相模野台地における件数には留意が必要である。発掘調査がローム層中まで行われると限らないのは武蔵野台地も相模野台地も同じであるが，相模野台地立川ロームの層厚はその2倍以上に及ぶ。試掘において一度の垂直に掘削できるのは2m未満であるので，武蔵野台地では南西側（エリア4）を除けばおおむね第X層まで達するが，相模野台地ではB2にも達しない。L1H，B1で遺物の出土がなければ試掘調査さえ行われない可能性がある[2]。したがってB2L群，B2U群はまだよいとしても，特にB3群，L3群は遺跡件数，石器

表4-1　相模野台地の遺跡件数・石器集中部件数・石器出土点数

	遺跡件数	石器集中部件数	石器出土点数
B3群	8	30	564
L3群	11	39	2740
B2群	51	208	13334
B2L群	32	145	10614
B2U群	19	63	2720

	石器集中部件数/遺跡件数	石器出土点数/遺跡件数	石器出土点数/石器集中部件数
B3群	3.8	70.5	18.8
L3群	3.5	249.1	70.3
B2群	4.1	261.5	64.1
B2L群	4.5	331.7	73.2
B2U群	3.3	143.2	43.2

集中部件数等において本来の値からかけ離れており，武蔵野台地第2群，第3群との数値での対比は難しいと考えられる。

表4－2　相模野台地の器種組成

		剝片	石核	RF	ナイフ形石器	尖頭器	角錐状石器	スクレイパー	礫石器	その他	計
B3群		418	32	37	32			4	14	27	564
	(%)	74.1	5.7	6.6	5.7			0.7	2.5	4.8	
L3群		2405	41	60	190			20	6	12	2734
	(%)	88.0	1.5	2.2	6.9			0.7	0.2	0.4	
B2群		10833	559	403	562	9	89	296	450	132	13333
	(%)	81.2	4.2	3.0	4.2	0.1	0.7	2.2	3.4	1.0	
B2L群		8590	445	293	443	4	64	234	429	111	10613
	(%)	80.9	4.2	2.8	4.2	0.0	0.6	2.2	4.0	1.0	
B2U群		2243	114	110	119	5	25	62	21	21	2720
	(%)	82.5	4.2	4.0	4.4	0.2	0.9	2.3	0.8	0.8	

表4－3　相模野台地の石材組成

		黒曜石	チャート	頁岩	安山岩	ホルンフェルス	凝灰岩	流紋岩	砂岩	他石材	石材計
B3群		33	31	12	53	14	183	1	3	51	381
	(%)	8.7	8.1	3.1	13.9	3.7	48.0	0.3	0.8	13.4	
L3群		2528	52	5	17	5	31		1	9	2648
	(%)	95.5	2.0	0.2	0.6	0.2	1.2		0.0	0.3	
B2群		6299	316	629	1259	313	2435	62	10	76	11399
	(%)	55.3	2.8	5.5	11.0	2.7	21.4	0.5	0.1	0.7	
B2L群		5193	260	331	1139	307	2379	61	10	71	9751
	(%)	53.3	2.7	3.4	11.7	3.1	24.4	0.6	0.1	0.7	
B2U群		1106	56	298	120	6	56	1		5	1648
	(%)	67.1	3.4	18.1	7.3	0.4	3.4	0.1		0.3	

表4－4　相模野台地の石器集中部出土点数の階層

点数		5〜20	21〜40	41〜60	61〜80	81〜100	101〜200	201〜300	301〜400	401以上	計
B3群		20	7	2	1						30
	(%)	66.7	23.3	6.7	3.3						
L3群		16	9	3	3	2	2		3	1	39
	(%)	41.0	23.1	7.7	7.7	5.1	5.1		7.7	2.6	
B2群		88	44	20	13	9	23	5	1	5	208
	(%)	42.3	21.2	9.6	6.3	4.3	11.1	2.4	0.5	2.4	
B2L群		64	25	11	10	5	21	4	1	4	145
	(%)	44.1	17.2	7.6	6.9	3.4	14.5	2.8	0.7	2.8	
B2U群		24	19	9	3	4	2	1		1	63
	(%)	38.1	30.2	14.3	4.8	6.3	3.2	1.6		1.6	

第4章　新たな遺跡構造論　203

表4－5　相模野台地の第一石材の岩種

		黒曜石	チャート	頁岩	安山岩	ホルンフェルス	凝灰岩	他石材	石材計
B3群		3.00	2.20	0.20	5.20	0.20	10.20	4.00	25
	(%)	12.0	8.8	0.8	20.8	0.8	40.8	16.0	
L3群		21.00			1.00		2.50	0.50	25
	(%)	84.0			4.0		10.0	2.0	
B2群		90.83	7.00	15.33	18.33	1.00	33.50	2.00	168
	(%)	54.1	4.2	9.1	10.9	0.6	19.9	1.2	
B2L群		74.83	2.50	5.83	15.33	1.00	31.50	2.00	133
	(%)	56.3	1.9	4.4	11.5	0.8	23.7	1.5	
B2U群		16.00	4.50	9.50	3.00		2.00		35
	(%)	45.7	12.9	27.1	8.6		5.7		

表4－6　相模野台地の第一石材占有率の階層

占有率（%）		20.1～30	30.1～40	40.1～50	50.1～60	60.1～70	70.1～80	80.1～90	90.1～100	計
B3群		1		1	2	3	4	5	9	25
	(%)	4.0		4.0	8.0	12.0	16.0	20.0	36.0	
L3群		1			1	3	1	4	15	25
	(%)	4.0			4.0	12.0	4.0	16.0	60.0	
B2群		2	11	25	27	14	28	21	40	168
	(%)	1.2	6.5	14.9	16.1	8.3	16.7	12.5	23.8	
B2L群		2	8	22	21	12	22	18	28	133
	(%)	1.5	6.0	16.5	15.8	9.0	16.5	13.5	21.1	
B2U群			3	3	6	2	6	3	12	35
	(%)		8.6	8.6	17.1	5.7	17.1	8.6	34.3	

表4－7　相模野台地の石器集中部を構成する岩種数

		1種類	2種類	3種類	4種類	5種類	6種類	7種類	8種類	計
B3群		8	5	6	3	3				25
	(%)	32.0	20.0	24.0	12.0	12.0				
L3群		8	7	5	3	2				25
	(%)	32.0	28.0	20.0	12.0	8.0				
B2群		22	26	50	39	13	8	7	3	168
	(%)	13.1	15.5	29.8	23.2	7.7	4.8	4.2	1.8	
B2L群		14	19	40	30	12	8	7	3	133
	(%)	10.5	14.3	30.1	22.6	9.0	6.0	5.3	2.3	
B2U群		8	7	10	9	1				35
	(%)	22.9	20.0	28.6	25.7	2.9				

4　B3群

　B3群は遺跡件数8件，石器集中部件数30件，石器出土点数564点である（表4－1）。一方，第2′群は遺跡件62件，石器集中部202件，石器出土点数7,014点である。遺跡数は少な

く，発掘調査がB3にまで及んでいない調査事例が多い可能性が高いので単純な比較はできない。ただし石器集中部1件に対する平均の石器出土点数は，B3群18.8点，武蔵野台地第2′群34.7点であるので，ともに少点数であることが理解できる。また石器出土点数については，B3群は第2′群より石器出土点数20点以下の石器集中部の全体に対する比率が16.7ポイント高く少点数の度合が際立っている（表4－4）。上和田城山遺跡第4次調査区第Ⅲ文化層第1ブロックの76点を最多に100点以上の石器集中部は存在しない。

石材組成について，黒曜石8.7％，チャート8.1％，頁岩3.1％，安山岩13.9％，ホルンフェルス3.7％，凝灰岩48.0％，流紋岩0.3％，砂岩0.8％，他石材13.4％である（表4－3）。黒曜石原産地の分析事例が少ないが，柏峠が多いと見受けられる。武蔵野台地とは石材環境が異なるのであまり比較にはならないが，第2′群では黒曜石20.2％，安山岩10.5％などである。黒曜石はB3群のほうが11.5ポイント低いが，ともに他の群（後続時期）より低い傾向になることで共通している。

B3群は遺跡が8件しか集成されなかったので武蔵野台地第2′群との比較対比は難しい。とは言え，第2′群と同様に実態としても寝所となるようなベースキャンプを示す遺跡が少ないことは想像がつく。第2′群と同じく，近傍の石材利用を基本とし短期的には台地内を生業領域として中長期的には広い関東平野の平原を遊動して生業領域を形成していた姿を想起できよう。

5　L3群

L3群は遺跡11件，石器集中部39件，石器出土点数2,740点である（表4－1）。一方，武蔵野台地第3群は遺跡61件，石器集中部115件，石器出土点数8,012点である。出土深度の関係もあってL3群の事例は少ないが，B3群より増えている。遺跡1件における平均の石器集中部件数は，L3群が3.5件，第3群が1.9件，遺跡1件に対する平均の石器出土点数はL3群249.1点，第3群131.3点，石器集中部1件に対する平均の石器出土点数はL3群70.3点，第3群69.7点である。遺跡に対する石器集中部件数と出土点数の比率は第3群よりL3群のほうが高い。石器集中部に対する出土点数は大差ない。

L3群の石器集中部の石器出土点数は，寺尾遺跡第Ⅵ文化層5aブロック461点，寺尾遺跡第Ⅵ文化層2aブロック391点，上草柳遺跡群大和配水池内遺跡第Ⅹ文化層1号ブロック360点を最多に，200点以上が4件である。第3群は，鈴木遺跡鈴木8文化層北102ブロック483点，四葉地区遺跡東部台地Ⅵ層1〜3号ブロック453点，外山遺跡第1地点第Ⅵ層文化5号ブロック450点を最多に200点以上10件である。

また，石器出土点数による石器集中部の階層は，L3群が40点以下（クラスA）64.1％，41点以上（クラスB）35.9％（表4－4），第3群が40点以下（クラスA）52.2％，41点以

上（クラスB）47.8％である（表2‐6）。L3群は第3群よりクラスBが11.9ポイント低い（そのぶんクラスAが高い）。これらにみる比率の高低は，L3群の資料数の少なさに起因するものの，L3群の特徴として寺尾遺跡第Ⅵ文化層とそれ以外の遺跡との差が大きいことも要因である。寺尾遺跡第Ⅵ文化層は14件もの石器集中部からなり，そのうち3件が300点以上の石器出土点数を有しクラスBは12件に及ぶ。一方で寺尾遺跡第Ⅵ文化層以外の石器集中部では25件中クラスAが23件である。第3群は一遺跡に存する石器集中部が少ない一方で，L3群の寺尾遺跡第Ⅵ文化層が14件有する。ただ，拠点となる多点数の石器集中部の遺跡と「保管場・廃棄場，一部の石器製作作業場」を示すと考えられる少点数の石器集中部の遺跡から構成される点で両群にあまり違いはない。

　器種組成についてはL3群と第3群では大差ないが，ナイフ形石器の比率はL3群が6.9％，第3群が2.6％。4.3ポイント差でL3群が高い（表4‐2）。

　石材組成については，黒曜石95.5％，チャート2.0％，頁岩0.2％，安山岩0.6％，ホルンフェルス0.2％，凝灰岩1.2％，他石材0.3％である（表4‐3）。第3群と比較しておおむね同じであるが，第3群の黒曜石は82.7％でL3群のほうが12.8ポイント高い。黒曜石が第一石材でない石器集中部は25件中に4件だけで，いずれも石器出土点数20点以下。第3群は約25％の第一石材が黒曜石ではないので（ただし菅原神社台地上遺跡第Ⅵ層文化を含む），L3群に黒曜石への特化が認められる。

　ここまでの検討の結果では，L3群の黒曜石多用，拠点的な石器集中部クラスBの存在の二点を根拠に第3群と同様に，長距離直接移動よって黒曜石を一括して入手し，多点数の石器集中部から少点数石器集中部へ分配していた姿と想定できよう。しかし，黒曜石原産地組成分析の結果はそれを支持していない。今までの黒曜石原産地組成に関する集成（日本考古学協会2011年度栃木大会実行委員会 2011，鈴木 2024，諏訪間 2019，矢島・野口・門内・吉川 1997・1998）を参考にL3群の黒曜石原産地組成をまとめたものが表4‐8である。それによると信州80.1％，伊豆箱根19.7％である。圧倒的に信州黒曜石が占めているように見えるが，分析数の多い寺尾遺跡第Ⅵ文化層と橋本遺跡第Ⅴ文化層が信州主体（寺尾遺跡は和田峠系）である以外，他の遺跡は伊豆・箱根（柏峠が多い）が主体である。すなわち第3群に認められる信州黒曜石原産地（和田峠）との長駆移動は相模野台地L3群では過半数ではあるが大勢ではない。石器集中部クラスAでもより近傍の伊豆・箱根の黒曜石を利用している可能性がある（上草柳遺跡群大和配水池内遺跡第Ⅹ文化層1号ブロック等）。寺尾遺跡第Ⅵ文化層に何らかの特殊な事情があるのかもしれない。

　従来，関東地方のⅥ層段階（第3群相当）では黒曜石，特に信州黒曜石の多用が言われてきた。しかし相模野台地の事例のみならず先述の赤城山麓，そして下総台地で多寡はあれども信州黒曜石が利用されながらも，武蔵野台地第3群のように信州黒曜石一色ということにはならないようである。「信州－武蔵野台地間の長駆直接採取－移動」のあり方は，良

表4－8　相模野台地L3群の黒曜石原産地組成

群別	市町村	遺跡	地点	文化層	判別数	信州	伊豆箱根	その他	報告書
L3群	相模原市緑区	橋本遺跡		第Ⅴ文化層	163	151	12		47
L3群	相模原市南区	古淵B遺跡		第4文化層	120	13	102	5	5
L3群	藤沢市	湘南藤沢キャンパス内遺跡		第Ⅵ文化層	1		1		10・11
L3群	大和市	上草柳遺跡群	大和配水池内遺跡	第Ⅹ文化層			○		23
L3群	大和市	県営高座渋谷団地内遺跡		第Ⅵ文化層	1		1		26
L3群	海老名市	柏ケ谷長ヲサ遺跡		第ⅩⅠb文化層	4		4		36
L3群	座間市	栗原中丸遺跡		第Ⅶ文化層			○		39
L3群	綾瀬市	上土棚遺跡	第三次調査区	第Ⅶ文化層	150	5	145		矢島1996
L3群	綾瀬市	上土棚遺跡	第三次調査区	第Ⅵ文化層	153	17	136		矢島1996
L3群	綾瀬市	地蔵坂遺跡		第Ⅵ文化層	54	17	37		48
L3群	綾瀬市	寺尾遺跡		第Ⅵ文化層	1829	1780	49		41
合計					2475	1983	487	5	
				(%)		80.1	19.7	0.2	

質の石材が比較的少ない武蔵野台地（と大宮台地）でこそ発動しえた。それに対して武蔵野台地以外の関東地方の荷担者集団は長駆移動を伴う一括搬入は限定的で，生業領域をあまり逸脱しない範囲で石材を獲得しようとした可能性が考えられる。

6　B2群の遺跡件数・石器集中部件数・石器出土点数

　B2群は武蔵野台地第4群に対比する。B2群は遺跡件数51件，石器集中部件数208件，石器出土点数13,334点である（表4－1）。なお，L2出土にも数件，百点程度の相模野段階編年段階Ⅴに相当する事例が認められる。武蔵野台地第4群は遺跡件数265件，石器集中部件数1,025件，石器出土点数99,428点である。B2群の第4群に対する比率は，遺跡件数19.2％，石器集中部件数20.3％，石器出土点数13.4％である。相模野台地の面積は武蔵野台地の約33％であるので，相模野台地での発掘調査件数，発掘深度に伴う見逃しを考慮しても，B2群は第4群よりわずかに少ないと言えようか。

　B2L群からB2U群への変化と第4a群から第4b群への変化を比較する。ただ先述したとおり，B2L群が第4a群，B2U群が第4b群に相当するとは言えない。おおむねB2LはB2U層より厚く，その時間幅も長い可能性がある。一方，第4a群と第4b群とでは，第4a群のほうが薄く設定している。L2からも「第4b群」相当期の石器集中部が検出されていることも考慮しなければならない。それに第4a群と第4b群を加えても第4群にならないことも注意すべきである。

　B2L群の遺跡件数32件，石器集中部件数145件，石器出土点数10,614点，B2U群の遺跡件数19件，石器集中部件数63件，石器出土点数2,720点である（表4－1）。B2L群からB2U群へどれも減少している。一方，第4a群は遺跡件数70件，石器集中部件数292件，石器出土点数18,923点，第4b群は遺跡件数96件，石器集中部件数447件，石器出土点数

59,334点である。第4a群から第4b群へどれも増加している。

　遺跡1件における平均の石器集中部件数は，B2L群が4.5件，B2U群が3.3件，遺跡1件に対する平均の石器出土点数はB2L群331.7点，B2U群143.2点，石器集中部1件に対する平均の石器出土点数はB2L群73.2点，B2U群43.3点である（表4－1）。いずれもB2L群からB2U群へ減少する。なお，武蔵野台地第4a群から第4b群へはいずれも増加しており，反対の動きを示している。

　B2L群の石器集中部の石器出土点数は，柏ケ谷長ヲサ遺跡第Ⅷ文化層1号ブロック866点，用田大河内遺跡第Ⅵ文化層第4石器集中地点862点，柏ケ谷長ヲサ遺跡第Ⅸ文化層5号ブロック718点を最多に201点以上9件である。B2U群の石器集中部の石器出土点数は，用田鳥居前遺跡第Ⅵ文化層石器集中地点423点，代官山遺跡第Ⅵ文化層集中Aの246点の，201点以上2件である。第4a群は758点を最多に201点以上20件，第4b群は1,877点を最多に71件である。同じことであるが，石器出土点数による石器集中部の階層は，B2L群が40点以下（クラスA）61.4％，41〜200点（クラスB）32.4％，201点以上（クラスC）6.2％，B2U群が40点以下（クラスA）68.3％，41〜200点（クラスB）28.6％，201点以上（クラスC）3.2％である（表4－4）。B2L群からB2U群へクラスAが増えクラスCが減っている。第4a群が40点以下（クラスA）62.0％，41〜200点（クラスB）31.2％，201点以上（クラスC）6.8％，第4b群が40点以下（クラスA）47.9％，41〜200点（クラスB）36.2％，201点以上（クラスC）15.9％であるので，第4a群から第4b群へはクラスAが減りクラスCが増えており，B2群と第4群は反対の動きである。

　何度も述べたように対比可能な区分になっていないため明確にはわからない。しかし，相模野台地では従来からB2Uとその上位のL2出土の遺跡が少ないことが指摘されてきた。L2については遺跡14件，石器集中部48件，石器出土点数2,761点とB2U群と同じように値は少ない。織笠はB1Lでの遺跡の爆発的増加も見据えB2U，L2を空白期と呼び，他地域へ移動した結果人口が減少したものと位置づけた（織笠1991）[3]。人口減少と言い切れないとしても，B2L群からB2U群への変化は武蔵野台地でみられた第4b群における石器集中部クラスCの増加の傾向とは異なるものである。武蔵野台地の第4b群への変化として結論づけた「人口の増加，移動頻度の低下，滞在期間の長期化，回帰性の高まり，領域性の確立」などの顕著化は，B2L群からB2U群への流れのなかでは認められないとみるべきであろう。

7　B2群の石器組成

　器種組成について表4－2に示す。B2L群は剥片80.9％，石核4.2％，RF2.8％，狭義の石器（ナイフ形石器，尖頭器，角錐状石器，スクレイパー，礫石器，その他）12.1％，B2U群は剥片82.5％，石核4.2％，RF4.0％，狭義の石器9.3％である。なお，第4a群は剥片88.1

％，石核3.2％，RF3.3％，狭義の石器5.4％，第4b群は剥片90.8％，石核2.5％，RF2.1％，狭義の石器4.5％である。B2L群，B2U群は第4a群，第4b群よりより剥片の比率が低い。第4群，特に第4b群で黒曜石が一括多量搬入され小剥片・砕片が多量に遺されるからとそちらに剥片比率が高いと考えられる。換言すれば，B2L群，B2U群では出土点数の増加に直結する黒曜石一括多量搬入・消費が控えめであることになる。

　狭義の石器内での組成比率は，B2L群がナイフ形石器34.5％，尖頭器0.3％，角錐状石器5.0％，スクレイパー18.2％，礫石器33.4％，その他8.6％，B2U群がナイフ形石器47.0％，尖頭器2.0％，角錐状石器9.9％，スクレイパー24.5％，礫石器8.3％，その他8.3％である。第4a群がナイフ形石器42.6％，尖頭器0.4％，角錐状石器6.8％，スクレイパー22.1％，礫石器9.2％，その他18.9％，第4b群がナイフ形石器42.4％，尖頭器4.9％，角錐状石器5.5％，スクレイパー31.0％，礫石器6.7％，その他9.5％である。

　最も大きな違いは，B2L群で礫石器を429点かぞえることである。これは吉岡遺跡群C区B2層，柏ケ谷長ヲサ遺跡第IX文化層を中心に安山岩製の磨石，敲石等が多量に出土するからである。安山岩は磨痕，敲打痕が観察しやすいのに対し，武蔵野台地では礫石器に砂岩が用いられ，一般に砂岩は磨痕，敲打痕が観察しにくいので見落としている可能性が高い。それ以外では，第4a群から第4b群へ顕著であったスクレイパーの増加は，B2L群からB2U群へでは控えめである。刺突具から加工具へ道具の多様化は少し限定的である。また第4b群で130点を数える尖頭器がB2U群ではほとんどない。第4b群の尖頭器のほとんどが面取尖頭器であるが，相模野台地ではほとんど出土しない。この点は次項で詳述する。

　石材組成については，B2群は黒曜石55.3％，チャート2.8％，頁岩5.5％，安山岩11.0％，ホルンフェルス2.7％，凝灰岩21.4％，流紋岩0.5％，砂岩0.1％。他石材0.7％である（表4－3）。一方，第4群は黒曜石57.3％，チャート21.7％，頁岩10.9％，安山岩3.3％，ホルンフェルス3.1％，凝灰岩2.0％，流紋岩0.2％，砂岩0.6％，他石材0.9％である。台地間で石材環境が異なるので比較してもあまり意味はないが，黒曜石は2.0ポイント差でほとんど同じである。

　B2L群／B2U群群別では，B2L群が黒曜石53.3％，チャート2.7％，頁岩3.4％，安山岩11.7％，ホルンフェルス3.1％，凝灰岩24.4％，流紋岩0.6％，砂岩0.1％。他石材0.7％，B2U群が黒曜石67.1％，チャート3.4％，頁岩18.1％，安山岩7.3％，ホルンフェルス0.4％，凝灰岩3.4％，流紋岩0.1％，他石材0.3％である。B2L群からB2U群へ黒曜石が13.8ポイント増加している。この点は第4a群から第4b群へと同じである。黒曜石以外では，頁岩が14.7ポイント増加，安山岩が4.3ポイント減少，凝灰岩が21.0ポイント減少と増減が大きいが，B2U群には石材組成がわからない石器集中部が多いためあまり傾向が摑めないという側面もある。

　黒曜石原産地組成については表4－9に示す。B2群としては信州7.2％，神津島系0.2％，

表4-9　相模野台地B2群の黒曜石原産地組成

群別	区市町	遺跡	地点	文化層	判別数	高原山系	信州						神津島系	伊豆・箱根		報告書
							和田峠系	鷹山系	男女倉系	諏訪系	蓼科系	信州細別不可		箱根系	柏峠	
B2L群	相模原市緑区	橋本遺跡		第IV文化層	13							7		1	5	47
	藤沢市	湘南藤沢化キャンパス内遺跡		第V文化層	210							11		195	4	10・11
	藤沢市	用田鳥居前遺跡		第VI文化層	339		1							337	1	19
	藤沢市	用田大河内遺跡		第VI文化層	829		2			2	4		5	810	6	20
	藤沢市	用田南原遺跡		第VI文化層	262		5		1	1	12		1	208	34	21
	大和市	上草柳第2地点遺跡		第II文化層	502									17	485	22
	大和市	草柳一丁目遺跡		B2L中位の石器群	54					5				46	3	29
	大和市	福田丙二ノ区遺跡		第III文化層	93										93	34
	大和市	長堀南遺跡		第VI文化層	5									1	4	32
	海老名市	柏ケ谷長ヲサ遺跡		第XI文化層	19									4	15	36
	海老名市	柏ケ谷長ヲサ遺跡		第X文化層	120									62	58	36
	海老名市	柏ケ谷長ヲサ遺跡		第IX文化層	1115		2			2	1		2	619	489	36
	座間市	鷹見塚遺跡		遺物群V	9										9	40
	綾瀬市	吉岡遺跡群	C区	B2層	895	7	84		63	5	94		1	321	320	49
	綾瀬市	吉岡遺跡群	D区	B2層	103	3	45				34			17	4	49
	綾瀬市	吉岡遺跡群	B区第2次調査	遺物群V	112		2	5		1				4	100	46
	綾瀬市	早川天神森遺跡		第VI文化層	3									2	1	42
	合計				4683	10	141	5	64	16	145	18	9	2644	1631	
				(%)		0.2	3.0	0.1	1.4	0.3	3.1	0.4	0.2	56.5	34.8	
B2U群	相模原市中央区	田名堀ノ内遺跡			40										40	3
	藤沢市	代官山遺跡		第VI文化層	4							1		3		33
	藤沢市	南葛野遺跡	第12号拡張区	第II文化層	64							8		20	36	18
	藤沢市	本入ござっぱら遺跡		第IV文化層	2									2		50
	大和市	県営高座渋谷団地内遺跡		第V文化層	430	1	1					3	1	319	105	26
	海老名市	柏ケ谷長ヲサ遺跡		第VIII文化層	84									15	69	36
	海老名市	柏ケ谷長ヲサ遺跡		第VII文化層	178									3	175	36
	海老名市	柏ケ谷長ヲサ遺跡		第VI文化層	134		1							131	2	36
	合計				936	1	2					12	1	493	427	
				(%)		0.1	0.2					1.3	0.1	52.7	45.6	

伊豆・箱根92.4％（箱根系55.8％，柏峠36.6％），その他0.2％である。B2L群は高原系0.2％，信州8.3％，神津島系0.2％，伊豆・箱根91.3％（箱根系56.5％，柏峠34.8％），B2U群は高原系0.1％，信州1.5％，神津島系0.1％，伊豆・箱根98.3％（箱根系52.7％，柏峠45.5％）である。なお第4群は高原山系1.3％，信州48.2％，神津島系0.7％，伊豆・箱根49.1％（箱根系26.4％，上多賀1.4％，柏峠21.3％，細別不可0.6％），その他0.1％，第4a群は高原山系1.6％，信州23.5％，神津島系2.0％，伊豆・箱根72.9％（箱根系51.6％，上多賀0.2％，柏峠20.9％），第4b_k群は高原山系1.6％，信州56.1％，神津島系0.3％，伊豆・箱根41.6％（箱根系9.6％，上多賀0.9％，柏峠30.0％，細別不可1.1％），その他0.3％である。

　第4群と比較してB2群に伊豆・箱根黒曜石が多く信州が少なく高原山系がないのは，もちろん伊豆・箱根黒曜石原産地が近く，相対的に信州，高原山黒曜石原産地が遠いからである。信州黒曜石は吉岡遺跡B2層以外ではあまり使用されないが，B2群には面取尖頭器がほとんどないこととも関係している。一方，箱根系と柏峠に限って言えば，第4a群から第

4b_k群へ箱根系の比率が減少し柏峠が増加するのに似て，B2L群からB2U群へ箱根系の比率がわずかに減少し柏峠が少しだけ増加している。その点では同じ傾向を示している。

　石器集中部のなかで最も多い石材，第一石材は黒曜石の比率が高く，B2群が54.1％，B2U群が56.3％，B2L群が45.7％である（表4−5）。第4群48.7％，第4a群42.5％，第4b群56.8％であるので，石材組成における黒曜石と同様にB2L群／B2U群，第4a群／第4b群に共通して黒曜石を第一石材として優位に用いていることが理解できる。ただ，B2U群で第一石材／黒曜石の比率が下がるが，石器集中部における石器出土点数が減少するのと連動して「黒曜石の一括搬入」が看取できないことと関連しよう。

　石器出土総点数に占める第一石材の点数の比率（第一石材占有率）について0.1〜10％，10.1〜20％……90.1〜100％の階層に分け集計し，石器集中部全件で20.1〜30％から10％ずつに階層分けする（表4−6）。武蔵野台地第4群では90.1〜100％：25.3％を最大に80.1〜90％，70.1〜80％とおおむね段々に比率が下がっていくのに対し，B2群は90.1〜100％：23.8％を最大に80.1〜90％へと下がるものの，70.1〜80％と40.1〜60％にピークが現れる。すなわち，第4群で第一石材（多くが黒曜石）が組成のほとんどを占める事例が多いのに対し，B2群は第一石材がほとんどを占める事例と2種類の石材が拮抗する事例が目立つことを示している。B2L群はB2群と同じ傾向，B2U群は90.1〜100％：34.3％と高いものの50.1〜60％にもピークが表われている。加えて言えば，B2群で多点数を誇る柏ケ谷長ヲサ遺跡を中心に箱根系と柏峠の双方を仲良く有する石器集中部が認められる。傾向の差に過ぎないものの，第4群では黒曜石原産地別も含め一括して多量に搬入される事例が多い一方で，B2群では異なる原産地の石材を並行して搬入し消費している事例が目立つのである。

8　相模野台地B2群との共通点・相違点

　武蔵野台地第4群と相模野台地B2群の共通点と相違点をまとめ，その地域性の特徴について検討する。

　まず武蔵野台地第4群，相模野台地B2群双方において第2′群・第3群，B3群・L3群から遺跡件数等は増加，石器集中部の平均石器出土点数も多くなり，その差は少なくとも第2′群に対しては人口規模が大きくなった，あるいは有人期間が長くなったことを示している。それ以外でも第4群とB2群の差はそれほど大きいものではなく，おおむね共通点が勝っている。特段に共通する点は，石材組成，特に黒曜石を優勢に使用する点である。黒曜石のなかで伊豆・箱根黒曜石が用いられる。

　相違点としては，武蔵野台地においては第4a群から第4b群へ石器集中部件数，石器集中部の平均石器出土点数等がいずれも増加するのに対し，相模野台地においてはB2L群からB2U群へいずれも減少する点である。第4群の特徴である「移動頻度の低下，滞在期間の

長期化，回帰性の高まり，領域性の確立」，黒曜石の一括搬入・消費が第4群初頭に胎動しはじめ第4b群へ向けて確立していく様は，相模野台地B2L群からB2U群への変化のなかには認められない。第4b群に特徴的な柏峠黒曜石の利用も顕著には認められない。

　器種組成において，相模野台地B2U群でスクレイパーが減少する点は，第4群の特徴の道具の多様性，加工具の多さが明確にならない様を示している。石材組成において相模野台地B2群は，信州黒曜石，高原山系黒曜石はほとんど用いられなかった。武蔵野台地と相模野台地の石材環境の違いを示していよう。

　これらのことから，おおむね武蔵野台地でも相模野台地でも共通してその始まりは人口規模の拡大，領域性が明らかになったとみることができる。しかし，その後半になると武蔵野台地では人口規模拡大や領域性の確立が進むのに対し，相模野台地では失速してしまう。武蔵野台地に集住するようになる一方で，相模野台地は人口規模が縮小するか有人期間が短縮するかと想定できる。であるからこそ，移動頻度の低下，滞在期間の長期化等の現象は起きなかったと考えられる。

　最後に，武蔵野台地と相模野台地では石材環境の違いが大きい。武蔵野台地では主要な近傍な石材はチャート，ホルンフェルス等に限られそれらはあまり良質でもないため，遠隔地の伊豆・箱根黒曜石を一括搬入しなければならない。一方で相模野台地では近傍の石材である凝灰岩は比較的良質であり，伊豆・箱根黒曜石原産地は遠隔地というほど遠くもない。したがって一括搬入の必要も少なく，臨機的に入手が可能だったのではないか。とすれば本書では各群について折にふれて黒曜石入手の方策について言及してきたが，それは武蔵野台地が黒曜石の一括搬入を必要とする特殊な地域であったからだと言うことができる。

9　相模野台地の面取尖頭器石器群

　本項では第3章第1節で扱った武蔵野台地の面取尖頭器石器群に対比するため，相模野台地の面取尖頭器石器群について検討する。相模野台地の面取尖頭器の集成，分析にあたっては，先述した相模野台地集成論文に加え小池聡，栗原，島立桂の論考を参考にする（小池1998，栗原1999・2000，島立2002）。なお，対象はB1L（B1層下部）より下層とする[4]。

　相模野台地のB1Lまでに出土した面取尖頭器はおおむね21遺跡，50点を数える。それを対象にまずその製作過程によって類型を設定する。区分の基準は第3章第1節の武蔵野台地と同じである。

　1類：面取尖頭器，削片および多くの小剥片・砕片を組成する。両面調整石器（両面体）を搬入し面取尖頭器製作の最終工程を行ったものと考えられる。

　2類：面取尖頭器およびナイフ形石器を剥片・砕片などとともに組成する。ナイフ形石器を伴う剥片剥離過程の製作址と考えられるが，一定量の面取尖頭器の製作がなされている

表４－10　相模野台地の面取尖頭器石材組成

類型	群別	市町村	遺跡	地点	文化層	黒曜石未判別	鷹山系	諏訪系	チャート	頁岩	安山岩	凝灰岩	計
1	L2	藤沢市	用田鳥居前遺跡		第Ⅴ文化層						1		1
	L2	大和市	大和市No.210遺跡		第Ⅱ文化層						6		6
	B1L	綾瀬市	吉岡遺跡	D区	B1層下部	1	1						2
2	B1L	大和市	深見諏訪山遺跡		第Ⅳ文化層	3	2						5
3	B1L	相模原市緑区	橋本遺跡		第Ⅲ文化層	1							1
	B2U	相模原市緑区	下九沢山谷遺跡		第Ⅵ文化層				1				1
	B2U	大和市	県営高座渋谷団地内遺跡		第Ⅴ文化層						1		1
	L2	相模原市中央区	横山5丁目遺跡		第Ⅱ文化層	1							1
	L2	大和市	上草柳遺跡群	大和配水池内遺跡	第Ⅵ文化層	1					13	1	15
	B1L	相模原市南区	下森鹿島遺跡		第Ⅲ文化層				1				1
	B1L	相模原市南区	中村遺跡	C地区	第Ⅴ文化層	1							1
	B1L	藤沢市	今田遺跡		第Ⅲ文化層	1							1
	B1L	大和市	上草柳遺跡群	大和配水池内遺跡	第Ⅴ文化層	1			1		1		3
	B1L	座間市	栗原中丸遺跡		第Ⅴ文化層						1		1
	B1L	大和市	月見野第Ⅰ遺跡		B1層	1							1
	B1L	大和市	月見野第ⅢA遺跡		B1層			3					4
	B1L	大和市	月見野遺跡群上野遺跡	第1地点	第Ⅵ文化層						1		1
	B1L	大和市	長堀北遺跡		第Ⅵ文化層						1		1
4	B1L	大和市	月見野遺跡群上野遺跡	第10地点		1							1
	B1L	大和市	上草柳遺跡第3地点東遺跡								1		1
	B1L	大和市	長堀南遺跡		第Ⅳ文化層						1		1
総計						12	3	3	4	1	26	1	50
					(%)	24.0	6.0	6.0	8.0	2.0	52.0	2.0	

か多数保有しているものと考えられる。

　３類：面取尖頭器は各石器集中部で数点にとどまる。ナイフ形石器製作を伴う剝片剝離過程の製作址であり，面取尖頭器は搬入品，単独品あるいは客体的であると考えられる。

　４類：石器集中部から離れた単独出土である。

　検討の結果，１類の遺跡３件，２類の遺跡１件，３件の遺跡14件，４類の遺跡３件である（表４－10）。武蔵野台地とは異なり１・２類は少なく，多くが３類である。

　１類の遺跡として，用田鳥居前遺跡第Ⅴ文化層，大和市No.210遺跡第Ⅱ文化層，吉岡遺跡D区B1層下部をあげることができる（表３－２）。用田鳥居前遺跡第Ⅴ文化層第１石器集中地点はL2層から石器113点が出土し，未製品の面取尖頭器１点を有する。小剝片・砕片がほとんどで，母岩７体のガラス質黒色安山岩によって面取尖頭器製作がなされた。大和市No.210遺跡第Ⅱ文化層１号ブロックはL2上部から石器468点が出土，面取尖頭器６点，削片12点，小剝片・砕片などから構成され，面取尖頭器製作がなされた。安山岩が19個体，チャートが１個体でほとんどが安山岩である。吉岡遺跡D区B1層下部１～３ブロックは石器1,051点が出土し，面取尖頭器２点，彫器，削片，小剝片・砕片などから構成される面取尖頭器製作址である。黒曜石が988点と大多数を占め原産地分析の結果は鷹山系をはじめ信州が多いことがわかっている。

1類石器群はわずか3遺跡であるが，いずれもナイフ形石器，石核を有せず石核に接合する剥片剥離過程は行われなかった，武蔵野台地1類に共通する特徴を有する。

　2類の遺跡は1件だけである。深見諏訪山遺跡第Ⅳ文化層第1〜3ブロックはB1層下部から石器267点が出土した（諏訪間・堤 1985）。面取尖頭器5点，削片以外にも多量のナイフ形石器に石核，剥片剥離過程を示す接合資料が検出されている。基本的にナイフ形石器と石刃技法の石器群であるが，面取尖頭器と同一個体の削片，剥片が出土しており面取尖頭器製作の一部も行われたものと考えられる。面取尖頭器にかかる石材のいくつかは和田峠系，和田鷹山に推定される黒曜石であるが，ナイフ形石器製作にはチャート，凝灰岩なども用いられている（堤 2025）[5]。

　それ以外のほとんどの遺跡は3類に相当する（表4−10）。旧石器時代研究最初期の調査として著名な月見野第Ⅰ遺跡B1層をはじめ，これらの面取尖頭器はナイフ形石器と剥片剥離過程の石器群に単体，搬入品として客体的に位置づけられる。

　こうした面取尖頭器製作址である1類，ナイフ形石器製作と面取尖頭器製作を有する2類，搬入品である3・4類という構造は武蔵野台地と同じである。しかし石材組成からは異なった様相が見えてくる。吉岡遺跡群D区B1層下部，深見諏訪山遺跡第Ⅳ文化層こそおおむね信州黒曜石が用いられているが，用田鳥居前遺跡第Ⅴ文化層，大和市№.210遺跡第Ⅱ文化層は安山岩を使用している。3・4群の面取尖頭器は黒曜石11点，チャート4点，頁岩1点，安山岩19点，凝灰岩1点と，黒曜石でない石材のほうが黒曜石より多い。この点は武蔵野台地でも認められたが，1類・2類石器群の石材組成と3・4群の石材組成の比率はおおむね一致する。1・2類遺跡が少ないので判然としない部分もあるが，おそらく1類・2類石器群から3類・4類の遺跡へ搬出されたのであろう。

　とはいえ武蔵野台地とは異なり面取尖頭器製作址では黒曜石とともに安山岩が用いられていた。武蔵野台地のように信州黒曜石原産地の荷担者集団により1類石器群が形成されただけではなく，在地化のなかでより近傍の石材である安山岩に置換したものと考えられる。とはいえ1類石器群はナイフ形石器製作を伴う剥片剥離工程過程をまったく有しないので，「模倣」によって製作される武蔵野台地2類石器群とも異なっており，錯綜したあり方を示していると言えよう。

　このように武蔵野台地と相模野台地では信州黒曜石原産地との距離感に異なった関係性を認めるにいたった。面取尖頭器は信州の周辺では北陸地方，北関東地方，南関東地方，東海地方東部まで広く分布している。その多くは信州黒曜石を用いるもののすべてがそれではなく，近傍の石材に置き換わっているものもある。荷担者集団と地域の特性により適応方法は異なっていたのであろう。

　ところで武蔵野台地と相模野台地の面取尖頭器をめぐってはもう一つ問題点が指摘できる。時期の問題である。武蔵野台地では1件だけ第4a群が認められるが，多勢は第4b群にあり

第5群（砂川期）がこれに次ぐ。一方で相模野台地ではB2U群が下九沢山谷遺跡第VI文化層と県営高座渋谷団地内遺跡第V文化層のみ。L2は用田鳥居前遺跡第V文化層，大和市No.210遺跡第II文化層他2件，残りはB1Lである。両台地の層序および時期が正確に対比できないので詳細はわからないが，従来の編年観からすれば武蔵野台地のほうが古く始まり相模野台地が後続するように見える。

　信州黒曜石の荷担者集団はいち早く武蔵野台地に到達し，その後の経過のなかで相模野台地へ二次展開したと考えることもできよう。しかしながら実際はいずれもおおむね「第4b群から第5群（砂川期）のどこかまで」の範囲に入り，従来の編年案では詳らかには説明できないだけなのではなかろうか。武蔵野台地では第4b群から第5群（砂川期）に該当する石器群の出土層序は連続的である。多聞寺前遺跡IV中文化層が出土層序からは分かれないにもかかわらず，その報告書中の資料操作によって「IV中2文化層」（第4b群）と「IV中1文化層」（第5群）に分けられたのはその好例である。一方で相模野台地ではB2UとL2出土の石器群は少なく，空白期と言われている。相模野段階編年段階Vから段階VIへ非連続的な一面がある可能性が強い。その編年のあわいに面取尖頭器石器群が落とし込まれているのである。本書では扱えないが，第4b群から第5群（砂川期）への変化の様相を再検討するなかで捉える必要がある。

第2節

第2節

武蔵野台地の行動様態

1 後期旧石器時代前半期の終焉─第2′群─

　本書の最後である本節では各群別の様相をまとめ，各々の行動様態について考察する。石器をめぐる行動だけからその行動全体を論じるのは限界があるが，荷担者集団の行動様態を叙述するために，分析のかなわない範囲への飛躍を厭わず考察していきたい。

　これまでの研究成果を参考にすれば，第2′群は第1群と大きな違いは認められず連続的である。ただ，大規模な環状ブロック群を失うことで集団群の紐帯も減退したのであろう。

　第2′群の人口が少ないことはその石器集中部件数等を鑑みれば明白で，平均10人以下，すなわち数個の単位集団が共存していた時期がある一方で，武蔵野台地内だけでは無人だったことも長く，関東平野の広い範囲を遊動しつつ婚姻に必要な規模の集団を維持できていたとみられる。石材構成が遺跡単位で異なることからみて，資源利用の限界性と相まって単位集団間の紐帯は弱く孤独な様相が見とおされる。

　資源利用の限界性に関連して，第2′群の武蔵野台地の遺跡分布は台地外縁部に偏る傾向がある。技術装備が少ないなか，旧石器人は外縁部の低地，河原との境界に繁る低木周辺の植物採集やそれにまつわる小動物群の捕獲利用が主体で，武蔵野台地全体のあらゆる生態資源を利用することはできなかったのではないか。パッチ的にしか資源を獲得できない限界性，第4群にみる道具の充実，土地利用の拡大と比較すると第2′群の拡大，発展できない限界性が垣間みられる。

　第2′群の単位集団は短期間，すなわち一定量の近傍の石材を消費しきる期間では武蔵野台地内あるいはそれに大宮台地内を加えた範囲を生業領域としつつも，中長期的には関東平野，少なくとも赤城山麓から相模野台地までの西関東地方の範囲を回遊，場合によっては東関東地方「下野－北総回廊」（国武 2008）へも展開する姿を想起できよう（図4‐3）。したがって，関東地方各地のそれらは同一の集団を構成していたものと思われる。

　寒冷化へ向かう環境のなかで，技術装備も万全ではなく単位集団間の紐帯が弱いとなれば，突発的な環境変動，感染症や冷害，虫害などに対する抵抗力は弱く，単位集団はつねに滅失のリスクのなかにあったものと思われる。第2′群の石器集中部は第Ⅶ層のなかで第Ⅶ層下部に偏り第Ⅶ層上部に少ないことから，第2′群の単位集団は次第にその数を減らし継続が難しくなっていったものと理解できる。図4‐4上段に示すイメージどおり，後期旧石器時代初頭期（第1群）からの「前半期」行動様態は人口の低減に拍車がかかり破綻，第Ⅶ層

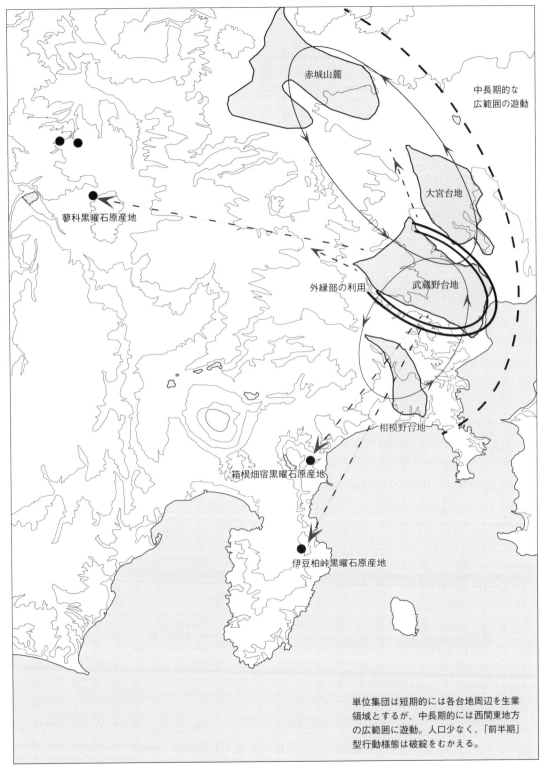

図4-3 第2′群の行動様態

第4章 新たな遺跡構造論　217

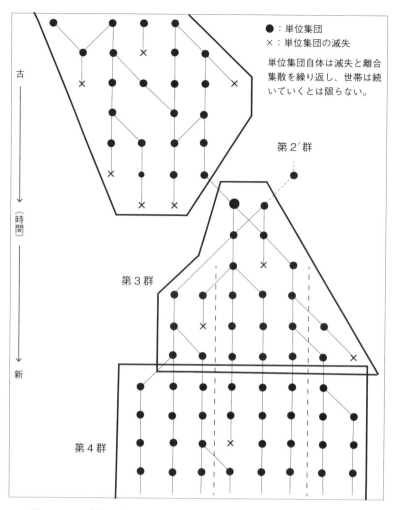

図 4 − 4 　武蔵野台地とその周辺の第 2′ 群から第 4 群への変遷モデル

上部相当の時期に断絶した。

2　特異な行動戦略 ―第 3 群―

　第 2′ 群の破綻に次いで生まれたのは，信州黒曜石利用というまったく新しい石材戦略であった。

　第 3 群は信州黒曜石，特に和田峠系黒曜石の利用が最大の特徴である。黒曜石枯渇時の代替となる石材があまり存在していないことから，つねに武蔵野台地と信州黒曜石原産地周辺を直接往還，もしくは常時選抜隊を派遣し黒曜石の確保に努めていたと考えられる。大宮台地もその一環かもしれない。この行動様態はどこから生まれたのであろうか。もしその行

動様態が関東平野において生まれたならば，第2′群の単位集団が次第に減失していく低人
口の状態のなかで行動様態を変革することで生き残ろうとした集団があったのではないか
（図4－4中段）。あるいは和田峠黒曜石原産地側に居住する単位集団が起源だろうか。いず
れにせよ，それを信州－武蔵野台地間を起点にその集団は数を増やしていったのであろう。

　信州黒曜石の利用は武蔵野台地だけに限らず，赤城山麓から相模野台地まで，さらには東
関東地方の下総台地にまで展開している。しかし赤城山麓，相模野台地では信州黒曜石の利
用でない遺跡・石器集中部も認められる。相模野台地では寺尾遺跡第Ⅵ文化層でこそ和田峠
系黒曜石が利用されているが，柏峠黒曜石を利用する事例も多い。このように地域の特性と
して，近傍の石材へ置換する行動様態を見ることができる。ひるがえってみれば武蔵野台地
だけは信州黒曜石との関係が濃厚で，それが武蔵野台地の特徴であろう（図4－5）。

　第3群の石器集中部件数等は第2′群とほとんど変わらない。しかしその存続期間は第2′
群の半分以下あるいは1/4しかなく，そのぶんだけ人口規模の拡大が進んだものと思われ，
その拡大のまま第4群へ通じていく。ところで第3群は第2′群，第4群とは出土層序によ
って区分できるが，黒曜石を主体的に組成するから明確なだけで，実際には出土層序だけか
らでは判断できない一面もあった。そうした意味で，この群別は画然とした時期差であるも
のではなく，若干の時間的重複を伴うものと見るほうが整合的である。

3　地域性の確立と信州集団の移入―第4群―

　第4群の初頭の様相については明確には示しえないが，第3群とは連続的であると考え
られる。中間的様相として相模野台地の湘南藤沢キャンパス内遺跡第Ⅴ文化層があげられる
が，武蔵野台地でも第Ⅴ層下部を出土層序とする東京天文台構内遺跡第Ⅴ層文化も中間的様
相を示している。黒曜石は石材組成の約46％で，斜刃形二側縁加工ナイフ形石器と円形掻
器を組成する。第3群と第4群のどちらにも含めることができなかった石器群である。武
蔵野台地に限らず，赤城山麓を含め西関東地方ではこの時期に遺跡が増加，おそらく人口規
模が拡大したものと思われる。これから進む人口拡大と社会性の発展に先がけ，リスクの高
い長距離移動，遠隔地の信州黒曜石への依存を放棄，より近傍の石材でまかなうことにした
ものと考えられ，であるからこそ石材以外の石器群の特徴に連続性が看取できるものと理解
している（図4－4下段）。

　利用石材は，信州黒曜石から伊豆・箱根黒曜石と近傍のチャートへ変化した。伊豆・箱根
のうちでも，最初期は箱根系であったものが柏峠へシフトしている。

　武蔵野台地では台地内の，あるいは台地の南北半分の比較的狭い範囲で遊動し，単位集団
の一か所での滞在期間が長期化しまた複数回回帰できる様態に至った。それは道具の種類が
増えるなど技術進化によって，台地外縁部から台地中心部，奥部への進出が可能となり多種

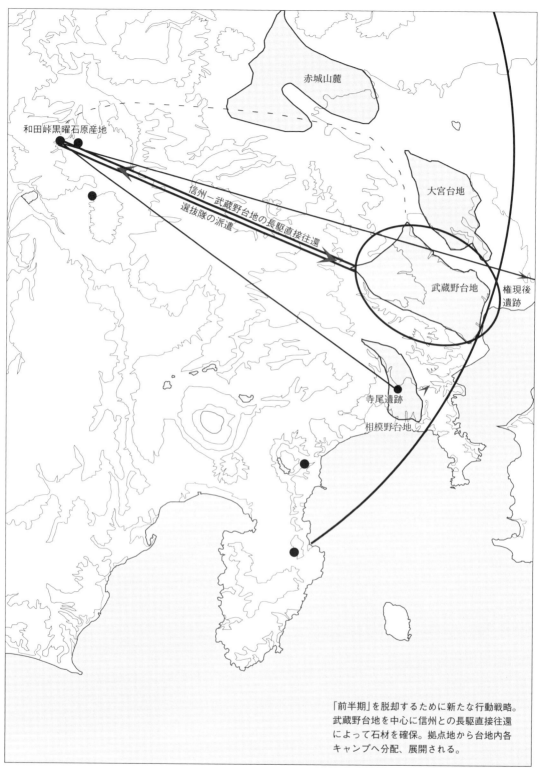

図4-5 第3群の行動様態

の食料，資源の利用が可能になったことと一体である。細区画的資源利用，領域性の確立として表現される。集団の強靱化によって，第2′群の場合のような突発的な環境変動，災害による単位集団の滅失も減っていったのであろう。

　あるいは武蔵野台地をひとくくりにはできずに，武蔵野台地多摩川側と武蔵野台地荒川側（大宮台地も加えて）の二つの領域が形成された可能性も考えられる。そうした領域性の確立は第4群初頭に一度の獲得した特性ではなく，連続的な人口規模拡大と相まって第4群の期間を通じて徐々に形成されていったと思われる。であるからこそ，第4b群で遺跡が増加したよう見えるのだろう。地域性，領域性が確立し人口拡大が始まれば，第2′群から第3群への遷移のような行動様態の突然変異も起こりにくい。

　領域性の確立として，わずか数個の単位集団しかなかったとしても武蔵野台地もしくは大宮台地，多摩丘陵，東京低地の一部などの周辺地域を含めて単位集団の生業領域が完結しつつ，一方で西関東地方各地との移動，交流，婚姻機会のチャンネルを維持されていたのであろう。ただ後半に向かっての人口規模の拡大は武蔵野台地での特徴であって，西関東地方の他の地域，特に相模野台地では看取できなかった。相模野台地ではその後半に何らかの理由によって無人期間が現れたと解釈できる。といっても，相模野台地自体は狭く，下末吉台地，多摩丘陵，三浦丘陵の一部，場合によっては相模川対岸の中津原台地，伊勢原台地の一部を含めて生業領域を形成したと考えられる。

　本書では武蔵野台地と大宮台地，赤城山麓の丘陵・台地，相模野台地しか扱わなかったが，相模川－中川間の西関東地方には他にも南に多摩丘陵，下末吉台地，三浦丘陵，北に入間台地，加治丘陵，岩殿丘陵，比企丘陵，北武蔵台地，荒川低地，現加須低地から東京低地，そして可動範囲は狭いが現東京湾内がある。それらは発掘調査件数が少ないもしくは皆無で詳細はわからないが，おそらく旧石器人はそうした所も含めて広く展開していたものと考えられる。それらを含めて広域に展開していた姿を想像すれば，よしんばある台地で無人，利用できない時間があったとしても，他の台地に集住していて，結果全体としては変化していないとも言えよう（図4－6）。

　そして第4群の後半もしくは終盤になると，武蔵野台地に「信州黒曜石－削片系両面調整石器製作技術システム」の荷担者集団がやってくる。面取尖頭器を製作する集団である。その荷担者集団は半製品を用意して，武蔵野台地外縁部にその完成品製作場を設置した。彼らはもともと武蔵野台地にいた第4群の荷担者集団とは異なる信州に拠点をもつ人々であり，領域性を確立した地元の集団のなかにすぐに入り込むことはできなかったのだろう。しかし，次第に元からの集団と融合し，面取尖頭器が近傍の石材で製作されるようになる。ただし，その信州の荷担者集団は東海地方から北陸地方，東北地方までそのシステムを広めるが，その独自度，地域集団との融合度は各地域で異なるようである。

　第2′群から第3群へ，第3群から第4群へ，そして「信州黒曜石－削片系両面調整石器

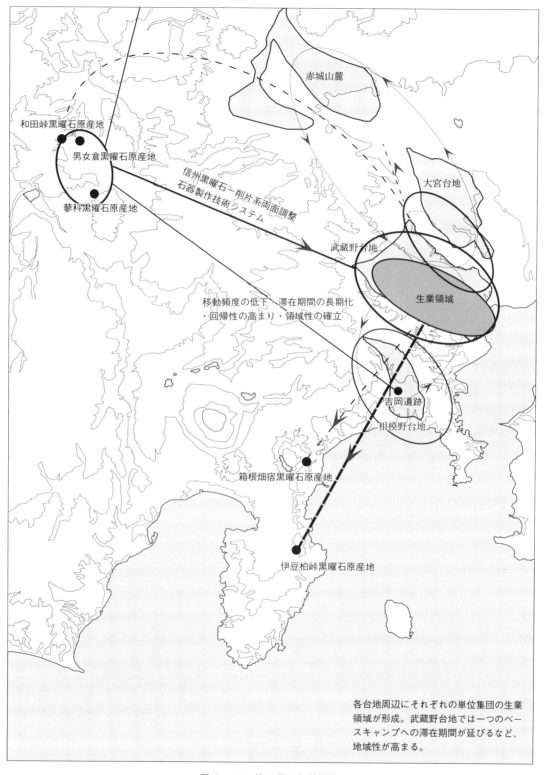

図4−6　第4群の行動様態

製作技術システム」の登場は信州黒曜石が絡んだ石材構成の変化であった。それらを分かつものはすべて黒曜石利用の一点だけでもある。石器の分析であるから石器をめぐるイベントでしか変化の様態を測ることはできないが，おそらくは石器以外のイベントにはまた違った様相があったのかもしれない。礫群についてまったく言及することがなかったが，そこにも違ったイベントが潜んでいよう。いずれにせよ地域内で一線的に進化し石器が変化していくわけではなく，集団の変異，移動によってダイナミックに変化していく様がより実態に近いと思われる。

　武蔵野台地においては従来の編年自体とまったく齟齬はなかったが，石器文化編年だけではわからないダイナミックな変化の様相が見てとることができた。こうした「数十㎢」範囲の地域性は，おそらく他の日本列島各地でも確認できるものであろう。富樫が静岡県磐田原台地でそれを見出したものはその一つである（富樫 2016）。さらに一言すれば，日本列島に限らず大陸においても中緯度地帯であれば，おそらく同様な地域性が見出せると考えられよう。平準な土地であるならば，その単位は「数十㎢」よりも広範囲であるかもしれないが。

註

1) 別表8ではL2出土分も集成し，本表で掲載する。また寺尾遺跡第Ⅵ文化層の報告書では，2aブロック，2bブロック……，3aブロック，3bブロック……の単位で器種組成を示している一方で，石材組成は2aブロック，2bブロック……を2ブロック等とまとめている。本表でもそれに従っている。

2) 玉川文化財研究所の麻生順司氏の御教示による。記して感謝する。

3) 相模野台地L2の空白期に対して，武蔵野台地では第4b群と第5群の間の空隙はない。図1-7に示したとおり第4b群と第5群の出土層序は連続的である。このことは第5群の始まりの状況を理解する上で重要と考えられる。

4) 相模野台地の面取尖頭器はB1U（B1層上部）より上層からも多量に出土する。ただ槍先形尖頭器石器群との判別が難しいこともあるが，武蔵野台地の面取尖頭器，「第4b群から第5群（砂川期）のどこかまで」に対応する範囲を抽出するものである。

5) 堤氏の御教示による。記して感謝する。

別表 1　2013年以降の放射性炭素年代測定値一覧

エリア	市町村	遺跡	地点	出土位置	層序	試料	δ¹³C
2	北区	桐ケ丘遺跡	GN02街区調査区	7－Y 2－S8a	IV下層	炭化物	-27.05 ± 0.34
2	北区	桐ケ丘遺跡	GN02街区調査区	7－Y 2－S8a	IV下層	炭化物	-27.30 ± 0.31
2	北区	桐ケ丘遺跡	GN02街区調査区	13－S 4－S2	VII層	炭化物	-25.29 ± 0.27
2	北区	桐ケ丘遺跡	GN02街区調査区	13－S 4－S2	VII層	炭化物	-22.79 ± 0.32
2	北区	桐ケ丘遺跡	GN02街区調査区	13－S 4－S2	VII層	炭化物	-24.52 ± 0.29
2	北区	桐ケ丘遺跡	GN02街区調査区	4AA	IX層	炭化物	-25.04 ± 0.33
2	北区	桐ケ丘遺跡	GN02街区調査区	4Z	IX層	炭化物	-25.82 ± 0.32
2	北区	桐ケ丘遺跡	GN02街区調査区	4Z	IX層	炭化物	-23.00 ± 0.27
2	北区	桐ケ丘遺跡	GN02街区調査区	4Z	IX層	炭化物	-24.11 ± 0.30
2	北区	桐ケ丘遺跡	GN02街区調査区	4Z	IX層	炭化物	-24.14 ± 0.30
2	北区	桐ケ丘遺跡	GN02街区調査区	4Z	IX層	炭化物	-24.70 ± 0.31
2	北区	桐ケ丘遺跡	GN02街区調査区	6Z	VII層	炭化物	-23.97 ± 0.29
2	北区	桐ケ丘遺跡	GN02街区調査区	6Z	IX層	炭化物	-25.39 ± 0.32
2	北区	桐ケ丘遺跡	GN02街区調査区	6Z	IX層	炭化物	-24.76 ± 0.31
2	北区	桐ケ丘遺跡	GN02街区調査区	6Z	IX層	炭化物	-27.45 ± 0.30
2	北区	桐ケ丘遺跡	GN02街区調査区	6Z	IX層	炭化物	-24.00 ± 0.31
2	北区	桐ケ丘遺跡	GN02街区調査区	7－Y 2－S8a	IV層下	炭化物	-24.32 ± 0.35
2	北区	桐ケ丘遺跡	GN02街区調査区	8・9－Z区	VI層	炭化物	-26.37 ± 0.47
2	北区	桐ケ丘遺跡	GN02街区調査区	12－Q区	VII層	炭化物	-26.00 ± 0.35
2	北区	桐ケ丘遺跡	GN02街区調査区	12－Q区	VII層	炭化物	-27.46 ± 0.24
2	北区	桐ケ丘遺跡	GN02街区調査区	4－Z区	IX層	炭化物	-25.52 ± 0.33
3	世田谷区	廻沢北遺跡	第8次調査区	TP10	IX層	炭化材（カバノキ属）	-25.79 ± 0.69
3	世田谷区	廻沢北遺跡	第8次調査区	TP10	IX層	炭化材（広葉樹）	-26.24 ± 0.58
3	杉並区	白幡遺跡	集合住宅建設工事区	VI層1号炭化物集中部	VI層	炭化材（イヌエンジュ）	-24.48 ± 0.67
3	杉並区	白幡遺跡	集合住宅建設工事区	VI層2号炭化物集中部	VI層	炭化材（広葉樹）	-23.92 ± 0.67
3	杉並区	白幡遺跡	集合住宅建設工事区	IX層1号炭化物集中部	IX層	炭化材（広葉樹（環孔材））	-26.83 ± 0.60
3	杉並区	白幡遺跡	集合住宅建設工事区	IX層2号炭化物集中部	IX層	炭化材（クリ近似種）	-24.88 ± 0.62
3	杉並区	白幡遺跡	集合住宅建設工事区	IX層3号炭化物集中部	IX層	炭化材（バラ科ナシ亜科）	-23.76 ± 0.33
3	杉並区	白幡遺跡	集合住宅建設工事区	IX層4号炭化物集中部	IX層	炭化材（クリ近似種）	-23.88 ± 0.53
3	杉並区	向ノ原遺跡	第3次調査区	BL7－1（面取尖頭器）	IV層中部	炭化材	-26.87 ± 0.19
3	杉並区	向ノ原遺跡	第3次調査区	BL7－1（面取尖頭器）	IV層中部	炭化材	-25.66 ± 0.23
3	杉並区	向ノ原遺跡	第3次調査区	BL7－1（面取尖頭器）	IV層中部	炭化材	-24.31 ± 0.29
3	杉並区	向ノ原遺跡	第3次調査区	BL13	IV層中部	炭化材	-25.27 ± 0.22
3	杉並区	向ノ原遺跡	第3次調査区	BL13	IV層中部	炭化材	-25.03 ± 0.27
3	杉並区	向ノ原遺跡	第3次調査区	BL11	IV層中部	炭化材	-27.22 ± 0.18
3	杉並区	向ノ原遺跡	第3次調査区	BL12	IV層中部	炭化材	-26.08 ± 0.18
3	杉並区	向ノ原遺跡	第3次調査区	BL13	IV層中部	炭化材	-26.68 ± 0.21
3	杉並区	向ノ原遺跡	第3次調査区	BL9	IV層中部	炭化材	-26.72 ± 0.27
3	武蔵野市	吉祥寺南町1丁目	X地点		X層	炭化物	-26.7 ± 0.3
3	武蔵野市	吉祥寺南町1丁目	E地点	2号礫群	IV層上	炭化物	-27.3 ± 0.4
3	武蔵野市	吉祥寺南町1丁目	E地点	2号礫群	IV層上	炭化物	-25.6 ± 0.2

試料番号または試料名	測定番号	¹⁴C年代	較正年代（2σ）	IntCAL	分析機関等	報告書
	IAAA−131886	22,520 ± 80 BP	27170 calBP−26540 calBP	IntCAL13	加速器分析研究所	145
	IAAA−131887	22,090 ± 70 BP	26550 calBP−26060 calBP	IntCAL13	加速器分析研究所	145
	IAAA−131888	27,490 ± 100 BP	31490 calBP−31100 calBP	IntCAL13	加速器分析研究所	145
	IAAA−131889	27,690 ± 110 BP	31650 calBP−31190 calBP	IntCAL13	加速器分析研究所	145
	IAAA−131891	27,250 ± 110 BP	31360 calBP−31000 calBP	IntCAL13	加速器分析研究所	145
	IAAA−131892	27,890 ± 110 BP	31930 calBP−31300 calBP	IntCAL13	加速器分析研究所	145
	IAAA−131894	30,090 ± 120 BP	34440 calBP−33860 calBP	IntCAL13	加速器分析研究所	145
)	IAAA−131895	30,300 ± 130 BP	34620 calBP−34010 calBP	IntCAL13	加速器分析研究所	145
1	IAAA−131896	29,260 ± 120 BP	33380 calBP−33150 calBP	IntCAL13	加速器分析研究所	145
2	IAAA−131897	30,470 ± 130 BP	34750 calBP−34130 calBP	IntCAL13	加速器分析研究所	145
3	IAAA−131898	29,840 ± 120 BP	34200 calBP−33700 calBP	IntCAL13	加速器分析研究所	145
4	IAAA−131899	27,490 ± 110 BP	31500 calBP−31110 calBP	IntCAL13	加速器分析研究所	145
5	IAAA−131900	27,300 ± 100 BP	31020 calBP−31020 calBP	IntCAL13	加速器分析研究所	145
5	IAAA−131901	27,210 ± 100 BP	31340 calBP−30980 calBP	IntCAL13	加速器分析研究所	145
7	IAAA−131902	26,950 ± 100 BP	30840 calBP−30840 calBP	IntCAL13	加速器分析研究所	145
8	IAAA−131903	27,800 ± 110 BP	31810 calBP−31250 calBP	IntCAL13	加速器分析研究所	145
KKO_1	YU−2302	22,080 ± 70 BP	26540 calBP−26060 calBP	IntCAL13	小林謙一・山形大学 YU−AMS グループ	145
KKO_4	YU−2303	23,630 ± 80 BP	27900 calBP−27580 calBP	IntCAL13	小林謙一・山形大学 YU−AMS グループ	145
KKO_7	YU−2304	25,690 ± 90 BP	30270 calBP−29490 calBP	IntCAL13	小林謙一・山形大学 YU−AMS グループ	145
KKO_8	YU−2305	28,180 ± 110 BP	32500 calBP−28540 calBP	IntCAL13	小林謙一・山形大学 YU−AMS グループ	145
KKO_23	YU−2306	30,420 ± 120 BP	34700 calBP−34100 calBP	IntCAL13	小林謙一・山形大学 YU−AMS グループ	145
50	IAAA−141378	25,310 ± 100 BP	29644 calBP−29021 calBP	IntCAL13	パリノ・サーヴェイ株式会社	119
38	IAAA−141379	25,310 ± 100 BP	29803 calBP−29132 calBP	IntCAL13	パリノ・サーヴェイ株式会社	119
.0793	1 AAA−141283	25,530 ± 100 BP	30084 calBP−29320 calBP	IntCAL13	パリノ・サーヴェイ株式会社	131
.2996	1 AAA−141279	25,180 ± 100 BP	29550 calBP−28937 calBP	IntCAL13	パリノ・サーヴェイ株式会社	131
.0519	1 AAA−141280	28,100 ± 120 BP	32362 calBP−31426 calBP	IntCAL13	パリノ・サーヴェイ株式会社	131
.1340	1 AAA−141282	29,890 ± 110 BP	34251 alBP−33723 calBP	IntCAL13	パリノ・サーヴェイ株式会社	131
.1680	1 AAA−141281	26,570 ± 110 BP	31049 calBP−30630 calBP	IntCAL13	パリノ・サーヴェイ株式会社	131
.2967	1 AAA−1412788	27,420 ± 130 BP	31473 calBP−31070 calBP	IntCAL13	パリノ・サーヴェイ株式会社	131
)_10419	IAAA−190419	20,760 ± 80 BP	25289 calBP−24597 calBP	IntCAL13	加速器分析研究所	138
_10428	IAAA−190420	19,970 ± 70 BP	24257 calBP−23784 calBP	IntCAL13	加速器分析研究所	138
2_10460	IAAA−190421	19,810 ± 70 BP	24092 calBP−23607 calBP	IntCAL13	加速器分析研究所	138
7_12800	IAAA−190426	21,970 ± 90 BP	26433 calBP−25955 calBP	IntCAL13	加速器分析研究所	138
7_12801	IAAA−190427	19,640 ± 70 BP	23921 calBP−23405 calBP	IntCAL13	加速器分析研究所	138
7_13197	IAAA−190428	20,980 ± 80 BP	25568 calBP−25090 calBP	IntCAL13	加速器分析研究所	138
7_13282	IAAA−190429	20,950 ± 80 BP	25544 calBP−25053 calBP	IntCAL13	加速器分析研究所	138
7_14755	IAAA−190430	21,000 ± 80 BP	25583 calBP−25115 calBP	IntCAL13	加速器分析研究所	138
7_14798	IAAA−190431	20,980 ± 80 BP	25575 calBP−25097 calBP	IntCAL13	加速器分析研究所	138
KMSN−C5	TKA−21565	23,632 ± 67 BP	27889 calBP−27677 calBP	IntCAL20	小林謙一・東京大学総合研究博物館放射性炭素測定室	188
KMSN−C8	TKA−21568	19,020 ± 50 BP	23048 calBP−22878 calBP	IntCAL20	小林謙一・東京大学総合研究博物館放射性炭素測定室	188
KMSN−C9	TKA−22836	19,679 ± 59 BP	23842 calBP−23705 calBP	IntCAL20	小林謙一・東京大学総合研究博物館放射性炭素測定室	188

別　表　225

エリア	市町村	遺跡	地点	出土位置	層序	試料	δ¹³C
3	武蔵野市	吉祥寺南町1丁目	E地点	2号礫群	IV層上	炭化物	-26.0 ± 0.3
3	武蔵野市	吉祥寺南町1丁目	E地点	2号礫群	IV層上	炭化物	-24.1 ± 0.3
3	武蔵野市	吉祥寺南町1丁目	E地点	K-8区	IV層上	炭化物	-26.5 ± 0.3
3	武蔵野市	吉祥寺南町1丁目	E地点	K-8区	IV層上	炭化物	-25.6 ± 0.2
3	武蔵野市	吉祥寺南町1丁目	E地点	2号礫群	IV層上	炭化物	-25.2 ± 0.2
3	武蔵野市	吉祥寺南町1丁目	E地点	2号礫群	IV層上	炭化物	-22.3 ± 0.2
3	武蔵野市	吉祥寺南町1丁目	E地点	2号礫群	IV層上	炭化物	-26.1 ± 0.2
3	武蔵野市	吉祥寺南町1丁目	E地点	2号礫群	IV層上	炭化物	-23.8 ± 0.3
3	武蔵野市	吉祥寺南町1丁目	E地点	D-6区	IV層上	炭化物	-27.4 ± 0.3
3	武蔵野市	吉祥寺南町1丁目	E地点	2号礫群	IV層上	炭化物	-24.2 ± 0.2
3	武蔵野市	吉祥寺南町1丁目	E地点	B-6区	IV層上	炭化物	-25.2 ± 0.2
3	武蔵野市	吉祥寺南町1丁目	E地点	B-6区	IV層上	炭化物	-25.4 ± 0.4
3	武蔵野市	吉祥寺南町1丁目	E地点	3号礫群	IV層上	炭化物	-27.0 ± 0.5
3	武蔵野市	吉祥寺南町1丁目	E地点	E-7区	IV層上	炭化物	-22.9 ± 0.3
3	武蔵野市	吉祥寺南町1丁目	E地点	E-7区	IV層上	炭化物	-26.2 ± 0.4
3	武蔵野市	吉祥寺南町1丁目	E地点	J-8区	IV層下	炭化物	-27.0 ± 0.4
3	武蔵野市	吉祥寺南町1丁目	E地点	D-5区	IV層上	炭化物	-25.6 ± 0.4
3	武蔵野市	吉祥寺南町1丁目	E地点	D-5区	IV層上	炭化物	-23.2 ± 0.4
3	武蔵野市	吉祥寺南町1丁目	E地点	6号礫群	IV層下	炭化物	-23.7 ± 0.3
3	武蔵野市	吉祥寺南町1丁目	E地点	6号礫群	IV層下	炭化物	-27.7 ± 0.4
3	武蔵野市	吉祥寺南町1丁目	E地点	E-6区	IV層上	炭化物	-28.5 ± 0.4
3	武蔵野市	吉祥寺南町1丁目	E地点	E-6区	IV層上	炭化物	-23.9 ± 0.4
3	武蔵野市	吉祥寺南町1丁目	E地点	E-5区	IV層上	炭化物	-27.4 ± 0.4
3	武蔵野市	吉祥寺南町1丁目	E地点	2号礫群	IV層上	炭化物	-20.3 ± 0.3
3	武蔵野市	吉祥寺南町1丁目	E地点	J-7区	IV層上	炭化物	-27.9 ± 0.4
4	三鷹市	羽根沢台遺跡	III所収区		X層	炭化物	-24.53 ± 0.27
4	三鷹市	羽根沢台遺跡	III所収区		X層	炭化物	-25.57 ± 0.29
4	調布市	下原・富士見町遺跡		C550	VI層	炭化材（クリ―コナラ節）	-28.18 ± 0.13
4	調布市	下原・富士見町遺跡		C436	A2層	炭化材（クリ―シイノキ属―コナラ属コナラ節）	-25.58 ± 0.14
4	調布市	下原・富士見町遺跡		C436	A2層	炭化材（クリ―シイノキ属―コナラ属コナラ節）	-24.17 ± 0.13
4	調布市	下原・富士見町遺跡		C436	A2層	炭化材（コナラ属コナラ亜属）	-23.77 ± 0.12

試料番号または 試料名	測定番号	^{14}C年代	較正年代（2σ）	IntCAL	分析機関等	報告書
KMSN−C10	TKA−22837	19,119 ± 55 BP	23141 calBP − 22923 calBP	IntCAL20	小林謙一・東京大学総合研究 博物館放射性炭素測定室	188
KMSN−C11	TKA−22838	19,634 ± 57 BP	23820 calBP − 23694 calBP	IntCAL20	小林謙一・東京大学総合研究 博物館放射性炭素測定室	188
KMSN−C12	TKA−21569	19,153 ± 52 BP	23176 calBP − 22936 calBP	IntCAL20	小林謙一・東京大学総合研究 博物館放射性炭素測定室	188
KMSN−C13	TKA−22839	19,128 ± 54 BP	23150 calBP − 22927 calBP	IntCAL20	小林謙一・東京大学総合研究 博物館放射性炭素測定室	188
KMSN−C15	TKA−22840	19,689 ± 57 BP	23845 calBP − 23708 calBP	IntCAL20	小林謙一・東京大学総合研究 博物館放射性炭素測定室	188
KMSN−C19	TKA−22841	19,824 ± 55 BP	23979 calBP − 23745 calBP	IntCAL20	小林謙一・東京大学総合研究 博物館放射性炭素測定室	188
KMSN−C20	TKA−22842	19,556 ± 56 BP	23788 calBP − 23661 calBP	IntCAL20	小林謙一・東京大学総合研究 博物館放射性炭素測定室	188
KMSN−C21	TKA−22843	19,944 ± 60 BP	24163 calBP − 23807 calBP	IntCAL20	小林謙一・東京大学総合研究 博物館放射性炭素測定室	188
KMSN−C22	TKA−21570	19,831 ± 54 BP	23990 calBP − 23749 calBP	IntCAL20	小林謙一・東京大学総合研究 博物館放射性炭素測定室	188
KMSN−C25	TKA−22844	19,923 ± 57 BP	24144 calBP − 23796 calBP	IntCAL20	小林謙一・東京大学総合研究 博物館放射性炭素測定室	188
KMSN−C28	TKA−22845	19,620 ± 57 BP	23815 calBP − 23689 calBP	IntCAL20	小林謙一・東京大学総合研究 博物館放射性炭素測定室	188
KMSN−C29	TKA−21571	19,273 ± 50 BP	23685 calBP − 23607 calBP	IntCAL20	小林謙一・東京大学総合研究 博物館放射性炭素測定室	188
KMSN−C30	TKA−21572	19,221 ± 57 BP	23660 calBP − 23633 calBP	IntCAL20	小林謙一・東京大学総合研究 博物館放射性炭素測定室	188
KMSN−C31	TKA−22846	19,725 ± 58 BP	23869 calBP − 23715 calBP	IntCAL20	小林謙一・東京大学総合研究 博物館放射性炭素測定室	188
KMSN−C32	TKA−21573	19,686 ± 51 BP	23841 calBP − 23710 calBP	IntCAL20	小林謙一・東京大学総合研究 博物館放射性炭素測定室	188
KMSN−C33	TKA−21574	19,251 ± 52 BP	23672 calBP − 23620 calBP	IntCAL20	小林謙一・東京大学総合研究 博物館放射性炭素測定室	188
KMSN−C34	TKA−21575	19,339 ± 50 BP	23715 calBP − 23571 calBP	IntCAL20	小林謙一・東京大学総合研究 博物館放射性炭素測定室	188
KMSN−C35	TKA−22847	19,418 ± 55 BP	23745 calBP − 23503 calBP	IntCAL20	小林謙一・東京大学総合研究 博物館放射性炭素測定室	188
KMSN−C36	TKA−22848	22,220 ± 68 BP	26912 calBP − 26578 calBP	IntCAL20	小林謙一・東京大学総合研究 博物館放射性炭素測定室	188
KMSN−C37	TKA−21576	22,221 ± 62 BP	26910 calBP − 26582 calBP	IntCAL20	小林謙一・東京大学総合研究 博物館放射性炭素測定室	188
KMSN−C38	TKA−21577	20,049 ± 54 BP	24228 calBP − 23874 calBP	IntCAL20	小林謙一・東京大学総合研究 博物館放射性炭素測定室	188
KMSN−C39	TKA−22849	19,664 ± 57 BP	23835 calBP − 23701 calBP	IntCAL20	小林謙一・東京大学総合研究 博物館放射性炭素測定室	188
KMSN−C40	TKA−21578	19,723 ± 51 BP	23863 calBP − 23717 calBP	IntCAL20	小林謙一・東京大学総合研究 博物館放射性炭素測定室	188
KMSN−C41	TKA−21579	19,410 ± 51 BP	23743 calBP − 23515 calBP	IntCAL20	小林謙一・東京大学総合研究 博物館放射性炭素測定室	188
KMSN−C42	TKA−21580	19,309 ± 53 BP	23705 calBP − 23585 calBP 23379 calBP − 23022 calBP	IntCAL20	小林謙一・東京大学総合研究 博物館放射性炭素測定室	188
KMTH−1	YU−1773	30,130 ± 140 BP	34503 calBP − 33871 calBP	IntCAL13	小林謙一・山形大学YU− AMSグループ	206
KMTH−2	YU−1774	30,280 ± 140 BP	34619 calBP − 33974 calBP	IntCAL13	小林謙一・山形大学YU− AMSグループ	206
118901	PLD−19721	22,058 ± 64 BP	26503 calBP − 26042 calBP	IntCAL13	パレオ・ラボAMS年代測定 グループ	217
043792	PLD−19722	21,191 ± 641 BP	25731 calBP − 25308 calBP	IntCAL13	パレオ・ラボAMS年代測定 グループ	217
043793	PLD−19723	25,745 ± 82 BP	30320 calBP − 29555 calBP	IntCAL13	パレオ・ラボAMS年代測定 グループ	217
045559	PLD−19724	25,703 ± 80 BP	30265 calBP − 28515 calBP	IntCAL13	パレオ・ラボAMS年代測定 グループ	217

エリア	市町村	遺跡	地点	出土位置	層序	試料	δ¹³C
4	調布市	下原・富士見町遺跡		C436	A2層	炭化材(クリ)	-24.61 ± 0.12
4	調布市	下原・富士見町遺跡		C436	A2層	炭化材(クリ)	-25.64 ± 0.14
4	調布市	下原・富士見町遺跡		C436?	A3層	炭化材(クリ)	-23.77 ± 0.12
4	調布市	下原・富士見町遺跡		C436?	A3層	炭化材(クリ)	-24.16 ± 0.15
4	調布市	下原・富士見町遺跡		C436?	A3層	炭化材(クリ―シイノキ属―コナラ属コナラ節)	-23.39 ± 0.13
4	調布市	下原・富士見町遺跡		C436?	A3層	炭化材(クリ―シイノキ属―コナラ属コナラ節)	-24.78 ± 0.14
4	調布市	下原・富士見町遺跡		C436	A3層	炭化材(クリ―シイノキ属―コナラ属コナラ節)	-23.83 ± 0.12
4	調布市	下原・富士見町遺跡		C457	A3層	炭化材(クリ―シイノキ属―コナラ属コナラ節)	-25.96 ± 0.16
4	調布市	下原・富士見町遺跡		C458	A3層	炭化材(カラマツ―トウヒ属)	-23.85 ± 0.14
4	調布市	下原・富士見町遺跡		C550	VI層	炭化材(クリ―シイノキ属―コナラ属コナラ節)	-25.85 ± 0.14
4	調布市	下原・富士見町遺跡		C550	VI層	炭化材(ハンノキ属)	-24.62 ± 0.13
4	調布市	下原・富士見町遺跡		C550	VI層	炭化材(ニレ属)	-23.96 ± 0.12
4	調布市	下原・富士見町遺跡		G6b	IVc層	炭化(不明)	-28.93 ± 0.26
4	調布市	下原・富士見町遺跡		G6b	IVc層	炭化材(針葉樹)	-29.06 ± 0.25
4	調布市	下原・富士見町遺跡		G6b	IVc層	炭化材(針葉樹)	-28.60 ± 0.24
4	調布市	下原・富士見町遺跡		I5d	IVb層	炭化材(散孔材)	-26.96 ± 0.24
4	調布市	下原・富士見町遺跡		I5d	IVb層	炭化材(散孔材)	-26.86 ± 0.23
4	調布市	下原・富士見町遺跡		I5d	IVb層	炭化材(散孔材)	-28.46 ± 0.24
4	調布市	下原・富士見町遺跡		G5c	IVb層	炭化材(広葉樹)	-26.11 ± 0.24
4	調布市	下原・富士見町遺跡		G5c	IVb層	炭化材(針葉樹)	-28.31 ± 0.24
4	調布市	下原・富士見町遺跡		N11a	IVb層	炭化材(広葉樹)	-25.60 ± 0.24
4	調布市	下原・富士見町遺跡		N11a	IVb層	炭化材(広葉樹)	-26.12 ± 0.27
4	調布市	下原・富士見町遺跡		N11a	IVb層	炭化材(針葉樹)	-24.70 ± 0.23
4	調布市	下原・富士見町遺跡		C9a	IVa層	炭化材(サクラ属)	-26.84 ± 0.24
4	調布市	下原・富士見町遺跡		C9a	IVa層	炭化材(サクラ属)	-28.46 ± 0.31
4	調布市	下原・富士見町遺跡		C9a	IVb層	炭化材(サクラ属)	-26.12 ± 0.23
4	調布市	下原・富士見町遺跡		M4d	IVb層	炭化材(針葉樹)	-27.50 ± 0.23
4	調布市	下原・富士見町遺跡		M4d	IVb層	炭化材(針葉樹)	-24.58 ± 0.17
4	調布市	下原・富士見町遺跡		C620	IVb層	炭化材(針葉樹)	-24.97 ± 0.19
4	調布市	下原・富士見町遺跡		C290	IVb層	炭化材(サクラ属)	-25.47 ± 0.19
4	調布市	下原・富士見町遺跡		C649	IVb層	炭化材(広葉樹)	-28.64 ± 0.18

試料番号または 試料名	測定番号	¹⁴C年代	較正年代（2σ）	IntCAL	分析機関等	報告書
₀045898	PLD-19725	26,401 ± 84 BP	30951 calBP – 30496 calBP	IntCAL13	パレオ・ラボ AMS 年代測定 グループ	217
₀045899	PLD-19726	24,637 ± 77 BP	28877 calBP – 28443 calBP	IntCAL13	パレオ・ラボ AMS 年代測定 グループ	217
₀048143	PLD-19727	26,243 ± 77 BP	30850 calBP – 30310 calBP	IntCAL13	パレオ・ラボ AMS 年代測定 グループ	217
₀048608	PLD-19728	26,063 ± 81 BP	30725 calBP – 29963 calBP	IntCAL13	パレオ・ラボ AMS 年代測定 グループ	217
₀048609	PLD-19729	25,210 ± 78 BP	29532 calBP – 28984 calBP	IntCAL13	パレオ・ラボ AMS 年代測定 グループ	217
₀049113	PLD-19730	24,613 ± 75 BP	28851 calBP – 28425 calBP	IntCAL13	パレオ・ラボ AMS 年代測定 グループ	217
₀052772	PLD-19731	25,942 ± 82 BP	30595 calBP – 29787 calBP	IntCAL13	パレオ・ラボ AMS 年代測定 グループ	217
₀125961	PLD-19732	25,232 ± 79 BP	29554 calBP – 29003 calBP	IntCAL13	パレオ・ラボ AMS 年代測定 グループ	217
₀130164	PLD-19733	27,386 ± 90 BP	31416 calBP – 31066 calBP	IntCAL13	パレオ・ラボ AMS 年代測定 グループ	217
₀116869	PLD-19734	24,604 ± 75 BP	28844 calBP – 28416 calBP	IntCAL13	パレオ・ラボ AMS 年代測定 グループ	217
₀118436	PLD-19735	22,286 ± 64 BP	26849 calBP – 26220 calBP	IntCAL13	パレオ・ラボ AMS 年代測定 グループ	217
₀119584	PLD-19736	24,949 ± 79 BP	29270 calBP – 28708 calBP	IntCAL13	パレオ・ラボ AMS 年代測定 グループ	217
₀70992	PLD-19747	14,011 ± 39 BP	17209 calBP – 16780 calBP	IntCAL13	パレオ・ラボ AMS 年代測定 グループ	217
₀70993	PLD-19748	14,019 ± 39 BP	17224 calBP – 16793 calBP	IntCAL13	パレオ・ラボ AMS 年代測定 グループ	217
₀70994	PLD-21949	13,924 ± 40 BP	17069 calBP – 16629 calBP	IntCAL13	パレオ・ラボ AMS 年代測定 グループ	217
₀71254	PLD-21950	19,567 ± 57 BP	23826 calBP – 23330 calBP	IntCAL13	パレオ・ラボ AMS 年代測定 グループ	217
₀71255	PLD-21951	19,479 ± 56 BP	23692 calBP – 23176 calBP	IntCAL13	パレオ・ラボ AMS 年代測定 グループ	217
₀71374	PLD-21952	19,474 ± 56 BP	23685 calBP – 23167 calBP	IntCAL13	パレオ・ラボ AMS 年代測定 グループ	217
₀75575	PLD-21953	19,459 ± 56 BP	23663 calBP – 23149 calBP	IntCAL13	パレオ・ラボ AMS 年代測定 グループ	217
₀75921	PLD-21954	20,503 ± 60 BP	24894 calBP – 24395 calBP	IntCAL13	パレオ・ラボ AMS 年代測定 グループ	217
₀47600	PLD-21955	20,017 ± 59 BP	24293 calBP – 23870 calBP	IntCAL13	パレオ・ラボ AMS 年代測定 グループ	217
₀50153	PLD-21956	19,962 ± 58 BP	24239 calBP – 23810 calBP	IntCAL13	パレオ・ラボ AMS 年代測定 グループ	217
₀54298	PLD-21957	19,826 ± 56 BP	24080 calBP – 23641 calBP	IntCAL13	パレオ・ラボ AMS 年代測定 グループ	217
₀31479	PLD-21958	1,9739 ± 57 BP	23999 calBP – 23546 calBP	IntCAL13	パレオ・ラボ AMS 年代測定 グループ	217
₀31524	PLD-21959	1,9705 ± 56 BP	23967 calBP – 23510 calBP	IntCAL13	パレオ・ラボ AMS 年代測定 グループ	217
₀39015	PLD-21960	20,726 ± 62 BP	25272 calBP – 24627 calBP	IntCAL13	パレオ・ラボ AMS 年代測定 グループ	217
₀41136	PLD-21961	19,768 ± 60 BP	24028 calBP – 23574 calBP	IntCAL13	パレオ・ラボ AMS 年代測定 グループ	217
管理№21041522	PLD-26198	19,847 ± 57 BP	24103 calBP – 23662 calBP	IntCAL13	パレオ・ラボ AMS 年代測定 グループ	217
管理№22031879	PLD-26199	19,920 ± 58 BP	24191 calBP – 23751 calBP	IntCAL13	パレオ・ラボ AMS 年代測定 グループ	217
管理№22032979	PLD-26200	19,662 ± 57 BP	23927 calBP – 23456 calBP	IntCAL13	パレオ・ラボ AMS 年代測定 グループ	217
管理№21044220	PLD-26201	20,066 ± 56 BP	24336 calBP – 239227 calBP	IntCAL13	パレオ・ラボ AMS 年代測定 グループ	217

別　表　229

エリア	市町村	遺跡	地点	出土位置	層序	試料	$\delta^{13}C$
4	調布市	下原・富士見町遺跡		C649	IV b 層	炭化材（針葉樹）	-25.33 ± 0.21
4	調布市	下原・富士見町遺跡		C532	IV c 層	炭化材（針葉樹）	-25.66 ± 0.17
4	調布市	下原・富士見町遺跡		C532	IV c 層	炭化材（針葉樹）	-26.69 ± 0.18
4	調布市	下原・富士見町遺跡		C532	IV c 層	炭化材（針葉樹）	-27.30 ± 0.18
4	調布市	下原・富士見町遺跡		C534	IV c 層	炭化材（針葉樹）	-25.14 ± 0.20
4	調布市	下原・富士見町遺跡		C534	IV c 層	炭化材（針葉樹）	-27.17 ± 0.18
4	調布市	下原・富士見町遺跡		C063	IV b 層	炭化材（カラマツ―トウヒ属）	-24.71 ± 0.18
4	調布市	下原・富士見町遺跡		C063	IV b 層	炭化材（カラマツ―トウヒ属）	-27.89 ± 0.17
4	調布市	下原・富士見町遺跡		C063	IV c 層	炭化材（針葉樹）	-26.43 ± 0.17
4	調布市	下原・富士見町遺跡		C087	IV c 層	炭化材（カラマツ―トウヒ属）	-26.19 ± 0.17
4	調布市	下原・富士見町遺跡		C087	IV c 層	炭化材（針葉樹）	-26.32 ± 0.20
4	調布市	下原・富士見町遺跡		C438	IV c 層	炭化材（クリ―コナラ属コナラ節）	-25.91 ± 0.19
4	調布市	下原・富士見町遺跡		C438	IV c 層	炭化材（サクラ属）	-26.29 ± 0.17
4	調布市	下原・富士見町遺跡		C438	V 層	炭化材（サクラ属）	-26.99 ± 0.18
4	調布市	下原・富士見町遺跡		C460	V 層	炭化材（クリ―コナラ属コナラ節）	-32.57 ± 0.20
4	調布市	下原・富士見町遺跡		C460	V 層	炭化材（サクラ属）	-26.49 ± 0.17
4	調布市	下原・富士見町遺跡		C072	V 層	炭化材（クリ―コナラ属コナラ節）	-26.71 ± 0.20
4	調布市	下原・富士見町遺跡		C072	V 層	炭化材（クリ―コナラ属コナラ節）	-25.54 ± 0.17
4	調布市	下原・富士見町遺跡		C072	V 層	炭化材（針葉樹）	-25.88 ± 0.18
4	府中市	武蔵台遺跡	都立府中療育センター改築工事地区	炭化物集中5	X a 層	炭化物	-26.10 ± 0.34
4	府中市	武蔵台遺跡	都立府中療育センター改築工事地区	炭化物集中5	X a 層	炭化物	-28.82 ± 0.29
4	府中市	武蔵台遺跡	都立府中療育センター改築工事地区	炭化物集中5	X a 層	炭化物	-30.29 ± 0.28
4	府中市	武蔵台遺跡	都立府中療育センター改築工事地区	炭化物集中5	X a 層	炭化物	-28.03 ± 0.26
4	府中市	武蔵台遺跡	都立府中療育センター改築工事地区	炭化物集中5	X a 層	炭化物	-28.89 ± 0.29
4	府中市	武蔵台遺跡	都立府中療育センター改築工事地区	炭化物集中5	X a 層	炭化物	-29.21 ± 0.28
4	府中市	武蔵台遺跡	都立府中療育センター改築工事地区	炭化物集中5	X b 層	炭化物	-25.88 ± 0.30
4	府中市	武蔵台遺跡	都立府中療育センター改築工事地区	炭化物集中5	X b 層	炭化物	-25.53 ± 0.26
4	府中市	武蔵台遺跡	都立府中療育センター改築工事地区	炭化物集中5	X b 層	炭化物	-26.05 ± 0.29
4	府中市	武蔵台遺跡	都立府中療育センター改築工事地区	炭化物集中5	X b 層	炭化物	-28.26 ± 0.30
4	府中市	武蔵台遺跡	都立府中療育センター改築工事地区	炭化物集中5	X b 層	炭化物	-27.56 ± 0.27
4	府中市	武蔵台遺跡	都立府中療育センター改築工事地区	炭化物集中5	X b 層	炭化物	-26.10 ± 0.26

試料番号または 試料名	測定番号	^{14}C年代	較正年代（2σ）	IntCAL	分析機関等	報告書
管理№.21046578	PLD–26202	20,017 ± 58 BP	24292 calBP–23871 calBP	IntCAL13	パレオ・ラボAMS年代測定グループ	217
管理№.23056678	PLD–26203	20,084 ± 56 BP	24354 calBP–23937 alBP	IntCAL13	パレオ・ラボAMS年代測定グループ	217
管理№.23058222	PLD–26204	19,952 ± 55 BP	24225 calBP–23800 calBP	IntCAL13	パレオ・ラボAMS年代測定グループ	217
管理№.23060053	PLD–26205	20,009 ± 57 BP	24282 calBP–23865 calBP	IntCAL13	パレオ・ラボAMS年代測定グループ	217
管理№.23055490	PLD–26206	19,545 ± 55 BP	23794 calBP–23925 calBP	IntCAL13	パレオ・ラボAMS年代測定グループ	217
管理№.23100431	PLD–26207	19,428 ± 55 BP	23622 calBP–23121 calBP	IntCAL13	パレオ・ラボAMS年代測定グループ	217
管理№.21030317	PLD–26208	19,370 ± 54 BP	23560 calBP–23065 calBP	IntCAL13	パレオ・ラボAMS年代測定グループ	217
管理№.21033244	PLD–26209	19,640 ± 55 BP	23901 calBP–23431 calBP	IntCAL13	パレオ・ラボAMS年代測定グループ	217
管理№.21036429	PLD–26210	19,956 ± 58 BP	24232 calBP–23802 calBP	IntCAL13	パレオ・ラボAMS年代測定グループ	217
管理№.21058765	PLD–26211	19,463 ± 55 BP	23667 calBP–23156 calBP	IntCAL13	パレオ・ラボAMS年代測定グループ	217
管理№.21102758	PLD–26212	19,834 ± 60 BP	24093 calBP–23644 calBP	IntCAL13	パレオ・ラボAMS年代測定グループ	217
管理№.24037315	PLD–26213	20,547 ± 60 BP	25041 calBP–24445 calBP	IntCAL13	パレオ・ラボAMS年代測定グループ	217
管理№.24084053	PLD–26214	20,820 ± 58 BP	25397 calBP–24879 calBP	IntCAL13	パレオ・ラボAMS年代測定グループ	217
管理№.24097322	PLD–26215	23,515 ± 74 BP	27826 calBP–27499 calBP	IntCAL13	パレオ・ラボAMS年代測定グループ	217
管理№.24138203	PLD–26216	19,326 ± 59 BP	23440 calBP–229940 calBP	IntCAL13	パレオ・ラボAMS年代測定グループ	217
管理№.24138366	PLD–26217	19,321 ± 59 BP	23516 calBP–23017 calBP	IntCAL13	パレオ・ラボAMS年代測定グループ	217
管理№.21040757	PLD–26218	21,356 ± 61 BP	25681 calBP–5532 calBP	IntCAL13	パレオ・ラボAMS年代測定グループ	217
管理№.21052780	PLD–26219	21,744 ± 63 BP	26119 calBP–25838 calBP	IntCAL13	パレオ・ラボAMS年代測定グループ	217
管理№.21053173	PLD–26220	21,915 ± 63 BP	26325 calBP–25936 calBP	IntCAL13	パレオ・ラボAMS年代測定グループ	217
No.1（5–28）	IAAA–160960	30,791 ± 135 BP	35019 calBP–34404 calBP	IntCAL13	加速器分析研究所	212
No.2（5–30）	IAAA–160961	30,877 ± 129 BP	35081 calBP–34507 calBP	IntCAL13	加速器分析研究所	212
No.3（5–31）	IAAA–160962	30,978 ± 151 BP	35222 calBP–34557 calBP	IntCAL13	加速器分析研究所	212
No.4（5–33）	IAAA–160963	30,755 ± 131 BP	34980 calBP–34369 calBP	IntCAL13	加速器分析研究所	212
No.5（5–35）	IAAA–160964	30,516 ± 140 BP	34789 calBP–34150 calBP	IntCAL13	加速器分析研究所	212
No.6（5–36）	IAAA–160965	30,789 ± 153 BP	35041 calBP–34367 calBP	IntCAL13	加速器分析研究所	212
No.7（5–39）	IAAA–160966	30,792 ± 129 BP	35011 calBP–34418 calBP	IntCAL13	加速器分析研究所	212
No.8（5–40）	IAAA–160967	30,625 ± 135 BP	34870 calBP–34240 calBP	IntCAL13	加速器分析研究所	212
No.9（5–41）	IAAA–160968	30,971 ± 138 BP	35184 calBP–34568 calBP	IntCAL13	加速器分析研究所	212
No.10（5–42）	IAAA–160969	30,702 ± 144 BP	34946 calBP–34295 calBP	IntCAL13	加速器分析研究所	212
No.11（5–43）	IAAA–160970	30,727 ± 141 BP	34965 calBP–34324 calBP	IntCAL13	加速器分析研究所	212
No.12（5–45）	IAAA–160971	30,648 ± 126 BP	34880 calBP–34270 calBP	IntCAL13	加速器分析研究所	212

エリア	市町村	遺跡	地点	出土位置	層序	試料	$\delta^{13}C$
4	府中市	武蔵台遺跡	都立府中療育センター改築工事地区	炭化物集中5	Ｘb層	炭化物	-28.34 ± 0.28
4	府中市	武蔵台遺跡	都立府中療育センター改築工事地区	炭化物集中5	Ｘb層	炭化物	-29.10 ± 0.22
4	府中市	武蔵台遺跡	都立府中療育センター改築工事地区	炭化物集中1	Ｘb層	炭化物	-26.71 ± 0.26
4	府中市	武蔵台遺跡	都立府中療育センター改築工事地区	炭化物集中1	Ｘb層	炭化物	-24.01 ± 0.33
4	府中市	武蔵台遺跡	都立府中療育センター改築工事地区	炭化物集中1	Ｘb層	炭化物	-27.74 ± 0.29
4	府中市	武蔵台遺跡	都立府中療育センター改築工事地区	炭化物集中1	Ｘb層	炭化物	-25.29 ± 0.23
4	府中市	武蔵台遺跡	都立府中療育センター改築工事地区	炭化物集中2	Ｘb層	炭化物	-26.07 ± 0.32
4	府中市	武蔵台遺跡	都立府中療育センター改築工事地区	炭化物集中2	Ｘb層	炭化物	-23.68 ± 0.26
4	府中市	武蔵台遺跡	都立府中療育センター改築工事地区	炭化物集中2	Ｘb層	炭化物	-22.01 ± 0.27
4	府中市	武蔵台遺跡	都立府中療育センター改築工事地区	炭化物集中2	Ｘb層	炭化物	-22.75 ± 0.22
4	府中市	武蔵台遺跡	都立府中療育センター改築工事地区	炭化物集中2	Ｘb層	炭化物	-22.05 ± 0.24
4	府中市	武蔵台遺跡	都立府中療育センター改築工事地区	炭化物集中3	Ｘb層	炭化物	-22.30 ± 0.25
4	府中市	武蔵台遺跡	都立府中療育センター改築工事地区	炭化物集中3	Ｘb層	炭化物	-23.93 ± 0.27
4	府中市	武蔵台遺跡	都立府中療育センター改築工事地区	炭化物集中3	Ｘb層	炭化物	-24.72 ± 0.29
4	府中市	武蔵台遺跡	都立府中療育センター改築工事地区	炭化物集中3	Ｘb層	炭化物	-28.92 ± 0.26
4	府中市	武蔵台遺跡	都立府中療育センター改築工事地区	炭化物集中6	Ｘc層	炭化物	-22.16 ± 0.27
4	府中市	武蔵台遺跡	都立府中療育センター改築工事地区	炭化物集中7	IX層	炭化物	-25.8 ± 0.4
4	府中市	武蔵台遺跡	都立府中療育センター改築工事地区	炭化物集中7	Ｘb層	炭化物	-30.4 ± 0.3
4	府中市	武蔵台遺跡	都立府中療育センター改築工事地区	炭化物集中7	Ｘc層	炭化物	-26.4 ± 0.4
4	府中市	武蔵台遺跡	都立府中療育センター改築工事地区	炭化物集中7	Ｘa層	炭化物	-24.9 ± 0.4
4	府中市	武蔵台遺跡	都立府中療育センター改築工事地区	炭化物集中7	Ｘb層	炭化物	-18.1 ± 0.3
4	府中市	武蔵台遺跡	都立府中療育センター改築工事地区	炭化物集中7	Ｘa層	炭化物	-23.9 ± 0.4
4	国分寺市	恋ヶ窪東遺跡	第22次調査区	SR6礫群	IV層下部	炭化物（コナラ節）	-27.70 ± 0.26
4	国分寺市	恋ヶ窪東遺跡	第22次調査区	SR12礫群	IV層下部	炭化物（環孔材）	-29.07 ± 0.21

試料番号または 試料名	測定番号	^{14}C年代	較正年代（2σ）	IntCAL	分析機関等	報告書
13（5−46）	IAAA−160972	30,725 ± 142 BP	34965 calBP−34320 calBP	IntCAL13	加速器分析研究所	212
14（5−47）	IAAA−160973	30,890 ± 152 BP	35138 calBP−34482 calBP	IntCAL13	加速器分析研究所	212
15（1−2）	IAAA−160974	31,795 ± 154 BP	36111 calBP−35285 calBP	IntCAL13	加速器分析研究所	212
16（1−3）	IAAA−160975	32,483 ± 156 BP	36809 calBP−36000 calBP	IntCAL13	加速器分析研究所	212
17（1−4）	IAAA−160976	31,609 ± 154 BP	35927 calBP−35069 calBP	IntCAL13	加速器分析研究所	212
18（1−6）	IAAA−160977	31,559 ± 141 BP	35842 calBP−35033 calBP	IntCAL13	加速器分析研究所	212
19（2−8）	IAAA−160978	30.726 ± 137 BP	34960 calBP−34329 calBP	IntCAL13	加速器分析研究所	212
20（2−9）	IAAA−160979	30.789 ± 142 BP	35025 calBP−34390 calBP	IntCAL13	加速器分析研究所	212
21（2−10）	IAAA−160980	30.520 ± 131 BP	34783 calBP−34163 calBP	IntCAL13	加速器分析研究所	212
22（2−11）	IAAA−160981	30.391 ± 144 BP	34701 calBP−34057 calBP	IntCAL13	加速器分析研究所	212
23（2−12）	IAAA−160982	29,114 ± 131 BP	33692 calBP−32950 calBP	IntCAL13	加速器分析研究所	212
24（3−17）	IAAA−160983	31,094 ± 144 BP	35341 calBP−34645 calBP	IntCAL13	加速器分析研究所	212
25（3−18）	IAAA−160984	31,550 ± 146 BP	35840 calBP−35017 calBP	IntCAL13	加速器分析研究所	212
26（3−19）	IAAA−160985	31,345 ± 140 BP	35600 calBP−34848 calBP	IntCAL13	加速器分析研究所	212
27（3−20）	IAAA−160986	32,075 ± 154 BP	36235 calBP−35596 calBP	IntCAL13	加速器分析研究所	212
28（6−38）	IAAA−160987	32,075 ± 160 BP	36331 calBP−35587 calBP	IntCAL13	加速器分析研究所	212
KMBKN_54	TKA−17221	31,710 ± 128 BP	36000 calBP−35222 calBP	IntCAL13	小林謙一　東京大学総合博物 館米田穣教授	212
KMBKN_57	TKA−17222	30,666 ± 120 BP	34889 calBP−34295 calBP	IntCAL13	小林謙一　東京大学総合博物 館米田穣教授	212
KMBKN_61	TKA−17223	31,016 ± 120 BP	35195 calBP−34615 calBP	IntCAL13	小林謙一　東京大学総合博物 館米田穣教授	212
KMBKN_50	TKA−17232	30,724 ± 108 BP	34926 calBP−34373 calBP	IntCAL13	小林謙一　東京大学総合博物 館米田穣教授	212
KMBKN_58	TKA−17233	21,129 ± 91 BP	33673 calBP−33034 calBP	IntCAL13	小林謙一　東京大学総合博物 館米田穣教授	212
KMBKN_60	TKA−17234	25,401 ± 75 BP	29670 calBP−29200 calBP	IntCAL13	小林謙一　東京大学総合博物 館米田穣教授	212
2560		23,050 ± 70 BP	25606 calBP−25219 calBP 27555 calBP−27168 calBP	IntCAL13	パリノ・サーヴェイ株式会社	233
7350		23,040 ± 70 BP	25595 calBP−25216 calBP 27544 calBP−27165 calBP	IntCAL13	パリノ・サーヴェイ株式会社	233

別表2　第2群の石器集中部石器組成

エリア	区市町	遺跡	地点	文化層	石器集中部	出土点数	剥片	石核	R
1	志木市	城山遺跡	第42地点	第2文化層	全1基	10	9		
1	志木市	西原大塚遺跡	第224地点		18号石器集中地点	12	10	1	
1	富士見市	打越遺跡	KA地点		ブロック1基	20	9	1	
1	富士見市	打越遺跡	KC区	第VII層出土の石器群	1号石器集中分布地点	12	9	1	
1	富士見市	打越遺跡	第23地点	VII層	第23号石器集中	7	6		
1	三芳町	中東遺跡	第6地点（4次）	第VII層	石器集中6	41	31		
1	三芳町	中東遺跡	第6地点（4次）	第VII層	石器集中7	72	60	1	
1	三芳町	中東遺跡	第6地点（4次）	第VII層	石器集中8	33	29	1	
1	三芳町	中東遺跡	第6地点（4次）	第VII層	石器集中9	66	53	1	
1	三芳町	藤久保第三遺跡	第2地点	VII層	石器集中4	41	41		
1	三芳町	藤久保第三遺跡	第2地点	VII層	石器集中5	18	14	1	
1	三芳町	藤久保東遺跡	K地点		石器集中1	54	47	6	
1	三芳町	藤久保東遺跡	藤久保第一土地区画整理地区	第VII層	石器集中1	65	57		
1	三芳町	藤久保東遺跡	藤久保第一土地区画整理地区	第VII層	石器集中2	10	9	1	
1	三芳町	藤久保東遺跡	藤久保第一土地区画整理地区	第VII層	石器集中3	22	15	1	5
1	三芳町	藤久保東遺跡	藤久保第一土地区画整理地区	第VII層	石器集中4	19	15	1	
1	三芳町	藤久保東遺跡	藤久保第一土地区画整理地区	第VII層	石器集中5	30	19	1	●
1	三芳町	藤久保東遺跡	藤久保第一土地区画整理地区	第VII層	石器集中6	13	8	1	
1	三芳町	藤久保東遺跡	藤久保第一土地区画整理地区	第VII層	石器集中9	60	57		2
1	三芳町	藤久保東遺跡	藤久保第一土地区画整理地区	第VII層	石器集中10	35	23	3	
1	三芳町	藤久保東遺跡	藤久保第一土地区画整理地区	第VII層	石器集中11	16	13		
1	三芳町	藤久保東遺跡	藤久保第一土地区画整理地区	第VII層	石器集中12	5	3	1	
1	三芳町	藤久保東遺跡	藤久保第一土地区画整理地区	第VII層	石器集中13	15	11	2	
1	三芳町	藤久保東遺跡	藤久保第一土地区画整理地区	第VII層	石器集中14	27	23		
1	三芳町	藤久保東遺跡	藤久保第一土地区画整理地区	第VII層	石器集中15	88	82		
1	三芳町	藤久保東第三遺跡			ユニットT−3	88	68		8
1	三芳町	藤久保東第三遺跡			ユニットT−4	5	5		
1	三芳町	俣塗遺跡	O地点		石器集中1	29	25	1	
1	東久留米市	下里本邑遺跡		第VII層の石器文化	1号ブロック	22	17	2	
1	東久留米市	多聞寺前遺跡		VII層文化層	VIIaブロック	26	22	2	2
1	東久留米市	多聞寺前遺跡		VII層文化層	VIIbブロック	58	49	3	4
1	東久留米市	多聞寺前遺跡		VII層文化層	VIIcブロック	70	63	3	4
1	東久留米市	多聞寺前遺跡		VII層文化層	VIIdブロック	53	41	3	
1	東久留米市	多聞寺前遺跡		VII層文化層	VIIeブロック	102	75	6	2
1	東久留米市	多聞寺前遺跡		VII層文化層	VIIfブロック	16	14		
2	和光市	市場峡・市場上遺跡	第24次調査区		第1号石器集中部	59	52	2	3
2	和光市	市場峡・市場上遺跡	第24次調査区		第2号石器集中部	74	63	2	4
2	和光市	市場峡・市場上遺跡	第24次調査区		第3号石器集中部	32	26		
2	和光市	市場峡・市場上遺跡	第24次調査区		第4号石器集中部	15	11		
2	和光市	花ノ木遺跡		第3文化層	石器集中11	14	11	1	
2	和光市	仏ノ木遺跡	第2次調査区		第1号石器ブロック	39	33	1	3
2	和光市	仏ノ木遺跡	第2次調査区		第2号石器ブロック	58	48		8
2	和光市	柿ノ木坂遺跡	西区	第2文化層	石器集中4	12	12		

ナイフ形石器	スクレイパー	礫石器	その他	器種計	黒曜石	チャート	頁岩	安山岩	ホルンフェルス	凝灰岩	流紋岩	砂岩	他石材	石材計	報告書
				10		2	3	4					1	10	5
			1	12		5	7							12	13
7	1		2	20											31
	2			12											31
1				7		1		1		5				7	28
4		4		41			13	16	2	9			1	41	50
1		1	3	72		21	24	18		8			1	72	50
1				33			10	9	3	11				33	50
		1	2	66	14	2	18	31					1	66	50
				41	41									41	52
1	1		1	18		16	2							18	52
		1		54		52	1	1						54	42
2			1	65		20	12	2	2	28			1	65	53
				10		1	3	6						10	53
3				22		2	18	1		1				22	53
				19			10	4		5				19	53
1	2		1	30		13	16	1						30	53
2			1	13			2	11						13	53
	1			60		10	44		6					60	53
2				35		4	18	4	7	1			1	35	53
1				16		8	1	5	2					16	53
			1	5		4							1	5	53
1				15		1	10	4						15	53
2				27		9	16	2						27	53
4			1	88			16			72				88	53
6	2		4	88	60	1		9		17			1	88	51
				5	3	2								5	51
1			1	29	24		1	2					2	29	44
2				22	22									22	244
				26		3	14		8				1	26	247
1	1			58		38		1	19					58	247
	1			70		15			55					70	247
	1	4		53		7	5		39			2		53	247
	1	16	1	102	5	24			73					102	247
	1			16	3	12	1							16	247
		2		59	1	3	48	2	5					59	15
2	1	1	1	74	12	8	24		28				1	74	15
2		1		32	1	1	12	3	14				1	32	15
1				15	2		10	1	2					15	15
1	1			14	1	4	2	4	2				1	14	19
	1	1		39		38							1	39	20
1	1			58		56		1	1					58	20
				12		1		9	1				1	12	19

別表　235

エリア	区市町	遺跡	地点	文化層	石器集中部	出土点数	剝片	石核	R
2	和光市	柿ノ木坂遺跡	西区	第2文化層	石器集中5	53	49	2	
2	和光市	柿ノ木坂遺跡	西区	第2文化層	石器集中10	15	14		
2	和光市	柿ノ木坂遺跡	西区	第2文化層	石器集中16	50	41	5	
2	和光市	柿ノ木坂遺跡	西区	第2文化層	石器集中17	12	8		
2	和光市	柿ノ木坂遺跡	西区	第2文化層	石器集中18	9	9		
2	和光市	柿ノ木坂遺跡	西区	第2文化層	石器集中19	11	10		
2	和光市	柿ノ木坂遺跡	西区	第2文化層	石器集中20	9	9		
2	和光市	柿ノ木坂遺跡	西区	第2文化層	石器集中21	12	7	2	
2	北区	赤羽台遺跡	国立王子病院跡地地区	第2文化層	D−10ブロック	20	18		
2	北区	赤羽台遺跡	国立王子病院跡地地区	第2文化層	K−13ブロック	52	43	2	
2	北区	赤羽台遺跡	国立王子病院跡地地区	第2文化層	O・P−12・13ブロック	88	81	7	
2	北区	赤羽台遺跡	国立王子病院跡地地区	第2文化層	R・S−18−1ブロック	11	11		
2	北区	赤羽台遺跡	国立王子病院跡地地区	第2文化層	R・S−18−2ブロック	22	20		
2	北区	赤羽台遺跡	国立王子病院跡地地区	第2文化層	R・S−18−3ブロック	33	33		
2	北区	赤羽台遺跡	国立王子病院跡地地区	第2文化層	R・S−18−4ブロック	12	10	1	
2	板橋区	菅原神社台地上遺跡		第VII層文化	3号ブロック	32	31		
2	板橋区	菅原神社台地上遺跡		第VII層文化	24号bブロック	23	20		
2	板橋区	菅原神社台地上遺跡		第VII層文化	28号ブロック	38	34		
2	板橋区	菅原神社台地上遺跡		第VII層文化	31号ブロック	171	165	2	
2	板橋区	大門遺跡		第4文化層	1号ブロック	11	2		
2	板橋区	西台後藤田遺跡	第1地点	第VII層文化層	1号ブロック	5	3	1	
2	板橋区	西台後藤田遺跡	第1地点	第VII層文化層	2号ブロック	119	111		
2	板橋区	西台後藤田遺跡	第1地点	第VII層文化層	3号ブロック	29	27		
2	板橋区	西台後藤田遺跡	第1地点	第VII層文化層	4号ブロック	19	18		
2	板橋区	西台後藤田遺跡	第1地点	第VII層文化層	5号ブロック	22	13	2	
2	板橋区	西台後藤田遺跡	第1地点	第VII層文化層	6号ブロック	9	7	1	
2	板橋区	西台後藤田遺跡	第1地点	第VII層文化層	7号ブロック	31	27	1	
2	板橋区	西台後藤田遺跡	第1地点	第VII層文化層	9号ブロック	25	17	1	
2	板橋区	西原遺跡	第2地点		37号トレンチ	6	5	1	
2	板橋区	四葉地区遺跡	東部台地	VII層	5号ブロック	99	93	4	
2	板橋区	四葉地区遺跡	西部台地	VII層	14号ブロック	102	94	3	
2	板橋区	四葉地区遺跡	西部台地	VII層	15号ブロック	17	12	5	
2	板橋区	四葉地区遺跡	西部台地	VII層	16号ブロック	11	8	1	
2	板橋区	四葉地区遺跡	西部台地	VII層	18号ブロック	37	35		
2	練馬区	東早淵遺跡	第4地点	第4文化層	1号石器ブロック	13	11	1	
2	練馬区	東早淵遺跡	第4地点	第4文化層	2号石器ブロック	9	7	1	
2	練馬区	東早淵遺跡	第4地点	第4文化層	3号石器ブロック	11	10		
2	練馬区	東早淵遺跡	第4地点	第4文化層	4号石器ブロック	5	4	1	
2	練馬区	東早淵遺跡	第4地点	第4文化層	5号石器ブロック	28	26		
2	練馬区	東早淵遺跡	第4地点	第4文化層	6号石器ブロック	24	22		
2	練馬区	比丘尼橋遺跡	C地点	5群	4号石器集中部	38	29	1	
2	練馬区	比丘尼橋遺跡	C地点	5群	5号石器集中部	34	29	4	
2	練馬区	比丘尼橋遺跡	C地点	5群	6号石器集中部	77	56	7	
2	練馬区	比丘尼橋遺跡	C地点	5群	7号石器集中部	5	3		
2	練馬区	比丘尼橋遺跡	C地点	5群	8号石器集中部	10	9	1	
2	練馬区	比丘尼橋遺跡	C地点	5群	9号石器集中部	12	6	1	
2	練馬区	比丘尼橋遺跡	C地点	5群	10号石器集中部	21	18	2	
2	練馬区	もみじ山遺跡	東京外かく環状道路練馬地区	第VII層の文化層	ブロック1号	7	6		
2	練馬区	もみじ山遺跡	東京外かく環状道路練馬地区	第VII層の文化層	ブロック2号	10	5	1	
2	練馬区	もみじ山遺跡	東京外かく環状道路練馬地区	第VII層の文化層	ブロック3号	30	22	1	
2	練馬区	もみじ山遺跡	東京外かく環状道路練馬地区	第VII層の文化層	ブロック4号	7	4		
2	練馬区	もみじ山遺跡	東京外かく環状道路練馬地区	第VII層の文化層	ブロック5号	10	8	1	

イフ形器	スクレイパー	礫石器	その他	器種計	黒曜石	チャート	頁岩	安山岩	ホルンフェルス	凝灰岩	流紋岩	砂岩	他石材	石材計	報告書
2				53		28	2	22					1	53	19
	1			15	1	2		7	3				2	15	19
2		2		50		18	3	15	7				7	50	19
2		1	1	12		2	2	5	1				2	12	19
				9		1		2	6					9	19
			1	11	1	8		2						11	19
				9		1	2	2	2				2	9	19
1		2		12		5	3	3	1					12	19
			1	20											144
1			3	52											144
				88											144
				11											144
1				22											144
				33											144
				12											144
				32		1	15		15		1			32	155
2				23		18	2	1		1		1		23	155
2				38	3	6	25		4					38	155
3				171		62	108		1					171	155
9				11			10			1				11	156
	1			5											160
	2		4	119											160
	1			29											160
	1			19											160
	2		2	22											160
		1		9											160
	1			31											160
	1		2	25											160
				6		6								6	162
2				99		16	2	79	1	1				99	165
3			2	102	16	73	12				1			102	165
				17		7	10							17	165
1		1		11		7	3							10	165
2				37	8		28		1					37	165
				13		4			8					12	179
		1		9		1			1					2	179
				11		4			7					11	179
				5		4								4	179
				28	9	8								17	179
				24		24								24	179
5	3			38	29	2	2	3					2	38	182
	1			34	23	11								34	182
6	2	1	1	77	42	3	22		1	1			8	77	182
				5	5									5	182
				10	9								1	10	182
4				12	11	1								12	182
				21			1	20						21	182
				7		2	1	3	1					7	169
			1	10		4	2	1	3					10	169
			2	30			3	9	13			5		30	169
1				7	2		1		4					7	169
			1	10		1	2		6				1	10	169

エリア	区市町	遺跡	地点	文化層	石器集中部	出土点数	剥片	石核	R
2	練馬区	もみじ山遺跡	東京外かく環状道路練馬地区	第Ⅶ層の文化層	ブロック6号	6	4		
2	練馬区	もみじ山遺跡	東京外かく環状道路練馬地区	第Ⅶ層の文化層	ブロック7号	9	9		
2	練馬区	もみじ山遺跡	東京外かく環状道路練馬地区	第Ⅶ層の文化層	ブロック8号	24	20		
2	練馬区	もみじ山遺跡	東京外かく環状道路練馬地区	第Ⅶ層の文化層	ブロック9号	5	5		
2	練馬区	もみじ山遺跡	東京外かく環状道路練馬地区	第Ⅶ層の文化層	ブロック10号	40	38	1	
2	練馬区	もみじ山遺跡	東京外かく環状道路練馬地区	第Ⅶ層の文化層	ブロック11号	83	74	4	
2	練馬区	もみじ山遺跡	東京外かく環状道路練馬地区	第Ⅶ層の文化層	ブロック13号	20	19	1	
2	小平市	鈴木遺跡		鈴木9文化層	北107ブロック	180	140	5	2
2	西東京市	上保谷上宿遺跡			2-1号トレンチ	10	8		
2	西東京市	坂下遺跡	第3次調査区	第1文化層	石器ブロック	21	15	3	
2	西東京市	坂下遺跡	第4次調査区	第2文化層	石器ブロック	6	4	1	
3	港区	萩藩毛利家屋敷跡遺跡			2号ブロック	18	17		
3	新宿区	百人町三丁目西遺跡	第3次調査地	第2文化層	1号ブロック	26	22		
3	新宿区	百人町三丁目西遺跡	第3次調査地	第2文化層	2号ブロック	6	4	1	
3	新宿区	百人町三丁目西遺跡	第3次調査地	第2文化層	3号ブロック	50	41	3	
3	新宿区	百人町三丁目西遺跡	第3次調査地	第2文化層	4号ブロック	18	18		
3	新宿区	百人町三丁目西遺跡	第3次調査地	第2文化層	5号ブロック	11	9		
3	新宿区	百人町三丁目西遺跡	Ⅶ所収区	第1文化層	12号石器ブロック	11	3		
3	文京区	小石川駕篭町遺跡		第1文化層	1号ユニット	493	420	1	
3	文京区	小石川駕篭町遺跡		第1文化層	2号ユニット	17	10	1	
3	文京区	小石川駕篭町遺跡		第1文化層	3号ユニット	190	168	2	
3	文京区	小石川駕篭町遺跡		第1文化層	4号ユニット	14	6	1	
3	文京区	小石川駕篭町遺跡		第1文化層	5号ユニット	188	167		
3	目黒区	中目黒遺跡	C地点		1号ブロック	12	8		
3	目黒区	中目黒遺跡	C地点		2号ブロック	7	7		
3	大田区	環8光明寺地区遺跡		第Ⅶ下層文化	1号ユニット	44	43		
3	大田区	環8光明寺地区遺跡		第Ⅶ下層文化	2号ユニット	10	7	1	
3	世田谷区	廻沢北遺跡	第3次調査区		1号ブロック	24	16	4	
3	世田谷区	廻沢北遺跡	第5次調査区	Ⅶ層文化	6号ブロック	39	36	1	
3	世田谷区	廻沢北遺跡	第5次調査区	Ⅶ層文化	8号ブロック	7	6		
3	杉並区	白幡遺跡	集合住宅建設工事区	第Ⅶ層	1号ブロック	14	14		
3	杉並区	堂の下遺跡		第Ⅳ集中部	1号ブロック	7	4		
3	杉並区	堂の下遺跡		第Ⅳ集中部	2号ブロック	12	5		
3	杉並区	前山遺跡	久我山二丁目住宅調査区	第Ⅶ層文化	6号ユニット	5	2		
3	豊島区	学習院大学周辺遺跡	学習院大学自然科学研究棟地区	第2文化層	B4グリッド	8	7		
3	豊島区	学習院大学周辺遺跡	学習院大学自然科学研究棟地区	第2文化層	B7・8グリッド	6	4		
3	武蔵野市	吉祥寺南町1丁目遺跡	G地点	Ⅵ・Ⅶ層	全1基	17	13		
4	世田谷区	嘉留多遺跡		第4文化層	1号ブロック	8	6	1	
4	世田谷区	嘉留多遺跡		第4文化層	2号ブロック	30	27	1	
4	世田谷区	嘉留多遺跡		第4文化層	3号ブロック	39	37	1	
4	世田谷区	嘉留多遺跡		第4文化層	4号ブロック	84	79		
4	世田谷区	嘉留多遺跡		第4文化層	5号ブロック	11	7	4	
4	世田谷区	嘉留多遺跡		第4文化層	6号ブロック	34	28	2	
4	世田谷区	嘉留多遺跡		第4文化層	7号ブロック	11	10		
4	世田谷区	下山遺跡	Ⅰ所収区2次調査区	第3文化層	P-17区ブロック	11	8	1	
4	世田谷区	下山遺跡	Ⅰ所収区2次調査区	第3文化層	V-14区ブロック	5	5		
4	世田谷区	下山遺跡	V所収区	第3文化層	1号ブロック	26	21	1	
4	世田谷区	下山遺跡	V所収区	第3文化層	2号ブロック	10	7		
4	世田谷区	滝ヶ谷遺跡		第3文化層	2号ブロック	20	17	1	

イフ形器	スクレイパー	礫石器	その他	器種計	黒曜石	チャート	頁岩	安山岩	ホルンフェルス	凝灰岩	流紋岩	砂岩	他石材	石材計	報告書
1				6	2		2					2		6	169
				9		4			4			1		9	169
2				24		2	1	4	11			5	1	24	169
				5		1		2	2					5	169
				40		13	2	25						40	169
			3	83	1	11	2	68	1					83	169
				20				20						20	169
2	1	3	3	180	22	88	35	28			1	6		180	229
1				10		10								10	251
1		1		21	20							1		21	253
			1	6		4					1	1		6	253
1				18		6	8	2				2		18	57
1	1			26	1	18	1						6	26	71
				6		1			1		1		3	6	71
1	1		2	50		49			1					50	71
				18		11	1		3	2			1	18	71
				11		10			1					11	71
	3			11				7	1				3	11	74
38	20		10	493	493									493	77
2	2		1	17	16								1	17	77
8	6		6	190	188		1						1	190	77
2	3		2	14		4		7		1			2	14	77
13	5	1	2	188	188									188	77
				12		8	3			1				12	84
				7		5		1	1					7	84
	1			44		31			1	11			1	44	86
				10		8				2				10	86
			1	24		21				1			2	24	117
1		1		39											116
1				7											116
				14					12					12	131
1				7		1	3	3						7	132
3				12	3	3	6							12	132
3				5		1		2				1	1	5	136
	1			8	4		4							8	140
				6	6									6	140
	1	1	1	17		10	1	5	1	1		1		19	189
			1	8	1	6				1				8	90
2				30	23	2		4					1	30	90
			1	39	28	1			11					40	90
4	1			84	80		3			1				84	90
				11	2	1	4	4						11	90
2				34		30	2	1						33	90
				11	5	5	1							11	90
	2			11											99
				5											99
			3	26	11	9	2			1		3		26	101
				10		6	1			2			1	10	101
1				20		3		16					1	20	106

エリア	区市町	遺跡	地点	文化層	石器集中部	出土点数	剥片	石核	R
4	世田谷区	堂ヶ谷戸遺跡	第32次調査区	第5文化層	1号ブロック	9	4		
4	世田谷区	堂ヶ谷戸遺跡	第32次調査区	第5文化層	2号ブロック	110	99	7	
4	世田谷区	等々力根遺跡	第4次調査区	第3文化層	1号ブロック	11	10	1	
4	世田谷区	中神明遺跡	1982年報告区		ユニット1	41	37		
4	世田谷区	中神明遺跡	1982年報告区		ユニット2	31	28	2	
4	世田谷区	中神明遺跡	第7次調査区	第2文化層	1号ブロック	12	11		
4	三鷹市	島屋敷遺跡	第2次調査区	第II石器群	2号石器集中部	5	4		
4	三鷹市	羽根沢台遺跡	1979年報告区		VII層	107	94	6	
4	三鷹市	羽根沢台遺跡	II所収区	第VII文化層	VIIa ユニット	171	145	12	
4	三鷹市	羽根沢台遺跡	II所収区	第VII文化層	VIIb ユニット	198	168	10	1
4	三鷹市	羽根沢台遺跡	II所収区	第VII文化層	VIIc ユニット	83	66	4	
4	三鷹市	羽根沢台遺跡	II所収区	第VII文化層	VIId ユニット	27	21	1	
4	三鷹市	羽根沢台遺跡	II所収区	第VII文化層	VIIe ユニット	73	67	2	
4	三鷹市	羽根沢台遺跡	II所収区	第VII文化層	VIIf ユニット	207	192	8	
4	三鷹市	羽根沢台遺跡	II所収区	第VII文化層	VIIg ユニット	111	86	7	
4	三鷹市	羽根沢台遺跡	II所収区	第VII文化層	VIIh ユニット	49	36	4	
4	三鷹市	羽根沢台遺跡	II所収区	第VII文化層	VIIi ユニット	91	68	7	1
4	三鷹市	羽根沢台遺跡	II所収区	第VII文化層	VIIj ユニット	130	110	2	1
4	三鷹市	羽根沢台遺跡	II所収区	第VII文化層	VIIk ユニット	38	32	4	
4	三鷹市	羽根沢台遺跡	II所収区	第VII文化層	VIIl ユニット	57	50	6	
4	三鷹市	羽根沢台遺跡	II所収区	第VII文化層	VIIm ユニット	21	17	2	
4	三鷹市	羽根沢台遺跡	II所収区	第VII文化層	VIIn ユニット	10	6	3	
4	三鷹市	羽根沢台遺跡	II所収区	第VII文化層	VIIo ユニット	32	31	1	
4	府中市	武蔵国分寺跡関連遺跡	多総医地点A地区	第2文化層	D8−SX109	17	15		
4	府中市	武蔵国分寺跡関連遺跡	多総医地点A地区	第2文化層	A98−SX91	12	12		
4	府中市	武蔵国分寺跡関連遺跡	多総医地点A地区	第2文化層	D8−SX81	5	4	1	
4	調布市	野水遺跡	第2地点	第3文化層	1号ブロック	203	176	10	
4	調布市	野水遺跡	第2地点	第3文化層	2号ブロック	48	43		
4	調布市	野水遺跡	第2地点	第3文化層	3号ブロック	8	8		
4	調布市	野水遺跡	第2地点	第3文化層	4号ブロック	118	100	5	
4	調布市	野水遺跡	第2地点	第3文化層	5号ブロック	5	3	2	
4	調布市	野水遺跡	第2地点	第3文化層	6号ブロック	45	37	2	
4	調布市	野水遺跡	第2地点	第3文化層	7号ブロック	14	10	1	
4	調布市	野水遺跡	第2地点	第3文化層	8号ブロック	61	46	2	
4	調布市	野水遺跡	第2地点	第3文化層	9号ブロック	28	22	2	
4	調布市	野水遺跡	第2地点	第3文化層	10号ブロック	11	9	1	
4	小金井市	はけうえ遺跡		第VII層文化	C−VII−3	32	26		
4	小金井市	はけうえ遺跡		第VII層文化	C−VII−4	5	4		
4	小金井市	はけうえ遺跡		第VII層文化	C−VII−6	16	9	2	
4	小金井市	前原遺跡			ブロック1基	7	5		
4	国分寺市	花沢東遺跡		第6文化	17群	7	3		
4	国分寺市	武蔵国分寺跡	504次調査区	第4文化層	ST7石器集中部	47	41	2	
4	国分寺市	武蔵国分寺跡	504次調査区	第4文化層	ST8石器集中部	102	101	1	
4	国分寺市	武蔵国分寺跡	504次調査区	第4文化層	ST19石器集中部	42	42		
4	国分寺市	武蔵国分寺跡	504次調査区	第4文化層	ST20石器集中部	22	19	2	
4	国分寺市	武蔵国分寺跡遺跡北方地区	西国分寺区画整理地区	第8遺物群	第1石器集中部	25			
4	国分寺市	武蔵国分寺跡遺跡北方地区	西国分寺区画整理地区	第8遺物群	第2石器集中部	8			
4	国分寺市	武蔵国分寺跡遺跡北方地区	西国分寺区画整理地区	第8遺物群	第3石器集中部	31			
4	国分寺市	武蔵国分寺跡遺跡北方地区	西国分寺区画整理地区	第8遺物群	第4石器集中部	14			
4	国分寺市	武蔵国分寺跡遺跡北方地区	西国分寺区画整理地区	第8遺物群	第5石器集中部	39			
4	国分寺市	武蔵国分寺跡遺跡北方地区	西国分寺区画整理地区	第8遺物群	第6石器集中部	10			

イフ形器	スクレイパー	礫石器	その他	器種計	黒曜石	チャート	頁岩	安山岩	ホルンフェルス	凝灰岩	流紋岩	砂岩	他石材	石材計	報告書
3	1			9		4	2	3						9	108
1			1	110		99	1	8				2		110	108
				11		2	1	8						11	111
3	1			41											112
1				31											112
1				12	9	1				2				12	113
		1		5	2		2						1	5	197
3	2	1	1	107											204
2	2	5		171	5	103	46		7	10				171	205
5	3	2		198	13	105	48	8	10	14				198	205
4		4	1	83	8	21	27	1	16	10				83	205
	1			27	2	13	7		3	2				27	205
		1		73	3	23	6	1	33	7				73	205
1	1	3		207	4	47	34	1	110	12				208	205
7			2	111	57	16	13		19	7				112	205
3	1	1		49	8	11	8	2	8	12				49	205
3				91	32	23	8	1	11	16				91	205
4				130	40	72	8		7	3				130	205
1			1	38		14	12	1	9	2				38	205
			1	57		5	17		33	2				57	205
			1	21	4	11	1		1	4				21	205
				10	1	4			2	3				10	205
				32		4	23		2	3				32	205
1				17	16	1								17	211
				12		12								12	211
				5		2	1					2		5	211
8				203	199	2	1				1			203	220
3				48	37	2			9					48	220
				8	7				1					8	220
5	1			118	99	16	3					1		119	220
				5		3	2							5	220
3				45	44	1								45	220
1			1	14	11		1		2					14	220
7		1		61	58				2			1		61	220
2			1	28	25	1	1		1					28	220
			1	11	11									11	220
			4	32		32								32	227
			1	5		1	2					2		5	227
			2	16		14	1							15	227
	2			7		7								7	228
2	1			7	3		2	1	1					7	238
3	1			47		20	19	5	1	1		1		47	240
				102		1			99			2		102	240
				42		3	18		21					42	240
1				22		2	10	1	8			1		22	240
						16	7	1	1					25	241
						3	5							8	241
						25	3	1	1	1				31	241
						5	9							14	241
						8	21	10						39	241
						2	5	1		1		1		10	241

エリア	区市町	遺跡	地点	文化層	石器集中部	出土点数	剥片	石核	R
4	国分寺市	武蔵国分寺跡遺跡北方地区	西国分寺区画整理地区	第8遺物群	第7石器集中部	13			
4	国分寺市	武蔵国分寺跡遺跡北方地区	西国分寺区画整理地区	第8遺物群	第8石器集中部	78			
4	国分寺市	武蔵国分寺跡遺跡北方地区	西国分寺区画整理地区	第8遺物群	第9石器集中部	34			
4	国分寺市	武蔵国分寺跡遺跡北方地区	西国分寺区画整理地区	第8遺物群	第10石器集中部	33			
4	国分寺市	武蔵国分寺跡遺跡北方地区	西国分寺区画整理地区	第8遺物群	第11石器集中部	16			
4	国分寺市	武蔵国分寺跡遺跡北方地区	西国分寺区画整理地区	第8遺物群	第12石器集中部	8			
4	国分寺市	武蔵国分寺跡遺跡北方地区	西国分寺区画整理地区	第8遺物群	第13石器集中部	5			
4	国分寺市	武蔵国分寺跡遺跡北方地区	西国分寺区画整理地区	第8遺物群	石器集中部a	13			
4	国分寺市	武蔵国分寺跡遺跡北方地区	西国分寺区画整理地区	第8遺物群	石器集中部b	7			
4	国分寺市	武蔵国分寺跡遺跡北方地区	西国分寺区画整理地区	第8遺物群	石器集中部c	7			
4	国分寺市	武蔵国分寺跡遺跡北方地区	西国分寺区画整理地区	第8遺物群	石器集中部d	6			

イフ形器	スクレイパー	礫石器	その他	器種計	黒曜石	チャート	頁岩	安山岩	ホルンフェルス	凝灰岩	流紋岩	砂岩	他石材	石材計	報告書
						2	7	3	1					13	241
						27	24	25		2				78	241
							33						1	34	241
						10	23							33	241
						10	6							16	241
							3		5					8	241
							5							5	241
							12			1				13	241
						1	2	2		2				7	241
						1	3			3				7	241
							1	5						6	241

別表3　第2群のナイフ形石器・石核石材組成

エリア	市町村	遺跡	地点	文化層	石器集中部	ナイフ形石器		
						黒曜石	チャート	頁岩
1	志木市	西原大塚遺跡	第224地点		18号石器集中地点			
1	三芳町	中東遺跡	第6地点（4次）	第Ⅶ層	石器集中7		1	
1	三芳町	中東遺跡	第6地点（4次）	第Ⅶ層	石器集中8			
1	三芳町	中東遺跡	第6地点（4次）	第Ⅶ層	石器集中9			
1	三芳町	藤久保東遺跡	K地点		石器集中1			
1	三芳町	藤久保東遺跡	藤久保第一土地区画整理地区	第Ⅶ層	石器集中1		2	
1	三芳町	藤久保東遺跡	藤久保第一土地区画整理地区	第Ⅶ層	石器集中2			
1	三芳町	藤久保東遺跡	藤久保第一土地区画整理地区	第Ⅶ層	石器集中3			3
1	三芳町	藤久保東遺跡	藤久保第一土地区画整理地区	第Ⅶ層	石器集中4			
1	三芳町	藤久保東遺跡	藤久保第一土地区画整理地区	第Ⅶ層	石器集中5			
1	三芳町	藤久保東遺跡	藤久保第一土地区画整理地区	第Ⅶ層	石器集中6			
1	三芳町	藤久保東遺跡	藤久保第一土地区画整理地区	第Ⅶ層	石器集中9			
1	三芳町	藤久保東遺跡	藤久保第一土地区画整理地区	第Ⅶ層	石器集中10			2
1	三芳町	藤久保東遺跡	藤久保第一土地区画整理地区	第Ⅶ層	石器集中11			
1	三芳町	藤久保東遺跡	藤久保第一土地区画整理地区	第Ⅶ層	石器集中12			
1	三芳町	藤久保東遺跡	藤久保第一土地区画整理地区	第Ⅶ層	石器集中13			
1	三芳町	藤久保東遺跡	藤久保第一土地区画整理地区	第Ⅶ層	石器集中14		2	
1	三芳町	藤久保東遺跡	藤久保第一土地区画整理地区	第Ⅶ層	石器集中15			
1	三芳町	藤久保東第三遺跡			ユニットT－3	6		
1	三芳町	俣埜遺跡	O地点		石器集中1			
1	東久留米市	下里本邑遺跡		第Ⅶ層の石器文化	1号ブロック	2		
1	東久留米市	多聞寺前遺跡		Ⅶ層文化層	Ⅶaブロック			
1	東久留米市	多聞寺前遺跡		Ⅶ層文化層	Ⅶbブロック			
1	東久留米市	多聞寺前遺跡		Ⅶ層文化層	Ⅶcブロック			
1	東久留米市	多聞寺前遺跡		Ⅶ層文化層	Ⅶdブロック			
1	東久留米市	多聞寺前遺跡		Ⅶ層文化層	Ⅶeブロック			
2	和光市	市場峡・市場上遺跡	第24次調査区		第2号石器集中部	1		
2	和光市	市場峡・市場上遺跡	第24次調査区		第3号石器集中部			
2	和光市	市場峡・市場上遺跡	第24次調査区		第4号石器集中部			
2	和光市	花ノ木遺跡		第3文化層	石器集中11			
2	和光市	仏ノ木遺跡	第2次調査区		第1号石器ブロック			
2	和光市	仏ノ木遺跡	第2次調査区		第2号石器ブロック		1	
2	和光市	柿ノ木坂遺跡	西区	第2文化層	石器集中5		1	
2	和光市	柿ノ木坂遺跡	西区	第2文化層	石器集中16			
2	和光市	柿ノ木坂遺跡	西区	第2文化層	石器集中17		1	
2	和光市	柿ノ木坂遺跡	西区	第2文化層	石器集中21			
2	板橋区	菅原神社台地上遺跡		第Ⅶ層文化	24号bブロック		1	
2	板橋区	菅原神社台地上遺跡		第Ⅶ層文化	28号ブロック		1	
2	板橋区	菅原神社台地上遺跡		第Ⅶ層文化	31号ブロック		2	
2	板橋区	大門遺跡		第4文化層	1号ブロック			
2	板橋区	西原遺跡	第2地点		37号トレンチ			
2	板橋区	四葉地区遺跡	東部台地	Ⅶ層	5号ブロック			
2	板橋区	四葉地区遺跡	西部台地	Ⅶ層	14号ブロック	3		
2	板橋区	四葉地区遺跡	西部台地	Ⅶ層	15号ブロック			

安山岩	ホルンフェルス	凝灰岩	砂岩	他石材	石核						
					黒曜石	チャート	頁岩	安山岩	ホルンフェルス	砂岩	他石材
								1			
							1				
							1				
							1				
						6					
							1				
						1					
							1				
	1						1				
								1			
							2		1		
	1										
						1					
1							2				
		4									
	1					1					
					2						
							2				
	1					1			2		
						1			2		
						1			2		
						3			3		
1											
						1					
						1					
						1				1	
						2		2	1		
	1										
	1										
							2				
		1									
						1					
1		1				2		2			
					3		1				
							5				

エリア	市町村	遺跡	地点	文化層	石器集中部	ナイフ形石器		
						黒曜石	チャート	頁岩
2	板橋区	四葉地区遺跡	西部台地	Ⅶ層	16号ブロック			
2	練馬区	東早淵遺跡	第4地点	第4文化層	1号石器ブロック			
2	練馬区	東早淵遺跡	第4地点	第4文化層	4号石器ブロック			
2	練馬区	東早淵遺跡	第4地点	第4文化層	6号石器ブロック			
2	練馬区	比丘尼橋遺跡	C地点	5群	4号石器集中部	4		
2	練馬区	比丘尼橋遺跡	C地点	5群	6号石器集中部	6		
2	練馬区	比丘尼橋遺跡	C地点	5群	9号石器集中部	4		
2	練馬区	もみじ山遺跡	東京外かく環状道路 練馬地区	第Ⅶ層の文化層	ブロック3号			
2	練馬区	もみじ山遺跡	東京外かく環状道路 練馬地区	第Ⅶ層の文化層	ブロック5号			
2	練馬区	もみじ山遺跡	東京外かく環状道路 練馬地区	第Ⅶ層の文化層	ブロック6号			
2	練馬区	もみじ山遺跡	東京外かく環状道路 練馬地区	第Ⅶ層の文化層	ブロック8号			
2	練馬区	もみじ山遺跡	東京外かく環状道路 練馬地区	第Ⅶ層の文化層	ブロック10号			
2	練馬区	もみじ山遺跡	東京外かく環状道路 練馬地区	第Ⅶ層の文化層	ブロック11号			
2	練馬区	もみじ山遺跡	東京外かく環状道路 練馬地区	第Ⅶ層の文化層	ブロック13号			
2	小平市	鈴木遺跡		鈴木9文化層	北107ブロック	1	1	
2	西東京市	上保谷上宿遺跡			2-1号トレンチ		1	
2	西東京市	坂下遺跡	第3次調査区	第1文化層	石器ブロック	1		
2	西東京市	坂下遺跡	第4次調査区	第2文化層	石器ブロック			
3	港区	萩藩毛利家屋敷跡遺跡			2号ブロック			
3	新宿区	百人町三丁目西遺跡	第3次調査地	第2文化層	1号ブロック	1		
3	新宿区	百人町三丁目西遺跡	第3次調査地	第2文化層	2号ブロック			
3	新宿区	百人町三丁目西遺跡	第3次調査地	第2文化層	3号ブロック		1	
3	世田谷区	廻沢北遺跡	第3次調査区		1号ブロック			
3	杉並区	堂の下遺跡		第Ⅳ集中部	1号ブロック		1	
3	杉並区	堂の下遺跡		第Ⅳ集中部	2号ブロック		2	
3	杉並区	前山遺跡	久我山二丁目住宅調査区	第Ⅶ層文化	6号ユニット			
4	世田谷区	下山遺跡	V所収区	第3文化層	1号ブロック			
4	世田谷区	滝ヶ谷遺跡		第3文化層	2号ブロック			
4	世田谷区	堂ヶ谷戸遺跡	第32次調査区	第5文化層	1号ブロック			
4	世田谷区	堂ヶ谷戸遺跡	第32次調査区	第5文化層	2号ブロック		1	
4	世田谷区	等々力根遺跡	第4次調査区	第3文化層	1号ブロック			
4	世田谷区	中神明遺跡	第7次調査区	第2文化層	1号ブロック	1		
4	三鷹市	羽根沢台遺跡	II所収区	第Ⅶ文化層	Ⅶaユニット	1	1	
4	三鷹市	羽根沢台遺跡	II所収区	第Ⅶ文化層	Ⅶbユニット	2	3	
4	三鷹市	羽根沢台遺跡	II所収区	第Ⅶ文化層	Ⅶcユニット	1		
4	三鷹市	羽根沢台遺跡	II所収区	第Ⅶ文化層	Ⅶfユニット			
4	三鷹市	羽根沢台遺跡	II所収区	第Ⅶ文化層	Ⅶgユニット	7		
4	三鷹市	羽根沢台遺跡	II所収区	第Ⅶ文化層	Ⅶhユニット	1		
4	三鷹市	羽根沢台遺跡	II所収区	第Ⅶ文化層	Ⅶiユニット	3		
4	三鷹市	羽根沢台遺跡	II所収区	第Ⅶ文化層	Ⅶjユニット	3	1	
4	三鷹市	羽根沢台遺跡	II所収区	第Ⅶ文化層	Ⅶkユニット		1	
4	府中市	武蔵国分寺跡関連遺跡	多総医地点A地区	第2文化層	D8-SX109	1		
4	国分寺市	花沢東遺跡		第6文	17群	2		
4	国分寺市	武蔵国分寺跡	504次調査区	第4文化層	ST7石器集中部			
4	国分寺市	武蔵国分寺跡	504次調査区	第4文化層	ST20石器集中部			

					石核						
安山岩	ホルンフェルス	凝灰岩	砂岩	他石材	黒曜石	チャート	頁岩	安山岩	ホルンフェルス	砂岩	他石材
						1					
						1					
						1					
						1					
									1		
									1		
1	1										
								1			
						2		2			
								1			
					1	3	1				
					3						
						1					
											1
						2					
						4					
1			1	1							
						1					
1						1					
2											
						6			1		
									1		
		2									
	1										
		1	1								
			1								

別表　247

別表4　第3群の石器集中部石器組成

エリア	区市町	遺跡	地点	文化層	石器集中部	出土点数	剝片	石核	RF
1	志木市	城山遺跡	第63地点		1号試掘坑	9	7		2
1	志木市	城山遺跡	第63地点		2号試掘坑	26	22	1	3
1	志木市	城山遺跡	第96地点	第2文化層	10号石器集中地点	50	47	2	1
1	志木市	中道遺跡	第38地点		2号石器集中地点	54	46	2	3
1	志木市	西原大塚遺跡	第110地点		14号石器集中部	18	17	1	
1	富士見市	貝塚山遺跡	第3地点		11号石器集中	126	116	2	
1	富士見市	貝塚山遺跡	第3地点		12号石器集中	54	46	1	
1	富士見市	栗谷ツ遺跡	第15地点		全点1基	50	38		2
1	富士見市	栗谷ツ遺跡	第16地点		全点1基	41	34		6
1	富士見市	権平沢遺跡	第1地点		1号石器集中	31	29	1	1
1	富士見市	西松原遺跡	第1地点	第VII層文化	全点1基	61	51	1	
1	富士見市	西渡戸遺跡	第3地点		第1号ブロック	104	94	5	3
1	富士見市	羽沢遺跡	第33・34・35地点		2号石器集中分布	6	4	1	1
1	富士見市	谷津遺跡	C区	VI層	1号礫群	7	7		
1	三芳町	中東遺跡	第6地点（4次）	第VI層	石器集中5	38	31		3
1	三芳町	藤久保第三遺跡	第2地点		石器集中1	7	6		
1	三芳町	藤久保第三遺跡	第2地点		石器集中2	59	60	2	
1	三芳町	藤久保東第三遺跡			ユニットT-1	21	14	1	
1	三芳町	藤久保東第三遺跡			ユニットT-2	53	48		1
1	三芳町	古井戸山遺跡			石器ユニット1	52	46		4
1	三芳町	俣埜遺跡	C地点		全点1基	18	8	2	4
1	東久留米市	自由学園南遺跡	第1次調査区		1号ブロック	20	14		3
2	和光市	城山南遺跡	第3次調査区		石器集中部TP-40・47	25	25		
2	和光市	花ノ木遺跡		第2文化層	石器集中5	98	95		
2	和光市	花ノ木遺跡		第2文化層	石器集中7	8	8		
2	和光市	花ノ木遺跡		第2文化層	石器集中10	49	48		
2	和光市	花ノ木遺跡		第2文化層	石器集中13	6	4		
2	和光市	花ノ木遺跡		第2文化層	石器集中14	19	18	1	
2	和光市	柿ノ木坂遺跡	東区	第2文化層	石器集中4	5	5		
2	和光市	柿ノ木坂遺跡	東区	第2文化層	石器集中10	5	4		
2	和光市	柿ノ木坂遺跡	東区	第2文化層	石器集中11	35	35		
2	和光市	柿ノ木坂遺跡	東区	第2文化層	石器集中13	15	15		
2	北区	桐ケ丘遺跡		3群	第1石器集中部	26	23		
2	北区	桐ケ丘遺跡		3群	第2石器集中部	5	5		
2	北区	御殿前遺跡		第VI層	ブロック1基	25	19		
2	北区	田端西台通遺跡			石器集中地点	13	12		
2	板橋区	菅原神社台地上遺跡		第VI層文化	4号ブロック	91	74	5	4
2	板橋区	菅原神社台地上遺跡		第VI層文化	24号aブロック	52	45	1	4
2	板橋区	菅原神社台地上遺跡		第VI層文化	30号ブロック	224	191	8	20
2	板橋区	菅原神社台地上遺跡		第VI層文化	14号ブロック	8	3	1	
2	板橋区	菅原神社台地上遺跡		第VI層文化	17号ブロック	28	25		
2	板橋区	大門遺跡		第3文化層	全1基	7	5		
2	板橋区	成増との山遺跡	II所収区	第3文化層	1号ブロック	57	52		
2	板橋区	成増との山遺跡	I所収区	第3文化層	ユニット5	6	3	2	
2	板橋区	西台後藤田遺跡	第1地点	第V層下部文化層	1号ブロック	231	213		10
2	板橋区	西台後藤田遺跡	第1地点	第V層下部文化層	2号ブロック	9	7		1
2	板橋区	西台後藤田遺跡	第1地点	第V層下部文化層	3号ブロック	57	52		5
2	板橋区	西台後藤田遺跡	第1地点	第V層下部文化層	4号ブロック	164	161	1	
2	板橋区	西台後藤田遺跡	第1地点	第V層下部文化層	5号ブロック	63	61	1	
2	板橋区	西原遺跡		I文	1号ブロック	21	21		
2	板橋区	茂呂遺跡	A地点		A群	23	19		
2	板橋区	茂呂遺跡	A地点		B群	55	50		

イフ形器	尖頭器	スクレイパー	礫石器	その他	器種計	黒曜石	チャート	頁岩	安山岩	ホルンフェルス	凝灰岩	流紋岩	砂岩	他石材	石材計	報告書
					9	9									9	6
					26	26									26	6
					50		45	5							50	8
1				2	54	27		3	24						54	4
					18	7	5	2	4						18	11
4		3		1	126											33
4			3		54											33
4		6			50	16	14	1	19						50	25
1					41	1	35		1			1		1	41	25
					31	30						1				35
6		1		2	61	53	1						1	6	61	27
1				1	104	100	3				1				104	24
					6			3	2		1				6	26
					7											37
4					38	36		2							38	50
				1	7		6								6	52
		2			64	58		1							59	52
		5	1		21	8	11		2						21	51
1		2		1	53	41	6		6						53	51
1		1			52	47	2				1			2	52	54
1				3	18	16	2								18	49
3					20	7	1		2						10	245
					25	25									25	18
			3		98	90	4		3					1	98	19
					8	2	2	4							8	19
		1			49	45	4								49	19
1		1			6		1	4	1						6	19
					19	18		1							19	19
					5	3		2							5	19
				1	5	5									5	19
					35	35									35	19
					15	4	2	4	3	2					15	19
		2		1	26	26									26	145
					5	8									8	145
6					25	25									25	146
1					13	2		11							13	149
4		3	1		91		1	87		2				1	91	155
2					52			51						1	52	155
4		1			224		2	221	1						224	155
1					8			8							8	155
					28			25	2	1					28	155
1		1			7	7									7	156
1		1		1	57	57									57	159
		1			6				1				5		6	158
		6		2	231	231									231	160
				1	9	9									9	160
					57	57									57	160
					164	163	1								164	160
1					63	63									63	160
					21	12	9								21	161
3				1	23	23									23	164
4				1	55	51		4							55	164

別表　249

エリア	区市町	遺跡	地点	文化層	石器集中部	出土点数	剝片	石核	RF
2	板橋区	四葉地区遺跡	東部台地	VI層	10号ブロック	306	292	5	
2	板橋区	四葉地区遺跡	東部台地	VI層	1～3号ブロック	453	442	1	
2	板橋区	四葉地区遺跡	東部台地	VI層	6～8号ブロック	129	118	2	
2	板橋区	四葉地区遺跡	西部台地	VI層	19号ブロック	11	11		
2	板橋区	四葉地区遺跡	西部台地	VI層	20号ブロック	124	119	1	
2	板橋区	四葉地区遺跡	西部台地	VI層	21号ブロック	18	17		
2	板橋区	四葉地区遺跡	西部台地	VI層	22号ブロック	19	15	3	
2	練馬区	愛宕下遺跡	東京外かく環状道路練馬地区	第V層の文化層	ブロック1号	59	52		
2	練馬区	扇山遺跡	4次調査区	第III文化層	⑤ブロック	60	54	4	
2	練馬区	扇山遺跡	4次調査区	第III文化層	⑦ブロック	8	7		
2	練馬区	栗山遺跡	第1次調査区	第VI層下部の文化層	1ブロック	22	18		
2	練馬区	栗山遺跡	第1次調査区	第VI層下部の文化層	3ブロック	57	44		
2	練馬区	外山遺跡	第1地点	第VI層文化	3号ブロック	123	82		
2	練馬区	外山遺跡	第1地点	第VI層文化	4号ブロック	57	42		
2	練馬区	外山遺跡	第1地点	第VI層文化	5号ブロック	450	409	1	
2	練馬区	比丘尼橋遺跡	C地点	4群	1号石器集中部	13	11	1	
2	練馬区	比丘尼橋遺跡	C地点	4群	2号石器集中部	26	22	2	
2	練馬区	比丘尼橋遺跡	C地点	4群	3号石器集中部	7	7		
2	練馬区	比丘尼橋遺跡	C地点	4群	4号石器集中部	26	20	5	
2	練馬区	比丘尼橋遺跡	C地点	4群	5号石器集中部	9	5	3	
2	練馬区	富士見池北遺跡			29号ユニット	12	12		
2	練馬区	宮ケ谷戸遺跡	東京外かく環状道路練馬地区	第V層の文化層	ブロック1号	363	350	1	
2	練馬区	武蔵関北遺跡		第V文化層	ブロック1	49	42		
2	練馬区	武蔵関北遺跡		第V文化層	ブロック2	32	21		
2	練馬区	武蔵関北遺跡		第V文化層	ブロック7	97	81	1	
2	小平市	鈴木遺跡		鈴木8文化層	北101ブロック	38	33	1	
2	小平市	鈴木遺跡		鈴木8文化層	北102ブロック	483	445	4	
3	新宿区	尾張藩上屋敷跡遺跡	第X地点		1号ブロック	185	174		
3	新宿区	尾張藩上屋敷跡遺跡	第X地点		2号ブロック	106	105		
3	新宿区	尾張藩上屋敷跡遺跡	第X地点		3号ブロック	241	215	3	
3	新宿区	下落合二丁目遺跡	集合住宅建設調査区	第2文化層	5号ブロック	45	19		
3	新宿区	下落合二丁目遺跡	集合住宅建設調査区	第3文化層	6号ブロック	83	65	1	
3	新宿区	下落合二丁目遺跡	集合住宅建設調査区	第3文化層	7号ブロック	42	32		
3	新宿区	百人町三丁目遺跡	6次調査地	VI層	3号石器ブロック	59	50	1	
3	杉並区	白幡遺跡	集合住宅建設工事区	第VI層	1号ブロック	58	46	3	
3	杉並区	白幡遺跡	集合住宅建設工事区	第VI層	2号ブロック	28	21		
4	世田谷区	稲荷丸北遺跡	第3次調査区	第4文化層	1号ブロック	6	6		
4	世田谷区	下野毛遺跡	VI所収区		1号集中部	11	8	1	
4	世田谷区	下山遺跡	V所収区	第2文化層	1号ブロック	24	19	1	
4	世田谷区	瀬田遺跡	II所収区	第6文化層	1号ブロック	16	12	1	
4	世田谷区	瀬田遺跡	II所収区	第6文化層	2号ブロック	77	63		
4	世田谷区	瀬田遺跡	II所収区	第6文化層	3号ブロック	121	107	4	
4	世田谷区	堂ヶ谷戸遺跡	第32次調査区	第4文化層	1号ブロック	359	321	3	
4	世田谷区	堂ヶ谷戸遺跡	第32次調査区	第4文化層	2号ブロック	115	99		
4	世田谷区	堂ヶ谷戸遺跡	第32次調査区	第4文化層	3号ブロック	60	57	1	
4	世田谷区	等々力根遺跡	第4次調査区	第1文化層	1号ブロック	14	14		
4	三鷹市	天文台構内遺跡	III所収区北地区	第5文化層	石器集中部5a	369	310	10	
4	府中市	武蔵国分寺跡関連遺跡	多総医地点A地区	第3文化層	DS-SX109	17	15		
4	府中市	武蔵国分寺跡関連遺跡	多総医地点A地区	第3文化層	DS-SX114	51	49	2	
4	府中市	武蔵国分寺跡関連遺跡	多総医地点A地区	第3文化層	DS-SX119	91	87	2	
4	府中市	武蔵台遺跡	第2次調査区	VIIa文化層	全1基	33	31		
4	調布市	下原・富士見町遺跡		垂直区分帯22	BL2201	18	13	1	
4	調布市	下原・富士見町遺跡		垂直区分帯22	BL2202	6	6		
4	小金井市	はけうえ遺跡		第VI層文化	CVI-1	24	17		

ナイフ形石器	尖頭器	スクレイパー	礫石器	その他	器種計	黒曜石	チャート	頁岩	安山岩	ホルンフェルス	凝灰岩	流紋岩	砂岩	他石材	石材計	報告書
4			1	1	306	298	1	2					5		306	165
2				1	453	430	7	4			10		2		453	165
2		1	1	2	129	75	15	20			16	3			129	165
					11	11									11	165
3					124	122	2								124	165
		1			18	12	5	1							18	165
		1			19	17	2								19	165
2				1	59	54		4	1						59	167
			1	1	60	58				1				1	60	170
1					8	8									8	170
1					22	18	1		3						22	173
5				4	57	48	7		2						57	173
8				1	123	115		4	4						123	178
5					57	54	1	2							57	178
4					450	449	1								450	178
				1	13				13						13	182
		1		1	26			7	18	1					26	182
					7	7									7	182
1					26	8	18								26	182
					9				9						9	182
					12											184
		2		3	363	362	1								363	167
2		2			49	25		19	1	2	1			1	49	185
4		1	1		32	30					1		1		32	185
6		2	1		97	88	1	1	2	2	1		1	1	97	185
4					38	37				1					38	229
20		3		2	483	474	4	3	2						483	229
5					185	183	2								185	61
					106	106									106	61
6		2		2	241	241									241	61
5		1		8	45	32	5	1	7						45	64
1				3	83	80	1	1	1						83	64
1				4	42	42									42	64
3					59	47		1	11						59	68
1		1		1	58	43	12	3							58	131
1				1	28	23	4	1							28	131
					6	6									6	87
			2		11	2		1		6			2		11	95
					24	18				1	5				24	101
1					16	5	11								16	102
4				1	77	77									77	102
3					121	117	4								121	102
9		2	1	2	359	338	19		1					1	359	108
7				1	115	114		1							115	108
2					60	59	1								60	108
					14	13								1	14	111
8	1	2		1	369	364		2		2				1	369	201
1					17	16	1								17	211
					51	49		2							51	211
1		1			91	91									91	211
2					33	29	4								33	210
4					18	10		8							18	216
					6	5		1							6	216
2			3	1	24	7	1	12	1					3	24	227

エリア	区市町	遺跡	地点	文化層	石器集中部	出土点数	剥片	石核	R
4	小金井市	はけうえ遺跡		第Ⅵ層文化	CⅥ-2	8	3		
4	国分寺市	国分寺市№.37遺跡	共同住宅建設調査区	第Ⅲ文化層	全1基	5	5		
4	国分寺市	多摩蘭坂遺跡	第4地点	第3文化層	3号ブロック	8	5	2	
4	国分寺市	多摩蘭坂遺跡	第4地点	第3文化層	4号ブロック	73	67	6	
4	国分寺市	武蔵国分寺跡	504次調査区	第3文化層	ST17石器集中部	15	14	1	
4	国分寺市	武蔵国分寺跡遺跡 北方地区	西国分寺区画整理地区	第7遺物群	1号石器集中部	9			
4	国分寺市	武蔵国分寺跡遺跡 北方地区	西国分寺区画整理地区	第7遺物群	2号石器集中部	22			
4	国分寺市	武蔵国分寺跡遺跡 北方地区	西国分寺区画整理地区	第7遺物群	3号石器集中部	59			
4	国分寺市	武蔵国分寺跡遺跡 北方地区	西国分寺区画整理地区	第7遺物群	4号石器集中部	168			

フ形器	尖頭器	スクレイパー	礫石器	その他	器種計	黒曜石	チャート	頁岩	安山岩	ホルンフェルス	凝灰岩	流紋岩	砂岩	他石材	石材計	報告書
					8		8								8	227
					5	2		2	1						5	231
			1		8		2	4		1			1		8	234
					73	2	18	52					1		73	234
					15			15							15	240
						7		2							9	241
						21							1		22	241
						58							1		59	241
						1	111	46	2	7	1				168	241

別表　253

別表5　第3群のナイフ形石器・石核石材組成

エリア	市町村	遺跡	地点	文化層	石器集中部	ナイフ形石器		頁岩
						黒曜石	チャート	
1	志木市	城山遺跡	第63地点		2号試掘坑			
1	志木市	城山遺跡	第96地点	第2文化層	10号石器集中地点			
1	志木市	中道遺跡	第38地点		2号石器集中地点			
1	志木市	西原大塚遺跡	第110地点		14号石器集中部			
1	富士見市	栗谷ツ遺跡	第15地点		全点1基	2	1	
1	富士見市	栗谷ツ遺跡	第16地点		全点1基		1	
1	富士見市	権平沢遺跡	第1地点		1号石器集中			
1	富士見市	西松原遺跡	第1地点	第Ⅶ層文化	全点1基	6		
1	富士見市	西渡戸遺跡	第3地点		第1号ブロック	1		
1	富士見市	羽沢遺跡	第33・34・35地点		2号石器集中分布			
1	三芳町	中東遺跡	第6地点（4次）	第Ⅵ層	石器集中5	4		
1	三芳町	古井戸山遺跡			石器ユニット1			
1	三芳町	俣埜遺跡	C地点		全点1基	1		
2	和光市	花ノ木遺跡		第2文化層	石器集中13			
2	和光市	花ノ木遺跡		第2文化層	石器集中14			
2	北区	御殿前遺跡		第Ⅵ層	ブロック1基	6		
2	北区	田端西台通遺跡			石器集中地点	1		
2	板橋区	菅原神社台地上遺跡		第Ⅵ層文化	4号ブロック			
2	板橋区	菅原神社台地上遺跡		第Ⅵ層文化	24号aブロック			
2	板橋区	菅原神社台地上遺跡		第Ⅵ層文化	30号ブロック			
2	板橋区	菅原神社台地上遺跡		第Ⅵ層文化	14号ブロック			
2	板橋区	大門遺跡		第3文化層	全1基	1		
2	板橋区	成増との山遺跡	Ⅱ所収区	第3文化層	1号ブロック	1		
2	板橋区	成増との山遺跡	Ⅰ所収区	第3文化層	ユニット5			
2	板橋区	茂呂遺跡	A地点		A群	3		
2	板橋区	茂呂遺跡	A地点		B群	4		
2	板橋区	四葉地区遺跡	東部台地	Ⅵ層	10号ブロック	4		
2	板橋区	四葉地区遺跡	東部台地	Ⅵ層	1～3号ブロック	2		
2	板橋区	四葉地区遺跡	東部台地	Ⅵ層	6～8号ブロック			
2	板橋区	四葉地区遺跡	西部台地	Ⅵ層	20号ブロック	3		
2	板橋区	四葉地区遺跡	西部台地	Ⅵ層	22号ブロック			
2	練馬区	愛宕下遺跡	東京外かく環状道路練馬地区	第Ⅴ層の文化層	ブロック1号	2		
2	練馬区	扇山遺跡	4次調査区	第Ⅲ文化層	⑦ブロック	1		
2	練馬区	栗山遺跡	第1次調査区	第Ⅵ層下部の文化層	1ブロック	1		
2	練馬区	栗山遺跡	第1次調査区	第Ⅵ層下部の文化層	3ブロック	5		
2	練馬区	外山遺跡	第1地点	第Ⅵ層文化	3号ブロック	5		
2	練馬区	外山遺跡	第1地点	第Ⅵ層文化	4号ブロック	4		
2	練馬区	外山遺跡	第1地点	第Ⅵ層文化	5号ブロック	2		
2	練馬区	比丘尼橋遺跡	C地点	4群	4号石器集中部	1		
2	練馬区	宮ケ谷戸遺跡	東京外かく環状道路練馬地区	第Ⅴ層の文化層	ブロック1号			
2	練馬区	武蔵関北遺跡		第Ⅴ文化層	ブロック1			
2	練馬区	武蔵関北遺跡		第Ⅴ文化層	ブロック2	4		
2	練馬区	武蔵関北遺跡		第Ⅴ文化層	ブロック7	6		
2	小平市	鈴木遺跡		鈴木8文化層	北101ブロック	4		
2	小平市	鈴木遺跡		鈴木8文化層	北102ブロック	20		
3	新宿区	尾張藩上屋敷跡遺跡	第Ⅹ地点		1号ブロック	5		
3	新宿区	尾張藩上屋敷跡遺跡	第Ⅹ地点		3号ブロック	6		
3	新宿区	下落合二丁目遺跡	集合住宅建設調査区	第2文化層	5号ブロック	5		
3	新宿区	下落合二丁目遺跡	集合住宅建設調査区	第3文化層	6号ブロック	1		
3	新宿区	下落合二丁目遺跡	集合住宅建設調査区	第3文化層	7号ブロック	1		
3	新宿区	百人町三丁目遺跡	6次調査地	Ⅵ層	3号石器ブロック	3		
3	杉並区	白幡遺跡	集合住宅建設工事区	第Ⅵ層	1号ブロック	1		

安山岩	他石材	石核						
		黒曜石	チャート	頁岩	安山岩	ホルンフェルス	凝灰岩	砂岩
		1						
			2					
		1			1			
				1				
1								
		1						
								1
		3						
				1				
	1							
		2						
		1						
				4		1		
				2				
1				8				
				1				
								2
		5						
							1	
				1			1	
			1					
		2	1					
1								
		1						
		1						
		1						
		3	1					
		1						
		1						
		1	1	1				

別表　255

エリア	市町村	遺跡	地点	文化層	石器集中部	ナイフ形石器		
						黒曜石	チャート	頁岩
3	杉並区	白幡遺跡	集合住宅建設工事区	第VI層	2号ブロック	1		
4	世田谷区	下野毛遺跡	VI所収区		1号集中部			
4	世田谷区	下山遺跡	V所収区	第2文化層	1号ブロック			
4	世田谷区	瀬田遺跡	II所収区	第6文化層	1号ブロック		1	
4	世田谷区	瀬田遺跡	II所収区	第6文化層	2号ブロック	4		
4	世田谷区	瀬田遺跡	II所収区	第6文化層	3号ブロック	3		
4	世田谷区	堂ヶ谷戸遺跡	第32次調査区	第4文化層	1号ブロック	8	1	
4	世田谷区	堂ヶ谷戸遺跡	第32次調査区	第4文化層	2号ブロック	7		
4	世田谷区	堂ヶ谷戸遺跡	第32次調査区	第4文化層	3号ブロック	2		
4	三鷹市	天文台構内遺跡	III所収区北地区	第5文化層	石器集中部5a	8		
4	府中市	武蔵国分寺跡関連遺跡	多総医地点A地区	第3文化層	DS−SX114			
4	府中市	武蔵国分寺跡関連遺跡	多総医地点A地区	第3文化層	DS−SX119	1		
4	調布市	下原・富士見町遺跡		垂直区分帯22	BL2201	4		
4	国分寺市	多摩蘭坂遺跡	第4地点	第3文化層	3号ブロック			
4	国分寺市	多摩蘭坂遺跡	第4地点	第3文化層	4号ブロック			

安山岩	他石材	石核						
		黒曜石	チャート	頁岩	安山岩	ホルンフェルス	凝灰岩	砂岩
						1		
							1	
			1					
		2	2					
		3						
		1						
		9				1		
		2						
		2						
		1						
				1		1		
			1	5				

別表6　第4群の石器集中部石器組成

群	エリア	市町村	遺跡	地点	文化層	石器集中部	出土点数	剥片	石核	R...
第4a群	1	志木市	中野遺跡	第109地点		4号石器集中地点	282	278	3	
第4a群	1	志木市	西原大塚遺跡	第224地点		17号石器集中地点	5	4		
第4a群	1	富士見市	打越遺跡	第3地点		ブロック1基	274	246	7	
第4a群	1	三芳町	南止遺跡	H地点	第V層	石器集中1	59	54	1	
第4a群	1	東久留米市	下里本邑遺跡		第V層の石器文化	1号ブロック	22	17	2	
第4a群	1	東久留米市	自由学園南遺跡	第1次調査区	IV下層文化	1ブロック	15	11		
第4a群	1	東久留米市	自由学園南遺跡	第1次調査区	IV下層文化	2ブロック	15	11	1	
第4a群	1	東久留米市	自由学園南遺跡	第1次調査区	IV下層文化	3ブロック	13	8		
第4a群	1	東久留米市	自由学園南遺跡	第1次調査区	IV下層文化	4ブロック	17	12		
第4a群	1	東久留米市	自由学園南遺跡	第1次調査区	IV下層文化	5ブロック	42	37		
第4a群	1	東久留米市	自由学園南遺跡	第1次調査区	IV下層文化	6ブロック	89	83	1	
第4a群	1	東久留米市	自由学園南遺跡	第1次調査区	IV下層文化	7ブロック	328	318		
第4a群	1	東久留米市	自由学園南遺跡	第1次調査区	IV下層文化	8ブロック	503	491		
第4a群	1	東久留米市	自由学園南遺跡	第1次調査区	IV下層文化	9ブロック	285	274		
第4a群	1	東久留米市	多聞寺前遺跡		IV下文化層	IV下aブロック	26	18	1	
第4a群	1	東久留米市	多聞寺前遺跡		IV下文化層	IV下bブロック	7	7		
第4a群	2	和光市	吹上原遺跡	第2次A区 〜 第6次調査区	第I文化層	1号ブロック	40	35	1	
第4a群	2	北区	桐ケ丘遺跡		2群	第1石器集中部	34	28	3	
第4a群	2	北区	桐ケ丘遺跡		2群	第2石器集中部	123	99	9	
第4a群	2	北区	桐ケ丘遺跡		2群	第3石器集中部	18	18		
第4a群	2	北区	桐ケ丘遺跡		2群	第4石器集中部	91	76	7	
第4a群	2	北区	桐ケ丘遺跡		2群	第5石器集中部	10	10		
第4a群	2	北区	桐ケ丘遺跡		2群	第6石器集中部	20	20		
第4a群	2	北区	桐ケ丘遺跡		2群	第7石器集中部	294	261	18	
第4a群	2	北区	桐ケ丘遺跡		2群	第8石器集中部	282	255	14	
第4a群	2	北区	桐ケ丘遺跡		2群	第9石器集中部	6	5		
第4a群	2	北区	桐ケ丘遺跡		2群	第10石器集中部	10	8	2	
第4a群	2	北区	桐ケ丘遺跡		2群	第11石器集中部	7	7		
第4a群	2	北区	御殿前遺跡		第V層	ブロック1基	64	61		
第4a群	2	板橋区	志村坂上遺跡	J地点	第2文化層	1号ブロック	176	159	5	
第4a群	2	板橋区	菅原神社台地上遺跡	南側	第V層文化	15号ブロック	164	162	1	
第4a群	2	板橋区	菅原神社台地上遺跡	南側	第V層文化	19号ブロック	188	179	1	
第4a群	2	板橋区	菅原神社台地上遺跡	南側	第V層文化	23号ブロック	137	128		
第4a群	2	板橋区	菅原神社台地上遺跡	南側	第V層文化	20号ブロック	57	52	2	
第4a群	2	板橋区	菅原神社台地上遺跡	南側	第V層文化	18号ブロック	153	144	1	
第4a群	2	板橋区	菅原神社台地上遺跡	南側	第V層文化	12号ブロック	10	10		
第4a群	2	板橋区	大門遺跡		第2文化層	2号ブロック	88	84		
第4a群	2	板橋区	大門遺跡		第2文化層	3号ブロック	84	70	2	
第4a群	2	板橋区	成増との山遺跡	II所収区	第2文化層	1号ブロック	29	25	1	
第4a群	2	板橋区	成増との山遺跡	I所収区	第2文化層	ユニット3	64	64		
第4a群	2	板橋区	成増との山遺跡	I所収区	第2文化層	ユニット4	8	8		
第4a群	2	練馬区	田島遺跡			遺物集中3	29	27		
第4a群	2	練馬区	天祖神社東遺跡		第II文化層	No.①ブロック	32	31	1	
第4a群	2	練馬区	東早淵遺跡	第4地点	第1文化層	1号石器ブロック	109	80	1	2
第4a群	2	練馬区	東早淵遺跡	第4地点	第1文化層	2号石器ブロック	199	165	6	2
第4a群	2	練馬区	東早淵遺跡	第4地点	第1文化層	3号石器ブロック	24	16	1	
第4a群	2	練馬区	東早淵遺跡	第4地点	第1文化層	4号石器ブロック	18	13		
第4a群	2	練馬区	東早淵遺跡	第4地点	第1文化層	5号石器ブロック	10	7	2	
第4a群	2	練馬区	東早淵遺跡	第4地点	第1文化層	6号石器ブロック	55	41	5	
第4a群	2	練馬区	東早淵遺跡	第4地点	第1文化層	7号石器ブロック	15	8		
第4a群	2	練馬区	東早淵遺跡	第4地点	第1文化層	8号石器ブロック	43	35	4	
第4a群	2	練馬区	東早淵遺跡	第4地点	第1文化層	9号石器ブロック	23	10		

イフ形器	尖頭器	角錐状石器	スクレイパー	礫石器	その他	器種計	黒曜石	チャート	頁岩	安山岩	ホルンフェルス	凝灰岩	流紋岩	砂岩	他石材	石材計	報告書
					1	282	177	1	100	2	1				1	282	10
1						5	5									5	13
7			5		5	274											30
1		1		1	1	59	55		1		1	1			1	59	55
2						22	22									22	244
			2			15											245
1			2			15											245
3				1		13											245
3		1				17											245
4		1				42											245
1			1		1	89											245
9			1			328											245
6			1		1	503											245
5		2	1			285											245
1			1			26		13			13					26	247
						7		7								7	247
2						40	21	17	1			1				40	16
		1	2			34	4	1	7	17	3	2			1	35	145
4		1	5		5	123	43		60	10	8	1			1	123	145
						18	18									18	145
1			3		4	91	81	4	2	2		2				91	145
						10	6			3					1	10	145
						20	17			1	2					20	145
		3	2	1	9	294	191	11	43	13	22	13			1	294	145
			1		12	282	189	14	22	7	42	4		3	1	282	145
				1		6	1			1	2	1			1	6	145
						10			5	1	4					10	145
						7			7							7	145
2					1	64	4	60								64	146
2			1	2		176	89	70		5	10				2	176	152
						164	162	1		1						164	155
		1	3			188	186	2								188	155
2			1			137	137									137	155
						57	48	9								57	155
		1	2			153	147	4	1	1						153	155
						10			4	6						10	155
2		1			1	88	3	1	47	36					1	88	156
7		4				84	2		28	54						84	156
2						29		25		4						29	159
						64	59			5						64	158
						8	1			7						8	158
			1	1		29	11	4	9	3			1		1	29	176
						32	23	8			1					32	177
1					1	109											180
1			1	1	1	199											180
						24											180
1					1	18											180
						10											180
1						55											180
					1	15											180
						43											180
			2			23											180

群	エリア	市町村	遺跡	地点	文化層	石器集中部	出土点数	剥片	石核	RH
第4a群	2	練馬区	東早淵遺跡	第4地点	第1文化層	10号石器ブロック	17	10	1	
第4a群	2	練馬区	東早淵遺跡	第4地点	第1文化層	11号石器ブロック	52	46	1	
第4a群	2	練馬区	東早淵遺跡	第4地点	第1文化層	12号石器ブロック	78	43	2	3
第4a群	2	練馬区	東早淵遺跡	第4地点	第1文化層	13号石器ブロック	55	47	1	
第4a群	2	練馬区	比丘尼橋遺跡	東京外かく環状道路練馬地区	第V層の文化層	ブロック1号	21	19	1	
第4a群	2	練馬区	比丘尼橋遺跡	東京外かく環状道路練馬地区	第V層の文化層	ブロック2号	132	122	1	
第4a群	2	練馬区	比丘尼橋遺跡	東京外かく環状道路練馬地区	第V層の文化層	ブロック3号	82	81		
第4a群	2	練馬区	比丘尼橋遺跡	東京外かく環状道路練馬地区	第V層の文化層	ブロック4号	14	13		
第4a群	2	練馬区	比丘尼橋遺跡	C地点	3群	1号石器集中部	17	10	3	
第4a群	2	練馬区	比丘尼橋遺跡	C地点	3群	2号石器集中部	7	6		
第4a群	2	練馬区	比丘尼橋遺跡	C地点	3群	3号石器集中部	14	12	1	
第4a群	2	練馬区	比丘尼橋遺跡	C地点	3群	4号石器集中部	19	17	2	
第4a群	2	練馬区	比丘尼橋遺跡	C地点	3群	5号石器集中部	13	11	1	
第4a群	2	練馬区	比丘尼橋遺跡	C地点	3群	6号石器集中部	17	16		
第4a群	2	練馬区	比丘尼橋遺跡	C地点	3群	7号石器集中部	6	3		
第4a群	2	練馬区	比丘尼橋遺跡	C地点	3群	8号石器集中部	108	84	13	
第4a群	2	練馬区	比丘尼橋遺跡	C地点	3群	9号石器集中部	12	11		
第4a群	2	練馬区	比丘尼橋遺跡	C地点	3群	10号石器集中部	32	24	1	
第4a群	2	練馬区	比丘尼橋遺跡	C地点	3群	11号石器集中部	79	68	2	
第4a群	2	練馬区	比丘尼橋遺跡	C地点	3群	12号石器集中部	59	53	4	
第4a群	2	練馬区	比丘尼橋遺跡	C地点	3群	13号石器集中部	20	18		
第4a群	2	練馬区	比丘尼橋遺跡	C地点	3群	14号石器集中部	38	35		
第4a群	2	練馬区	比丘尼橋遺跡	C地点	3群	15号石器集中部	26	22	4	
第4a群	2	練馬区	比丘尼橋遺跡	C地点	3群	16号石器集中部	181	130	27	
第4a群	2	練馬区	比丘尼橋遺跡	C地点	3群	17号石器集中部	23	14	3	
第4a群	2	練馬区	比丘尼橋遺跡	C地点	3群	18号石器集中部	30	24	3	
第4a群	2	練馬区	比丘尼橋遺跡	C地点	3群	19号石器集中部	113	89	4	
第4a群	2	練馬区	比丘尼橋遺跡	C地点	3群	20号石器集中部	125	117	2	
第4a群	2	練馬区	比丘尼橋遺跡	C地点	3群	21号石器集中部	9	8		
第4a群	2	練馬区	比丘尼橋遺跡	C地点	3群	22号石器集中部	5	5		
第4a群	2	練馬区	比丘尼橋遺跡	C地点	3群	23号石器集中部	27	25		
第4a群	2	練馬区	丸山東遺跡	東京外かく環状道路練馬地区	第V層の文化層	ブロック1号	280	278	1	
第4a群	2	練馬区	武蔵関北遺跡		第IV文化層	ブロック11	15	15		
第4a群	2	練馬区	武蔵関北遺跡		第IV文化層	ブロック27	10	9		
第4a群	2	小平市	鈴木遺跡		鈴木7文化層	南048bブロック	26	21		
第4a群	2	小平市	鈴木遺跡		鈴木7文化層	西03bブロック	729	714	3	
第4a群	2	西東京市	坂下遺跡	第1次調査区	第4文化層	1号ブロック	109	98	1	
第4a群	2	西東京市	坂下遺跡	第1次調査区	第4文化層	2号ブロック	49	42	2	
第4a群	2	西東京市	坂下遺跡	第1次調査区	第4文化層	3号ブロック	16	14		
第4a群	2	西東京市	坂下遺跡	第1次調査区	第5文化層	1号ブロック	12	12		
第4a群	2	西東京市	下柳沢遺跡	早大東伏見校地体育館地区	第1文化層	1号ブロック	6	1		
第4a群	2	西東京市	下柳沢遺跡	早大東伏見校地体育館地区	第1文化層	2号ブロック	91	81	1	
第4a群	2	西東京市	下柳沢遺跡	早大東伏見校地体育館地区	第2文化層	3号ブロック	152	117	10	2
第4a群	2	西東京市	下柳沢遺跡	早大東伏見校地体育館地区	第2文化層	5号ブロック	27	20	4	3
第4a群	2	西東京市	下柳沢遺跡	早大東伏見校地体育館地区	第2文化層	7号ブロック	402	336	9	3
第4a群	2	西東京市	下柳沢遺跡	早大東伏見校地体育館地区	第2文化層	8号ブロック	6	3		
第4a群	2	西東京市	下柳沢遺跡	早大東伏見校地体育館地区	第2文化層	10号ブロック	5	5		

イフ形器	尖頭器	角錐状石器	スクレイパー	礫石器	その他	器種計	黒曜石	チャート	頁岩	安山岩	ホルンフェルス	凝灰岩	流紋岩	砂岩	他石材	石材計	報告書
			1			17											180
						52											180
1			1			78											180
1		1				55											180
1						21		2		19						21	167
7			2			132	24	100	1	6					1	132	167
1						82	3	79								82	167
						14	14									14	167
1	1		1			17	1			16						17	182
1						7			4						3	7	182
						14		1		13						14	182
						19			1	11	7					19	182
1						13		1		11	1					13	182
				1	2	6	5								1	6	182
			1	2	4	108	28	12	28	2	29	6		2	1	108	182
				1		12	1	8	1					2		12	182
2			1	2	1	32		14	10	4		1		2	1	32	182
2	1	1	2			79	1	36	27	13		2				79	182
1					1	59		7	52							59	182
			2			20		2	17		1					20	182
1			1		1	38	3	34							1	38	182
						26		6	15		5					26	182
4		2	6	3	3	181	26	103	41	6		2		1	2	181	182
1			1	1	1	23		18		1	1			3		23	182
2					1	30	9	18	2		1					30	182
6	1		5	1	6	113	78	27	4			1			1	113	182
3		1				125	122	1	1			1				125	182
		1				9	1			8						9	182
						5	5									5	182
						27	2	22	3							27	182
						280			280							280	168
						15	5	2	8							15	185
1						10	5	3				2				10	185
1		3				26	10	2		14						26	229
5		1	1	1	1	729	676	47	1	4		1				729	229
5			1			109	16	89	3				1			109	252
2			3			49	5	34	10							49	252
			1			16		11	5							16	252
						12		8	4							12	252
4					1	6	3		3							6	257
6			1			91	85	6								91	257
1			1			152		152								152	257
						27	25		2							27	257
16		1	2			402	359		36	1		6				402	257
1					1	6			5	1						6	257
						5	1	4								5	257

別　表　261

群	エリア	市町村	遺跡	地点	文化層	石器集中部	出土点数	剥片	石核	RH
第4a群	2	西東京市	下柳沢遺跡	早大東伏見校地体育館地区	第2文化層	11号ブロック	5	4	1	
第4a群	2	西東京市	下柳沢遺跡	早大東伏見校地体育館地区	第2文化層	12号ブロック	8	7		
第4a群	2	西東京市	下柳沢遺跡	早大東伏見校地体育館地区	第2文化層	13号ブロック	10	9	1	
第4a群	3	港区	旗本花房家屋敷跡遺跡			遺物集中地点	63	57	2	3
第4a群	3	新宿区	下戸塚遺跡	再開発地区	第1文化層	1号石器ブロック	33	29	1	3
第4a群	3	新宿区	下戸塚遺跡	安部球場跡地調査区	第1文化層	1号ブロック	21	18		3
第4a群	3	新宿区	下戸塚遺跡	安部球場跡地調査区	第1文化層	2号ブロック	7	6		1
第4a群	3	新宿区	下戸塚遺跡	安部球場跡地調査区	第1文化層	3号ブロック	37	36		
第4a群	3	新宿区	下戸塚遺跡	安部球場跡地調査区	第1文化層	4号ブロック	76	72		
第4a群	3	新宿区	下戸塚遺跡	安部球場跡地調査区	第1文化層	5号ブロック	30	28		
第4a群	3	新宿区	下戸塚遺跡	安部球場跡地調査区	第1文化層	6号ブロック	18	16	1	
第4a群	3	新宿区	下戸塚遺跡	安部球場跡地調査区	第1文化層	7号ブロック	113	103		3
第4a群	3	新宿区	下戸塚遺跡	安部球場跡地調査区	第1文化層	8号ブロック	37	30		3
第4a群	3	新宿区	下戸塚遺跡	安部球場跡地調査区	第1文化層	9号ブロック	95	92		3
第4a群	3	新宿区	下戸塚遺跡	安部球場跡地調査区	第1文化層	10号ブロック	10	10		
第4a群	3	新宿区	下戸塚遺跡	安部球場跡地調査区	第1文化層	12号ブロック	5	3		
第4a群	3	新宿区	下戸塚遺跡	安部球場跡地調査区	第1文化層	13号ブロック	41	38	1	
第4a群	3	新宿区	百人町三丁目西遺跡	第3調査地	第3文化層	1号石器ブロック	18	15		
第4a群	3	新宿区	百人町三丁目西遺跡	第3調査地	第3文化層	2号石器ブロック	16	10		
第4a群	3	新宿区	百人町三丁目西遺跡	第3調査地	第3文化層	3号石器ブロック	107	89	5	
第4a群	3	新宿区	百人町三丁目西遺跡	第3調査地	第3文化層	4号石器ブロック	5	4		
第4a群	3	新宿区	百人町三丁目西遺跡	第3調査地	第3文化層	5号石器ブロック	21	21		
第4a群	3	新宿区	百人町三丁目西遺跡	第3調査地	第3文化層	7号石器ブロック	84	78	5	
第4a群	3	新宿区	百人町三丁目西遺跡	第3調査地	第3文化層	8号石器ブロック	33	33		
第4a群	3	文京区	小石川駕篭町遺跡		第2文化層	6号ユニット	415	331	2	
第4a群	3	文京区	小石川駕篭町遺跡		第2文化層	8号ユニット	24	21		
第4a群	3	文京区	小石川駕篭町遺跡		第2文化層	1号礫群	22	11		
第4a群	3	文京区	小石川駕篭町遺跡		第2文化層	2号礫群	45	25		
第4a群	3	世田谷区	廻沢北遺跡	第3次調査区	V層の石器	全1基	11	6	3	
第4a群	3	世田谷区	廻沢北遺跡	第4・5次調査区	V層文化層	5号ブロック	49	46	2	
第4a群	3	世田谷区	廻沢北遺跡	第4・5次調査区	V層文化層	6号ブロック	50	45	1	
第4a群	3	渋谷区	千駄ヶ谷五丁目遺跡	第1地点		ブロック1	89			
第4a群	3	渋谷区	千駄ヶ谷五丁目遺跡	第1地点		ブロック2	276			
第4a群	3	渋谷区	千駄ヶ谷五丁目遺跡	第1地点		ブロック3	50			
第4a群	3	渋谷区	千駄ヶ谷五丁目遺跡	第1地点		ブロック4	11			
第4a群	3	杉並区	光明院南遺跡	E地点	第I集中部	1号ブロック	13	8		
第4a群	3	杉並区	堂の下遺跡		第III集中部	1号ブロック	20	16	1	
第4a群	3	杉並区	堂の下遺跡		第III集中部	2号ブロック	7	6		
第4a群	3	杉並区	堂の下遺跡		第III集中部	3号ブロック	33	28		
第4a群	3	杉並区	堂の下遺跡		第III集中部	4号ブロック	6	4		
第4a群	3	杉並区	堂の下遺跡		第III集中部	5号ブロック	8	5		
第4a群	3	杉並区	堂の下遺跡		第III集中部	6号ブロック	26	24	1	
第4a群	3	杉並区	堂の下遺跡		第III集中部	7号ブロック	11	9		
第4a群	3	杉並区	堂の下遺跡		第III集中部	8号ブロック	8	7		
第4a群	3	杉並区	堂の下遺跡		第III集中部	9号ブロック	9	6	1	
第4a群	3	武蔵野市	吉祥寺南町一丁目遺跡	X地点	第4文化層	石器集中部1	15	12		
第4a群	3	武蔵野市	吉祥寺南町一丁目遺跡	X地点	第4文化層	石器集中部2	8	6		
第4a群	3	武蔵野市	吉祥寺南町一丁目遺跡	X地点	第4文化層	石器集中部3	7	6	1	
第4a群	3	武蔵野市	御殿山遺跡	第1地区D地点	V層上部	fブロック	39	33	2	
第4a群	3	武蔵野市	御殿山遺跡	第1地区D地点	V層上部	gブロック	17	8	4	
第4a群	3	武蔵野市	御殿山遺跡	第1地区D地点	V層上部	hブロック	90	65	5	1
第4a群	4	世田谷区	上之台遺跡		第4文化層	1号ブロック	30	29		
第4a群	4	世田谷区	下神明遺跡	IV所収区	第2文化層	1号ブロック	6	3		
第4a群	4	世田谷区	祖師谷大道北遺跡	I所収区		1号ブロック	39	24		
第4a群	4	世田谷区	中神明遺跡	第8次調査区	第2文化層	2号ブロック	111	97	2	

イフ形器	尖頭器	角錐状石器	スクレイパー	礫石器	その他	器種計	黒曜石	チャート	頁岩	安山岩	ホルンフェルス	凝灰岩	流紋岩	砂岩	他石材	石材計	報告書
						5		4		1						5	257
						8		8								8	257
						10								10		10	257
1						63	63									63	58
			2		1	33	1	30							2	33	65
1						21		21								21	66
						7		7								7	66
1						37	35	1			1					37	66
2		1				76	70	6								76	66
						30	30									30	66
1						18	17		1							18	66
3		1	2			113	101		3	9						113	66
1		4				37	37									37	66
						95	69	17			9					95	66
						10				9	1					10	66
		1	1			5	3	1			1					5	66
						41	41									41	66
1						18	15	3								18	71
2			1			16	11	3			2					16	71
2			4	2		107	21	42	32	2	3				7	107	71
						5	2	2	1							5	71
						21	2	17			1				1	21	71
			1			84	1	83								84	71
						33	1	32								33	71
28			5	1	45	415	1	252		1	66	45	50			415	77
					3	24		20				3			1	24	77
				1	9	22		2			11		8		1	22	77
4			1	2	12	45		21			8	1		16		46	77
				1	1	11											117
1						49		49								49	118
2						50	2	45		2					1	50	118
							83	5							1	89	121
							275	1								276	121
							37	13								50	121
							5	4							2	11	121
						13	4	1	5		3					13	130
1						20	20									20	132
1		1				7		7								7	132
3						33	31	1	1							33	132
2						6		6								6	132
1						8	1	5			1		1			8	132
						26		19	6						1	26	132
1						11	8		1	2						11	132
1						8		1	6		1					8	132
						9	3	3	1		1					8	132
						15	6	3	6							15	187
1						8	5	1	2							8	187
						7	1	6								7	187
						39											192
						17											192
4			3			90											192
						30	22		4		3				1	30	88
			3			6	1				2	2			1	6	97
1			5		2	39	29	5	2	1					2	39	103
2			2			111	82	23	3				1		2	111	114

別表　263

群	エリア	市町村	遺跡	地点	文化層	石器集中部	出土点数	剥片	石核	RI
第4a群	4	世田谷区	中神明遺跡	第7次調査区	第1文化層	1号ブロック	8	8		
第4a群	4	世田谷区	中神明遺跡	第8次調査区	第2文化層	1号ブロック	49	44	1	
第4a群	4	世田谷区	嘉留多遺跡		第3文化層	1号ブロック	22	17		
第4a群	4	世田谷区	嘉留多遺跡		第3文化層	2号ブロック	56	51	1	
第4a群	4	世田谷区	嘉留多遺跡		第3文化層	3号ブロック	13	8		
第4a群	4	三鷹市	北野遺跡	外環道中央JCT区A区		1号ユニット	8	8		
第4a群	4	三鷹市	出山遺跡	II所収区		AJ区	12	12		
第4a群	4	三鷹市	出山遺跡	II所収区		AK・BK区	69	63	2	
第4a群	4	三鷹市	天文台構内遺跡	III所収区北地区	第4文化層	石器集中部4a	126	109	8	
第4a群	4	三鷹市	天文台構内遺跡	III所収区北地区	第4文化層	石器集中部4b	24	20	1	
第4a群	4	三鷹市	天文台構内遺跡	III所収区北地区	第4文化層	石器集中部4c	11	11		
第4a群	4	三鷹市	天文台構内遺跡	III所収区北地区	第4文化層	石器集中部4d	401	364	11	
第4a群	4	三鷹市	天文台構内遺跡	III所収区北地区	第4文化層	石器集中部4e	27	24		
第4a群	4	三鷹市	天文台構内遺跡	III所収区北地区	第4文化層	石器集中部4f	26	22	1	
第4a群	4	三鷹市	天文台構内遺跡	III所収区北地区	第4文化層	石器集中部4g	14	9	2	
第4a群	4	三鷹市	天文台構内遺跡	III所収区北地区	第4文化層	石器集中部4h	9	7		
第4a群	4	三鷹市	天文台構内遺跡	IV所収区	第4文化層	石器集中部4i	43	34	1	
第4a群	4	三鷹市	天文台構内遺跡	IV所収区	第4文化層	石器集中部4j	21	19	1	
第4a群	4	三鷹市	天文台構内遺跡	IV所収区	第4文化層	石器集中部4k	19	15	1	
第4a群	4	三鷹市	天文台構内遺跡	IV所収区	第4文化層	石器集中部4l	31	27	1	
第4a群	4	三鷹市	天文台構内遺跡	IV所収区	第4文化層	石器集中部4m	100	80	11	
第4a群	4	三鷹市	天文台構内遺跡	IV所収区	第4文化層	石器集中部4n	37	31	2	
第4a群	4	三鷹市	天文台構内遺跡	IV所収区	第4文化層	石器集中部4o	53	43	1	
第4a群	4	三鷹市	天文台構内遺跡	IV所収区	第4文化層	石器集中部4p	11	10	1	
第4a群	4	三鷹市	天文台構内遺跡	IV所収区	第5文化層	石器集中部5b	38	25	7	
第4a群	4	三鷹市	長嶋遺跡	D区		全1基	14	11	1	
第4a群	4	府中市	朝日町神明台遺跡			第1石器集中部	11	9	1	
第4a群	4	府中市	朝日町神明台遺跡			第2石器集中部	10	7		
第4a群	4	府中市	武蔵国分寺跡関連遺跡	816次調査区	第II文化層	石器集中1	34	30	2	
第4a群	4	府中市	武蔵国分寺跡関連遺跡	816次調査区	第II文化層	石器集中2	7	3	1	
第4a群	4	府中市	武蔵国分寺跡関連遺跡	武蔵台西地区	第4文化層	A97-SX26	5	2	3	
第4a群	4	府中市	武蔵国分寺跡関連遺跡	武蔵台西地区	第4文化層	AX97-40A	10	9	1	
第4a群	4	府中市	武蔵国分寺跡関連遺跡	武蔵台西地区	第4文化層	A97-SX41・42	498	480	9	
第4a群	4	府中市	武蔵国分寺跡関連遺跡	武蔵台西地区	第4文化層	A97-SX63	21	21		
第4a群	4	府中市	武蔵国分寺跡関連遺跡	武蔵台西地区	第4文化層	A97-SX71	39	36	2	
第4a群	4	府中市	武蔵国分寺跡関連遺跡	武蔵台西地区	第4文化層	A97-SX81	388	368	6	
第4a群	4	府中市	武蔵国分寺跡関連遺跡	武蔵台西地区	第4文化層	A97-SX107・108	259	246	3	
第4a群	4	府中市	武蔵国分寺跡関連遺跡	多総医地点A地区	第4文化層	A97-SX122	312	300	7	
第4a群	4	府中市	武蔵国分寺跡関連遺跡	多総医地点A地区	第4文化層	A97-SX142	95	88	7	
第4a群	4	府中市	武蔵国分寺跡関連遺跡	多総医地点A地区	第4文化層	A97-SX159	52	50	2	
第4a群	4	府中市	武蔵国分寺跡関連遺跡	多総医地点A地区	第4文化層	A97-SX179	55	51	1	
第4a群	4	府中市	武蔵国分寺跡関連遺跡	多総医地点A地区	第4文化層	A97-SX191	6	5		
第4a群	4	府中市	武蔵国分寺跡関連遺跡	多総医地点A地区	第4文化層	A98-SX16	253	244		
第4a群	4	府中市	武蔵国分寺跡関連遺跡	多総医地点A地区	第4文化層	A98-SX30	158	145	3	
第4a群	4	府中市	武蔵国分寺跡関連遺跡	多総医地点A地区	第4文化層	A98-SX96	19	15	1	
第4a群	4	府中市	武蔵国分寺跡関連遺跡	多総医地点A地区	第4文化層	A98-SX79	92	73	7	
第4a群	4	府中市	武蔵国分寺跡関連遺跡	多総医地点A地区	第4文化層	A98-SX95	13	11		
第4a群	4	府中市	武蔵国分寺跡関連遺跡	多総医地点A地区	第4文化層	D8-SX27	75	73	1	
第4a群	4	府中市	武蔵国分寺跡関連遺跡	多総医地点A地区	第4文化層	D8-SX21	40	33	3	
第4a群	4	府中市	武蔵国分寺跡関連遺跡	多総医地点A地区	第4文化層	D8-SX47	256	234	10	
第4a群	4	府中市	武蔵国分寺跡関連遺跡	多総医地点A地区	第4文化層	D8-SX48	27	19	3	
第4a群	4	府中市	武蔵国分寺跡関連遺跡	多総医地点A地区	第4文化層	D8-SX67	156	145		
第4a群	4	府中市	武蔵国分寺跡関連遺跡	多総医地点A地区	第4文化層	D8-SX76	20	14	2	
第4a群	4	府中市	武蔵国分寺跡関連遺跡	多総医地点A地区	第4文化層	D8-SX72	758	702	19	
第4a群	4	府中市	武蔵国分寺跡関連遺跡	多総医地点A地区	第4文化層	D8-SX146	80	73	2	
第4a群	4	府中市	武蔵国分寺跡関連遺跡	多総医地点A地区	第4文化層	D8-SX148	81	76		

ナイフ形器	尖頭器	角錐状石器	スクレイパー	礫石器	その他	器種計	黒曜石	チャート	頁岩	安山岩	ホルンフェルス	凝灰岩	流紋岩	砂岩	他石材	石材計	報告書
						8	6	1				1				8	113
						49	7	24				18				49	114
2						22	5	10	2	4					1	22	90
1						56	4	39		7					6	56	90
1			4			13	10	1		2						13	90
						8		8								8	195
						12		7	1		1				3	12	199
1			1	1	1	69	16	12	5	2	2	11			21	69	199
			3			126	39	48	11	15	10	2			1	126	201
2						24	3	13	7			1				24	201
						11		11								11	201
8	1		6	1		401	267	86	19	10	7		11		1	401	201
					1	27	5	17	4			1				27	201
			1			26	16	7				3				26	201
1	1					14	6	5		2						14	201
			2			9	5	2	1	1						9	201
2			5	1		43	33	4	1	3		1		1		43	202
						21	18					3				21	202
			2		1	19	1	14	3	1						19	202
1			2			31	23	3		2	2	1				31	202
2			1	2		100	7	81	5	1		4	2			100	202
3						37	14	4	10	6		3				37	202
3	1		1		1	53	10	19	17	2		3			2	53	202
						11	4	7								11	202
2				1		38	18		7		12				1	38	202
2						14	3			1		3	7			14	203
			1			11				10				1		11	208
		3				10				2	1	6				9	208
			1			34	2		5	27						34	209
2			1			7	3		2		2					7	209
						5		5								5	213
						10	10									10	213
9						498	375	120		3						498	213
						21	5		6	5		5				21	213
1						39	5	3	4	25	2					39	213
10			1	3		388	320	47	15	2	2				1	387	213
6	2		1		1	259	242	9	1	3		4				259	213
			2	1		312	202	71	12	12	13	1		1		312	211
						95		95								95	211
						52	2	50								52	211
			2			55	9	41		5						55	211
			1			6	6									6	211
3			3		1	253	243	6	1	2		1				253	211
8			1			158	56	2	99					1		158	211
1			1			19	13	6								19	211
10			1			92	66	26								92	211
			1			13	12							1		13	211
			1			75	20	55								75	211
			2			40	25	11			1				1	39	211
7			2		1	256	42	205		3	5	1				256	211
1		1	2			27	3	22	1	1						27	211
5	2		1			156	153	1		1	1					156	211
1			1		1	20	13	6							1	20	211
15	1		7	3	2	758	477	216	46		9	2		3	5	758	211
2			2			80	44	22	4		9					80	211
2			2			81	39	38	1	2	1					81	211

群	エリア	市町村	遺跡	地点	文化層	石器集中部	出土点数	剝片	石核	RH
第4a群	4	府中市	武蔵国分寺跡関連遺跡	多総医地点A地区	第4文化層	D8-SX23	73	67	4	
第4a群	4	府中市	武蔵国分寺跡関連遺跡	多総医地点A地区	第4文化層	D8-SX111	60	55	5	
第4a群	4	府中市	武蔵国分寺跡関連遺跡	多総医地点A地区	第4文化層	D8-SX139	40	32	1	
第4a群	4	府中市	武蔵国分寺跡関連遺跡	多総医地点A地区	第4文化層	D8-SX19	188	157	10	
第4a群	4	府中市	武蔵国分寺跡関連遺跡	多総医地点A地区	第4文化層	D8-SX118	19	18	1	
第4a群	4	府中市	武蔵国分寺跡関連遺跡	多総医地点A地区	第4文化層	D8-SX108	72	63	2	
第4a群	4	府中市	武蔵国分寺跡関連遺跡	多総医地点A地区	第4文化層	D8-SX112	10	10		
第4a群	4	府中市	武蔵台遺跡	多総医地点I地区	第4文化層	A100-SX3	18	16	2	
第4a群	4	府中市	武蔵台遺跡	多総医地点I地区	第4文化層	A100-SX12	13	11		
第4a群	4	府中市	武蔵台遺跡	多総医地点I地区	第4文化層	A100-SX15	25	22	3	
第4a群	4	府中市	武蔵台遺跡	多総医地点I地区	第4文化層	A100-SX14	8	6	2	
第4a群	4	府中市	武蔵台遺跡	多総医地点J地区	第4文化層	B91-SX31	80	69	5	
第4a群	4	府中市	武蔵台遺跡	多総医地点J地区	第4文化層	B91-SX10	26	21	1	
第4a群	4	府中市	武蔵台遺跡	多総医地点J地区	第4文化層	B91-SX22	14	12	1	
第4a群	4	府中市	武蔵台遺跡	多総医地点J地区	第4文化層	B91-SX34	19	15	1	
第4a群	4	府中市	武蔵台遺跡	多総医地点J地区	第4文化層	B91-SX16	94	80		
第4a群	4	府中市	武蔵台遺跡	多総医地点J地区	第4文化層	B91-SX17	57	44	5	
第4a群	4	府中市	武蔵台遺跡	多総医地点J地区	第4文化層	B91-SX23	25	23	1	
第4a群	4	府中市	武蔵台遺跡	多総医地点J地区	第4文化層	B91-SX19	24	23		
第4a群	4	府中市	武蔵台遺跡	多総医地点J地区	第4文化層	B91-SX27	47	43		
第4a群	4	府中市	武蔵台遺跡	都立府中療育センター改築工事地区	2群	D19-SX3	10	8	1	
第4a群	4	府中市	武蔵台東遺跡		第V上文化層	4号ブロック	69	51	4	
第4a群	4	府中市	武蔵台東遺跡		第V上文化層	5号ブロック	28	24	1	
第4a群	4	府中市	武蔵台東遺跡		第V上文化層	6号ブロック	15	13		
第4a群	4	府中市	武蔵台東遺跡		第V上文化層	7号ブロック	14	10	2	
第4a群	4	府中市	武蔵台東遺跡		第V中文化層	8号ブロック	49	34	1	
第4a群	4	府中市	武蔵台東遺跡		第V中文化層	9号ブロック	16	9	3	
第4a群	4	府中市	武蔵台東遺跡		第V中文化層	10号ブロック	31	24	1	
第4a群	4	府中市	武蔵台東遺跡		第V中文化層	11号ブロック	40	29	2	
第4a群	4	府中市	武蔵台東遺跡		第V中文化層	12号ブロック	39	26	3	
第4a群	4	調布市	下原・富士見町遺跡		垂直区分帯19	BL1901	71	59	4	
第4a群	4	調布市	下原・富士見町遺跡		垂直区分帯20	BL2001	93	92		
第4a群	4	調布市	下原・富士見町遺跡		垂直区分帯20	BL2002	72	63	3	
第4a群	4	調布市	下原・富士見町遺跡		垂直区分帯20	BL2010	27	20	1	
第4a群	4	小金井市	荒牧遺跡		第5文化層	3号ブロック	34	24	2	
第4a群	4	小金井市	荒牧遺跡		第5文化層	4号ブロック	5	5		
第4a群	4	小金井市	荒牧遺跡		第5文化層	5号ブロック	16	12	1	
第4a群	4	小金井市	荒牧遺跡		第5文化層	6号ブロック	9	8		
第4a群	4	小金井市	荒牧遺跡		第5文化層	8号ブロック	187	146	22	
第4a群	4	小金井市	荒牧遺跡		第5文化層	9号ブロック	148	111	5	
第4a群	4	小金井市	荒牧遺跡		第5文化層	10号ブロック	6	4	1	
第4a群	4	小金井市	野川中洲北遺跡	西区	第IV下層	1号ブロック	134	127	3	
第4a群	4	小金井市	野川中洲北遺跡	西区	第IV下層	2号ブロック	112	98	7	
第4a群	4	小金井市	野川中洲北遺跡	西区	第IV下層	3号ブロック	95	89	5	
第4a群	4	小金井市	はけうえ遺跡		第IV下層文化	C-IV-19	31	24	1	
第4a群	4	小金井市	はけうえ遺跡		第IV下層文化	C-IV-20	11	3	4	
第4a群	4	小金井市	はけうえ遺跡		第IV下層文化	C-IV-26	20	12	6	
第4a群	4	小金井市	はけうえ遺跡		第IV下層文化	C-IV-30	8			
第4a群	4	小金井市	はけうえ遺跡		第IV下層文化	C-IV-33	5	2		
第4a群	4	小金井市	はけうえ遺跡		第IV下層文化	C-IV-35	6	4		
第4a群	4	小金井市	はけうえ遺跡		第IV下層文化	C-IV-36	6	4		
第4a群	4	小金井市	はけうえ遺跡		第IV下層文化	C-IV-37	8	4		
第4a群	4	小金井市	はけうえ遺跡		第IV下層文化	C-IV-39	6	5		
第4a群	4	小金井市	はけうえ遺跡		第IV下層文化	C-IV-42	21	19	1	
第4a群	4	小金井市	はけうえ遺跡		第IV下層文化	C-IV-43	6	5		
第4a群	4	小金井市	はけうえ遺跡		第V層文化	C-V-3	7	3		

ナイフ形石器	尖頭器	角錐状石器	スクレイパー	礫石器	その他	器種計	黒曜石	チャート	頁岩	安山岩	ホルンフェルス	凝灰岩	流紋岩	砂岩	他石材	石材計	報告書
			1			73	3	70								73	211
						60	51					9				60	211
4	1		1			40	36	2				2				40	211
5			13	1		188	45	92	19	10	17			5		188	211
						19	17		2							19	211
2			1	1	1	72		1	68			2		1		72	211
						10	10									10	211
						18		14			1	3				18	211
		1				13		3	6		3	1				13	211
						25		16		1	2	6				25	211
						8		8								8	211
2			2	2		80	8	35	9	16	8	2		1	1	80	211
3		1				26	15	1		7	1	2				26	211
						14	3		1	7	3					14	211
			2			19		1				18				19	211
8		3	1	1		94	5	1		78	2	7		1		94	211
			1	1		57	8	21	5	8	15					57	211
		1				25	2	6			17					25	211
			1			24		11			13					24	211
3			1			47	42	5								47	211
						10		8				1			1	10	212
4			1	2	3	69											214
2			1			28											214
			1			15											214
			1		1	14											214
5				1	1	49											214
			2		1	16											214
					1	31											214
			1	2		40											214
2			1	2		39											214
1						71		71								71	216
		1				93	93									93	216
1			1			72	3	44	20	1	2	2				72	216
1				1	1	27	18		2	5		1		1		27	216
2			1	2		34		1		2		29		2		34	223
						5		1		2		2				5	223
			1			16	13	1	1	1						16	223
1						9				8	1					9	223
3			4	2	2	187	2	25	50	44	26	34			6	187	223
1		9	8		3	148	136	3		7	1	1				148	223
			1			6	5							1		6	223
			1		1	134	121		12						1	134	226
2			2			112	12	74	17	1		6	1		1	112	226
						95		94	1							95	226
1			1			31	15	10	4	1					1	31	227
			1	2	1	11	3	5		1				2		11	227
1						20	15	1		3					1	20	227
					1	8	4	3								8	227
					3	5		2						2		5	227
						6	5	1								6	227
1						6				4					2	6	227
					1	8		1		3				4		8	227
1						6			2	4						6	227
					1	21	5	16								21	227
1						6		1		4						6	227
						7	2	3	1					1		7	227

別表　267

群	エリア	市町村	遺跡	地点	文化層	石器集中部	出土点数	剝片	石核	R
第4a群	4	小金井市	はけうえ遺跡		第Ⅴ層文化	C－Ⅴ－7	44	32	1	
第4a群	4	小金井市	はけうえ遺跡		第Ⅴ層文化	C－Ⅴ－10	22	14	5	
第4a群	4	小金井市	はけうえ遺跡		第Ⅴ層文化	C－Ⅴ－11	27	18	3	
第4a群	4	小金井市	はけうえ遺跡		第Ⅴ層文化	C－Ⅴ－15	6	5		
第4a群	4	小金井市	はけうえ遺跡		第Ⅴ層文化	C－Ⅴ－16	5	5		
第4a群	4	国分寺市	熊ノ郷遺跡	共同住宅建設調査区	第Ⅱ文化層	1号ブロック	51	42	7	
第4a群	4	国分寺市	国分寺市№37遺跡	共同住宅建設調査区	第Ⅳ文化層	1号ブロック	22	17	1	
第4a群	4	国分寺市	国分寺市№37遺跡	共同住宅建設調査区	第Ⅳ文化層	2号ブロック	93	78	4	
第4a群	4	国分寺市	国分寺市№37遺跡	共同住宅建設調査区	第Ⅳ文化層	3号ブロック	35	25	2	
第4a群	4	国分寺市	国分寺市№37遺跡	共同住宅建設調査区	第Ⅳ文化層	4号ブロック	117	79	6	1
第4a群	4	国分寺市	多摩蘭坂遺跡	第4地点	第4文化層	5号ブロック	22	19		
第4a群	4	国分寺市	多摩蘭坂遺跡	第4地点	第4文化層	6号ブロック	43	35	2	
第4a群	4	国分寺市	多摩蘭坂遺跡	第4地点	第4文化層	7号ブロック	7	3		
第4a群	4	国分寺市	多摩蘭坂遺跡	第4地点	第4文化層	8号ブロック	77	61	5	
第4a群	4	国分寺市	多摩蘭坂遺跡	第5地点	第5文化層	8号ブロック	106	88	10	
第4a群	4	国分寺市	多摩蘭坂遺跡	第5地点	第5文化層	9号ブロック	125	103	4	
第4a群	4	国分寺市	多摩蘭坂遺跡	第8地点	第3文化層	5号ブロック	12	10	2	
第4a群	4	国分寺市	日影山遺跡		第3文化層	1号ブロック	7	4		
第4a群	4	国分寺市	武蔵国分寺跡	都立多摩図書館改築工事地区		2号遺物集中部	39	39		
第4a群	4	国分寺市	武蔵国分寺跡遺跡北方地区	西国分寺区画整理地区	第6遺物群	1号石器集中部	41			
第4a群	4	国分寺市	武蔵国分寺跡遺跡北方地区	西国分寺区画整理地区	第6遺物群	2号石器集中部	34			
第4a群	4	国分寺市	武蔵国分寺跡遺跡北方地区	西国分寺区画整理地区	第6遺物群	3号石器集中部	14			
第4a群	4	国分寺市	武蔵国分寺跡遺跡北方地区	西国分寺区画整理地区	第6遺物群	4号石器集中部	6			
第4a群	4	国分寺市	武蔵国分寺跡遺跡北方地区	西国分寺区画整理地区	第6遺物群	5号石器集中部	9			
第4a群	4	国分寺市	武蔵国分寺跡遺跡北方地区	西国分寺区画整理地区	第6遺物群	石器集中部a	9			
第4a群	4	国分寺市	武蔵国分寺跡遺跡北方地区	西国分寺区画整理地区	第6遺物群	石器集中部b	11			
第4b_k群	1	志木市	城山遺跡	第96地点	第1文化層	9号石器集中地点	121	106	4	2
第4b_k群	1	志木市	中野遺跡	第49地点		3号石器集中地点	58	51	4	
第4b_k群	1	三芳町	南止遺跡	H地点	第Ⅳ層下部	石器集中1	73	66	5	
第4b_k群	1	東久留米市	多聞寺前遺跡		Ⅳ中文化層	Ⅳ中gブロック	144	130	2	
第4b_k群	1	東久留米市	多聞寺前遺跡		Ⅳ中文化層	Ⅳ中hブロック	45	36	5	
第4b_k群	1	東久留米市	多聞寺前遺跡		Ⅳ中文化層	Ⅳ中iブロック	21	14	1	
第4b_k群	1	東久留米市	多聞寺前遺跡		Ⅳ中文化層	Ⅳ中Iブロック	15	15		
第4b_k群	2	和光市	四ツ木遺跡	第4次調査区		第2石器ブロック	179	158	7	1
第4b_k群	2	和光市	四ツ木遺跡	第4次調査区		第3石器ブロック	222	206	4	
第4b_k群	2	和光市	午王山遺跡	第9次調査区		第10号ブロック	140	119	4	1
第4b_k群	2	北区	御殿前遺跡		第Ⅳ層	ブロック1基	164	159		
第4b_k群	2	北区	御殿前遺跡	第3・4期調査区		1号集中部	614	612		2
第4b_k群	2	北区	御殿前遺跡	第3・4期調査区		2号集中部	111	110		
第4b_k群	2	北区	御殿前遺跡	第3・4期調査区		3号集中部	29	28		
第4b_k群	2	北区	御殿前遺跡	第3・4期調査区		5号集中部	120	116	1	
第4b_k群	2	北区	御殿前遺跡	第3・4期調査区		6号集中部	1385	1355	4	12
第4b_k群	2	北区	御殿前遺跡	第3・4期調査区		7号集中部	231	229		
第4b_k群	2	北区	御殿前遺跡	第3・4期調査区		8号集中部	12	12		
第4b_k群	2	北区	御殿前遺跡	第3・4期調査区		9号集中部	398	387	3	3
第4b_k群	2	北区	御殿前遺跡	第3・4期調査区		10号集中部	78	73	2	
第4b_k群	2	北区	御殿前遺跡	第3・4期調査区		11号集中部	15	13		1
第4b_k群	2	北区	宿遺跡			C10グリッド	11	5	2	2
第4b_k群	2	板橋区	菅原神社台地上遺跡	北側	第Ⅴ層文化	1号ブロック	38	35	1	2

イフ形器	尖頭器	角錐状石器	スクレイパー	礫石器	その他	器種計	黒曜石	チャート	頁岩	安山岩	ホルンフェルス	凝灰岩	流紋岩	砂岩	他石材	石材計	報告書
				1	2	44	13	11	11	2				6	1	44	227
					1	22	14	5	1	2						22	227
1					1	27	12	9	4	2						27	227
						6	1			5						6	227
						5	1							4		5	227
			2			51	1	50								51	232
1			1	1		22	17	2	2					1		22	231
4						93	59	28	3	1	1				1	93	231
2			1			35	13	19	3							35	231
11			3	1	6	117	104	3	5	3	1	1				117	231
2						22	1	19	1	1						22	234
				1	2	43	14	28							1	43	234
			3		1	7		3		1	1				2	7	234
2			2	1	2	77	10	66	1							77	234
2			4			106											235
6		1	1		4	125											235
						12	5			7						12	236
1			1			7	5	1			1					7	243
						39		1		25		13				39	242
							1	1	32	4	2	1				41	241
							30		4							34	241
							1	13								14	241
								6								6	241
							1	7				1				9	241
							9									9	241
							11									11	241
7					2	121	89	6	3	22					1	121	8
1		1				58	47	2		5	1	3				58	9
1						73	57	16								73	55
6					4	144		22			114			4	4	144	247
1					2	45		21			21				3	45	247
1			3	1		21		3		2	16					21	247
						15		12				3				15	247
2		1				179	141	37								178	22
2		1	1		1	222	90	126						6		222	22
4						140	106	34								140	17
3	1	1				164	163				1					164	146
						614	604	3	3	2		2				614	147
						111	111									111	147
	1					29	29									29	147
1		1				120	35			27		57			1	120	147
1	6	2	4		1	1385	1302	3		29	1	24		26		1385	147
	1					231	229	1							1	231	147
						12	12									12	147
			5			398	362	29	2					2	3	398	147
		1			2	78	59	14		1	2	1		1		78	147
1						15	14	1								15	147
1					1	11	3	2	2				4			11	148
						38		21	17							38	155

群	エリア	市町村	遺跡	地点	文化層	石器集中部	出土点数	剝片	石核	R
第4b_k群	2	板橋区	菅原神社台地上遺跡	北側	第Ⅴ層文化	10号ブロック	36	35		
第4b_k群	2	板橋区	菅原神社台地上遺跡	北側	第Ⅴ層文化	5号ブロック	78	71	3	
第4b_k群	2	板橋区	菅原神社台地上遺跡	北側	第Ⅴ層文化	6号ブロック	94	78	8	
第4b_k群	2	板橋区	菅原神社台地上遺跡	北側	第Ⅴ層文化	9号ブロック	382	376	1	
第4b_k群	2	板橋区	菅原神社台地上遺跡	北側	第Ⅴ層文化	7号ブロック	392	380	6	
第4b_k群	2	板橋区	菅原神社台地上遺跡	北側	第Ⅴ層文化	2号ブロック	68	67		
第4b_k群	2	板橋区	菅原神社台地上遺跡	北側	第Ⅴ層文化	21号ブロック	53	50		
第4b_k群	2	板橋区	菅原神社台地上遺跡	北側	第Ⅴ層文化	25号ブロック	154	150	1	
第4b_k群	2	板橋区	菅原神社台地上遺跡	北側	第Ⅴ層文化	26号ブロック	134	130	1	
第4b_k群	2	板橋区	菅原神社台地上遺跡	北側	第Ⅴ層文化	29号ブロック	91	87		
第4b_k群	2	板橋区	菅原神社台地上遺跡	北側	第Ⅴ層文化	27号ブロック	12	11		
第4b_k群	2	板橋区	菅原神社台地上遺跡	北側	第Ⅴ層文化	22号ブロック	45	40		
第4b_k群	2	板橋区	大門遺跡		第2文化層	1号ブロック	19	15		
第4b_k群	2	板橋区	成増との山遺跡	Ⅱ所収区	第1文化層	2号ブロック	35	33		
第4b_k群	2	板橋区	西台後藤田遺跡	第1地点	第Ⅳ層下部文化層	1号ブロック	13	11		
第4b_k群	2	板橋区	西台後藤田遺跡	第1地点	第Ⅳ層下部文化層	2号ブロック	33	26	1	
第4b_k群	2	板橋区	西台後藤田遺跡	第1地点	第Ⅳ層下部文化層	4号ブロック	37	35		
第4b_k群	2	板橋区	西台後藤田遺跡	第1地点	第Ⅳ層下部文化層	5号ブロック	17	14		
第4b_k群	2	板橋区	西台後藤田遺跡	第1地点	第Ⅳ層下部文化層	8号ブロック	7	6		
第4b_k群	2	板橋区	西台後藤田遺跡	第1地点	第Ⅳ層下部文化層	9号ブロック	29	20	3	
第4b_k群	2	板橋区	西台後藤田遺跡	第1地点	第Ⅳ層下部文化層	10号ブロック	16	12		
第4b_k群	2	板橋区	西台後藤田遺跡	第1地点	第Ⅳ層下部文化層	11号ブロック	29	27		
第4b_k群	2	板橋区	西台後藤田遺跡	第1地点	第Ⅳ層下部文化層	12号ブロック	30	23	4	
第4b_k群	2	板橋区	前野田向遺跡	第2地点	第Ⅳ層下部文化層	1号ブロック	23	21	1	
第4b_k群	2	練馬区	愛宕下遺跡	東京外かく環状道路練馬地区	第Ⅳ層の文化層	ブロック1号	26	18	1	
第4b_k群	2	練馬区	愛宕下遺跡	東京外かく環状道路練馬地区	第Ⅳ層の文化層	ブロック2号	42	28	4	
第4b_k群	2	練馬区	愛宕下遺跡	東京外かく環状道路練馬地区	第Ⅳ層の文化層	ブロック4号	146	127	2	
第4b_k群	2	練馬区	愛宕下遺跡	東京外かく環状道路練馬地区	第Ⅳ層の文化層	ブロック5号	1608	1593	1	
第4b_k群	2	練馬区	愛宕下遺跡	東京外かく環状道路練馬地区	第Ⅳ層の文化層	ブロック6号	193	166	1	
第4b_k群	2	練馬区	愛宕下遺跡	東京外かく環状道路練馬地区	第Ⅳ層の文化層	ブロック7号	686	667	1	
第4b_k群	2	練馬区	愛宕下遺跡	東京外かく環状道路練馬地区	第Ⅳ層の文化層	ブロック8号	22	12		
第4b_k群	2	練馬区	愛宕下遺跡	東京外かく環状道路練馬地区	第Ⅳ層の文化層	ブロック9号	6	4		
第4b_k群	2	練馬区	大泉中里遺跡	第四次調査区		3号遺物集中部	43	17	10	
第4b_k群	2	練馬区	大泉中里遺跡	第四次調査区		4号遺物集中部	15	8	4	
第4b_k群	2	練馬区	大泉中里遺跡	第四次調査区		6号遺物集中部	34	26	2	
第4b_k群	2	練馬区	栗山遺跡	第1次調査区	第Ⅴ層上部の文化層	2ブロック	27	21	1	3
第4b_k群	2	練馬区	栗山遺跡	第1次調査区	第Ⅴ層上部の文化層	6ブロック	27	21	2	
第4b_k群	2	練馬区	栗山遺跡	第1次調査区	第Ⅴ層上部の文化層	7ブロック	10	5		3
第4b_k群	2	練馬区	田島遺跡			遺物集中7	8	5		

イフ形器	尖頭器	角錐状石器	スクレイパー	礫石器	その他	器種計	黒曜石	チャート	頁岩	安山岩	ホルンフェルス	凝灰岩	流紋岩	砂岩	他石材	石材計	報告書
			1			36	13	6	1		16					36	155
1	1				1	78	72		2	1	2				1	78	155
1		1	3			94	86	2		4	2					94	155
1		1	1			382	380			1		1				382	155
1		2	2			392	392									392	155
						68	66	1							1	68	155
						53	45	3	1	3	1					53	155
			3			154	153		1							154	155
			2			134	130		3			1				134	155
2			2			91	88			3						91	155
1						12	3			9						12	155
		1	2	1		45	44					1				45	155
1			1			19	19									19	156
1			1			35	34		1							35	159
					1	13	13									13	160
5			1			33	1				29			1	1	32	160
1						37	37									37	160
3						17	17									17	160
			1			7						1	6			7	160
3					1	29	2					2	23		2	29	160
2						16		1				10	5			16	160
		1				29							29			29	160
2						30	22					1			7	30	160
						23	21			2						23	163
			4	1		26		1	20			1	2	2		26	167
3			2	1	2	42	13	7	5	14				3		42	167
9			1	1	2	146	109	1	2	4		23	6		1	146	167
4			2		2	1608	1595	10	1	2						1608	167
15		1			4	193	176	2	12	2					1	193	167
11			3		1	686	612	28	9	1					36	686	167
3			2	1		22	9	6	2	1	1	1		2		22	167
1						6		2			1			3		6	167
4			3	7	1	43	1		18	6	11			5	2	43	172
			1	2		15		1	7	4	1			2		15	172
2				3		34	30	1						2		34	172
1			1			27	18	2		4	2				1	27	173
2				1		27		26		1						27	173
				3		10				2			8			10	173
			2			8	5					2				7	176

群	エリア	市町村	遺跡	地点	文化層	石器集中部	出土点数	剝片	石核	R
第4b_k群	2	練馬区	比丘尼橋遺跡	B地点	IV層出土の石器群	1号石器ブロック	30	27	2	
第4b_k群	2	練馬区	比丘尼橋遺跡	B地点	IV層出土の石器群	2号石器ブロック	14	12	1	
第4b_k群	2	練馬区	比丘尼橋遺跡	B地点	IV層出土の石器群	3号石器ブロック	20	13	5	
第4b_k群	2	練馬区	比丘尼橋遺跡	B地点	IV層出土の石器群	4号石器ブロック	61	41	8	
第4b_k群	2	練馬区	比丘尼橋遺跡	B地点	IV層出土の石器群	5号石器ブロック	115	98	7	
第4b_k群	2	練馬区	比丘尼橋遺跡	B地点	IV層出土の石器群	6号石器ブロック	80	66	4	
第4b_k群	2	練馬区	比丘尼橋遺跡	B地点	IV層出土の石器群	7号石器ブロック	16	8	1	
第4b_k群	2	練馬区	比丘尼橋遺跡	B地点	IV層出土の石器群	8号石器ブロック	8	5		
第4b_k群	2	練馬区	比丘尼橋遺跡	B地点	IV層出土の石器群	9号石器ブロック	219	172	15	1
第4b_k群	2	練馬区	比丘尼橋遺跡	B地点	IV層出土の石器群	10号石器ブロック	23	17	1	
第4b_k群	2	練馬区	比丘尼橋遺跡	B地点	IV層出土の石器群	11号石器ブロック	113	86	10	
第4b_k群	2	練馬区	比丘尼橋遺跡	B地点	IV層出土の石器群	12号石器ブロック	13	8		
第4b_k群	2	練馬区	比丘尼橋遺跡	東京外かく環状道路練馬地区	第IV層下部の文化層	ブロック1号	86	80	3	
第4b_k群	2	練馬区	比丘尼橋遺跡	東京外かく環状道路練馬地区	第IV層下部の文化層	ブロック2号	348	331	4	
第4b_k群	2	練馬区	比丘尼橋遺跡	東京外かく環状道路練馬地区	第IV層下部の文化層	ブロック3号	381	355	2	
第4b_k群	2	練馬区	比丘尼橋遺跡	東京外かく環状道路練馬地区	第IV層下部の文化層	ブロック4号	44	41	1	
第4b_k群	2	練馬区	比丘尼橋遺跡	東京外かく環状道路練馬地区	第IV層下部の文化層	ブロック5号	869	849	3	
第4b_k群	2	練馬区	比丘尼橋遺跡	東京外かく環状道路練馬地区	第IV層下部の文化層	ブロック6号	17	17		
第4b_k群	2	練馬区	比丘尼橋遺跡	東京外かく環状道路練馬地区	第IV層下部の文化層	ブロック7号	37	36		
第4b_k群	2	練馬区	比丘尼橋遺跡	東京外かく環状道路練馬地区	第IV層下部の文化層	ブロック8号	14	13		
第4b_k群	2	練馬区	比丘尼橋遺跡	東京外かく環状道路練馬地区	第IV層下部の文化層	ブロック9号	122	104	3	
第4b_k群	2	練馬区	比丘尼橋遺跡	東京外かく環状道路練馬地区	第IV層下部の文化層	ブロック10号	8	8		
第4b_k群	2	練馬区	比丘尼橋遺跡	東京外かく環状道路練馬地区	第IV層下部の文化層	ブロック11号	112	107	1	
第4b_k群	2	練馬区	比丘尼橋遺跡	C地点	2群	第1石器集中部	5	5		
第4b_k群	2	練馬区	比丘尼橋遺跡	C地点	2群	第2石器集中部	55	38	7	
第4b_k群	2	練馬区	比丘尼橋遺跡	C地点	2群	第3石器集中部	18	9	7	
第4b_k群	2	練馬区	比丘尼橋遺跡	C地点	2群	第4石器集中部	79	63	5	
第4b_k群	2	練馬区	比丘尼橋遺跡	C地点	2群	第5石器集中部	188	165	6	
第4b_k群	2	練馬区	比丘尼橋遺跡	C地点	2群	第6石器集中部	28	26		
第4b_k群	2	練馬区	比丘尼橋遺跡	C地点	2群	第7石器集中部	36	31	1	
第4b_k群	2	練馬区	比丘尼橋遺跡	C地点	2群	第8石器集中部	11	5	3	
第4b_k群	2	練馬区	比丘尼橋遺跡	C地点	2群	第9石器集中部	150	109	6	
第4b_k群	2	練馬区	比丘尼橋遺跡	C地点	2群	第10石器集中部	6	6		
第4b_k群	2	練馬区	比丘尼橋遺跡	C地点	2群	第11石器集中部	15	14		
第4b_k群	2	練馬区	比丘尼橋遺跡	C地点	2群	第12石器集中部	104	93	1	
第4b_k群	2	練馬区	比丘尼橋遺跡	C地点	2群	第13石器集中部	16	13		
第4b_k群	2	練馬区	比丘尼橋遺跡	C地点	2群	第14石器集中部	98	84	1	
第4b_k群	2	練馬区	比丘尼橋遺跡	C地点	2群	第15石器集中部	5	4		

イフ形器	尖頭器	角錐状石器	スクレイパー	礫石器	その他	器種計	黒曜石	チャート	頁岩	安山岩	ホルンフェルス	凝灰岩	流紋岩	砂岩	他石材	石材計	報告書
			1			30	20	2		5	2			1		30	181
						14	3	2	1	8						14	181
1			1			20	12		5	2	1					20	181
2		1			1	61	38	11	1	1	2				8	61	181
1			4			115	12	78	5	4	10	3		2	1	115	181
3			1	1	1	80	70	7						3		80	181
2			1		1	16	15			1						16	181
2					1	8	5				3					8	181
7	1		11	1		219	101	114	1		2			1		219	181
	1		1			23	1	21				1				23	181
4	1		1		2	113	76	35	1	1						113	181
			1		1	13	5	7				1				13	181
						86	79	2	4						1	86	167
3			5			348	184	156	5	3						348	167
10			8		1	381	288	55	24	1	5	6	2			381	167
						44	33	9	2							44	167
12			3	1	1	869	836	21	7		2			2	1	869	167
						17	14	2				1				17	167
						37	37									37	167
1						14	2	11	1							14	167
6	1		2		1	122	71	22	9	1	2			2	15	122	167
						8		8								8	167
2					2	112	61	47	1	1		1				111	167
						5		1			4					5	182
2	1		3	2	2	55	15	1	18	12	5	2		2		55	182
1						18	1	10	4		3					18	182
	3		3	1	2	79	6	8	24	22	1	17			1	79	182
2	3		3		6	188	13	5	54	88	2	7			19	188	182
			1			28	2	1	25							28	182
			1			36	1	6	26							36	182
					3	11			3	6						11	182
5	1		14	1	9	150			43	93	6		6		2	150	182
						6			1		5					6	182
						15	1	1	1		10				1	15	182
2	1	1	4			104	103		1							104	182
1					2	16			14			2				16	182
3	1		2		2	98	12	2	58	2	6	17			1	98	182
			1			5			4	1						5	182

別表　273

群	エリア	市町村	遺跡	地点	文化層	石器集中部	出土点数	剝片	石核	RF
第4b_k群	2	練馬区	比丘尼橋遺跡	C地点	2群	第16石器集中部	477	354	48	2
第4b_k群	2	練馬区	比丘尼橋遺跡	C地点	2群	第17石器集中部	75	53	6	3
第4b_k群	2	練馬区	比丘尼橋遺跡	C地点	2群	第18石器集中部	55	51	2	
第4b_k群	2	練馬区	比丘尼橋遺跡	C地点	2群	第19石器集中部	22	18		
第4b_k群	2	練馬区	比丘尼橋遺跡	C地点	2群	第20石器集中部	18	14	3	
第4b_k群	2	練馬区	比丘尼橋遺跡	C地点	2群	第21石器集中部	66	56	2	3
第4b_k群	2	練馬区	比丘尼橋遺跡	C地点	2群	第22石器集中部	30	27		
第4b_k群	2	練馬区	比丘尼橋遺跡	C地点	2群	第23石器集中部	26	21		
第4b_k群	2	練馬区	比丘尼橋遺跡	C地点	2群	第24石器集中部	298	286		
第4b_k群	2	練馬区	比丘尼橋遺跡	C地点	2群	第25石器集中部	19	15		
第4b_k群	2	練馬区	比丘尼橋遺跡	C地点	2群	第26石器集中部	57	54	2	
第4b_k群	2	練馬区	比丘尼橋遺跡	C地点	2群	第27石器集中部	52	46		
第4b_k群	2	練馬区	比丘尼橋遺跡	C地点	2群	第28石器集中部	28	22	1	
第4b_k群	2	練馬区	比丘尼橋遺跡	C地点	2群	第29石器集中部	20	18		
第4b_k群	2	練馬区	比丘尼橋遺跡	C地点	2群	第30石器集中部	14	14		
第4b_k群	2	練馬区	比丘尼橋遺跡	C地点	2群	第31石器集中部	14	10		
第4b_k群	2	練馬区	比丘尼橋遺跡	C地点	2群	第32石器集中部	39	39		
第4b_k群	2	練馬区	丸山東遺跡	東京外かく環状道路練馬地区	第IV層の文化層	ブロック1号	234	214	1	1
第4b_k群	2	練馬区	丸山東遺跡	東京外かく環状道路練馬地区	第IV層の文化層	ブロック2号	22	18	1	
第4b_k群	2	練馬区	丸山東遺跡	東京外かく環状道路練馬地区	第IV層の文化層	ブロック3号	1131	930	84	2
第4b_k群	2	練馬区	丸山東遺跡	東京外かく環状道路練馬地区	第IV層の文化層	ブロック4号	942	916	5	
第4b_k群	2	練馬区	丸山東遺跡	東京外かく環状道路練馬地区	第IV層の文化層	ブロック5号	7	5	1	
第4b_k群	2	練馬区	丸山東遺跡	東京外かく環状道路練馬地区	第IV層の文化層	ブロック6号	605	561	5	
第4b_k群	2	練馬区	丸山東遺跡	東京外かく環状道路練馬地区	第IV層の文化層	ブロック7号	36	30	3	
第4b_k群	2	練馬区	丸山東遺跡	東京外かく環状道路練馬地区	第IV層の文化層	ブロック8号	24	22		
第4b_k群	2	練馬区	丸山東遺跡	東京外かく環状道路練馬地区	第IV層の文化層	ブロック9号	20	16	2	
第4b_k群	2	練馬区	丸山東遺跡	東京外かく環状道路練馬地区	第IV層の文化層	ブロック10号	19	15	1	
第4b_k群	2	練馬区	丸山東遺跡	東京外かく環状道路練馬地区	第IV層の文化層	ブロック11号	93	90	1	
第4b_k群	2	練馬区	丸山東遺跡	東京外かく環状道路練馬地区	第IV層の文化層	ブロック12号	20	17		
第4b_k群	2	練馬区	丸山東遺跡	東京外かく環状道路練馬地区	第IV層の文化層	ブロック13号	12	8		
第4b_k群	2	練馬区	丸山東遺跡	東京外かく環状道路練馬地区	第IV層の文化層	ブロック14号	10	9		
第4b_k群	2	練馬区	武蔵関北遺跡		第III文化層	ブロック6	383	351		1
第4b_k群	2	練馬区	武蔵関北遺跡		第III文化層	ブロック8	148	140	1	
第4b_k群	2	練馬区	武蔵関北遺跡		第III文化層	ブロック10	36	26		
第4b_k群	2	練馬区	武蔵関北遺跡		第III文化層	ブロック13	49	46	1	
第4b_k群	2	練馬区	武蔵関北遺跡		第III文化層	ブロック14	31	30		
第4b_k群	2	練馬区	武蔵関北遺跡		第III文化層	ブロック16	84	68	2	
第4b_k群	2	練馬区	武蔵関北遺跡		第III文化層	ブロック18	150	132	4	
第4b_k群	2	練馬区	武蔵関北遺跡		第III文化層	ブロック19	157	144	2	
第4b_k群	2	練馬区	武蔵関北遺跡		第III文化層	ブロック20	63	55	2	
第4b_k群	2	練馬区	武蔵関北遺跡		第III文化層	ブロック22	85	69	2	
第4b_k群	2	練馬区	武蔵関北遺跡		第III文化層	ブロック23	15	14		
第4b_k群	2	小平市	鈴木遺跡		鈴木5文化層	北012ブロック	406	372	6	
第4b_k群	2	小平市	鈴木遺跡		鈴木5文化層	西007bブロック	474	447	8	
第4b_k群	2	西東京市	下野谷遺跡	第31次調査区		1号石器集中部	30	26	2	

ナイフ形石器	尖頭器	角錐状石器	スクレイパー	礫石器	その他	器種計	黒曜石	チャート	頁岩	安山岩	ホルンフェルス	凝灰岩	流紋岩	砂岩	他石材	石材計	報告書
16	3		22	4	8	477	119	51	200	10	54	32		1	10	477	182
4	1	2	2	1	3	75	42		16	5	1	6			5	75	182
			1		1	55	34	4	11	5		1				55	182
	1		1		1	22	5	1	7	1	6	2				22	182
						18	2	1	2		9	3			1	18	182
	1	1			3	66			39	4	19	3			1	66	182
	2		1			30		6	3	3		18				30	182
2					3	26		2	23		1					26	182
1	2		1		2	298	2	80	70	111	1	34				298	182
	2		1			19	1	12	1	5						19	182
			1			57		3	30		2	21			1	57	182
1				1	3	52		3	22	9	7	10			1	52	182
1			1		3	28		4	22	2						28	182
	1		1			20		7	7	5	1					20	182
						14		1	12		1					14	182
1	1		1			14	8				6					14	182
						39		31	3	6						40	182
5	2				1	234	222	12								234	168
1			1			22	22									22	168
36	3	3	39	4	3	1131	206	789	27	41	21	16	14	10	7	1131	168
10			2			942	882	19	5	36						942	168
	1					7	3			3	1					7	168
19		1	4	5	1	605	579	11		7	1			3	4	605	168
1			2			36	16	18			2					36	168
			1			24	23								1	24	168
1						20	3	1			16					20	168
3						19	18				1					19	168
1						93	92	1								93	168
2					1	20	5	8	1	4		2				20	168
1			1			12	11				1					12	168
						10	10									10	168
8			4		4	383	283	23	55	2	19	1				383	185
5						148	132	4	11		1					148	185
	2		1	1	3	36	28	2	5		2					37	185
1						49	1	23	2		5	17			1	49	185
					1	31	3	1	11	3	2	11				31	185
1		1		3	2	84	39	16	7	1	16	3			1	83	185
7	1		1		1	150	21	1	90	32	4	1			1	150	185
4	1		4			157	116	12	14	8	7					157	185
2	2				1	63	27	2	30	2		1			1	63	185
1	3				1	85	43	32	2		4			1	3	85	185
1						15		6	3	2	4					15	185
5	1	3	12	1		406	365	16	7	5		12			1	406	229
5		1	8		2	474	421	9	23	21						474	229
			2			30		28		2						30	256

別表　275

群	エリア	市町村	遺跡	地点	文化層	石器集中部	出土点数	剝片	石核	RF
第4b_k群	2	西東京市	早稲田大学東伏見総合グランド遺跡	B地区	第2文化層	石器集中部1	236	216	9	5
第4b_k群	2	西東京市	早稲田大学東伏見総合グランド遺跡	B地区	第2文化層	石器集中部2	88	78	3	5
第4b_k群	2	西東京市	早稲田大学東伏見総合グランド遺跡	B地区	第2文化層	石器集中部3	8	4	1	3
第4b_k群	2	西東京市	早稲田大学東伏見総合グランド遺跡	B地区	第2文化層	石器集中部4	10	8		
第4b_k群	2	西東京市	早稲田大学東伏見総合グランド遺跡	B地区	第2文化層	石器集中部5	21	15	1	
第4b_k群	2	西東京市	早稲田大学東伏見総合グランド遺跡	B地区	第2文化層	石器集中部6	132	114	2	8
第4b_k群	3	新宿区	下戸塚遺跡	再開発地区	第2文化層	2号石器ブロック	119	104	11	2
第4b_k群	3	新宿区	下戸塚遺跡	再開発地区	第2文化層	3号石器ブロック	15	12	2	
第4b_k群	3	新宿区	下戸塚遺跡	再開発地区	第2文化層	4号石器ブロック	36	36		
第4b_k群	3	新宿区	下戸塚遺跡	再開発地区	第2文化層	5号石器ブロック	54	50		
第4b_k群	3	新宿区	下戸塚遺跡	再開発地区	第2文化層	6号石器ブロック	43	40	2	
第4b_k群	3	新宿区	下戸塚遺跡	再開発地区	第2文化層	7号石器ブロック	21	19		
第4b_k群	3	新宿区	下戸塚遺跡	安部球場跡地調査区	第2文化層	1号ブロック	176	157	5	5
第4b_k群	3	新宿区	下戸塚遺跡	安部球場跡地調査区	第2文化層	2号ブロック	5	3		
第4b_k群	3	新宿区	下戸塚遺跡	安部球場跡地調査区	第2文化層	3号ブロック	6	6		
第4b_k群	3	新宿区	下戸塚遺跡	安部球場跡地調査区	第2文化層	4号ブロック	26	19	2	
第4b_k群	3	新宿区	下戸塚遺跡	安部球場跡地調査区	第2文化層	5号ブロック	7	3		
第4b_k群	3	新宿区	下戸塚遺跡	安部球場跡地調査区	第2文化層	6号ブロック	33	26	3	
第4b_k群	3	新宿区	下戸塚遺跡	安部球場跡地調査区	第2文化層	7号ブロック	13	8		
第4b_k群	3	新宿区	下戸塚遺跡	安部球場跡地調査区	第2文化層	8号ブロック	72	53	3	7
第4b_k群	3	新宿区	下戸塚遺跡	安部球場跡地調査区	第2文化層	9号ブロック	10	6		
第4b_k群	3	新宿区	下戸塚遺跡	安部球場跡地調査区	第2文化層	10号ブロック	9	7		
第4b_k群	3	新宿区	下戸塚遺跡	安部球場跡地調査区	第2文化層	11号ブロック	140	129	2	9
第4b_k群	3	新宿区	下戸塚遺跡	安部球場跡地調査区	第2文化層	12号ブロック	9	7	1	
第4b_k群	3	新宿区	下戸塚遺跡	安部球場跡地調査区	第2文化層	13号ブロック	24	19	2	2
第4b_k群	3	新宿区	下戸塚遺跡	安部球場跡地調査区	第2文化層	14号ブロック	30	27		
第4b_k群	3	新宿区	下戸塚遺跡	安部球場跡地調査区	第2文化層	15号ブロック	69	60	1	
第4b_k群	3	新宿区	下戸塚遺跡	安部球場跡地調査区	第2文化層	16号ブロック	147	138	2	
第4b_k群	3	新宿区	戸山ヶ原上ノ台遺跡			U2	37	36		
第4b_k群	3	新宿区	中落合二丁目遺跡			1号石器ブロック	24	20		
第4b_k群	3	新宿区	百人町三丁目西遺跡	I所収区		石器ブロック	56	53		
第4b_k群	3	新宿区	百人町三丁目西遺跡	第2調査地	第3文化層	1号石器ブロック	87	84		
第4b_k群	3	新宿区	百人町三丁目西遺跡	第2調査地	第3文化層	2号石器ブロック	7	7		
第4b_k群	3	新宿区	百人町三丁目西遺跡	第2調査地	第3文化層	3号石器ブロック	8	8		
第4b_k群	3	新宿区	百人町三丁目西遺跡	第2調査地	第3文化層	4号石器ブロック	23	22	1	
第4b_k群	3	新宿区	百人町三丁目西遺跡	第3調査地	第3文化層	6号石器ブロック	35	31	1	
第4b_k群	3	新宿区	百人町三丁目西遺跡	淀橋市場地点		1号石器ブロック	305	259	27	10
第4b_k群	3	新宿区	百人町三丁目西遺跡	VII所収区	第2文化層	2号石器ブロック	5	3		
第4b_k群	3	新宿区	百人町三丁目西遺跡	VII所収区	第2文化層	3号石器ブロック	5	4		
第4b_k群	3	新宿区	百人町三丁目西遺跡	VII所収区	第2文化層	4号石器ブロック	81	59	3	14
第4b_k群	3	新宿区	百人町三丁目西遺跡	VII所収区	第2文化層	5号石器ブロック	39	22		9
第4b_k群	3	新宿区	百人町三丁目西遺跡	VII所収区	第2文化層	6号石器ブロック	38	28	1	
第4b_k群	3	新宿区	百人町三丁目西遺跡	VII所収区	第2文化層	7号石器ブロック	197	146		29
第4b_k群	3	新宿区	百人町三丁目西遺跡	VII所収区	第2文化層	8号石器ブロック	12	6		5
第4b_k群	3	新宿区	百人町三丁目西遺跡	VII所収区	第2文化層	10号石器ブロック	7	3		2
第4b_k群	3	新宿区	百人町三丁目西遺跡	VII所収区	第2文化層	11号石器ブロック	13	11	1	
第4b_k群	3	文京区	千駄木遺跡		第IV下層文化	全1基	19	15		
第4b_k群	3	目黒区	中目黒遺跡			第1号石器集中部	13	11		
第4b_k群	3	目黒区	中目黒遺跡			第2号石器集中部	19	15		
第4b_k群	3	目黒区	中目黒遺跡			第3号石器集中部	247	225		4
第4b_k群	3	目黒区	氷川遺跡	第3次調査区		1号遺物集中部	81	69	3	5
第4b_k群	3	大田区	環8光明寺地区遺跡		第IV下層文化	1号ユニット	96	83	2	4

ナイフ形石器	尖頭器	角錐状石器	スクレイパー	礫石器	その他	器種計	黒曜石	チャート	頁岩	安山岩	ホルンフェルス	凝灰岩	流紋岩	砂岩	他石材	石材計	報告書
3		1	1		1	236											259
1			1			88											259
						8											259
1		1				10											259
1			2	1	1	21											259
2			6			132											259
1					1	119	78	8	23	3				6	1	119	65
			1			15	13	1				1				15	65
						36	16		3						17	36	65
1			1			54	44	3	7							54	65
			1			43	10	26	3					1	3	43	65
			1	1		21	20								1	21	65
5		2	2			176	165	8							3	176	66
						5		5								5	66
						6	5				1					6	66
1						26	22	1	1					1	1	26	66
			2			7	1	5	1							7	66
1						33	24	4			5					33	66
2				1		13	6	5				1			1	13	66
5		3		1		72	66	2	2			1		1		72	66
1					2	10	3	4		1		1			1	10	66
						9	1	6	2							9	66
						140	133	5	1			1				140	66
						9	1	8								9	66
1						24	18	3		2	1					24	66
1		1		1		30	22			4	1	3				30	66
1		3	1	1		69	57	8	1		1	1			1	69	66
5		1				147	136	10							1	147	66
						37	37									37	67
2					1	24	6	18								24	59
1			1			56	15	1					1		39	56	69
2						87	2	27	3		2				53	87	70
						7	1						2	2	2	7	70
						8							7		1	8	70
						23	1		2				8		12	23	70
1		1				35	18				12				5	35	71
5			3	1		305	21	25	50	1	7	108		93		305	72
1						5				5						5	74
						5		1			2	2				5	74
1			2	2		81	52	4		15	1	9				81	74
1		3	4			39	32		1	3	3					39	74
1		1	4			38	12	3		17	2	1			3	38	74
9		1	12			197	182	1	7	6	1					197	74
1						12	10			1		1				12	74
			2			7	5		1	1						7	74
			1			13	1	5	2	3	2					13	74
2			1	1		19											78
			1			13	13									13	82
1			1			19	19									19	82
15		2	1			247	245	2								247	82
1			1	1	1	81	66				13	1			1	81	85
4			3			96	96									96	86

群	エリア	市町村	遺跡	地点	文化層	石器集中部	出土点数	剥片	石核	RF
第4b_k群	3	大田区	環8光明寺地区遺跡		第IV下層文化	2号ユニット	61	50		3
第4b_k群	3	世田谷区	騎兵山遺跡	池尻四丁目8番	第1文化層	1号石器ブロック	81	75	1	3
第4b_k群	3	世田谷区	太子堂下本村遺跡	III所収区	第I文化層	1号ブロック	65	57		4
第4b_k群	3	渋谷区	千駄ヶ谷五丁目遺跡	第3次調査区		25区	9	9		
第4b_k群	3	渋谷区	円山町遺跡	第2地点		1号遺物集中部	11	8	1	
第4b_k群	3	杉並区	遅ノ井遺跡	第2次調査区	IV層下部	1号ブロック	156	131	7	8
第4b_k群	3	杉並区	堂の下遺跡		第II集中部	1号ブロック	13	9	2	
第4b_k群	3	杉並区	向ノ原遺跡	第3次調査区	1群	BL4	14	10	1	
第4b_k群	3	杉並区	向ノ原遺跡	第3次調査区	1群	BL5	5	4		
第4b_k群	3	杉並区	向ノ原遺跡	第3次調査区	1群	BL7−1群	41	31	1	
第4b_k群	3	杉並区	向ノ原遺跡	第3次調査区	1群	BL8	11	7	2	
第4b_k群	3	杉並区	向ノ原遺跡	第3次調査区	1群	BL9	409	345	22	28
第4b_k群	3	杉並区	向ノ原遺跡	第3次調査区	1群	BL10	9	9		
第4b_k群	3	杉並区	向ノ原遺跡	第3次調査区	1群	BL11	21	18	1	
第4b_k群	3	杉並区	向ノ原遺跡	第3次調査区	1群	BL12	136	129	3	
第4b_k群	3	杉並区	向ノ原遺跡	第3次調査区	1群	BL13	57	49	1	
第4b_k群	3	杉並区	向ノ原遺跡	第3次調査区	1群	BL14	10	8		
第4b_k群	3	三鷹市	井の頭池遺跡群A	IV所収区	第4文化層	石器集中部4a	73	70		
第4b_k群	3	三鷹市	井の頭池遺跡群A	V所収区		第6号ブロック	290	258	2	15
第4b_k群	4	世田谷区	稲荷丸北遺跡	第3次調査区	第3文化層	1号ブロック	10	10		
第4b_k群	4	世田谷区	上之台遺跡		第3文化層	1号ブロック	57	55		
第4b_k群	4	世田谷区	砧中学校遺跡	第1〜3次調査区	IV層	2号ブロック	32	15	4	10
第4b_k群	4	世田谷区	砧中学校遺跡	第1〜3次調査区	IV層	3号ブロック	66	52	1	10
第4b_k群	4	世田谷区	砧中学校遺跡	第1〜3次調査区	IV層	4号ブロック	127	106	7	11
第4b_k群	4	世田谷区	下神明遺跡	第8次調査区	第2文化層	1号ブロック	99	88	8	
第4b_k群	4	世田谷区	下神明遺跡	第9次調査区	第2文化層	2号ブロック	49	43	1	
第4b_k群	4	世田谷区	下神明遺跡	第10次調査区	第2文化層	3号ブロック	6	5	1	
第4b_k群	4	世田谷区	下野毛遺跡	IV所収区	第2文化層	16号ブロック	39	32	1	5
第4b_k群	4	世田谷区	下野毛遺跡	IV所収区	第2文化層	17号ブロック	120	109	2	4
第4b_k群	4	世田谷区	堂ヶ谷戸遺跡	第33次調査区		全1基	388	324	10	2
第4b_k群	4	世田谷区	堂ヶ谷戸遺跡	第61次調査区	IV層文化層	1号ブロック	75	58	1	15
第4b_k群	4	世田谷区	寮の坂東遺跡	第1次調査区		1基	8	8		
第4b_k群	4	世田谷区	嘉留多遺跡		第2文化層	1号ブロック	42	36	3	
第4b_k群	4	世田谷区	嘉留多遺跡		第2文化層	2号ブロック	29	28		
第4b_k群	4	世田谷区	嘉留多遺跡		第2文化層	3号ブロック	81	73	4	
第4b_k群	4	世田谷区	嘉留多遺跡		第2文化層	4号ブロック	204	171	22	
第4b_k群	4	世田谷区	嘉留多遺跡		第2文化層	5号ブロック	27	21	3	
第4b_k群	4	世田谷区	嘉留多遺跡		第2文化層	6号ブロック	45	39	2	
第4b_k群	4	世田谷区	嘉留多遺跡		第2文化層	7号ブロック	7	5		
第4b_k群	4	三鷹市	北野遺跡	外環道中央JCT区A区		2号ユニット	74	71		
第4b_k群	4	三鷹市	北野遺跡	外環道中央JCT区A区		3号ユニット	8	8		
第4b_k群	4	三鷹市	北野遺跡	外環道中央JCT区A区		4号ユニット	45	43	2	
第4b_k群	4	三鷹市	坂上遺跡		第IV中文化層	ユニット1	163	143	5	
第4b_k群	4	三鷹市	坂上遺跡		第IV中文化層	ユニット2	12	8	1	
第4b_k群	4	三鷹市	出山遺跡	II所収区		BL区	68	65		
第4b_k群	4	三鷹市	天文台構内遺跡	III所収区北地区	第3文化層	石器集中部3a	250	216	15	6
第4b_k群	4	三鷹市	天文台構内遺跡	III所収区北地区	第3文化層	石器集中部3b	19	16	3	
第4b_k群	4	三鷹市	天文台構内遺跡	III所収区北地区	第3文化層	石器集中部3c	13	13		
第4b_k群	4	三鷹市	天文台構内遺跡	III所収区北地区	第3文化層	石器集中部3d	78	66	5	
第4b_k群	4	三鷹市	天文台構内遺跡	III所収区北地区	第3文化層	石器集中部3e	473	415	22	15
第4b_k群	4	三鷹市	天文台構内遺跡	IV所収区	第3文化層	石器集中部3f	24	21		
第4b_k群	4	三鷹市	天文台構内遺跡	IV所収区	第3文化層	石器集中部3g	47	44		
第4b_k群	4	三鷹市	天文台構内遺跡	IV所収区	第3文化層	石器集中部3h	19	17	1	
第4b_k群	4	三鷹市	天文台構内遺跡	IV所収区	第3文化層	石器集中部3i	32	27	4	
第4b_k群	4	三鷹市	天文台構内遺跡	IV所収区	第3文化層	石器集中部3j	108	90	2	

イフ形石器	尖頭器	角錐状石器	スクレイパー	礫石器	その他	器種計	黒曜石	チャート	頁岩	安山岩	ホルンフェルス	凝灰岩	流紋岩	砂岩	他石材	石材計	報告書
5			2	1		61	53	1		2	5					61	86
2						81	77	3	1							81	93
4						65	1	64								65	105
						9	4	5								9	122
1					1	11	2	3		5					1	11	125
5			2	2	1	156	1	145	6		1				3	156	129
2						13	5	1	1			6				13	132
			1		1	14	8					3	3			14	138
						5	5									5	138
3	2		1		1	41	16	7	17	1						41	138
1			1			11	4		3			1	3			11	138
8		1	1		4	409	37	340	20	1	1	5			5	409	138
						9	2					2	3		2	9	138
1						21		1	3		15	2				21	138
			1	1	1	136	119	2	5	1		8		1		136	138
3	1	1				57	20	7	24	3			3			57	138
2						10		2	2	2	1	3				10	138
1			1		1	73	61	6	3	2	1					73	193
10	2		1		2	290	173	16	49	41	8	1			2	290	194
						10	9			1						10	87
			1			57	57									57	88
1		1	6			32	4	24	1					3		32	92
1			1		1	66		55	11							66	92
3						127		115	11			1				127	92
1				1		99			99							99	98
3						49			35				2		12	49	98
						6	2	1		1		2				6	98
1						39	12	17	2	8						39	94
2			3			120	104	5	11							120	94
24			4		2	388	17	218	122	1	26	2			2	388	110
1				2		75	2	26	10	32	1	1			3	75	109
						8											120
			2			42	2	31	3	2		1		3		42	90
1						29		21	7	1						29	90
2			1			81	3	30		4		10		34		81	90
3			5			204	2	149		36		15		2		204	90
2						27		25		1	1					27	90
2	1					45	22	7		15					1	45	90
2						7		2	1			4				7	90
						74	72			2						74	195
						8	7				1					8	195
						45	44			1						45	195
10			5			163											196
3						12											196
2						68	18	34	3		5	2			6	68	199
9			4			250	3	85	146		13	2		1		250	201
						19			12		7					19	201
						13			9			3	1			13	201
1			1			78		3	68	1		1			5	78	201
9	2		3	2	1	473	387	21	52		8			2	3	473	201
2					1	24	13	3		5	1	1			1	24	202
1						47	28	9	6	4						47	202
						19	14	4	1							19	202
						32	12	20								32	202
7			7		1	108	7	9	38	45	7	1			1	108	202

群	エリア	市町村	遺跡	地点	文化層	石器集中部	出土点数	剝片	石核	RF
第4b_k群	4	三鷹市	東京天文台構内遺跡		第Ⅳ下層文化	1号ユニット	45	35	5	2
第4b_k群	4	府中市	朝日町遺跡	Ⅰ所収区		石器集中1	119	78	4	20
第4b_k群	4	府中市	朝日町遺跡	Ⅰ所収区		石器集中2	40	31		7
第4b_k群	4	府中市	武蔵国分寺跡関連遺跡	816次調査区	第Ⅱ文化層	石器集中3	16	11	2	1
第4b_k群	4	府中市	武蔵国分寺跡関連遺跡	武蔵台西地区	第5文化層	A97−SX84	26	24	1	
第4b_k群	4	府中市	武蔵国分寺跡関連遺跡	武蔵台西地区	第6文化層	A97−SX15	644	630	2	
第4b_k群	4	府中市	武蔵国分寺跡関連遺跡	武蔵台西地区	第6文化層	A97−SX19	76	60	7	
第4b_k群	4	府中市	武蔵国分寺跡関連遺跡	武蔵台西地区	第6文化層	A97−SX20A	33	26	3	
第4b_k群	4	府中市	武蔵国分寺跡関連遺跡	武蔵台西地区	第6文化層	A97−SX27A	159	143	5	
第4b_k群	4	府中市	武蔵国分寺跡関連遺跡	武蔵台西地区	第6文化層	A97−SX28	63	60		
第4b_k群	4	府中市	武蔵国分寺跡関連遺跡	武蔵台西地区	第6文化層	A97−SX56	13	11		2
第4b_k群	4	府中市	武蔵国分寺跡関連遺跡	武蔵台西地区	第6文化層	A97−SX57	51	35	9	
第4b_k群	4	府中市	武蔵国分寺跡関連遺跡	武蔵台西地区	第6文化層	A97−SX58	69	62	4	
第4b_k群	4	府中市	武蔵国分寺跡関連遺跡	武蔵台西地区	第6文化層	A97−SX69	539	533		
第4b_k群	4	府中市	武蔵国分寺跡関連遺跡	武蔵台西地区	第6文化層	A97−SX75	27	26		
第4b_k群	4	府中市	武蔵国分寺跡関連遺跡	武蔵台西地区	第6文化層	A97−SX77	22	22		
第4b_k群	4	府中市	武蔵国分寺跡関連遺跡	武蔵台西地区	第6文化層	A97−SX86	46	43		
第4b_k群	4	府中市	武蔵国分寺跡関連遺跡	多総医地点A地区	第5文化層	A97−SX123	281	278	2	
第4b_k群	4	府中市	武蔵国分寺跡関連遺跡	多総医地点A地区	第5文化層	A97−SX208	121	120	1	
第4b_k群	4	府中市	武蔵国分寺跡関連遺跡	多総医地点A地区	第5文化層	A97−SX121	856	799	29	1
第4b_k群	4	府中市	武蔵国分寺跡関連遺跡	多総医地点A地区	第5文化層	A97−SX210	70	61	3	
第4b_k群	4	府中市	武蔵国分寺跡関連遺跡	多総医地点A地区	第5文化層	A97−SX211	51	49		
第4b_k群	4	府中市	武蔵国分寺跡関連遺跡	多総医地点A地区	第5文化層	A97−SX157	30	25	1	1
第4b_k群	4	府中市	武蔵国分寺跡関連遺跡	多総医地点A地区	第5文化層	A97−SX209	102	95	4	
第4b_k群	4	府中市	武蔵国分寺跡関連遺跡	多総医地点A地区	第5文化層	A97−SX212	138	121	6	4
第4b_k群	4	府中市	武蔵国分寺跡関連遺跡	多総医地点A地区	第5文化層	A97−SX152	152	145	2	1
第4b_k群	4	府中市	武蔵国分寺跡関連遺跡	多総医地点A地区	第5文化層	A97−SX213	36	32	1	
第4b_k群	4	府中市	武蔵国分寺跡関連遺跡	多総医地点A地区	第5文化層	A97−SX177	35	24	1	
第4b_k群	4	府中市	武蔵国分寺跡関連遺跡	多総医地点A地区	第5文化層	A97−SX214	81	69	6	2
第4b_k群	4	府中市	武蔵国分寺跡関連遺跡	多総医地点A地区	第5文化層	A97−SX215	75	70	1	
第4b_k群	4	府中市	武蔵国分寺跡関連遺跡	多総医地点A地区	第5文化層	A97−SX217	59	53	1	
第4b_k群	4	府中市	武蔵国分寺跡関連遺跡	多総医地点A地区	第5文化層	A97−SX216	273	232	13	4
第4b_k群	4	府中市	武蔵国分寺跡関連遺跡	多総医地点A地区	第5文化層	A97−SX218	676	632	9	7
第4b_k群	4	府中市	武蔵国分寺跡関連遺跡	多総医地点A地区	第5文化層	A97−SX222	298	270	12	4
第4b_k群	4	府中市	武蔵国分寺跡関連遺跡	多総医地点A地区	第5文化層	A97−SX221	239	217	10	2
第4b_k群	4	府中市	武蔵国分寺跡関連遺跡	多総医地点A地区	第5文化層	A97−SX223	354	331	5	5
第4b_k群	4	府中市	武蔵国分寺跡関連遺跡	多総医地点A地区	第5文化層	A97−SX196	73	63		
第4b_k群	4	府中市	武蔵国分寺跡関連遺跡	多総医地点A地区	第5文化層	A97−SX224	85	68	7	
第4b_k群	4	府中市	武蔵国分寺跡関連遺跡	多総医地点A地区	第5文化層	A97−SX219	33	30	1	
第4b_k群	4	府中市	武蔵国分寺跡関連遺跡	多総医地点A地区	第5文化層	A97−SX220	52	46	3	1
第4b_k群	4	府中市	武蔵国分寺跡関連遺跡	多総医地点A地区	第5文化層	A98−SX100	256	245	2	2
第4b_k群	4	府中市	武蔵国分寺跡関連遺跡	多総医地点A地区	第5文化層	A98−SX82	1009	980	8	4
第4b_k群	4	府中市	武蔵国分寺跡関連遺跡	多総医地点A地区	第5文化層	A98−SX101	60	48	5	2
第4b_k群	4	府中市	武蔵国分寺跡関連遺跡	多総医地点A地区	第5文化層	A98−SX102	93	80	1	2
第4b_k群	4	府中市	武蔵国分寺跡関連遺跡	多総医地点A地区	第5文化層	A98−SX103	1065	978	27	15
第4b_k群	4	府中市	武蔵国分寺跡関連遺跡	多総医地点A地区	第5文化層	A98−SX104	48	38	4	5
第4b_k群	4	府中市	武蔵国分寺跡関連遺跡	多総医地点A地区	第5文化層	A9S−SX105	181	161	7	2
第4b_k群	4	府中市	武蔵国分寺跡関連遺跡	多総医地点A地区	第5文化層	D8−SX157	53	46	4	
第4b_k群	4	府中市	武蔵国分寺跡関連遺跡	多総医地点A地区	第5文化層	D8−SX158	15	12		2
第4b_k群	4	府中市	武蔵国分寺跡関連遺跡	多総医地点A地区	第5文化層	D8−SX159	134	119	8	2
第4b_k群	4	府中市	武蔵国分寺跡関連遺跡	多総医地点A地区	第5文化層	D8−SX160	1070	1042	12	2
第4b_k群	4	府中市	武蔵国分寺跡関連遺跡	多総医地点A地区	第5文化層	D8−SX161	31	24	3	
第4b_k群	4	府中市	武蔵国分寺跡関連遺跡	多総医地点A地区	第5文化層	D8−SX162	264	234	16	2
第4b_k群	4	府中市	武蔵国分寺跡関連遺跡	多総医地点A地区	第5文化層	D8−SX163	45	36	2	3
第4b_k群	4	府中市	武蔵国分寺跡関連遺跡	多総医地点A地区	第5文化層	D8−SX61	961	886	20	8
第4b_k群	4	府中市	武蔵国分寺跡関連遺跡	多総医地点A地区	第5文化層	D8−SX164	532	517	3	2
第4b_k群	4	府中市	武蔵国分寺跡関連遺跡	多総医地点A地区	第5文化層	D8−SX39	18	17		

イフ形器	尖頭器	角錐状石器	スクレイパー	礫石器	その他	器種計	黒曜石	チャート	頁岩	安山岩	ホルンフェルス	凝灰岩	流紋岩	砂岩	他石材	石材計	報告書
2					1	45		1							44	45	200
10			3	2	2	119	77	18	2	13					9	119	207
2						40	34	1	1	3	1					40	207
			1	1		16		15							1	16	209
1						26			23	1		2				26	213
9			1	2		644	550	48	38	2	4			1	1	644	213
4			3	2		76	38	17	2	2	13	2			2	76	213
2		1			1	33	10	5	2	11	3	2				33	213
			1	9	1	159	119		8	2	17	5		4	4	159	213
						63	40	11				2	10			63	213
						13	8	1	2	1		1				13	213
3			2	2		51	23	13	2	3	8				2	51	213
2					1	69	56	6	4		2		1			69	213
3		1	1		1	539	534	1	3		1					539	213
					1	27	10	9		8						27	213
						22	21			1						22	213
1		2				46	45	1								46	213
1						281	267	3		8	2	1				281	211
						121	121									121	211
14	1	2	7		3	856	119	500	9	2	221	1		3	1	856	211
2			2			70	63	3		1	2	1				70	211
1			1			51	48	3								51	211
			3			30	9	8	1		11	1				30	211
3						102	10	66	14				12			102	211
2			5			138	30	80			26	1		1		138	211
		1	3			152	149		1	1					1	152	211
1		1	1			36	25	6							5	36	211
2		1	6			35	21	9		4					1	35	211
2			2			81	70	8			2				1	81	211
1			3			75	39	24	2		10					75	211
			2			59	23	22	4	1	6	1		2		59	211
4		8	11		1	273	97	159	1	1	12	2		1		273	211
10		4	13	1		676	619	28	4	5	19				1	676	211
3		2	7			298	277	11	1	1	4	4				298	211
5		1	3			239	126	96	3	4	10					239	211
6		3	3		1	354	275	37	3	23	13	1		2		354	211
3			4		1	73	54	9		2	8					73	211
2		2	3		1	85	32	33	1	2	16	1				85	211
			2			33	22	2		7	2					33	211
1					1	52	45	4	2		1					52	211
2			4		1	256	236	16			3				1	256	211
10		5	2			1009	989	14	3		3					1009	211
1		1	2			60	43	9	6		2					60	211
4		1	4		1	93	88	2			2				1	93	211
21		13	7	2	2	1065	326	154	375		200	5		2	3	1065	211
1						48	40		4		2	2				48	211
4		2	5		1	181	70	62	14	4	24	6			1	181	211
1						53	36	3	2		3	9				53	211
3						15	9	1	2		1	2				15	211
1			2			134	30	64	35	2	1	1				134	211
7			4	1	2	1070	875	89	52	14	26	6			8	1070	211
2		1	1			31	6	8	5	2	7	1			2	31	211
3	1		7		1	264	80	96	45	1	32			9	1	264	211
2			2			45	22	14	2	3	3	1				45	211
18		12	15	1	1	961	650	102	137	3	65	2				961	211
5		2	2		1	532	516	10	1	4	1					532	211
			1			18	14			1		2	1			18	211

群	エリア	市町村	遺跡	地点	文化層	石器集中部	出土点数	剥片	石核	RF
第4b_k群	4	府中市	武蔵国分寺跡関連遺跡	多総医地点A地区	第5文化層	D8－SX143	84	73	4	
第4b_k群	4	府中市	武蔵国分寺跡関連遺跡	多総医地点A地区	第5文化層	D8－SX165	55	45	1	1
第4b_k群	4	府中市	武蔵国分寺跡関連遺跡	多総医地点A地区	第5文化層	D9－SX13	23	20		2
第4b_k群	4	府中市	武蔵台遺跡	多総医地点I地区	第5文化層	A100－SX5	6	6		
第4b_k群	4	府中市	武蔵台遺跡	多総医地点I地区	第5文化層	A100－SX36	76	65	2	
第4b_k群	4	府中市	武蔵台遺跡	第2次調査区	IV中文化層	第1ユニット	605	559	4	
第4b_k群	4	府中市	武蔵台遺跡	第2次調査区	IV中文化層	第2ユニット	122	104	1	8
第4b_k群	4	調布市	下原・富士見町遺跡		垂直区分帯16	BL1612	740	675	4	13
第4b_k群	4	調布市	下原・富士見町遺跡		垂直区分帯16	BL1615	11	6	1	
第4b_k群	4	調布市	下原・富士見町遺跡		垂直区分帯16	BL1616	17	10	3	2
第4b_k群	4	調布市	下原・富士見町遺跡		垂直区分帯17	BL1701	107	89	4	4
第4b_k群	4	調布市	下原・富士見町遺跡		垂直区分帯17	BL1702	484	406	31	9
第4b_k群	4	調布市	下原・富士見町遺跡		垂直区分帯17	BL1703	79	71	1	5
第4b_k群	4	調布市	下原・富士見町遺跡		垂直区分帯17	BL1704	610	573	10	13
第4b_k群	4	調布市	下原・富士見町遺跡		垂直区分帯17	BL1705	158	140	3	6
第4b_k群	4	調布市	下原・富士見町遺跡		垂直区分帯17	BL1707	142	110	9	
第4b_k群	4	調布市	下原・富士見町遺跡		垂直区分帯17	BL1708	64	51	4	
第4b_k群	4	調布市	下原・富士見町遺跡		垂直区分帯18	BL1801	899	798	36	20
第4b_k群	4	調布市	下原・富士見町遺跡		垂直区分帯18	BL1802	100	84	5	4
第4b_k群	4	調布市	下原・富士見町遺跡		垂直区分帯18	BL1803	481	448	10	8
第4b_k群	4	調布市	下原・富士見町遺跡		垂直区分帯18	BL1804	585	506	20	13
第4b_k群	4	調布市	下原・富士見町遺跡		垂直区分帯18	BL1805	1877	1754	34	26
第4b_k群	4	調布市	下原・富士見町遺跡		垂直区分帯18	BL1806	210	179	8	6
第4b_k群	4	調布市	下原・富士見町遺跡		垂直区分帯18	BL1807	163	140	6	7
第4b_k群	4	調布市	下原・富士見町遺跡		垂直区分帯18	BL1808	120	96	3	
第4b_k群	4	調布市	下原・富士見町遺跡		垂直区分帯18	BL1809	34	23	1	
第4b_k群	4	調布市	下原・富士見町遺跡		垂直区分帯18	BL1810	35	27	1	3
第4b_k群	4	調布市	下原・富士見町遺跡		垂直区分帯18	BL1811	14	9	2	
第4b_k群	4	調布市	下原・富士見町遺跡		垂直区分帯18	BL1812	162	143	3	5
第4b_k群	4	調布市	下原・富士見町遺跡		垂直区分帯18	BL1813	164	143	4	4
第4b_k群	4	調布市	下原・富士見町遺跡		垂直区分帯18	BL1814	154	132	4	
第4b_k群	4	調布市	下原・富士見町遺跡		垂直区分帯18	BL1815	80	66	3	
第4b_k群	4	調布市	下原・富士見町遺跡		垂直区分帯18	BL1816	17	15		1
第4b_k群	4	調布市	下原・富士見町遺跡		垂直区分帯18	BL1817	25	18	2	1
第4b_k群	4	調布市	飛田給北遺跡	第9地点		1号遺物集中部	74	44	8	
第4b_k群	4	調布市	飛田給北遺跡	第9地点		2号遺物集中部	32	26	3	
第4b_k群	4	調布市	飛田給北遺跡	第9地点		3号遺物集中部	64	56	4	
第4b_k群	4	調布市	飛田給北遺跡	第9地点		4号遺物集中部	8	2	1	
第4b_k群	4	調布市	飛田給北遺跡	第9地点		5号遺物集中部	70	66	1	
第4b_k群	4	調布市	飛田給北遺跡	第9地点		8号遺物集中部	51	40	2	1
第4b_k群	4	調布市	飛田給北遺跡	第9地点		9号遺物集中部	112	82	5	
第4b_k群	4	調布市	飛田給北遺跡	第9地点		11号遺物集中部	9	9		
第4b_k群	4	調布市	飛田給北遺跡	第9地点		12号遺物集中部	33	21		1
第4b_k群	4	小金井市	荒牧遺跡		第4文化層	1号ブロック	8	5	1	1
第4b_k群	4	小金井市	荒牧遺跡		第4文化層	2号ブロック	12	10		2
第4b_k群	4	小金井市	荒牧遺跡		第4文化層	3号ブロック	8	7	1	
第4b_k群	4	小金井市	荒牧遺跡		第4文化層	4号ブロック	18	11	1	5
第4b_k群	4	小金井市	荒牧遺跡		第4文化層	5号ブロック	82	66	4	4
第4b_k群	4	小金井市	荒牧遺跡		第4文化層	6号ブロック	26	20	2	3
第4b_k群	4	小金井市	荒牧遺跡		第4文化層	7号ブロック	65	55	5	4
第4b_k群	4	小金井市	荒牧遺跡		第4文化層	9号ブロック	87	66	8	4
第4b_k群	4	小金井市	荒牧遺跡		第4文化層	10号ブロック	7	4	2	
第4b_k群	4	小金井市	荒牧遺跡		第4文化層	11号ブロック	7	7		
第4b_k群	4	小金井市	荒牧遺跡		第4文化層	12号ブロック	7	4		1
第4b_k群	4	小金井市	栗山遺跡	第6次調査区	第3文化層	1号ブロック	62	43	5	6
第4b_k群	4	小金井市	新橋遺跡		IV中層	ユニット3	28	25	1	
第4b_k群	4	小金井市	新橋遺跡		IV下層	ユニット4	60	47	5	

ナイフ形石器	尖頭器	角錐状石器	スクレイパー	礫石器	その他	器種計	黒曜石	チャート	頁岩	安山岩	ホルンフェルス	凝灰岩	流紋岩	砂岩	他石材	石材計	報告書
5			2			84	51	7		3		22	1			84	211
2			3	2	1	55	11	5	2	2	2	31		1	1	55	211
			1			23	16	7								23	211
						6		2		1	2	1				6	211
2			2		1	76	48	10	10	2	5	1				76	211
15			14		3	605											210
5			4			122											210
9	22		12	1	4	740	430	158	128	14	2	6		1	1	740	216
1		1	1	1		11	2	1	6	1					1	11	216
		1	1			17	2	5	4		2	4				17	216
2			7		1	107	97		4	1					5	107	216
21	2		12		3	484	375	3	78	2	5	13			8	484	216
1					1	79	53	2	22	2						79	216
2		2	3	2	5	610	229	318	54	2	2	3			2	610	216
3			2		4	158	155		3							158	216
2			7	5	2	142	80		12	41	4			2	3	142	216
1			6			64	9	35	19		1					64	216
20			14	5	6	899	73	128	622	2	59	12		2	1	899	216
3			3	1		100	59	5	22		10	3			1	100	216
7		1	3	2	2	481	79	17	363	1	7	12		1	1	481	216
8	8		18	1	7	585	357	24	102	25	21	47		1	8	585	216
28			31	3	7	1877	566	525	572	14	27	169		2	2	1877	216
7			7	1	2	210	95	47	46	2	19				1	210	216
1			7		2	163	141	1	17	2	1	1				163	216
4			4	2		120	36	11	38	4	28	1		1	1	120	216
3			4		1	34	19	3	12							34	216
1			2		1	35	31			2	1	1				35	216
1			2			14	3		6		4	1				14	216
6	3		1		1	162	39	21	68	4	23	7				162	216
2			7	1	3	164	39	15	35	32	36	7				164	216
10	1		2		1	154	88	3	55		6	2				154	216
4			1	2		80	36	8	23	3	7	1		1	1	80	216
		1				17		1	6	8	1				1	17	216
			2	1	1	25	14		6	2		2		1		25	216
2		3	2	11		74	4	36	4	20	2			3	5	74	219
1		1			1	32	3	6	4	11	6	2				32	219
2			1		1	64	8	23	2	17	14					64	219
2		1	1	1		8		3		1		3			1	8	219
3						70	62	1	2	2		3				70	219
2			3	2		51	19	2	22	4		2		1	1	51	219
5		4	3	2	2	112	45	5	23	32	5				2	112	219
						9	5	1	1	2						9	219
6		2	1	1	1	33	4	22	3	3					1	33	219
		1				8	3		5							8	223
						12	7	2	1	1					1	12	223
						8		1	7							8	223
1						18	15		2			1				18	223
2			3	3		82	55	4	12			8		3		82	223
					1	26	6	13	5		1	1				26	223
			1			65		43	10			12				65	223
4			6			87		3	82		1	1				87	223
1						7	2		5							7	223
						7	2	1	4							7	223
2						7	5	1		1						7	223
4	1		2		1	62	33	11	1	14	3					62	224
2						28	2	15	11							28	225
3			3		2	60	1	1	13	31		5			9	60	225

群	エリア	市町村	遺跡	地点	文化層	石器集中部	出土点数	剝片	石核	RF
第4b_k群	4	小金井市	新橋遺跡		IV下層	ユニット5	38	25	3	
第4b_k群	4	小金井市	新橋遺跡		IV下層	ユニット6	24	10		
第4b_k群	4	小金井市	野川中洲北遺跡	東区	第IV中～下層	5号ブロック	447	412	16	
第4b_k群	4	小金井市	野川中洲北遺跡	東区	第IV中～下層	6号ブロック	1739	1651	28	
第4b_k群	4	小金井市	野川中洲北遺跡	東区	第IV中～下層	7号ブロック	768	729	17	
第4b_k群	4	小金井市	野川中洲北遺跡	東区	第IV中～下層	8号ブロック	60	53	1	
第4b_k群	4	小金井市	野川中洲北遺跡	東区	第IV中～下層	9号ブロック	8	6		
第4b_k群	4	小金井市	野川中洲北遺跡	東区	第IV中～下層	10号ブロック	32	29	1	
第4b_k群	4	小金井市	野川中洲北遺跡	東区	第IV中～下層	11号ブロック	31	27	2	
第4b_k群	4	小金井市	野川中洲北遺跡	東区	第IV中～下層	12号ブロック	46	34		
第4b_k群	4	小金井市	野川中洲北遺跡	東区	第IV中～下層	13号ブロック	36	28	3	
第4b_k群	4	小金井市	野川中洲北遺跡	東区	第IV中～下層	14号ブロック	30	24	2	
第4b_k群	4	小金井市	野川中洲北遺跡	東区	第IV中～下層	15号ブロック	30	24	1	
第4b_k群	4	小金井市	はけうえ遺跡		第IV中層文化	C－IV－3	43	32	5	
第4b_k群	4	小金井市	はけうえ遺跡		第IV中層文化	C－IV－5	38	32	3	
第4b_k群	4	小金井市	はけうえ遺跡		第IV中層文化	C－IV－6	14	9	3	
第4b_k群	4	小金井市	はけうえ遺跡		第IV中層文化	C－IV－8	224	175	7	
第4b_k群	4	小金井市	はけうえ遺跡		第IV中層文化	C－IV－9	28	18	3	
第4b_k群	4	小金井市	はけうえ遺跡		第IV中層文化	C－IV－10	60	43	3	
第4b_k群	4	小金井市	はけうえ遺跡		第IV中層文化	C－IV－11	8	6		
第4b_k群	4	小金井市	はけうえ遺跡		第IV中層文化	C－IV－15	7	6	1	
第4b_k群	4	小金井市	はけうえ遺跡		第IV中層文化	C－IV－17	38	29	3	
第4b_k群	4	国分寺市	熊ノ郷遺跡	共同住宅建設調査区	第II文化層	2号ブロック	12	12		
第4b_k群	4	国分寺市	熊ノ郷遺跡	共同住宅建設調査区	第II文化層	3号ブロック	120	95	10	
第4b_k群	4	国分寺市	熊ノ郷遺跡	共同住宅建設調査区	第II文化層	4号ブロック	10	6	1	
第4b_k群	4	国分寺市	多摩蘭坂遺跡	第4地点	第5文化層	9号ブロック	10	7	1	
第4b_k群	4	国分寺市	多摩蘭坂遺跡	第4地点	第5文化層	10号ブロック	6	3		
第4b_k群	4	国分寺市	多摩蘭坂遺跡	第4地点	第5文化層	12号ブロック	54	48	2	
第4b_k群	4	国分寺市	多摩蘭坂遺跡	第4地点	第5文化層	13号ブロック	12	11		
第4b_k群	4	国分寺市	多摩蘭坂遺跡	第4地点	第5文化層	15号ブロック	10	9		
第4b_k群	4	国分寺市	多摩蘭坂遺跡	第4地点	第5文化層	17号ブロック	18	13		
第4b_k群	4	国分寺市	多摩蘭坂遺跡	第3地点		Cトレンチ	149	144	2	
第4b_k群	4	国分寺市	多摩蘭坂遺跡	第3地点		Dトレンチ	14	11	1	
第4b_k群	4	国分寺市	多摩蘭坂遺跡	第5地点	第6文化層	11号ブロック	319	288	8	
第4b_k群	4	国分寺市	多摩蘭坂遺跡	第5地点	第6文化層	12号ブロック	734	676	18	
第4b_k群	4	国分寺市	多摩蘭坂遺跡	第5地点	第6文化層	13号ブロック	47	39	3	
第4b_k群	4	国分寺市	多摩蘭坂遺跡	第5地点	第6文化層	14号ブロック	562	478	34	
第4b_k群	4	国分寺市	多摩蘭坂遺跡	第5地点	第6文化層	15号ブロック	11	5	5	
第4b_k群	4	国分寺市	多摩蘭坂遺跡	第5地点	第6文化層	16号ブロック	172	158	6	
第4b_k群	4	国分寺市	多摩蘭坂遺跡	第5地点	第6文化層	17号ブロック	7	3	3	
第4b_k群	4	国分寺市	多摩蘭坂遺跡	第5地点	第6文化層	18号ブロック	10	6	1	
第4b_k群	4	国分寺市	多摩蘭坂遺跡	第5地点	第6文化層	19号ブロック	20	15	4	
第4b_k群	4	国分寺市	多摩蘭坂遺跡	第5地点	第6文化層	21号ブロック	171	144	9	
第4b_k群	4	国分寺市	多摩蘭坂遺跡	第8地点	第3文化層	1号ブロック	6	5	1	
第4b_k群	4	国分寺市	多摩蘭坂遺跡	第8地点	第3文化層	2号ブロック	144	129	7	
第4b_k群	4	国分寺市	多摩蘭坂遺跡	第8地点	第3文化層	3号ブロック	34	27	6	
第4b_k群	4	国分寺市	多摩蘭坂遺跡	第8地点	第3文化層	4号ブロック	7	2	3	
第4b_k群	4	国分寺市	多摩蘭坂遺跡	第8地点	第3文化層	8号ブロック	7	7		
第4b_k群	4	国分寺市	多摩蘭坂遺跡	第8地点	第3文化層	9号ブロック	7	6		
第4b_k群	4	国分寺市	多摩蘭坂遺跡	第8地点	第3文化層	10号ブロック	5		3	
第4b_k群	4	国分寺市	多摩蘭坂遺跡	第8地点	第3文化層	11号ブロック	24	22	1	
第4b_k群	4	国分寺市	多摩蘭坂遺跡	第8地点	第3文化層	12号ブロック	5	2		
第4b_k群	4	国分寺市	多摩蘭坂遺跡	第8地点	第3文化層	13号ブロック	9	8	1	
第4b_k群	4	国分寺市	花沢西遺跡		第III文化層	1号ブロック	17	15	1	
第4b_k群	4	国分寺市	花沢西遺跡		第III文化層	2号ブロック	10	10		
第4b_k群	4	国分寺市	花沢西遺跡		第III文化層	3号ブロック	5	4		
第4b_k群	4	国分寺市	花沢西遺跡		第III文化層	4号ブロック	28	26	2	

イフ形器	尖頭器	角錐状石器	スクレイパー	礫石器	その他	器種計	黒曜石	チャート	頁岩	安山岩	ホルンフェルス	凝灰岩	流紋岩	砂岩	他石材	石材計	報告書
			7			38	4		18	9		2		1	4	38	225
3			2		8	24	13		3			8				24	225
9			2	2		447	109	315	8		5	1		1	8	447	226
32			10	1	2	1739	212	1389	100	3	16	11		7	1	1739	226
9			4	3		768	10	499	234	1	15	5		3	1	768	226
2			1			60	53	6	1							60	226
1						8		3	2	3						8	226
			1			32	1	24							7	32	226
			1			31	1	24				3			3	31	226
2			6			46	1	19	6	14	6					46	226
			4			36	2	31	1					1	1	36	226
3						30	1	7	19		2				1	30	226
1			3			30	7	13	5						5	30	226
1					1	43	20	20	2					1		43	227
					1	38	20	14		4						38	227
1				1		14		9	4					1		14	227
16		1	1		2	224	105	102	12	2				3		224	227
3						28	8	17	1	2						28	227
	2		2		2	60	35	12	2	10			1			60	227
1						8	3	2	2					1		8	227
						7	3	1	2	1						7	227
2			2			38	31	3	1	2				1		38	227
						12	10		1	1						12	232
3		1	3	1	1	120	39	29	41	2	7	1		1		120	232
				3		10											232
			1	1		10		2	6						2	10	234
1						6	5								1	6	234
3						54		51	1		2					54	234
		1				12	4		2	4	1	1				12	234
			1			10	7		2			1				10	234
2			3			18	9	5	4							18	234
1						149	148	1								149	234
				1		14	9	1				1		3		14	234
10			7			319											235
23		2	5			734											235
1		1	1		2	47											235
14		2	12	3	1	562											235
						11											235
3	1		1			172											235
			1			7											235
			1			10											235
1						20											235
6			5			171											235
						6	4	2								6	236
2			1		2	144	1	128	12	3						144	236
						34	2	12	9	11						34	236
			1		1	7	1	6								7	236
						7	7									7	236
						7	2		2	2		1				7	236
						5	4					1				5	236
			1			24	22	2								24	236
2			1			5	5									5	236
						9	8	1								9	236
			1			17	5	8	2	1		1				17	237
						10	10									10	237
			1			5	3		1	1						5	237
						28	15	1	8			4				28	237

別　表　285

群	エリア	市町村	遺跡	地点	文化層	石器集中部	出土点数	剥片	石核	RF
第4b_k群	4	国分寺市	花沢西遺跡		第Ⅲ文化層	5号ブロック	17	15	1	
第4b_k群	4	国分寺市	花沢西遺跡		第Ⅳ文化層	全1基	6	6		
第4b_k群	4	国分寺市	日影山遺跡		第3文化層	2号ブロック	5	5		
第4b_k群	4	国分寺市	武蔵国分寺跡遺跡北方地区	西国分寺区画整理地区	第4遺物群	1号石器集中部	91			
第4b_k群	4	国分寺市	武蔵国分寺跡遺跡北方地区	西国分寺区画整理地区	第4遺物群	2号石器集中部	27			
第4b_k群	4	国分寺市	武蔵国分寺跡遺跡北方地区	西国分寺区画整理地区	第4遺物群	3号石器集中部	17			
第4b_k群	4	国分寺市	武蔵国分寺跡遺跡北方地区	西国分寺区画整理地区	第4遺物群	石器集中部a	8			
第4b_m1群	1	入間市	西武蔵野遺跡			石器集中1	961	950		
第4b_m1群	1	入間市	西武蔵野遺跡			石器集中2	210	209		
第4b_m1群	1	入間市	西武蔵野遺跡			石器集中3	190	190		
第4b_m1群	1	入間市	西武蔵野遺跡			石器集中4	31	31		
第4b_m1群	1	入間市	西武蔵野遺跡			石器集中5	124	122		
第4b_m1群	1	入間市	西武蔵野遺跡			石器集中6	49	47		
第4b_m1群	1	入間市	西武蔵野遺跡			石器集中7	48	42	3	
第4b_m1群	1	入間市	西武蔵野遺跡			石器集中8	27	23		
第4b_m1群	1	富士見市	氷川前遺跡	第5地点		1号石器集中部	71	61		
第4b_m1群	1	東久留米市	西下里遺跡	第Ⅱ次調査区	第1文化層	第3号ブロック	843	828		
第4b_m1群	2	和光市	花ノ木遺跡		第1文化層	石器集中1	422	414		
第4b_m1群	2	和光市	花ノ木遺跡		第1文化層	石器集中9	12	8		
第4b_m1群	3	千代田区	江戸城址	北丸竹橋門地区		1号ブロック	603	602		
第4b_m1群	4	世田谷区	田直遺跡			1号遺物集中部	257	243		
第4b_m1群	4	世田谷区	田直遺跡			2号遺物集中部	509	500	1	
第4b_m1群	4	三鷹市	長嶋遺跡	C区		全1基	266	259		
第4b_m1群	4	調布市	下原・富士見町遺跡		垂直区分帯17	BL1706	56	54		
第4c群	1	狭山市	西久保遺跡	A区	Ⅱ期	石器集中4	116	106	5	
第4c群	1	狭山市	西久保遺跡	A区	Ⅱ期	石器集中5	43	39	1	
第4c群	1	狭山市	西久保遺跡	A区	Ⅱ期	石器集中6	50	45	5	
第4c群	1	朝霞市	下ノ原遺跡	第Ⅳ地区		2号礫群	42	33	3	
第4c群	1	朝霞市	下ノ原遺跡	第Ⅳ地区		3号礫群	6	6		
第4c群	1	朝霞市	下ノ原遺跡	第Ⅳ地区		5号礫群	11	10		
第4c群	1	朝霞市	下ノ原遺跡	第Ⅳ地区		6号礫群	7	6		
第4c群	1	所沢市	白旗塚遺跡	第2次調査区		北東区No.Ⅰブロック	83	75		
第4c群	1	志木市	城山遺跡	第71地点		1ブロック	49	30	11	
第4c群	1	志木市	城山遺跡	第71地点		2ブロック	12	10	1	
第4c群	1	志木市	西原大塚遺跡	第179地点		15号石器集中地点	5	2	1	
第4c群	1	富士見市	打越遺跡	第5地点		ブロック1基	70	58	6	
第4c群	1	富士見市	打越遺跡	LC区	第Ⅳ層出土の石器群	1号石器集中分布地点	187	174	1	3
第4c群	1	富士見市	打越遺跡	MA区	第Ⅳ層出土の石器群	1号石器集中分布地点	15	9	3	
第4c群	1	富士見市	打越遺跡	第23地点	Ⅳ層下部	第22号石器集中	45	40		
第4c群	1	富士見市	貝塚山遺跡	第2地点	第Ⅳ層出土の石器群	第1号石器集中分布	105	88	9	
第4c群	1	富士見市	唐沢遺跡		第Ⅳ層	ユニット6	16	12	2	
第4c群	1	富士見市	中沢遺跡	第12地点		第14号礫群	138	125	3	
第4c群	1	ふじみ野市	江川南遺跡	第19地点		1号ブロック	8	5	1	
第4c群	1	ふじみ野市	亀居遺跡	44地点		ブロック－Ⅰ	9	7		
第4c群	1	ふじみ野市	亀居遺跡	44地点		ブロック－Ⅱ	5	4		
第4c群	1	ふじみ野市	亀居遺跡	44地点		ブロック－Ⅲ	10	10		
第4c群	1	ふじみ野市	亀居遺跡	44地点		ブロック－Ⅳ	15	10		
第4c群	1	ふじみ野市	鶴ヶ岡外遺跡	第1地点		1号ブロック	23	20	1	
第4c群	1	ふじみ野市	鶴ヶ岡外遺跡	第1地点		2号ブロック	17	11	1	
第4c群	1	ふじみ野市	鶴ヶ岡外遺跡	第1地点		3号ブロック	7	7		
第4c群	1	ふじみ野市	鶴ヶ岡外遺跡	第1地点		9号ブロック	14	11		

ナイフ形石器	尖頭器	角錐状石器	スクレイパー	礫石器	その他	器種計	黒曜石	チャート	頁岩	安山岩	ホルンフェルス	凝灰岩	流紋岩	砂岩	他石材	石材計	報告書
1						17	11	5	1							17	237
						6		1	1	4						6	237
						5		5								5	243
								28	47		16					91	241
								11	15		1					27	241
								1	15		1					17	241
								2	5		1					8	241
2	1		7		1	961	949	2	7	2					1	961	2
			1			210	209	1								210	2
						190	184	1	5							190	2
						31	31									31	2
			2			124	121	1							2	124	2
			2			49	48		1							49	2
			3			48	40	2	4	2						48	2
	1		1		2	27	22		1				1	1	2	27	2
	3					71	71									71	23
1	12				1	843	843									843	249
	1		2		5	422	412	7	3							422	19
1	2				1	12	9	3								12	19
	1					603	603									603	56
	1		4			257	256	1								257	107
1	4		3			509	508	1								509	107
1	2	1				266	261	2		2		1				266	203
	1					56	51	1	3			1				56	216
4			1			116		109	7							116	1
1			1	1		43		41	1						1	43	1
						50		50								50	1
5			1			42	40	2								42	3
						6	1			5						6	3
						11		1	1	2	7					11	3
						7		5		1	1					7	3
4		1	1		2	83											14
			3			49	1		31	17						49	7
						12		12								12	7
				2		5			3						2	5	12
3				2	1	70		63		5					2	70	29
7			1		1	187											31
3						15											31
1		2			1	45	44	1								45	28
2			3		3	105											32
					1	16											34
6			2		1	138	124	1		5		6	2			138	36
			1			8	7		1							8	39
1			1			9	7		1						1	9	38
				1		5	3	1						1		5	38
						10	8	2								10	38
2				1		15	3	5		2	1	3			1	15	38
1						23	4		6			4	9			23	39
2						17	2	13	1						1	17	39
						7		6	1							7	39
1		1			1	14	2	1		3	7				1	14	39

群	エリア	市町村	遺跡	地点	文化層	石器集中部	出土点数	剝片	石核	RF
第4c群	1	ふじみ野市	鶴ヶ岡外遺跡	第1地点		4号ブロック	29	25	1	
第4c群	1	ふじみ野市	鶴ヶ岡外遺跡	第1地点		5号ブロック	7	5		
第4c群	1	ふじみ野市	鶴ヶ岡外遺跡	第1地点		6号ブロック	43	42		
第4c群	1	ふじみ野市	鶴ヶ岡外遺跡	第1地点		7号ブロック	19	18		
第4c群	1	ふじみ野市	鶴ヶ岡外遺跡	第1地点		8号ブロック	105	98	1	
第4c群	1	ふじみ野市	鶴ヶ岡外遺跡	第1地点		10号ブロック	5	3		
第4c群	1	ふじみ野市	鶴ヶ岡外遺跡	第2地点		1号ブロック	25	20		
第4c群	1	ふじみ野市	鶴ヶ岡外遺跡	第2地点		2号ブロック	58	30	27	
第4c群	1	ふじみ野市	鶴ヶ舞遺跡	第7地点		1号ブロック	21	18	2	
第4c群	1	ふじみ野市	東台遺跡	第18地点		1号ブロック	24	17	2	
第4c群	1	ふじみ野市	東台遺跡	第18地点		2号ブロック	8	7		
第4c群	1	ふじみ野市	東台遺跡	第18地点		3号ブロック	7	2	1	
第4c群	1	ふじみ野市	東台遺跡	第18地点		4号ブロック	50	42	1	
第4c群	1	ふじみ野市	東台遺跡	第18地点		5号ブロック	42	36		
第4c群	1	ふじみ野市	東台遺跡	第18地点		6号ブロック	132	110	5	1
第4c群	1	ふじみ野市	東台遺跡	第18地点		7号ブロック	139	105	6	2
第4c群	1	ふじみ野市	東台遺跡	第18地点		8号ブロック	8	4	1	
第4c群	1	ふじみ野市	東台遺跡	第18地点		9号ブロック	12	11		
第4c群	1	ふじみ野市	東台遺跡	第18地点		10号ブロック	5		2	
第4c群	1	ふじみ野市	東台遺跡	第18地点		11号ブロック	20	16		
第4c群	1	ふじみ野市	東台遺跡	第18地点		13号ブロック	33	19	3	
第4c群	1	ふじみ野市	東台遺跡	第18地点		14号ブロック	6	2	2	
第4c群	1	ふじみ野市	東台遺跡	第18地点		15号ブロック	23	12	1	
第4c群	1	ふじみ野市	本村遺跡	第8地点		1号ブロック	50	43		
第4c群	1	ふじみ野市	本村遺跡	第8地点		2号ブロック	116	102	3	
第4c群	1	ふじみ野市	本村遺跡	第8地点		3号ブロック	47	43		
第4c群	1	ふじみ野市	本村遺跡	第8地点		4号ブロック	14	14		
第4c群	1	ふじみ野市	本村遺跡	第8地点		5号ブロック	11	11		
第4c群	1	ふじみ野市	本村遺跡	第8地点		6号ブロック	8	6		
第4c群	1	三芳町	上永久保遺跡	第1地点		石器集中1	61	56	4	
第4c群	1	三芳町	新開遺跡	Ab区		T-1ユニット	43	26	5	
第4c群	1	三芳町	新開遺跡	Ab区		T-2ユニット	12	11		
第4c群	1	三芳町	新開遺跡	Ab区		T-3ユニット	8	7		
第4c群	1	三芳町	新開遺跡	Ad区		T-6ユニット	9	7		
第4c群	1	三芳町	新開遺跡	Ad区		T-7ユニット	13	12		
第4c群	1	三芳町	新開遺跡	Ad区		T-8ユニット	92	77	4	
第4c群	1	三芳町	新開遺跡	Ad区		T-9ユニット	9	4	3	
第4c群	1	三芳町	新開遺跡	Hb区		T-12ユニット	18	12	3	
第4c群	1	三芳町	新開遺跡	Fb区		T-14ユニット	6	4		
第4c群	1	三芳町	新開遺跡	Kb区		T-1ブロック	33	20	4	
第4c群	1	三芳町	新開遺跡	Kb区		T-2ブロック	27	19	6	
第4c群	1	三芳町	新開遺跡	Kb区		T-3ブロック	29	21		
第4c群	1	三芳町	新開遺跡	Kb区		T-4ブロック	19	15	2	
第4c群	1	三芳町	新開遺跡	Kb区		T-5ブロック	32	22	4	
第4c群	1	三芳町	新開遺跡	Kb区		T-6ブロック	67	50	8	
第4c群	1	三芳町	新開遺跡	Kb区		T-7ブロック	25	15	4	
第4c群	1	三芳町	新開遺跡	Kb区		T-8ブロック	6	5	1	
第4c群	1	三芳町	新開遺跡	Kb区		T-9ブロック	13	11	1	
第4c群	1	三芳町	新開遺跡	Kb区		T-10ブロック	140	137	1	
第4c群	1	三芳町	新開遺跡	Kb区		T-11ブロック	207	204		
第4c群	1	三芳町	新開遺跡	Kb区		T-12ブロック	15	9	1	
第4c群	1	三芳町	新開遺跡	Kb区		T-13ブロック	24	18	3	
第4c群	1	三芳町	新開遺跡	Kb区		T-14ブロック	37	26	3	
第4c群	1	三芳町	新開遺跡	Kb区		T-15ブロック	17	10	2	
第4c群	1	三芳町	新開遺跡	Kb区		T-16ブロック	7	5		
第4c群	1	三芳町	新開遺跡	Kb区		T-17ブロック	14	12		
第4c群	1	三芳町	新開遺跡	Kb区		T-18ブロック	9	7	1	

ナイフ形石器	尖頭器	角錐状石器	スクレイパー	礫石器	その他	器種計	黒曜石	チャート	頁岩	安山岩	ホルンフェルス	凝灰岩	流紋岩	砂岩	他石材	石材計	報告書
						29	9	18	1	1						29	39
			1	1		7		5				2				7	39
						43	43									43	39
						19	19									19	39
3						105	104						1			105	39
						5	2	1		2						5	39
2			2			25		24							1	25	39
						58		58								58	39
			1			21	9	6	4			2				21	39
		2	1			24	14	2		2	1	5				24	40
1						8	2	3		1	1	1				8	40
1						7	3			2	2					7	40
3			2			50	35	5		8	1	1				50	40
1			1			42	32	8		1					2	43	40
2			1			132		116	10			5			1	132	40
2			1	1		139	4	132	2					1		139	40
2						8	8									8	40
						12	7	2		2					1	12	40
		1				5		2		1	2					5	40
			2			20		16	3	1	1					21	40
				2		33		14	16	2		1				33	40
		1				6				5	1					6	40
2						23	2	11	10							23	40
2						50	20	13	8	7		2				50	41
5	1		1			116	61	38	3	12		2				116	41
					1	47	26	3	3	11		4				47	41
						14	14									14	41
						11	7	4								11	41
1			1			8	7		1							8	41
1						61	2	58	1							61	43
4			3		1	43	21	1		12		9				43	45
			1			12				10		2				12	45
					1	8				8						8	45
					2	9	3	1		5						9	45
						13	4		1	5		3				13	45
3			5		1	92	49	1	2	29		11				92	45
			2			9	1	1	1	3		3				9	45
1			2			18	5			12		1				18	45
			1			6	1	1		1		3				6	45
3			5			33	17			10		4			2	33	46
1					1	27	12	11		4						27	46
4			1			29	23	5		1						29	46
2						19	3	14		1					1	19	46
1			4			32	13	1		15		1			2	32	46
5			2			67	10	42		15						67	46
1			2	1		25	1	23							1	25	46
						6		5							1	6	46
						13	7	1	1						2	11	46
			1			140	127	5	1						6	139	46
			2			207	203		1						3	207	46
3			1			15	8	4							3	15	46
1			1			24	4	2		16		1			1	24	46
3			3			37		26		9		1			1	37	46
1			3			17	12			2		3				17	46
			2			7	2			1		4				7	46
			1			14		11		1		2				14	46
						9	8								1	9	46

別表　289

群	エリア	市町村	遺跡	地点	文化層	石器集中部	出土点数	剝片	石核	RF
第4c群	1	三芳町	新開遺跡	Kb区		T−19ブロック	5	5		
第4c群	1	三芳町	新開遺跡	Kb区		T−20ブロック	37	30	5	
第4c群	1	三芳町	新開第二遺跡	第2地点		ブロック3	30	28	1	
第4c群	1	三芳町	浅間後遺跡	B地点		石器集中1	21	19		
第4c群	1	三芳町	浅間後遺跡	B地点		石器集中2	18	15		
第4c群	1	三芳町	中東遺跡	第6地点（4次）	第V層	石器集中4	25	24		
第4c群	1	三芳町	藤久保東遺跡	藤久保第一土地画整理地区	第IV層下部	石器集中1	6	6		
第4c群	1	三芳町	藤久保東遺跡	藤久保第一土地画整理地区	第IV層下部	石器集中2	57	56		
第4c群	1	三芳町	藤久保東遺跡	藤久保第一土地画整理地区	第IV層下部	石器集中3	74	71		
第4c群	1	三芳町	藤久保東遺跡	藤久保第一土地画整理地区	第IV層下部	石器集中4	126	121		
第4c群	1	三芳町	藤久保東遺跡	藤久保第一土地画整理地区	第IV層下部	石器集中5	24	21		
第4c群	1	三芳町	藤久保東遺跡	藤久保第一土地画整理地区	第V層	石器集中1	8	5		
第4c群	1	三芳町	古井戸山遺跡			石器ユニット2	33	25		
第4c群	1	東久留米市	自由学園南遺跡	第2次調査区		第1ブロック	113	89	4	
第4c群	1	東久留米市	自由学園南遺跡	第2次調査区		第2ブロック	791	647	25	
第4c群	1	東久留米市	自由学園南遺跡	第2次調査区		第3ブロック	119	98	8	
第4c群	1	東久留米市	自由学園南遺跡	第2次調査区		第4ブロック	64	56	1	
第4c群	1	東久留米市	自由学園南遺跡	第2次調査区		第5ブロック	329	296	10	
第4c群	1	東久留米市	自由学園南遺跡	第2次調査区		第6ブロック	145	129	2	
第4c群	1	東久留米市	自由学園南遺跡	第2次調査区		第7ブロック	90	83		
第4c群	1	東久留米市	自由学園南遺跡	第2次調査区		第8ブロック	176	142	3	
第4c群	1	東久留米市	自由学園南遺跡	第2次調査区		第9ブロック	226	209	3	
第4c群	1	東久留米市	自由学園南遺跡	第2次調査区		第10ブロック	117	106	3	
第4c群	1	東久留米市	自由学園南遺跡	第2次調査区		第11ブロック	210	176	5	
第4c群	1	東久留米市	自由学園南遺跡	第2次調査区		第12ブロック	139	123	5	
第4c群	1	東久留米市	自由学園南遺跡	第2次調査区		第13ブロック	101	94		
第4c群	1	東久留米市	自由学園南遺跡	第2次調査区		第14ブロック	13	11		
第4c群	1	東久留米市	自由学園南遺跡	第2次調査区		第15ブロック	26	23	1	
第4c群	1	東久留米市	西下里遺跡	第1次調査区		全1基	6	2		
第4c群	1	東久留米市	六仙遺跡	II所収区		礫群	6	4		
第4c群	2	和光市	四ツ木遺跡	第3次調査区		1号ブロック	8	5	2	
第4c群	2	和光市	柿ノ木坂遺跡	東区	第1文化層	石器集中3	14	13		
第4c群	2	和光市	柿ノ木坂遺跡	東区	第1文化層	石器集中6	13	13		
第4c群	2	和光市	柿ノ木坂遺跡	東区	第1文化層	石器集中7	10	10		
第4c群	2	和光市	柿ノ木坂遺跡	東区	第1文化層	石器集中8	45	40	1	
第4c群	2	北区	赤羽台遺跡	八幡神社地区	第2文化層	1号礫群	14	12		
第4c群	2	北区	赤羽台遺跡	八幡神社地区	第2文化層	2号礫群	5	3		
第4c群	2	北区	赤羽台遺跡	八幡神社地区	第2文化層	3号礫群	15	11		
第4c群	2	北区	赤羽台遺跡	八幡神社地区	第2文化層	4号礫群	10	7		
第4c群	2	北区	赤羽台遺跡	八幡神社地区	第2文化層	5号礫群	18	14		
第4c群	2	北区	赤羽台遺跡	星美学園及び周辺地区	第1文化層	第1号礫群	45	42	1	
第4c群	2	板橋区	加賀一丁目遺跡	東京家政大学構内	第I文化層	1号ブロック	1185	1159		
第4c群	2	板橋区	加賀一丁目遺跡	東京家政大学構内	第I文化層	2号ブロック	12	4		
第4c群	2	板橋区	小茂根小山遺跡	第1地点		1号ユニット	8	2	1	
第4c群	2	板橋区	志村坂上遺跡	D地点	第1文化層	1号ブロック	261	251	1	
第4c群	2	板橋区	志村坂上遺跡	D地点	第1文化層	2号ブロック	9	9		
第4c群	2	板橋区	志村城山遺跡	第4地点	第I文化層	第1ブロック	20	12	1	
第4c群	2	板橋区	中台東谷遺跡			ユニット1	57	43	3	
第4c群	2	板橋区	西台後藤田遺跡	第1地点	第V層上部文化層	1号ブロック	39	34	3	
第4c群	2	板橋区	西台後藤田遺跡	第1地点	第V層上部文化層	2号ブロック	12	8	1	
第4c群	2	板橋区	四葉地区遺跡	西部台地	IV層下部	3号礫群	50	42	6	

ナイフ形石器	尖頭器	角錐状石器	スクレイパー	礫石器	その他	器種計	黒曜石	チャート	頁岩	安山岩	ホルンフェルス	凝灰岩	流紋岩	砂岩	他石材	石材計	報告書
						5	1		3						1	5	46
1						37	30	3	2				1		1	37	46
1						30		3	18	5		4				30	47
			2			21											48
			3			18											48
						25	10		1		14					25	50
						6		5	1							6	53
						57	1	40	16							57	53
1						74	3		32		1	38				74	53
1						126	40	66	1			19				126	53
						24	6	14	1		3					24	53
2						8		3	3			2				8	53
1			1			33	22	6		2		1			2	33	54
15						113											246
36		3	22	11	1	791											246
4		1	1			119											246
4			3			64											246
5	1		7	1		329											246
2		4	5	1		145											246
2	1		3			90											246
13	2		3	1	3	176											246
2		3	5		2	226											246
4	1		2			117											246
16	1					210											246
4	1		1		1	139											246
			1			101											246
1			1			13											246
	1		1			26											246
1				1	2	6				6						6	248
1					1	6	5		1							6	250
					1	8		8								8	21
			1			14	1	1		12						14	19
						13	8	1		4						13	19
						10	2	1	1	6						10	19
1			3			45		35		8					2	45	19
		1		1		14	8		1	1					4	14	142
1			1			5	1			1					3	5	142
1		1	1	1		15			2	1				1	11	15	142
		1	1	1		10	4		1	3					2	10	142
			1	1	2	18	3		6	3					6	18	142
			1	1		45		10	32			1		1	1	45	143
	2	1				1185	1181		2	1					1	1185	150
2						12	11	1								12	150
1			1			8	8									8	151
5			2		1	261											154
						9											154
4			1			20	13	3	3						1	20	153
4	1		3			57	1	19	3	34						57	157
			1		1	39											160
						12											160
			1		1	50	15	3	23		8				1	50	165

別表　291

群	エリア	市町村	遺跡	地点	文化層	石器集中部	出土点数	剥片	石核	RF
第4c群	2	板橋区	四葉地区遺跡	西部台地	IV層下部	4号礫群	61	59	1	
第4c群	2	板橋区	四葉地区遺跡	西部台地	IV層下部	5号礫群	8	7		
第4c群	2	板橋区	四葉地区遺跡	西部台地	IV層下部	6号礫群	82	78	2	
第4c群	2	板橋区	四葉地区遺跡	西部台地	IV層下部	7号礫群	6	5		
第4c群	2	板橋区	四葉地区遺跡	中央台地	IV層下部	8号礫群	10	7		
第4c群	2	板橋区	四葉地区遺跡	中央台地	IV層下部	12号礫群	8	7		
第4c群	2	板橋区	四葉地区遺跡	中央台地	IV層下部	23号ブロック	93	93		
第4c群	2	板橋区	四葉地区遺跡	東部台地	IV層下部	11号ブロック	34	33		
第4c群	2	練馬区	愛宕下遺跡	1989年他調査区	第II文化層	石器ブロック1	33	20	1	1
第4c群	2	練馬区	愛宕下遺跡	1989年他調査区	第II文化層	石器ブロック2	9	7		1
第4c群	2	練馬区	扇山遺跡	第6次調査区	第3文化層	1号ブロック	28	27	1	
第4c群	2	練馬区	栗山遺跡	第2地点	IV層下からV層上	石器ブロック1	21	15		5
第4c群	2	練馬区	栗山遺跡	第2地点	IV層下からV層上	石器ブロック2	23	18		3
第4c群	2	練馬区	城山遺跡	C地区	第3文化層	石器集中部5	7	4	1	
第4c群	2	練馬区	城山遺跡	C地区	第3文化層	石器集中部6	15	11		
第4c群	2	練馬区	東早淵遺跡	第4地点	第1文化層	1号石器ブロック	758	571	28	143
第4c群	2	練馬区	東早淵遺跡	第4地点	第1文化層	2号石器ブロック	199	165	6	2
第4c群	2	練馬区	東早淵遺跡	第4地点	第1文化層	3号石器ブロック	24	16	1	
第4c群	2	練馬区	東早淵遺跡	第4地点	第1文化層	4号石器ブロック	18	13		
第4c群	2	練馬区	東早淵遺跡	第4地点	第1文化層	5号石器ブロック	10	7	2	
第4c群	2	練馬区	東早淵遺跡	第4地点	第1文化層	6号石器ブロック	55	41	5	8
第4c群	2	練馬区	東早淵遺跡	第4地点	第1文化層	7号石器ブロック		8		
第4c群	2	練馬区	東早淵遺跡	第4地点	第1文化層	8号石器ブロック	43	35	4	
第4c群	2	練馬区	東早淵遺跡	第4地点	第1文化層	9号石器ブロック	23	10		1
第4c群	2	練馬区	東早淵遺跡	第4地点	第1文化層	10号石器ブロック	17	10	1	
第4c群	2	練馬区	東早淵遺跡	第4地点	第1文化層	11号石器ブロック	52	46	1	
第4c群	2	練馬区	東早淵遺跡	第4地点	第1文化層	12号石器ブロック	78	43	2	3
第4c群	2	練馬区	東早淵遺跡	第4地点	第1文化層	13号石器ブロック	55	47		
第4c群	2	練馬区	富士見池遺跡群溜淵遺跡	関町4-25所在区		遺物集中地点1	18	11		2
第4c群	2	練馬区	富士見池北遺跡			7号ユニット	10	9	1	
第4c群	2	練馬区	富士見池北遺跡			8号ユニット	5	4		
第4c群	2	練馬区	富士見池北遺跡			13号ユニット	10	10		
第4c群	2	練馬区	富士見池北遺跡			15号ユニット	7	7		
第4c群	2	練馬区	もみじ山遺跡	東京外かく環状道路練馬地区	第V層の文化層	ブロック1号	7	4	1	
第4c群	2	練馬区	もみじ山遺跡	東京外かく環状道路練馬地区	第V層の文化層	ブロック3号	24	22		
第4c群	2	練馬区	もみじ山遺跡	東京外かく環状道路練馬地区	第V層の文化層	ブロック5号	146	134		
第4c群	2	練馬区	もみじ山遺跡	東京外かく環状道路練馬地区	第V層の文化層	ブロック6号	73	57	2	1
第4c群	2	小平市	鈴木遺跡		鈴木6文化層	西013bブロック	841	788	14	
第4c群	2	小平市	鈴木遺跡		鈴木6文化層	南007ブロック	192	161	17	3
第4c群	2	西東京市	坂下遺跡	第1次調査区	第3文化層	1号ブロック	20	18	1	
第4c群	2	西東京市	坂下遺跡	第1次調査区	第3文化層	2号ブロック	54	49	2	
第4c群	2	西東京市	坂下遺跡	第1次調査区	第3文化層	3号ブロック	11	9	1	
第4c群	2	西東京市	坂下遺跡	第1次調査区	第3文化層	4号ブロック	56	53		
第4c群	2	西東京市	下野谷遺跡	第7次調査区	第3文化層	3号石器ブロック	103	76	9	
第4c群	2	西東京市	下野谷遺跡	第7次調査区	第3文化層	4号石器ブロック	37	17	7	
第4c群	2	西東京市	下野谷遺跡	第15次調査区		1号ブロック	5	2		
第4c群	2	西東京市	早稲田大学東伏見総合グランド遺跡	B地区	第2文化層	石器集中部8	5	3		
第4c群	3	新宿区	落合遺跡	目白学園地点	第I文化層	第10次調査地点第1号石器ブロック	27	19	2	4
第4c群	3	新宿区	落合遺跡	目白学園地点	第I文化層	第11次調査地点第1号石器ブロック	25	19	1	

ナイフ形石器	尖頭器	角錐状石器	スクレイパー	礫石器	その他	器種計	黒曜石	チャート	頁岩	安山岩	ホルンフェルス	凝灰岩	流紋岩	砂岩	他石材	石材計	報告書
					1	61	10		9		42					61	165
			1			8	2		5		1					8	165
1					1	82	3	67	11	1						82	165
1						6	4				2					6	165
2					1	10	10									10	165
					1	8	6		2							8	165
						93	87		2						4	93	165
					1	34	2		4	27					1	34	165
		1				33		1	11	12	2			2		28	166
				1		9		7						1		8	166
						28	2	2	9			15				28	171
1						21											174
2						23											174
			2			7			5			2				7	175
1		1	2			15	11				1	1		2		15	175
8			4		4	758											179
		1	1	1	1	199											179
						24											179
1					1	18											179
						10											179
		1				55											179
					1	15											179
						43											179
			2			23											179
			1			17											179
						52											179
		1	1			78											179
2						55											179
4		1				18	14		2					2		18	183
						10											184
			1			5											184
						10											184
						7											184
					1	7	4		1	2						7	169
						24	12								12	24	169
5			1	1	1	146	144				1				1	146	169
1						73	72	1								73	169
15		3	14		3	841	642	157	15	5		22				841	229
5		2	3		1	192	67	46	68	5		2	1		3	192	229
1						20	2	16	2							20	252
			3			54		33	20				1			54	252
			1			11		6	5							11	252
						56		49	7							56	252
2	2		1		4	103	14	31	23					35		103	254
3	2				3	37	12	7	16					2		37	254
2						5	5			1		1				7	255
		1				5	2	2		1						5	259
2						27	5					22				27	60
			3			25	3		5	2		15				25	60

群	エリア	市町村	遺跡	地点	文化層	石器集中部	出土点数	剝片	石核	RF
第4c群	3	新宿区	落合遺跡	目白学園地点	第Ⅰ文化層	第11次調査地点第4号石器ブロック	13	13		
第4c群	3	新宿区	落合遺跡	目白学園地点	第Ⅰ文化層	第12次調査地点第3号石器ブロック	13	9	1	2
第4c群	3	新宿区	百人町三丁目遺跡	6次調査地	Ⅳ層下部	2号石器ブロック	8	8		
第4c群	3	新宿区	百人町三丁目西遺跡	都営住宅団地地点	第Ⅱ文化層	A区第1号石器ブロック	10	10		
第4c群	3	新宿区	百人町三丁目西遺跡	都営住宅団地地点	第Ⅱ文化層	B区第1号石器ブロック	9	4		1
第4c群	3	新宿区	百人町三丁目西遺跡	都営住宅団地地点	第Ⅱ文化層	C区第1号石器ブロック	62	53	3	5
第4c群	3	新宿区	百人町三丁目西遺跡	都営住宅団地地点	第Ⅱ文化層	C区第2号石器ブロック	8	5	1	
第4c群	3	新宿区	百人町三丁目西遺跡	都営住宅団地地点	第Ⅱ文化層	C区第3号石器ブロック	19	13		3
第4c群	3	新宿区	百人町三丁目西遺跡	都営住宅団地地点	第Ⅱ文化層	C区第4号石器ブロック	9	7		2
第4c群	3	新宿区	水野原遺跡			C区TP No.68	11	11		
第4c群	3	新宿区	水野原遺跡			A区TP No.17	5	3		
第4c群	3	新宿区	水野原遺跡			A区TP No.37	6	3		
第4c群	3	新宿区	水野原遺跡			C区TP No.36・71	5	3		
第4c群	3	新宿区	行元寺跡			A1号礫群	6	3	2	
第4c群	3	新宿区	若松町遺跡	3次調査地点		1号ブロック	12	9		
第4c群	3	新宿区	若松町遺跡	3次調査地点		2号ブロック	11	10	1	
第4c群	3	新宿区	若松町遺跡	3次調査地点		3号ブロック	8	5		
第4c群	3	新宿区	若松町遺跡	3次調査地点		4号ブロック	11	9		
第4c群	3	新宿区	若松町遺跡	3次調査地点		5号ブロック	14	9		
第4c群	3	目黒区	東光寺裏山遺跡	J－7・8調査区	第2文化層	1号石器ブロック	27	27		
第4c群	3	目黒区	東光寺裏山遺跡	J－7・8調査区	第2文化層	2号石器ブロック	57	56	1	
第4c群	3	目黒区	中目黒遺跡	B地点	Ⅰ区	第1号遺物集中地点	21	16		
第4c群	3	世田谷区	烏山南原遺跡		第2文化層	6号ブロック	8	6		
第4c群	3	渋谷区	鉢山町・猿楽町17番遺跡	第3地点		1号ユニット	35	24	5	
第4c群	3	渋谷区	鉢山町遺跡	Ⅱ所収区		1号石器集中部ユニット①	177	167		
第4c群	3	渋谷区	鉢山町遺跡	Ⅱ所収区		1号石器集中部ユニット②	400	374	1	
第4c群	3	渋谷区	鉢山町遺跡	Ⅱ所収区		1号石器集中部ユニット③	55	50	2	
第4c群	3	中野区	小滝遺跡			第2石器集中部	5	2	2	
第4c群	3	杉並区	井草遺跡	C地点	Ⅳ層～Ⅴ層	1号ブロック	6	5		
第4c群	3	杉並区	東原遺跡		第Ⅴ層文化	8号ユニット	7	7		
第4c群	3	杉並区	向ノ原遺跡		Ⅳ下層文化	1号礫群	20	16	1	
第4c群	3	豊島区	学習院大学周辺遺跡	学習院大学自然科学研究棟地区	第1文化層	1号ブロック	49	46	1	
第4c群	3	豊島区	東池袋遺跡	東池袋四丁目地区	第Ⅱ文化層	1号ブロック	15	14		
第4c群	3	豊島区	東池袋遺跡	東池袋四丁目地区	第Ⅱ文化層	2号ブロック	23	16	4	
第4c群	3	武蔵野市	吉祥寺南町1丁目遺跡	G地点	Ⅲ・Ⅳ・Ⅴ層	全1基	184	149	6	
第4c群	3	武蔵野市	吉祥寺南町1丁目遺跡	O地点		1号ブロック	1503	1427	6	
第4c群	3	武蔵野市	吉祥寺南町1丁目遺跡	O地点		2号ブロック	420	394		
第4c群	3	武蔵野市	吉祥寺南町1丁目遺跡	O地点		3号ブロック	218	210		
第4c群	3	武蔵野市	吉祥寺南町1丁目遺跡	O地点		4号ブロック	270	265		
第4c群	3	武蔵野市	吉祥寺南町1丁目遺跡	O地点		5号ブロック	73	69		
第4c群	3	武蔵野市	吉祥寺南町1丁目遺跡	N地点	Ⅳ・Ⅴ層	1号ブロック	121	119		
第4c群	3	武蔵野市	御殿山遺跡	第2地区K地点		1号礫群	7	6		
第4c群	3	武蔵野市	御殿山遺跡	第2地区K地点		2号礫群	6	4		
第4c群	4	世田谷区	喜多見陣屋遺跡	Ⅲ所収区	第4文化層	1号ブロック	27	25	1	
第4c群	4	世田谷区	喜多見陣屋遺跡	Ⅲ所収区	第4文化層	2号ブロック	64	54	2	
第4c群	4	世田谷区	喜多見陣屋遺跡	Ⅲ所収区	第4文化層	3号ブロック	128	112	2	

ナイフ形石器	尖頭器	角錐状石器	スクレイパー	礫石器	その他	器種計	黒曜石	チャート	頁岩	安山岩	ホルンフェルス	凝灰岩	流紋岩	砂岩	他石材	石材計	報告書
						13	13									13	60
1						13	10								3	13	60
						8	2		2	3		1				8	68
						10		4		2		1			3	10	73
1			2	1		9		5				3			1	9	73
1						62	29	1		18					14	62	73
1						8	7								1	8	73
2						19	12	1				5			1	19	73
						9	3	2		2		2				9	73
						11	5		6							11	75
1						5			2			2	1			5	75
2		1				6		5		1						6	75
1						5	4	1								5	75
						6				5					1	6	63
1			1			12	11					1				12	76
						11	11									11	76
2						8		4	3			1				8	76
						11	11									11	76
1			3			14		6	3	2	1	2				14	76
						27			27							27	81
						57			57							57	81
3		1				21	20		1							21	83
						8											89
3			1	2		35	8	1		7		1	17	1		35	124
1			5		1	177	177									177	123
13		2	2			400	400									400	123
1			1			55	54	1								55	123
1						5		4		1						5	126
				1		6	1				3			1	1	6	127
						7		7								7	133
1			2			20	12	4		3					1	20	137
1			1			49	48								1	49	140
			1			15	5	4		5				1		15	141
		2				23	4	17	1	1						23	141
13			10		4	184	42	76	22	2	6	30			6	184	189
54			10		6	1503	392	426	501	48	47	42		8	32	1496	191
14		1	10		1	420	139	145	104	17	6	9				420	191
7			1			218	62	20	66	55	7	5			3	218	191
5			1			270	72	51	129	9	5	2			2	270	191
3			1			73	51	5	10	1	2	3			1	73	191
2						121	114	3	1	1						119	190
						7		6	1							7	186
			1			6	1	5								6	186
						27	11		3	13						27	91
		1	4			64	4	31	21	8						64	91
			8		1	128	11	75	27	15						128	91

群	エリア	市町村	遺跡	地点	文化層	石器集中部	出土点数	剥片	石核	RF
第4c群	4	世田谷区	喜多見陣屋遺跡	III所収区	第4文化層	4号ブロック	41	36	1	1
第4c群	4	世田谷区	喜多見陣屋遺跡	III所収区	第4文化層	5号ブロック	60	50	2	2
第4c群	4	世田谷区	喜多見陣屋遺跡	III所収区	第4文化層	6号ブロック	97	90	3	2
第4c群	4	世田谷区	喜多見陣屋遺跡	III所収区	第4文化層	7号ブロック	21	20		
第4c群	4	世田谷区	喜多見陣屋遺跡	III所収区	第4文化層	8号ブロック	209	198	5	2
第4c群	4	世田谷区	喜多見陣屋遺跡	III所収区	第4文化層	9号ブロック	226	212	6	3
第4c群	4	世田谷区	喜多見陣屋遺跡	III所収区	第4文化層	10号ブロック	62	57		
第4c群	4	世田谷区	下野田遺跡	F区		全1基	32	21	3	3
第4c群	4	世田谷区	下山遺跡	II所収区第5次調査区	IV層下部	礫群	5	3		
第4c群	4	世田谷区	下山遺跡	V所収区	第1文化層	1号ブロック	46	40	1	2
第4c群	4	世田谷区	祖師谷大道北遺跡	II所収区	第3文化層	2号ブロック	113	111		1
第4c群	4	世田谷区	祖師谷大道北遺跡	II所収区	第3文化層	3号ブロック	143	136		2
第4c群	4	世田谷区	滝ヶ谷遺跡		第2文化層	全1基	23	14	2	4
第4c群	4	世田谷区	東山野遺跡	第2次調査区	第2文化層	TP9ブロック	30	29		1
第4c群	4	世田谷区	東山野遺跡	第2次調査区	第2文化層	TP10ブロック	10	6		
第4c群	4	三鷹市	坂上遺跡		第IV下文化層	ユニット1	40	34		
第4c群	4	三鷹市	坂上遺跡		第IV下文化層	ユニット2	42	37	2	
第4c群	4	三鷹市	坂上遺跡		第IV下文化層	ユニット3	14	10	3	
第4c群	4	三鷹市	坂上遺跡		第IV下文化層	ユニット4	13	10	2	
第4c群	4	三鷹市	滝坂遺跡	IV所収区		SR3	27	23	1	1
第4c群	4	調布市	入間町城山遺跡	第55地点	第IV層下部	2号石器集中部	22	12	1	
第4c群	4	調布市	入間町城山遺跡	第55地点	第IV層下部	3号石器集中部	8	7		1
第4c群	4	調布市	入間町城山遺跡	第55地点	第IV層下部	4号石器集中部	219	201	3	9
第4c群	4	調布市	入間町城山遺跡	第55地点	第IV層下部	6号石器集中部	11	9		1
第4c群	4	調布市	入間町城山遺跡	第55地点	第IV層下部	7号石器集中部	1463	1436	5	13
第4c群	4	調布市	入間町城山遺跡	第55地点	第IV層下部	8号石器集中部	140	124	8	4
第4c群	4	調布市	入間町城山遺跡	第55地点	第IV層下部	9号石器集中部	123	94	16	5
第4c群	4	調布市	入間町城山遺跡	第55地点	第IV層下部	10号石器集中部	28	19	5	2
第4c群	4	調布市	入間町城山遺跡	第55地点	第IV層下部	11号石器集中部	5	4		
第4c群	4	調布市	入間町城山遺跡	第55地点	第IV層下部	12号石器集中部	42	32	4	2
第4c群	4	調布市	入間町城山遺跡	第55地点	第IV層下部	13号石器集中部	20	18	1	
第4c群	4	調布市	調布岡遺跡	第10地点		全1基	52	43	3	
第4c群	4	調布市	野川遺跡	第12地点A区	第2文化層	石器集中部2	7	3	2	1
第4c群	4	調布市	野川遺跡	第12地点B区	第2文化層	石器集中部3	16	11	1	3
第4c群	4	調布市	野水遺跡	第1地点	第2文化層	1号ブロック	201	184	11	2
第4c群	4	調布市	野水遺跡	第1地点	第2文化層	2号ブロック	42	36	2	
第4c群	4	調布市	野水遺跡	第1地点	第2文化層	3号ブロック	6	5	1	
第4c群	4	国分寺市	恋ヶ窪東遺跡	第22次調査区	IV層下部文化層	ST12石器集中部	400	376	3	5
第4c群	4	国分寺市	恋ヶ窪東遺跡	第22次調査区	IV層下部文化層	ST13石器集中部	31	25	3	2
第4c群	4	国分寺市	恋ヶ窪東遺跡	第22次調査区	IV層下部文化層	ST14石器集中部	76	67	2	1
第4c群	4	国分寺市	恋ヶ窪東遺跡	第22次調査区	IV層下部文化層	ST15石器集中部	27	24	1	
第4c群	4	国分寺市	恋ヶ窪東遺跡	第22次調査区	IV層下部文化層	ST16石器集中部	73	64	3	1
第4c群	4	国分寺市	恋ヶ窪東遺跡	第22次調査区	IV層下部文化層	ST17石器集中部	215	199	4	3
第4c群	4	国分寺市	恋ヶ窪東遺跡	第22次調査区	IV層下部文化層	ST18石器集中部	600	552	11	11
第4c群	4	国分寺市	恋ヶ窪東遺跡	第22次調査区	IV層下部文化層	ST19石器集中部	101	92	3	4
第4c群	4	国分寺市	多摩蘭坂遺跡	第6地点		全1基	100	82	11	4
第4c群	4	国分寺市	武蔵国分寺跡	第446次調査区		ST2ユニット	18	15	2	
第4c群	4	国分寺市	武蔵国分寺跡	504次調査区	第2文化層	ST14石器集中部	5	2		
第4c群	4	国分寺市	武蔵国分寺跡遺跡北方地区	西国分寺区画整理地区	第5遺物群	1号石器集中部	13			
第4c群	4	国分寺市	武蔵国分寺跡遺跡北方地区	西国分寺区画整理地区	第5遺物群	2号石器集中部	16			
第4c群	4	国分寺市	武蔵国分寺跡遺跡北方地区	西国分寺区画整理地区	第5遺物群	3号石器集中部	16			
第4c群	4	国分寺市	武蔵国分寺跡遺跡北方地区	西国分寺区画整理地区	第5遺物群	4号石器集中部	17			

ナイフ形石器	尖頭器	角錐状石器	スクレイパー	礫石器	その他	器種計	黒曜石	チャート	頁岩	安山岩	ホルンフェルス	凝灰岩	流紋岩	砂岩	他石材	石材計	報告書
1			2			41	5	28	6						2	41	91
1			3	1	1	60	3	30	17	10						60	91
2						97	1	85	3	8						97	91
			1			21		20							1	21	91
3			1			209		169	38			1			1	209	91
2		3				226	3	219		3					1	226	91
2		2	1			62	8	49		3					2	62	91
			4	1		32	3	20				9				32	96
2						5	2	1		1					1	5	100
1			1		1	46	12	34								46	101
1						113	85	13		15						113	104
5						143	93	44		3						140	104
1	1				1	23	6	7	2	7					1	23	106
						30	1	9		6	14					30	115
			3	1		10		3		4	2				1	10	115
3		3				40											196
3						42											196
			1			14											196
1						13											196
1					1	27	12	1	3	9	2					27	198
2			7			22	20	1							1	22	215
						8		7			1					8	215
3			1	2		219	180	24	6			4				219	215
						11	8	2				1				11	215
5			4			1463	1436	22	2			1			2	1463	215
1			1	1	1	140	28	54	28	7	18	4			1	140	215
4				3	1	123	27	22	18	6	29	5		10	6	123	215
1				1		28	2	20	1		1	2			1	28	215
				1		5	5									5	215
			4			42	14	10				14			3	42	215
			1			20		17	2			1				20	215
2			3	1		52	46	2							2	52	218
			1			7		4					3			7	221
			1			16	12	3								16	221
				4		201	1	60	129			1	6		4	201	220
1				3		42		6	31	3					2	42	220
						6		2	4							6	220
12	1		1		2	400	240	153	2	5						400	233
			1			31	4	14	5	1	2		4		1	31	233
5			1			76	26	18	12	2	2		8	4	4	76	233
1			1			27	16	2		4	2		3			27	233
2			1		2	73	46	8	2	6	1		6		1	73	233
4					5	215	75	135				1			4	215	233
23	1				2	600	277	313		8			1		1	600	233
1					1	101	42	56	1	1	1					101	233
2			1			100	23	69	5			3				100	234
			1			18											239
1			1	1	1	5	4						1			5	240
							1		12							13	241
								15	1							16	241
								16								16	241
							4	4		9						17	241

群	エリア	市町村	遺跡	地点	文化層	石器集中部	出土点数	剝片	石核	RF
第4c群	4	国分寺市	武蔵国分寺跡遺跡北方地区	西国分寺区画整理地区	第5遺物群	5号石器集中部	7			
第4c群	4	国分寺市	武蔵国分寺跡遺跡北方地区	西国分寺区画整理地区	第5遺物群	石器集中部a	8			
第4c群	4	国分寺市	武蔵国分寺跡遺跡北方地区	西国分寺区画整理地区	第5遺物群	石器集中部b	5			
第4c群	4	国分寺市	武蔵国分寺跡遺跡北方地区	西国分寺区画整理地区	第5遺物群	石器集中部C	5			

イフ形石器	尖頭器	角錐状石器	スクレイパー	礫石器	その他	器種計	黒曜石	チャート	頁岩	安山岩	ホルンフェルス	凝灰岩	流紋岩	砂岩	他石材	石材計	報告書
							7									7	241
							5	2		1						8	241
							5									5	241
							2	3								5	241

別表7　第4群のナイフ形石器・角錐状石器・石核石材組成

群別	エリア	市町村	遺跡	地点	文化層	石器集中部	ナイフ形石器			
							黒曜石	チャート	頁岩	安山岩
第4a群	1	志木市	中野遺跡	第109地点		4号石器集中地点				
第4a群	1	志木市	西原大塚遺跡	第224地点		17号石器集中地点	1			
第4a群	1	三芳町	南止遺跡	H地点	第V層	石器集中1				
第4a群	1	東久留米市	下里本邑遺跡		第V層の石器文化	1号ブロック		2		
第4a群	1	東久留米市	多聞寺前遺跡		IV下文化層	IV下aブロック		1		
第4a群	2	和光市	吹上原遺跡	第2次A区〜第6次調査区	第I文化層	1号ブロック	1	1		
第4a群	2	北区	桐ケ丘遺跡		2群	第1石器集中部				
第4a群	2	北区	桐ケ丘遺跡		2群	第2石器集中部			3	1
第4a群	2	北区	桐ケ丘遺跡		2群	第4石器集中部	1			
第4a群	2	北区	桐ケ丘遺跡		2群	第7石器集中部				
第4a群	2	北区	桐ケ丘遺跡		2群	第8石器集中部				
第4a群	2	北区	御殿前遺跡		第V層	ブロック1基		2		
第4a群	2	板橋区	志村坂上遺跡	J地点	第2文化層	1号ブロック	2			
第4a群	2	板橋区	菅原神社台地上遺跡	南側	第V層文化	15号ブロック				
第4a群	2	板橋区	菅原神社台地上遺跡	南側	第V層文化	19号ブロック				
第4a群	2	板橋区	菅原神社台地上遺跡	南側	第V層文化	23号ブロック	2			
第4a群	2	板橋区	菅原神社台地上遺跡	南側	第V層文化	20号ブロック				
第4a群	2	板橋区	菅原神社台地上遺跡	南側	第V層文化	18号ブロック				
第4a群	2	板橋区	大門遺跡		第2文化層	2号ブロック		1		1
第4a群	2	板橋区	大門遺跡		第2文化層	3号ブロック			1	5
第4a群	2	板橋区	成増との山遺跡	II所収区	第2文化層	1号ブロック		2		
第4a群	2	練馬区	比丘尼橋遺跡	東京外かく環状道路練馬地区	第V層の文化層	ブロック1号		1		
第4a群	2	練馬区	比丘尼橋遺跡	東京外かく環状道路練馬地区	第V層の文化層	ブロック2号	3	4		
第4a群	2	練馬区	比丘尼橋遺跡	東京外かく環状道路練馬地区	第V層の文化層	ブロック3号		1		
第4a群	2	練馬区	比丘尼橋遺跡	C地点	3群	1号石器集中部				1
第4a群	2	練馬区	比丘尼橋遺跡	C地点	3群	2号石器集中部				
第4a群	2	練馬区	比丘尼橋遺跡	C地点	3群	5号石器集中部		1		
第4a群	2	練馬区	比丘尼橋遺跡	C地点	3群	10号石器集中部		1	1	
第4a群	2	練馬区	比丘尼橋遺跡	C地点	3群	11号石器集中部		2		
第4a群	2	練馬区	比丘尼橋遺跡	C地点	3群	12号石器集中部		1		
第4a群	2	練馬区	比丘尼橋遺跡	C地点	3群	14号石器集中部		1		
第4a群	2	練馬区	比丘尼橋遺跡	C地点	3群	16号石器集中部	2		1	1
第4a群	2	練馬区	比丘尼橋遺跡	C地点	3群	17号石器集中部		1		
第4a群	2	練馬区	比丘尼橋遺跡	C地点	3群	18号石器集中部	1			
第4a群	2	練馬区	比丘尼橋遺跡	C地点	3群	19号石器集中部	5			
第4a群	2	練馬区	比丘尼橋遺跡	C地点	3群	20号石器集中部	2			
第4a群	2	練馬区	比丘尼橋遺跡	C地点	3群	21号石器集中部				
第4a群	2	練馬区	丸山東遺跡	東京外かく環状道路練馬地区	第V層の文化層	ブロック1号				
第4a群	2	練馬区	武蔵関北遺跡		第IV文化層	ブロック27	1			
第4a群	2	小平市	鈴木遺跡		鈴木7文化層	南048bブロック				1
第4a群	2	小平市	鈴木遺跡		鈴木7文化層	西03bブロック	4	1		
第4a群	2	西東京市	下柳沢遺跡	早大東伏見校地体育館地区	第1文化層	1号ブロック	2			2
第4a群	2	西東京市	下柳沢遺跡	早大東伏見校地体育館地区	第1文化層	2号ブロック	4	2		
第4a群	2	西東京市	下柳沢遺跡	早大東伏見校地体育館地区	第2文化層	3号ブロック		1		
第4a群	2	西東京市	下柳沢遺跡	早大東伏見校地体育館地区	第2文化層	5号ブロック				
第4a群	2	西東京市	下柳沢遺跡	早大東伏見校地体育館地区	第2文化層	7号ブロック		14	1	

ホルンフェルス	凝灰岩	流紋岩	砂岩	他石材	角錐状石器							石核								
					黒曜石	チャート	頁岩	安山岩	ホルンフェルス	凝灰岩	他石材	黒曜石	チャート	頁岩	安山岩	ホルンフェルス	凝灰岩	流紋岩	砂岩	他石材
												2		1						
	1				1							1								
																1				
								1						1	1		1			
												1								
												4	1	1						1
					3							4	2	1	1					1
												11		1						
												3	1							
												1								
					1							1								
												1	1							
					1							1	1							
							1													
							4							1	1					
																1				
															1					
																1				
								1												
					1															
						1														
						2														
1					1			1												
															1					
					1							3								
												1								
													10							
													4							
	1					1							9							

群別	エリア	市町村	遺跡	地点	文化層	石器集中部	ナイフ形石器			
							黒曜石	チャート	頁岩	安山岩
第4a群	2	西東京市	下柳沢遺跡	早大東伏見校地体育館地区	第2文化層	8号ブロック		1		
第4a群	2	西東京市	下柳沢遺跡	早大東伏見校地体育館地区	第2文化層	11号ブロック				
第4a群	2	西東京市	下柳沢遺跡	早大東伏見校地体育館地区	第2文化層	13号ブロック				
第4a群	3	港区	旗本花房家屋敷跡遺跡			遺物集中地点	1			
第4a群	3	新宿区	下戸塚遺跡	再開発地区	第1文化層	1号石器ブロック				
第4a群	3	新宿区	下戸塚遺跡	安部球場跡地調査区	第1文化層	1号ブロック		1		
第4a群	3	新宿区	下戸塚遺跡	安部球場跡地調査区	第1文化層	3号ブロック	1			
第4a群	3	新宿区	下戸塚遺跡	安部球場跡地調査区	第1文化層	4号ブロック	2			
第4a群	3	新宿区	下戸塚遺跡	安部球場跡地調査区	第1文化層	6号ブロック	1			
第4a群	3	新宿区	下戸塚遺跡	安部球場跡地調査区	第1文化層	7号ブロック	3			
第4a群	3	新宿区	下戸塚遺跡	安部球場跡地調査区	第1文化層	8号ブロック	1			
第4a群	3	新宿区	下戸塚遺跡	安部球場跡地調査区	第1文化層	9号ブロック				
第4a群	3	新宿区	下戸塚遺跡	安部球場跡地調査区	第1文化層	12号ブロック				
第4a群	3	新宿区	下戸塚遺跡	安部球場跡地調査区	第1文化層	13号ブロック				
第4a群	3	新宿区	百人町三丁目西遺跡	第3調査地	第3文化層	1号石器ブロック		1		
第4a群	3	新宿区	百人町三丁目西遺跡	第3調査地	第3文化層	2号石器ブロック	2			
第4a群	3	新宿区	百人町三丁目西遺跡	第3調査地	第3文化層	3号石器ブロック		1	1	
第4a群	3	新宿区	百人町三丁目西遺跡	第3調査地	第3文化層	7号石器ブロック		1		
第4a群	3	世田谷区	廻沢北遺跡	第4・5次調査区	V層文化層	5号ブロック		1		
第4a群	3	世田谷区	廻沢北遺跡	第4・5次調査区	V層文化層	6号ブロック		2		
第4a群	3	杉並区	光明院南遺跡	E地点	第I集中部	1号ブロック		1		
第4a群	3	武蔵野市	吉祥寺南町一丁目遺跡	X地点	第4文化層	石器集中部2		1		
第4a群	3	武蔵野市	吉祥寺南町一丁目遺跡	X地点	第4文化層	石器集中部3		1		
第4a群	3	武蔵野市	御殿山遺跡	第1地点D地点	V層上部	hブロック	1	2	1	
第4a群	4	世田谷区	祖師谷大道北遺跡	I所収区		1号ブロック		1		
第4a群	4	世田谷区	中神明遺跡	第8次調査区	第2文化層	2号ブロック	1	1		
第4a群	4	世田谷区	中神明遺跡	第8次調査区	第2文化層	1号ブロック		1		
第4a群	4	三鷹市	天文台構内遺跡	III所収区北地区	第4文化層	石器集中部4b		1		
第4a群	4	三鷹市	天文台構内遺跡	III所収区北地区	第4文化層	石器集中部4d	2	3	2	
第4a群	4	三鷹市	天文台構内遺跡	III所収区北地区	第4文化層	石器集中部4g	1			
第4a群	4	三鷹市	長嶋遺跡	D区		全1基				
第4a群	4	府中市	朝日町神明台遺跡			第1石器集中部				
第4a群	4	府中市	朝日町神明台遺跡			第2石器集中部				
第4a群	4	府中市	武蔵国分寺跡関連遺跡	816次調査区	第II文化層	石器集中1				
第4a群	4	府中市	武蔵国分寺跡関連遺跡	816次調査区	第II文化層	石器集中2	1	1		
第4a群	4	府中市	武蔵国分寺跡関連遺跡	武蔵台西地区	第4文化層	A97-SX26				
第4a群	4	府中市	武蔵国分寺跡関連遺跡	武蔵台西地区	第4文化層	AX97-40A				
第4a群	4	府中市	武蔵国分寺跡関連遺跡	武蔵台西地区	第4文化層	A97-SX41・42	8			1
第4a群	4	府中市	武蔵国分寺跡関連遺跡	武蔵台西地区	第4文化層	A97-SX71				
第4a群	4	府中市	武蔵国分寺跡関連遺跡	武蔵台西地区	第4文化層	A97-SX81	9		1	
第4a群	4	府中市	武蔵国分寺跡関連遺跡	武蔵台西地区	第4文化層	A97-SX107・108	5		1	
第4a群	4	府中市	武蔵国分寺跡関連遺跡	多総医地点A地区	第4文化層	A97-SX122				
第4a群	4	府中市	武蔵国分寺跡関連遺跡	多総医地点A地区	第4文化層	A97-SX142				
第4a群	4	府中市	武蔵国分寺跡関連遺跡	多総医地点A地区	第4文化層	A97-SX159				
第4a群	4	府中市	武蔵国分寺跡関連遺跡	多総医地点A地区	第4文化層	A97-SX179				
第4a群	4	府中市	武蔵国分寺跡関連遺跡	多総医地点A地区	第4文化層	A98-SX16	3			
第4a群	4	府中市	武蔵国分寺跡関連遺跡	多総医地点A地区	第4文化層	A98-SX30	6		2	
第4a群	4	府中市	武蔵国分寺跡関連遺跡	多総医地点A地区	第4文化層	A98-SX96	1			
第4a群	4	府中市	武蔵国分寺跡関連遺跡	多総医地点A地区	第4文化層	A98-SX79	7	3		
第4a群	4	府中市	武蔵国分寺跡関連遺跡	多総医地点A地区	第4文化層	D8-SX27				
第4a群	4	府中市	武蔵国分寺跡関連遺跡	多総医地点A地区	第4文化層	D8-SX21				
第4a群	4	府中市	武蔵国分寺跡関連遺跡	多総医地点A地区	第4文化層	D8-SX47		7		
第4a群	4	府中市	武蔵国分寺跡関連遺跡	多総医地点A地区	第4文化層	D8-SX48	1			

ホルンフェルス		角錐状石器										石核								
	凝灰岩	流紋岩	砂岩	他石材	黒曜石	チャート	頁岩	安山岩	ホルンフェルス	凝灰岩	他石材	黒曜石	チャート	頁岩	安山岩	ホルンフェルス	凝灰岩	流紋岩	砂岩	他石材
													1							
													1							
																			1	
												2								
													1							
					1															
					1							2								
					4							2								
												1	1							
					1							1								
													2	1						
													5							
													2							
													1							
													1							
												1		1						
													1							
	1				1															
					1															
	2																		1	
													1							
							1	1	1											
												1			1					
													1							
													3							
												1								
												4	3							
														1	1					
												3	2	1						
					2							3								
												3	3	1						
													7							
													2							
													1							
													3							
												1								
												6	1							
													1							
												1	2							
												1	9							
													3							

群別	エリア	市町村	遺跡	地点	文化層	石器集中部	ナイフ形石器			
							黒曜石	チャート	頁岩	安山
第4a群	4	府中市	武蔵国分寺跡関連遺跡	多総医地点A地区	第4文化層	D8-SX67	5			
第4a群	4	府中市	武蔵国分寺跡関連遺跡	多総医地点A地区	第4文化層	D8-SX76		1		
第4a群	4	府中市	武蔵国分寺跡関連遺跡	多総医地点A地区	第4文化層	D8-SX72	10	3	1	
第4a群	4	府中市	武蔵国分寺跡関連遺跡	多総医地点A地区	第4文化層	D8-SX146	1	1		
第4a群	4	府中市	武蔵国分寺跡関連遺跡	多総医地点A地区	第4文化層	D8-SX148	2			
第4a群	4	府中市	武蔵国分寺跡関連遺跡	多総医地点A地区	第4文化層	D8-SX23				
第4a群	4	府中市	武蔵国分寺跡関連遺跡	多総医地点A地区	第4文化層	D8-SX111				
第4a群	4	府中市	武蔵国分寺跡関連遺跡	多総医地点A地区	第4文化層	D8-SX139	3	1		
第4a群	4	府中市	武蔵国分寺跡関連遺跡	多総医地点A地区	第4文化層	D8-SX19	1	4		
第4a群	4	府中市	武蔵国分寺跡関連遺跡	多総医地点A地区	第4文化層	D8-SX118				
第4a群	4	府中市	武蔵国分寺跡関連遺跡	多総医地点A地区	第4文化層	D8-SX108		1	1	
第4a群	4	府中市	武蔵台遺跡	多総医地点I地区	第4文化層	A100-SX3				
第4a群	4	府中市	武蔵台遺跡	多総医地点I地区	第4文化層	A100-SX12				
第4a群	4	府中市	武蔵台遺跡	多総医地点I地区	第4文化層	A100-SX15				
第4a群	4	府中市	武蔵台遺跡	多総医地点I地区	第4文化層	A100-SX14				
第4a群	4	府中市	武蔵台遺跡	多総医地点J地区	第4文化層	B91-SX31				
第4a群	4	府中市	武蔵台遺跡	多総医地点J地区	第4文化層	B91-SX10				
第4a群	4	府中市	武蔵台遺跡	多総医地点J地区	第4文化層	B91-SX22				
第4a群	4	府中市	武蔵台遺跡	多総医地点J地区	第4文化層	B91-SX34				
第4a群	4	府中市	武蔵台遺跡	多総医地点J地区	第4文化層	B91-SX16				
第4a群	4	府中市	武蔵台遺跡	多総医地点J地区	第4文化層	B91-SX17				
第4a群	4	府中市	武蔵台遺跡	多総医地点J地区	第4文化層	B91-SX23				
第4a群	4	府中市	武蔵台遺跡	多総医地点J地区	第4文化層	B91-SX27	3			
第4a群	4	府中市	武蔵遺跡	都立府中療育センター改築工事地区	2群	D19-SX3				
第4a群	4	調布市	下原・富士見町遺跡		垂直区分帯19	BL1901		1		
第4a群	4	調布市	下原・富士見町遺跡		垂直区分帯20	BL2002		1		
第4a群	4	調布市	下原・富士見町遺跡		垂直区分帯20	BL2010	1			
第4a群	4	小金井市	荒牧遺跡		第5文化層	3号ブロック				
第4a群	4	小金井市	荒牧遺跡		第5文化層	5号ブロック				
第4a群	4	小金井市	荒牧遺跡		第5文化層	8号ブロック	1		2	
第4a群	4	小金井市	荒牧遺跡		第5文化層	9号ブロック	1			
第4a群	4	小金井市	荒牧遺跡		第5文化層	10号ブロック				
第4a群	4	小金井市	野川中洲北遺跡	西区	第IV下層	1号ブロック				
第4a群	4	小金井市	野川中洲北遺跡	西区	第IV下層	2号ブロック	1	1		
第4a群	4	小金井市	野川中洲北遺跡	西区	第IV下層	3号ブロック				
第4a群	4	国分寺市	熊ノ郷遺跡	共同住宅建設調査区	第II文化層	1号ブロック				
第4a群	4	国分寺市	国分寺市No.37遺跡	共同住宅建設調査区	第IV文化層	1号ブロック		1		
第4a群	4	国分寺市	国分寺市No.37遺跡	共同住宅建設調査区	第IV文化層	2号ブロック	2		1	
第4a群	4	国分寺市	国分寺市No.37遺跡	共同住宅建設調査区	第IV文化層	3号ブロック	1	1		
第4a群	4	国分寺市	国分寺市No.37遺跡	共同住宅建設調査区	第IV文化層	4号ブロック	11			
第4a群	4	国分寺市	多摩蘭坂遺跡	第4地点	第4文化層	5号ブロック	1	1		
第4a群	4	国分寺市	多摩蘭坂遺跡	第4地点	第4文化層	6号ブロック				
第4a群	4	国分寺市	多摩蘭坂遺跡	第4地点	第4文化層	8号ブロック		1	1	
第4a群	4	国分寺市	多摩蘭坂遺跡	第8地点	第3文化層	5号ブロック				
第4a群	4	国分寺市	日影山遺跡		第3文化層	1号ブロック	1			
第4a群	4	世田谷区	嘉留多遺跡		第3文化層	1号ブロック		1		
第4a群	4	世田谷区	嘉留多遺跡		第3文化層	2号ブロック	1			
第4a群	4	世田谷区	嘉留多遺跡		第3文化層	3号ブロック	1			
第4b_k群	1	志木市	城山遺跡	第96地点	第1文化層	9号石器集中地点	3		1	3
第4b_k群	1	志木市	中野遺跡	第49地点		3号石器集中地点	1			
第4b_k群	1	三芳町	南止遺跡	H地点	第IV層下部	石器集中1	1			
第4b_k群	1	東久留米市	多聞寺前遺跡		IV中文化層	IV中gブロック		6		
第4b_k群	1	東久留米市	多聞寺前遺跡		IV中文化層	IV中hブロック				
第4b_k群	1	東久留米市	多聞寺前遺跡		IV中文化層	IV中iブロック				
第4b_k群	2	和光市	四ツ木遺跡	第4次調査区		第2石器ブロック		2		

					角錐状石器							石核								
ホルンフェルス	凝灰岩	流紋岩	砂岩	他石材	黒曜石	チャート	頁岩	安山岩	ホルンフェルス	凝灰岩	他石材	黒曜石	チャート	頁岩	安山岩	ホルンフェルス	凝灰岩	流紋岩	砂岩	他石材
												1	1							
1												1	14	3		1				
												1	1							
													4							
												5								
																	1			
												1	9							
														1						
														2						
																	2			
							1													
													2					1		
													2							
1												1	1	1	2					
															1					
														1						
																	1			
								3												
												1	2				2			
																	1			
													1							
													1							
													2	1						
															1					
		1															2			
													1							
												1	11	5	2	3				
					9							5								
												1								
													3							
												1	3	2	1					
													5							
													7							
												1								
				1								2	2							
												1	1							
												6								
												2								
													5							
															2					
												1								
													1							
												4								
					1							3		1						
												3	2							
														1						1
1													4						1	
1																			1	
						1														

別表　305

群別	エリア	市町村	遺跡	地点	文化層	石器集中部	ナイフ形石器			
							黒曜石	チャート	頁岩	安山岩
第4b_k群	2	和光市	四ツ木遺跡	第4次調査区		第3石器ブロック		2		
第4b_k群	2	和光市	午王山遺跡	第9次調査区		第10号ブロック	4			
第4b_k群	2	北区	御殿前遺跡		第IV層	ブロック1基	3			
第4b_k群	2	北区	御殿前遺跡	第3・4期調査区			3	4	1	1
第4b_k群	2	北区	宿遺跡			C10グリッド	1			
第4b_k群	2	板橋区	菅原神社台地上遺跡	北側	第V層文化	1号ブロック				
第4b_k群	2	板橋区	菅原神社台地上遺跡	北側	第V層文化	5号ブロック	1			
第4b_k群	2	板橋区	菅原神社台地上遺跡	北側	第V層文化	6号ブロック	1			
第4b_k群	2	板橋区	菅原神社台地上遺跡	北側	第V層文化	9号ブロック	1			
第4b_k群	2	板橋区	菅原神社台地上遺跡	北側	第V層文化	7号ブロック	1			
第4b_k群	2	板橋区	菅原神社台地上遺跡	北側	第V層文化	25号ブロック				
第4b_k群	2	板橋区	菅原神社台地上遺跡	北側	第V層文化	26号ブロック				
第4b_k群	2	板橋区	菅原神社台地上遺跡	北側	第V層文化	29号ブロック	2			
第4b_k群	2	板橋区	菅原神社台地上遺跡	北側	第V層文化	27号ブロック	1			
第4b_k群	2	板橋区	菅原神社台地上遺跡	北側	第V層文化	22号ブロック				
第4b_k群	2	板橋区	大門遺跡		第2文化層	1号ブロック	1			
第4b_k群	2	板橋区	成増との山遺跡	II所収区	第1文化層	2号ブロック	1			
第4b_k群	2	練馬区	愛宕下遺跡	東京外かく環状道路練馬地区	第IV層の文化層	ブロック1号				
第4b_k群	2	練馬区	愛宕下遺跡	東京外かく環状道路練馬地区	第IV層の文化層	ブロック2号	2			1
第4b_k群	2	練馬区	愛宕下遺跡	東京外かく環状道路練馬地区	第IV層の文化層	ブロック4号	9			
第4b_k群	2	練馬区	愛宕下遺跡	東京外かく環状道路練馬地区	第IV層の文化層	ブロック5号	4			
第4b_k群	2	練馬区	愛宕下遺跡	東京外かく環状道路練馬地区	第IV層の文化層	ブロック6号	14			
第4b_k群	2	練馬区	愛宕下遺跡	東京外かく環状道路練馬地区	第IV層の文化層	ブロック7号	9		1	
第4b_k群	2	練馬区	愛宕下遺跡	東京外かく環状道路練馬地区	第IV層の文化層	ブロック8号	3			
第4b_k群	2	練馬区	愛宕下遺跡	東京外かく環状道路練馬地区	第IV層の文化層	ブロック9号				
第4b_k群	2	練馬区	大泉中里遺跡	第四次調査区		3号遺物集中部			3	
第4b_k群	2	練馬区	大泉中里遺跡	第四次調査区		4号遺物集中部				
第4b_k群	2	練馬区	大泉中里遺跡	第四次調査区		6号遺物集中部	2			
第4b_k群	2	練馬区	栗山遺跡	第1次調査区	第V層上部の文化層	2ブロック				
第4b_k群	2	練馬区	栗山遺跡	第1次調査区	第V層上部の文化層	6ブロック		2		
第4b_k群	2	練馬区	比丘尼橋遺跡	B地点	IV層出土の石器群	1号石器ブロック				
第4b_k群	2	練馬区	比丘尼橋遺跡	B地点	IV層出土の石器群	2号石器ブロック				
第4b_k群	2	練馬区	比丘尼橋遺跡	B地点	IV層出土の石器群	3号石器ブロック	1			
第4b_k群	2	練馬区	比丘尼橋遺跡	B地点	IV層出土の石器群	4号石器ブロック	1			
第4b_k群	2	練馬区	比丘尼橋遺跡	B地点	IV層出土の石器群	5号石器ブロック	1			
第4b_k群	2	練馬区	比丘尼橋遺跡	B地点	IV層出土の石器群	6号石器ブロック	3			
第4b_k群	2	練馬区	比丘尼橋遺跡	B地点	IV層出土の石器群	7号石器ブロック	2			
第4b_k群	2	練馬区	比丘尼橋遺跡	B地点	IV層出土の石器群	8号石器ブロック	2			
第4b_k群	2	練馬区	比丘尼橋遺跡	B地点	IV層出土の石器群	9号石器ブロック	2	1		
第4b_k群	2	練馬区	比丘尼橋遺跡	B地点	IV層出土の石器群	11号石器ブロック	4			
第4b_k群	2	練馬区	比丘尼橋遺跡	東京外かく環状道路練馬地区	第IV層下部の文化層	ブロック1号				
第4b_k群	2	練馬区	比丘尼橋遺跡	東京外かく環状道路練馬地区	第IV層下部の文化層	ブロック3号	9	1		
第4b_k群	2	練馬区	比丘尼橋遺跡	東京外かく環状道路練馬地区	第IV層下部の文化層	ブロック4号				
第4b_k群	2	練馬区	比丘尼橋遺跡	東京外かく環状道路練馬地区	第IV層下部の文化層	ブロック5号	12			

					角錐状石器							石核								
ルンフェルス	凝灰岩	流紋岩	砂岩	他石材	黒曜石	チャート	頁岩	安山岩	ホルンフェルス	凝灰岩	他石材	黒曜石	チャート	頁岩	安山岩	ホルンフェルス	凝灰岩	流紋岩	砂岩	他石材
						1														
					1															
					2	1		1				5	4	1			2			1
												1	1							
													1							
												3								
					1							7			1					
					1							1								
					2							6								
												1								
												1								
					1															
														1						
													3	1						
												1						1		
													1							
				1			1					1								
												1								
													1							
			1																	
														2	7					1
														4						
												2								
												1								
														2						
												1			1					
													1		1					
												2			1					
			1				1													
				1			1													
												2	1							
													2							
													1							
												1		1	1					

別表　307

群別	エリア	市町村	遺跡	地点	文化層	石器集中部	ナイフ形石器			
							黒曜石	チャート	頁岩	安山岩
第4b_k群	2	練馬区	比丘尼橋遺跡	東京外かく環状道路練馬地区	第IV層下部の文化層	ブロック8号		1		
第4b_k群	2	練馬区	比丘尼橋遺跡	東京外かく環状道路練馬地区	第IV層下部の文化層	ブロック9号	4	1		
第4b_k群	2	練馬区	比丘尼橋遺跡	東京外かく環状道路練馬地区	第IV層下部の文化層	ブロック11号		2		
第4b_k群	2	練馬区	比丘尼橋遺跡	C地点	2群	第2石器集中部	1		1	
第4b_k群	2	練馬区	比丘尼橋遺跡	C地点	2群	第3石器集中部	1			
第4b_k群	2	練馬区	比丘尼橋遺跡	C地点	2群	第5石器集中部	2			
第4b_k群	2	練馬区	比丘尼橋遺跡	C地点	2群	第7石器集中部			1	
第4b_k群	2	練馬区	比丘尼橋遺跡	C地点	2群	第9石器集中部			3	2
第4b_k群	2	練馬区	比丘尼橋遺跡	C地点	2群	第12石器集中部	2			
第4b_k群	2	練馬区	比丘尼橋遺跡	C地点	2群	第13石器集中部			1	
第4b_k群	2	練馬区	比丘尼橋遺跡	C地点	2群	第14石器集中部		1	1	
第4b_k群	2	練馬区	比丘尼橋遺跡	C地点	2群	第16石器集中部	7	1	8	
第4b_k群	2	練馬区	比丘尼橋遺跡	C地点	2群	第17石器集中部	4			
第4b_k群	2	練馬区	比丘尼橋遺跡	C地点	2群	第21石器集中部				
第4b_k群	2	練馬区	比丘尼橋遺跡	C地点	2群	第23石器集中部		1	1	
第4b_k群	2	練馬区	比丘尼橋遺跡	C地点	2群	第24石器集中部				1
第4b_k群	2	練馬区	比丘尼橋遺跡	C地点	2群	第27石器集中部			1	
第4b_k群	2	練馬区	比丘尼橋遺跡	C地点	2群	第28石器集中部			1	
第4b_k群	2	練馬区	比丘尼橋遺跡	C地点	2群	第31石器集中部	1			
第4b_k群	2	練馬区	丸山東遺跡	東京外かく環状道路練馬地区	第IV層の文化層	ブロック1号	5			
第4b_k群	2	練馬区	丸山東遺跡	東京外かく環状道路練馬地区	第IV層の文化層	ブロック2号	1			
第4b_k群	2	練馬区	丸山東遺跡	東京外かく環状道路練馬地区	第IV層の文化層	ブロック3号	13	22		
第4b_k群	2	練馬区	丸山東遺跡	東京外かく環状道路練馬地区	第IV層の文化層	ブロック4号	10			
第4b_k群	2	練馬区	丸山東遺跡	東京外かく環状道路練馬地区	第IV層の文化層	ブロック6号	17	1		
第4b_k群	2	練馬区	丸山東遺跡	東京外かく環状道路練馬地区	第IV層の文化層	ブロック7号	1			
第4b_k群	2	練馬区	丸山東遺跡	東京外かく環状道路練馬地区	第IV層の文化層	ブロック9号	1			
第4b_k群	2	練馬区	丸山東遺跡	東京外かく環状道路練馬地区	第IV層の文化層	ブロック10号	3			
第4b_k群	2	練馬区	丸山東遺跡	東京外かく環状道路練馬地区	第IV層の文化層	ブロック11号	1			
第4b_k群	2	練馬区	丸山東遺跡	東京外かく環状道路練馬地区	第IV層の文化層	ブロック12号	1		1	
第4b_k群	2	練馬区	丸山東遺跡	東京外かく環状道路練馬地区	第IV層の文化層	ブロック13号		1		
第4b_k群	2	小平市	鈴木遺跡		鈴木5文化層	北012ブロック	5			
第4b_k群	2	小平市	鈴木遺跡		鈴木5文化層	西007bブロック	4	1		
第4b_k群	2	西東京市	下野谷遺跡	第31次調査区		1号石器集中部				
第4b_k群	3	新宿区	下戸塚遺跡	安部球場跡地調査区	第2文化層	1号ブロック	3	1		
第4b_k群	3	新宿区	下戸塚遺跡	安部球場跡地調査区	第2文化層	4号ブロック	1			
第4b_k群	3	新宿区	下戸塚遺跡	安部球場跡地調査区	第2文化層	6号ブロック	1			
第4b_k群	3	新宿区	下戸塚遺跡	安部球場跡地調査区	第2文化層	7号ブロック	2			
第4b_k群	3	新宿区	下戸塚遺跡	安部球場跡地調査区	第2文化層	8号ブロック	5			
第4b_k群	3	新宿区	下戸塚遺跡	安部球場跡地調査区	第2文化層	9号ブロック				
第4b_k群	3	新宿区	下戸塚遺跡	安部球場跡地調査区	第2文化層	11号ブロック				
第4b_k群	3	新宿区	下戸塚遺跡	安部球場跡地調査区	第2文化層	12号ブロック				
第4b_k群	3	新宿区	下戸塚遺跡	安部球場跡地調査区	第2文化層	13号ブロック	1			
第4b_k群	3	新宿区	下戸塚遺跡	安部球場跡地調査区	第2文化層	14号ブロック	1			
第4b_k群	3	新宿区	下戸塚遺跡	安部球場跡地調査区	第2文化層	15号ブロック	1			
第4b_k群	3	新宿区	下戸塚遺跡	安部球場跡地調査区	第2文化層	16号ブロック	2			

ホルンフェルス	凝灰岩	流紋岩	砂岩	他石材	角錐状石器							石核								
					黒曜石	チャート	頁岩	安山岩	ホルンフェルス	凝灰岩	他石材	黒曜石	チャート	頁岩	安山岩	ホルンフェルス	凝灰岩	流紋岩	砂岩	他石材
				1								1	1	1						
													1							
	1																			
					1															
												1								
												1								
1						3						6	69	2	1	2	2	1	1	
													2	1	2					
1					1							3	1		1					
													3							
																2				
												1								
												1								
					2					1		4	1							
					1							5	1	2						
													2							
				1	2							5								
												2								
												1	1			1				
					3							3								
												2								
													1							
												2								
					1							1								
					3							1								
					1							1	1							

群別	エリア	市町村	遺跡	地点	文化層	石器集中部	ナイフ形石器			
							黒曜石	チャート	頁岩	安山岩
第4b_k群	3	新宿区	百人町三丁目西遺跡	第2調査地	第3文化層	1号石器ブロック				
第4b_k群	3	新宿区	百人町三丁目西遺跡	第2調査地	第3文化層	4号石器ブロック				
第4b_k群	3	新宿区	百人町三丁目西遺跡	第3調査地	第3文化層	6号石器ブロック				
第4b_k群	3	新宿区	百人町三丁目西遺跡	淀橋市場地点		1号石器ブロック	1		2	
第4b_k群	3	新宿区	百人町三丁目西遺跡	VII所収区	第2文化層	2号石器ブロック				1
第4b_k群	3	新宿区	百人町三丁目西遺跡	VII所収区	第2文化層	4号石器ブロック				1
第4b_k群	3	新宿区	百人町三丁目西遺跡	VII所収区	第2文化層	5号石器ブロック	1			
第4b_k群	3	新宿区	百人町三丁目西遺跡	VII所収区	第2文化層	6号石器ブロック				
第4b_k群	3	新宿区	百人町三丁目西遺跡	VII所収区	第2文化層	7号石器ブロック	9			
第4b_k群	3	新宿区	百人町三丁目西遺跡	VII所収区	第2文化層	8号石器ブロック	1			
第4b_k群	3	新宿区	百人町三丁目西遺跡	VII所収区	第2文化層	11号石器ブロック				
第4b_k群	3	文京区	千駄木遺跡		第IV下層文化	全1基	2			
第4b_k群	3	目黒区	中目黒遺跡			第2号石器集中部	1			
第4b_k群	3	目黒区	中目黒遺跡			第3号石器集中部	15			
第4b_k群	3	目黒区	氷川遺跡	第3次調査区		1号遺物集中部	1			
第4b_k群	3	大田区	環8光明寺地区遺跡		第IV下層文化	1号ユニット	4			
第4b_k群	3	大田区	環8光明寺地区遺跡		第IV下層文化	2号ユニット	3	1		
第4b_k群	3	世田谷区	騎兵山遺跡	池尻四丁目8番	第1文化層	1号石器ブロック	2			
第4b_k群	3	世田谷区	太子堂下本村遺跡	III所収区	第I文化層	1号ブロック	1	3		
第4b_k群	3	渋谷区	円山町遺跡	第2地点		1号遺物集中部	1			
第4b_k群	3	杉並区	遅ノ井遺跡	第2次調査区	IV層下部	1号ブロック	1	3		
第4b_k群	3	杉並区	堂の下遺跡		第II集中部	1号ブロック	2			
第4b_k群	3	杉並区	向ノ原遺跡	第3次調査区	1群	BL4				
第4b_k群	3	杉並区	向ノ原遺跡	第3次調査区	1群	BL7-1群	1		2	
第4b_k群	3	杉並区	向ノ原遺跡	第3次調査区	1群	BL8	1			
第4b_k群	3	杉並区	向ノ原遺跡	第3次調査区	1群	BL9	2	3	2	
第4b_k群	3	杉並区	向ノ原遺跡	第3次調査区	1群	BL11			1	
第4b_k群	3	杉並区	向ノ原遺跡	第3次調査区	1群	BL12				
第4b_k群	3	杉並区	向ノ原遺跡	第3次調査区	1群	BL13	1	1		
第4b_k群	3	杉並区	向ノ原遺跡	第3次調査区	1群	BL14		1		
第4b_k群	3	三鷹市	井ノ頭池遺跡群A	IV所収区	第4文化層	石器集中部4a	1			
第4b_k群	3	三鷹市	井ノ頭池遺跡群A	V所収区		第6号ブロック	6		3	1
第4b_k群	4	世田谷区	砧中学校遺跡	第1〜3次調査	IV層	2号ブロック	1			
第4b_k群	4	世田谷区	砧中学校遺跡	第1〜3次調査	IV層	3号ブロック		1		
第4b_k群	4	世田谷区	砧中学校遺跡	第1〜3次調査	IV層	4号ブロック		3		
第4b_k群	4	世田谷区	下神明遺跡	第8次調査区	第2文化層	1号ブロック			1	
第4b_k群	4	世田谷区	下神明遺跡	第9次調査区	第2文化層	2号ブロック			1	
第4b_k群	4	世田谷区	下神明遺跡	第10次調査区	第2文化層	3号ブロック				
第4b_k群	4	世田谷区	下野毛遺跡	IV所収区	第2文化層	16号ブロック	1			
第4b_k群	4	世田谷区	下野毛遺跡	IV所収区	第2文化層	17号ブロック				2
第4b_k群	4	世田谷区	堂ヶ谷戸遺跡	第33次調査区		全1基	2	11	9	
第4b_k群	4	世田谷区	堂ヶ谷戸遺跡	第61次調査区	IV層文化	1号ブロック				1
第4b_k群	4	世田谷区	嘉留多遺跡		第2文化層	1号ブロック				
第4b_k群	4	世田谷区	嘉留多遺跡		第2文化層	2号ブロック		1		
第4b_k群	4	世田谷区	嘉留多遺跡		第2文化層	3号ブロック		2		
第4b_k群	4	世田谷区	嘉留多遺跡		第2文化層	4号ブロック		3		
第4b_k群	4	世田谷区	嘉留多遺跡		第2文化層	5号ブロック		2		
第4b_k群	4	世田谷区	嘉留多遺跡		第2文化層	6号ブロック		1		1
第4b_k群	4	世田谷区	嘉留多遺跡		第2文化層	7号ブロック		1	1	
第4b_k群	4	三鷹市	北野遺跡	外環道中央JCT区A区		2号ユニット				
第4b_k群	4	三鷹市	北野遺跡	外環道中央JCT区A区		4号ユニット				
第4b_k群	4	三鷹市	天文台構内遺跡	III所収区北地区	第3文化層	石器集中部3a			9	
第4b_k群	4	三鷹市	天文台構内遺跡	III所収区北地区	第3文化層	石器集中部3d			1	
第4b_k群	4	三鷹市	天文台構内遺跡	III所収区北地区	第3文化層	石器集中部3e	6	1		

					角錐状石器							石核								
ルンフェルス	凝灰岩	流紋岩	砂岩	他石材	黒曜石	チャート	頁岩	安山岩	ホルンフェルス	凝灰岩	他石材	黒曜石	チャート	頁岩	安山岩	ホルンフェルス	凝灰岩	流紋岩	砂岩	他石材
				2														1		
			1						1							1				
			2									1	2	3		1	12		8	
															3					
					2			1							1					
			1		1										1					
					1															
													1							
					2															
												2			1					
												2								
1												3								
													1							
				1									7							
												1								
														1						
															1		1			
	1										1	1	18	1						
																	1			
												3								
	1										1				1					
1																				
												1	1							
						1						2							2	
												1								
												6	1							
														8						
		2										1			1					2
												1								
															2					
1	1											6	3			1				
																1				
												3								
												2							1	
													21			1				
												3								
						1						1				1				
												2								
												2								
						2														

群別	エリア	市町村	遺跡	地点	文化層	石器集中部	ナイフ形石器			
							黒曜石	チャート	頁岩	安山岩
第4b_k群	4	三鷹市	東京天文台構内遺跡		第Ⅳ下層文化	1号ユニット				
第4b_k群	4	府中市	朝日町遺跡	Ⅰ所収区		石器集中1	7	2	1	
第4b_k群	4	府中市	朝日町遺跡	Ⅰ所収区		石器集中2	2			
第4b_k群	4	府中市	武蔵国分寺跡関連遺跡	816次調査区	第Ⅱ文化層	石器集中3				
第4b_k群	4	府中市	武蔵国分寺跡関連遺跡	武蔵台西地区	第5文化層	A97−SX84				
第4b_k群	4	府中市	武蔵国分寺跡関連遺跡	武蔵台西地区	第6文化層	A97−SX15	7	1	1	
第4b_k群	4	府中市	武蔵国分寺跡関連遺跡	武蔵台西地区	第6文化層	A97−SX20A	1	1	1	1
第4b_k群	4	府中市	武蔵国分寺跡関連遺跡	武蔵台西地区	第6文化層	A97−SX27A				
第4b_k群	4	府中市	武蔵国分寺跡関連遺跡	武蔵台西地区	第6文化層	A97−SX28				
第4b_k群	4	府中市	武蔵国分寺跡関連遺跡	武蔵台西地区	第6文化層	A97−SX57	2		1	
第4b_k群	4	府中市	武蔵国分寺跡関連遺跡	武蔵台西地区	第6文化層	A97−SX58	2			
第4b_k群	4	府中市	武蔵国分寺跡関連遺跡	武蔵台西地区	第6文化層	A97−SX69	3			
第4b_k群	4	府中市	武蔵国分寺跡関連遺跡	武蔵台西地区	第6文化層	A97−SX86	1			
第4b_k群	4	府中市	武蔵国分寺跡関連遺跡	多総医地点A地区	第5文化層	A97−SX123	1			
第4b_k群	4	府中市	武蔵国分寺跡関連遺跡	多総医地点A地区	第5文化層	A97−SX208				
第4b_k群	4	府中市	武蔵国分寺跡関連遺跡	多総医地点A地区	第5文化層	A97−SX121	5	9		
第4b_k群	4	府中市	武蔵国分寺跡関連遺跡	多総医地点A地区	第5文化層	A97−SX210	2			
第4b_k群	4	府中市	武蔵国分寺跡関連遺跡	多総医地点A地区	第5文化層	A97−SX211	1			
第4b_k群	4	府中市	武蔵国分寺跡関連遺跡	多総医地点A地区	第5文化層	A97−SX157				
第4b_k群	4	府中市	武蔵国分寺跡関連遺跡	多総医地点A地区	第5文化層	A97−SX209	2	1		
第4b_k群	4	府中市	武蔵国分寺跡関連遺跡	多総医地点A地区	第5文化層	A97−SX212	1	1		
第4b_k群	4	府中市	武蔵国分寺跡関連遺跡	多総医地点A地区	第5文化層	A97−SX152				
第4b_k群	4	府中市	武蔵国分寺跡関連遺跡	多総医地点A地区	第5文化層	A97−SX213	1			
第4b_k群	4	府中市	武蔵国分寺跡関連遺跡	多総医地点A地区	第5文化層	A97−SX177	2			
第4b_k群	4	府中市	武蔵国分寺跡関連遺跡	多総医地点A地区	第5文化層	A97−SX214	1	1		
第4b_k群	4	府中市	武蔵国分寺跡関連遺跡	多総医地点A地区	第5文化層	A97−SX215	1			
第4b_k群	4	府中市	武蔵国分寺跡関連遺跡	多総医地点A地区	第5文化層	A97−SX217				
第4b_k群	4	府中市	武蔵国分寺跡関連遺跡	多総医地点A地区	第5文化層	A97−SX216	2	2		
第4b_k群	4	府中市	武蔵国分寺跡関連遺跡	多総医地点A地区	第5文化層	A97−SX218	9	1		
第4b_k群	4	府中市	武蔵国分寺跡関連遺跡	多総医地点A地区	第5文化層	A97−SX222	3			
第4b_k群	4	府中市	武蔵国分寺跡関連遺跡	多総医地点A地区	第5文化層	A97−SX221	4		1	
第4b_k群	4	府中市	武蔵国分寺跡関連遺跡	多総医地点A地区	第5文化層	A97−SX223	5	1		
第4b_k群	4	府中市	武蔵国分寺跡関連遺跡	多総医地点A地区	第5文化層	A97−SX196	3			
第4b_k群	4	府中市	武蔵国分寺跡関連遺跡	多総医地点A地区	第5文化層	A97−SX224		2		
第4b_k群	4	府中市	武蔵国分寺跡関連遺跡	多総医地点A地区	第5文化層	A97−SX219				
第4b_k群	4	府中市	武蔵国分寺跡関連遺跡	多総医地点A地区	第5文化層	A97−SX220	1			
第4b_k群	4	府中市	武蔵国分寺跡関連遺跡	多総医地点A地区	第5文化層	A98−SX100	2			
第4b_k群	4	府中市	武蔵国分寺跡関連遺跡	多総医地点A地区	第5文化層	A98−SX82	8	2		
第4b_k群	4	府中市	武蔵国分寺跡関連遺跡	多総医地点A地区	第5文化層	A98−SX101	1			
第4b_k群	4	府中市	武蔵国分寺跡関連遺跡	多総医地点A地区	第5文化層	A98−SX102	4			
第4b_k群	4	府中市	武蔵国分寺跡関連遺跡	多総医地点A地区	第5文化層	A98−SX103	7	6	3	
第4b_k群	4	府中市	武蔵国分寺跡関連遺跡	多総医地点A地区	第5文化層	A98−SX104	1			
第4b_k群	4	府中市	武蔵国分寺跡関連遺跡	多総医地点A地区	第5文化層	A9S−SX105	3	1		
第4b_k群	4	府中市	武蔵国分寺跡関連遺跡	多総医地点A地区	第5文化層	D8−SX157				
第4b_k群	4	府中市	武蔵国分寺跡関連遺跡	多総医地点A地区	第5文化層	D8−SX158	3			
第4b_k群	4	府中市	武蔵国分寺跡関連遺跡	多総医地点A地区	第5文化層	D8−SX159			1	
第4b_k群	4	府中市	武蔵国分寺跡関連遺跡	多総医地点A地区	第5文化層	D8−SX160	5		1	1
第4b_k群	4	府中市	武蔵国分寺跡関連遺跡	多総医地点A地区	第5文化層	D8−SX161		2		
第4b_k群	4	府中市	武蔵国分寺跡関連遺跡	多総医地点A地区	第5文化層	D8−SX162	3			
第4b_k群	4	府中市	武蔵国分寺跡関連遺跡	多総医地点A地区	第5文化層	D8−SX163	2			
第4b_k群	4	府中市	武蔵国分寺跡関連遺跡	多総医地点A地区	第5文化層	D8−SX61	15	3		
第4b_k群	4	府中市	武蔵国分寺跡関連遺跡	多総医地点A地区	第5文化層	D8−SX164	5			
第4b_k群	4	府中市	武蔵国分寺跡関連遺跡	多総医地点A地区	第5文化層	D8−SX143	4			
第4b_k群	4	府中市	武蔵国分寺跡関連遺跡	多総医地点A地区	第5文化層	D8−SX165		2		
第4b_k群	4	府中市	武蔵台遺跡	多総医地点Ⅰ地区	第5文化層	A100−SX36	2			
第4b_k群	4	調布市	下原・富士見町遺跡		垂直区分帯16	BL1612	8	1		

					角錐状石器							石核								
ホルンフェルス	凝灰岩	流紋岩	砂岩	他石材	黒曜石	チャート	頁岩	安山岩	ホルンフェルス	凝灰岩	他石材	黒曜石	チャート	頁岩	安山岩	ホルンフェルス	凝灰岩	流紋岩	砂岩	他石材
				2								2	1						1	
													2							
	1														1					
													1		1					
												1	1			3				
												2		1		2				
												3								
												3		1						
												1			1					
												1								
						1			1			4	19			6				
												3								
													1							
												1	1	2						
												1	3			2				
												1								1
					1							1								
					1								1							
												6								
													1							
													1							
					6	2						2	10			1				
					4							6	2			1				
					2							11	1							
												6	3	1						
					1	2						3	1			1				
					2							2	2		1	2				
													1							
												3								
												2								
					5							7	1							
					1							4								
					1							1								
5					10	1		1			1	7	4	12		4				
												2		2						
					2							3	4							
		1										1	1	1		1				
					1							3	4					1		
												4	4	2			1	1		
					1							1	1	1						
												9	3			3			1	
													1							
					9	2		1				12	2	4		2				
					2							2	1							
1																	3	1		
																		1		
														2						
												2	1							1

群別	エリア	市町村	遺跡	地点	文化層	石器集中部	ナイフ形石器			
							黒曜石	チャート	頁岩	安山
第4b_k群	4	調布市	下原・富士見町遺跡		垂直区分帯16	BL1615			1	
第4b_k群	4	調布市	下原・富士見町遺跡		垂直区分帯16	BL1616				
第4b_k群	4	調布市	下原・富士見町遺跡		垂直区分帯17	BL1701	2			
第4b_k群	4	調布市	下原・富士見町遺跡		垂直区分帯17	BL1702	17		1	1
第4b_k群	4	調布市	下原・富士見町遺跡		垂直区分帯17	BL1703	1			
第4b_k群	4	調布市	下原・富士見町遺跡		垂直区分帯17	BL1704	1	1		
第4b_k群	4	調布市	下原・富士見町遺跡		垂直区分帯17	BL1705	3			
第4b_k群	4	調布市	下原・富士見町遺跡		垂直区分帯17	BL1707	2			
第4b_k群	4	調布市	下原・富士見町遺跡		垂直区分帯17	BL1708	1			
第4b_k群	4	調布市	下原・富士見町遺跡		垂直区分帯18	BL1801	2	1	16	
第4b_k群	4	調布市	下原・富士見町遺跡		垂直区分帯18	BL1802	3			
第4b_k群	4	調布市	下原・富士見町遺跡		垂直区分帯18	BL1803	4		1	
第4b_k群	4	調布市	下原・富士見町遺跡		垂直区分帯18	BL1804	8			
第4b_k群	4	調布市	下原・富士見町遺跡		垂直区分帯18	BL1805	10	4	12	
第4b_k群	4	調布市	下原・富士見町遺跡		垂直区分帯18	BL1806	5		2	
第4b_k群	4	調布市	下原・富士見町遺跡		垂直区分帯18	BL1807				1
第4b_k群	4	調布市	下原・富士見町遺跡		垂直区分帯18	BL1808	4			
第4b_k群	4	調布市	下原・富士見町遺跡		垂直区分帯18	BL1809	3			
第4b_k群	4	調布市	下原・富士見町遺跡		垂直区分帯18	BL1810	1			
第4b_k群	4	調布市	下原・富士見町遺跡		垂直区分帯18	BL1811			1	
第4b_k群	4	調布市	下原・富士見町遺跡		垂直区分帯18	BL1812	3		1	
第4b_k群	4	調布市	下原・富士見町遺跡		垂直区分帯18	BL1813	1		1	
第4b_k群	4	調布市	下原・富士見町遺跡		垂直区分帯18	BL1814	8			
第4b_k群	4	調布市	下原・富士見町遺跡		垂直区分帯18	BL1815		1	3	
第4b_k群	4	調布市	下原・富士見町遺跡		垂直区分帯18	BL1816				
第4b_k群	4	調布市	下原・富士見町遺跡		垂直区分帯18	BL1817				
第4b_k群	4	調布市	飛田給北遺跡	第9地点		1号遺物集中部		2		
第4b_k群	4	調布市	飛田給北遺跡	第9地点		2号遺物集中部		1		
第4b_k群	4	調布市	飛田給北遺跡	第9地点		3号遺物集中部		2		
第4b_k群	4	調布市	飛田給北遺跡	第9地点		4号遺物集中部		2		
第4b_k群	4	調布市	飛田給北遺跡	第9地点		5号遺物集中部	3			
第4b_k群	4	調布市	飛田給北遺跡	第9地点		8号遺物集中部	1	1		
第4b_k群	4	調布市	飛田給北遺跡	第9地点		9号遺物集中部	2		2	1
第4b_k群	4	調布市	飛田給北遺跡	第9地点		12号遺物集中部	1	4	1	
第4b_k群	4	小金井市	荒牧遺跡		第4文化層	1号ブロック				
第4b_k群	4	小金井市	荒牧遺跡		第4文化層	3号ブロック				
第4b_k群	4	小金井市	荒牧遺跡		第4文化層	4号ブロック	1			
第4b_k群	4	小金井市	荒牧遺跡		第4文化層	5号ブロック	2			
第4b_k群	4	小金井市	荒牧遺跡		第4文化層	6号ブロック				
第4b_k群	4	小金井市	荒牧遺跡		第4文化層	7号ブロック				
第4b_k群	4	小金井市	荒牧遺跡		第4文化層	10号ブロック			1	
第4b_k群	4	小金井市	荒牧遺跡		第4文化層	12号ブロック	2			
第4b_k群	4	小金井市	栗山遺跡	第6次調査区	第3文化層	1号ブロック	3		1	
第4b_k群	4	小金井市	新橋遺跡		IV中層	ユニット3	1	1		
第4b_k群	4	小金井市	新橋遺跡		IV下層	ユニット4			1	1
第4b_k群	4	小金井市	新橋遺跡		IV下層	ユニット5				
第4b_k群	4	小金井市	新橋遺跡		IV下層	ユニット6	2		1	
第4b_k群	4	小金井市	野川中洲北遺跡	東区	第IV中〜下層	5号ブロック	4	4		
第4b_k群	4	小金井市	野川中洲北遺跡	東区	第IV中〜下層	6号ブロック	5	16	3	1
第4b_k群	4	小金井市	野川中洲北遺跡	東区	第IV中〜下層	7号ブロック	1	4	1	
第4b_k群	4	小金井市	野川中洲北遺跡	東区	第IV中〜下層	8号ブロック	2			
第4b_k群	4	小金井市	野川中洲北遺跡	東区	第IV中〜下層	9号ブロック			1	
第4b_k群	4	小金井市	野川中洲北遺跡	東区	第IV中〜下層	10号ブロック				
第4b_k群	4	小金井市	野川中洲北遺跡	東区	第IV中〜下層	11号ブロック				
第4b_k群	4	小金井市	野川中洲北遺跡	東区	第IV中〜下層	12号ブロック		2		
第4b_k群	4	小金井市	野川中洲北遺跡	東区	第IV中〜下層	13号ブロック				

					角錐状石器							石核								
ホルンフェルス	凝灰岩	流紋岩	砂岩	他石材	黒曜石	チャート	頁岩	安山岩	ホルンフェルス	凝灰岩	他石材	黒曜石	チャート	頁岩	安山岩	ホルンフェルス	凝灰岩	流紋岩	砂岩	他石材
					1															
					1									1	1	1				
												3								1
	1			1								20		9		1	1			
														1						
					1		1							7	3					
												3								
												7			2					
													2	2						
	1											5	9	19			1	1		
														1	3	1				
	2						1					1		8			1			
												11	1	5	1		1			1
	2											4	6	18	2	1	3			
												1	1	4		2				
												4	1	1						
												4		3		1				
														1						
												1								
														1		1				
														3						
															4					
1	1											2		2						
1	1											2			1					
											1	1		1						
					1	2								4	2	2				
								1						1	1	1				
														2	1	1				
											1				1					
												1								
														2						
							1	3				1		2	2					
					2															
												1								
														1						
														1						
												4								
														2						
														3	1			1		
												1		1						
		1										3					1			
														1						
		1													3	2				
															2	1				
												1	15							
4		3										1	27							
2				1								1	16							
												1								
													1							
													2							
													2						1	

群別	エリア	市町村	遺跡	地点	文化層	石器集中部	ナイフ形石器			
							黒曜石	チャート	頁岩	安山
第4b_k群	4	小金井市	野川中洲北遺跡	東区	第IV中～下層	14号ブロック			3	
第4b_k群	4	小金井市	野川中洲北遺跡	東区	第IV中～下層	15号ブロック		1		
第4b_k群	4	国分寺市	熊ノ郷遺跡	共同住宅建設調査区	第II文化層	3号ブロック	1		1	
第4b_k群	4	国分寺市	熊ノ郷遺跡	共同住宅建設調査区	第II文化層	4号ブロック				
第4b_k群	4	国分寺市	多摩蘭坂遺跡	第4地点	第5文化層	9号ブロック				
第4b_k群	4	国分寺市	多摩蘭坂遺跡	第4地点	第5文化層	10号ブロック	1			
第4b_k群	4	国分寺市	多摩蘭坂遺跡	第4地点	第5文化層	12号ブロック		3		
第4b_k群	4	国分寺市	多摩蘭坂遺跡	第4地点	第5文化層	13号ブロック				
第4b_k群	4	国分寺市	多摩蘭坂遺跡	第4地点	第5文化層	17号ブロック	1	1		
第4b_k群	4	国分寺市	多摩蘭坂遺跡	第3地点		Cトレンチ	1			
第4b_k群	4	国分寺市	多摩蘭坂遺跡	第3地点		Dトレンチ				
第4b_k群	4	国分寺市	多摩蘭坂遺跡	第8地点	第3文化層	2号ブロック		2		
第4b_k群	4	国分寺市	多摩蘭坂遺跡	第8地点	第3文化層	3号ブロック				
第4b_k群	4	国分寺市	多摩蘭坂遺跡	第8地点	第3文化層	4号ブロック				
第4b_k群	4	国分寺市	多摩蘭坂遺跡	第8地点	第3文化層	10号ブロック				
第4b_k群	4	国分寺市	多摩蘭坂遺跡	第8地点	第3文化層	11号ブロック				
第4b_k群	4	国分寺市	多摩蘭坂遺跡	第8地点	第3文化層	12号ブロック	2			
第4b_k群	4	国分寺市	多摩蘭坂遺跡	第8地点	第3文化層	13号ブロック				
第4b_k群	4	国分寺市	花沢西遺跡		第III文化層	1号ブロック				
第4b_k群	4	国分寺市	花沢西遺跡		第III文化層	4号ブロック				
第4b_m1群	1	東久留米市	西下里遺跡	第II次調査区	第1文化層	第3号ブロック	1			
第4b_m1群	2	和光市	花ノ木遺跡		第1文化層	石器集中9	1			
第4b_m1群	4	世田谷区	田直遺跡			2号遺物集中部	1			
第4b_m1群	4	三鷹市	長嶋遺跡	C区		全1基	1			
第4c群	1	狭山市	西久保遺跡	A区	II期	石器集中4		4		
第4c群	1	狭山市	西久保遺跡	A区	II期	石器集中5		1		
第4c群	1	狭山市	西久保遺跡	A区	II期	石器集中6				
第4c群	1	朝霞市	下ノ原遺跡	第IV地区		2号礫群	4	1		
第4c群	1	志木市	城山遺跡	第71地点		1ブロック				
第4c群	1	志木市	城山遺跡	第71地点		2ブロック				
第4c群	1	富士見市	打越遺跡	第5地点		ブロック1基		3		
第4c群	1	富士見市	打越遺跡	第23地点	IV層下部	第22号石器集中	1			
第4c群	1	富士見市	中沢遺跡	第12地点		第14号礫群	6			
第4c群	1	ふじみ野市	亀居遺跡	44地点		ブロック－I	1			
第4c群	1	ふじみ野市	亀居遺跡	44地点		ブロック－IV		1		
第4c群	1	ふじみ野市	東台遺跡	第18地点		1号ブロック				
第4c群	1	ふじみ野市	東台遺跡	第18地点		2号ブロック				1
第4c群	1	ふじみ野市	東台遺跡	第18地点		3号ブロック				
第4c群	1	ふじみ野市	東台遺跡	第18地点		4号ブロック	2	1		
第4c群	1	ふじみ野市	東台遺跡	第18地点		5号ブロック		1		
第4c群	1	ふじみ野市	東台遺跡	第18地点		6号ブロック		2		
第4c群	1	ふじみ野市	東台遺跡	第18地点		7号ブロック		2		
第4c群	1	ふじみ野市	東台遺跡	第18地点		8号ブロック		2		
第4c群	1	ふじみ野市	東台遺跡	第18地点		10号ブロック				
第4c群	1	ふじみ野市	東台遺跡	第18地点		14号ブロック				
第4c群	1	ふじみ野市	東台遺跡	第18地点		15号ブロック			2	
第4c群	1	ふじみ野市	本村遺跡	第8地点		1号ブロック	1		1	
第4c群	1	ふじみ野市	本村遺跡	第8地点		2号ブロック	5			
第4c群	1	ふじみ野市	本村遺跡	第8地点		6号ブロック	1			
第4c群	1	三芳町	上永久保遺跡	第1地点		石器集中1			1	
第4c群	1	三芳町	新開遺跡	Ab区		T－1ユニット	1	1		2
第4c群	1	三芳町	新開遺跡	Ad区		T－8ユニット	3			
第4c群	1	三芳町	新開遺跡	Ad区		T－9ユニット				
第4c群	1	三芳町	新開遺跡	Hb区		T－12ユニット	1			
第4c群	1	三芳町	新開遺跡	Kb区		T－1ブロック	3			
第4c群	1	三芳町	新開遺跡	Kb区		T－2ブロック		1		

					角錐状石器							石核								
ホルンフェルス	凝灰岩	流紋岩	砂岩	他石材	黒曜石	チャート	頁岩	安山岩	ホルンフェルス	凝灰岩	他石材	黒曜石	チャート	頁岩	安山岩	ホルンフェルス	凝灰岩	流紋岩	砂岩	他石材
																				1
	1					1						4	2	4						
																1				
															1					
												1	1							
												2								
												1								
													6		1					
													1	1	4					
													3							
												3								
												1								
													1							
													1							
												2								
												2								
												1								
					1							1								
													5							
													1							
													5							
												3								
												1	10							
													1							
													6							
					1	1						2						1		
		1																		
										2										
1																				
						1														
								1												
					1								3							
													4							
												3			1			1		
												2			2					
												1						2		
												1			2					
												2							1	1
												3	3							

群別	エリア	市町村	遺跡	地点	文化層	石器集中部	ナイフ形石器			
							黒曜石	チャート	頁岩	安山岩
第4c群	1	三芳町	新開遺跡	Kb区		T-3ブロック	2	2		
第4c群	1	三芳町	新開遺跡	Kb区		T-4ブロック	2			
第4c群	1	三芳町	新開遺跡	Kb区		T-5ブロック	1			
第4c群	1	三芳町	新開遺跡	Kb区		T-6ブロック	1	3		1
第4c群	1	三芳町	新開遺跡	Kb区		T-7ブロック		1		
第4c群	1	三芳町	新開遺跡	Kb区		T-8ブロック				
第4c群	1	三芳町	新開遺跡	Kb区		T-9ブロック				
第4c群	1	三芳町	新開遺跡	Kb区		T-10ブロック				
第4c群	1	三芳町	新開遺跡	Kb区		T-12ブロック	2			
第4c群	1	三芳町	新開遺跡	Kb区		T-13ブロック	1			
第4c群	1	三芳町	新開遺跡	Kb区		T-14ブロック		3		
第4c群	1	三芳町	新開遺跡	Kb区		T-15ブロック	1			
第4c群	1	三芳町	新開遺跡	Kb区		T-18ブロック				
第4c群	1	三芳町	新開遺跡	Kb区		T-20ブロック	1			
第4c群	1	三芳町	新開第二遺跡	第2地点		ブロック3			1	
第4c群	1	三芳町	藤久保東遺跡	藤久保第一土地区画整理地区	第IV層下部	石器集中3			1	
第4c群	1	三芳町	藤久保東遺跡	藤久保第一土地区画整理地区	第IV層下部	石器集中4		1		
第4c群	1	三芳町	藤久保東遺跡	藤久保第一土地区画整理地区	第V層	石器集中1				
第4c群	1	三芳町	古井戸山遺跡			石器ユニット2	1			
第4c群	1	東久留米市	西下里遺跡	第1次調査区		全1基				1
第4c群	1	東久留米市	六仙遺跡	II所収区		礫群	1			
第4c群	2	和光市	四ツ木遺跡	第3次調査区		1号ブロック				
第4c群	2	和光市	柿ノ木坂遺跡	東区	第1文化層	石器集中3				
第4c群	2	和光市	柿ノ木坂遺跡	東区	第1文化層	石器集中8				1
第4c群	2	北区	赤羽台遺跡	八幡神社地区	第2文化層	2号礫群				
第4c群	2	北区	赤羽台遺跡	八幡神社地区	第2文化層	3号礫群				
第4c群	2	北区	赤羽台遺跡	八幡神社地区	第2文化層	4号礫群				
第4c群	2	北区	赤羽台遺跡	星美学園及び周辺地区	第1文化層	第1号礫群				
第4c群	2	板橋区	小茂根小山遺跡	第1地点		1号ユニット	1			
第4c群	2	板橋区	志村城山遺跡	第4地点	第I文化層	第1ブロック	3	1		
第4c群	2	板橋区	中台東谷遺跡			ユニット1				4
第4c群	2	板橋区	四葉地区遺跡	西部台地	IV層下部	3号礫群				
第4c群	2	板橋区	四葉地区遺跡	西部台地	IV層下部	4号礫群				
第4c群	2	板橋区	四葉地区遺跡	西部台地	IV層下部	6号礫群	1			
第4c群	2	板橋区	四葉地区遺跡	西部台地	IV層下部	7号礫群	1			
第4c群	2	板橋区	四葉地区遺跡	中央台地	IV層下部	8号礫群	2			
第4c群	2	練馬区	扇山遺跡	第6次調査区	第3文化層	1号ブロック				
第4c群	2	練馬区	城山遺跡	C地区	第3文化層	石器集中部5				
第4c群	2	練馬区	城山遺跡	C地区	第3文化層	石器集中部6				
第4c群	2	練馬区	富士見池遺跡群溜淵遺跡	関町4-25所在区		遺物集中地点1	3		1	
第4c群	2	練馬区	もみじ山遺跡	東京外かく環状道路練馬地区	第V層の文化層	ブロック1号				
第4c群	2	練馬区	もみじ山遺跡	東京外かく環状道路練馬地区	第V層の文化層	ブロック5号	5			
第4c群	2	練馬区	もみじ山遺跡	東京外かく環状道路練馬地区	第V層の文化層	ブロック6号	1			
第4c群	2	小平市	鈴木遺跡		鈴木6文化層	西013bブロック	10	3	2	
第4c群	2	小平市	鈴木遺跡		鈴木6文化層	南007ブロック	1	2	2	
第4c群	2	西東京市	坂下遺跡	第1次調査区	第3文化層	1号ブロック	1			
第4c群	2	西東京市	下野谷遺跡	第7次調査区	第3文化層	3号石器ブロック		2		
第4c群	2	西東京市	下野谷遺跡	第7次調査区	第3文化層	4号石器ブロック	1		2	
第4c群	2	西東京市	下野谷遺跡	第15次調査区		1号ブロック	1			
第4c群	3	新宿区	落合遺跡	目白学園地点	第I文化層	第10次調査地点第1号石器ブロック	1			

					角錐状石器							石核								
ホルンフェルス	凝灰岩	流紋岩	砂岩	他石材	黒曜石	チャート	頁岩	安山岩	ホルンフェルス	凝灰岩	他石材	黒曜石	チャート	頁岩	安山岩	ホルンフェルス	凝灰岩	流紋岩	砂岩	他石材
												1	1							
												2			2					
													6		8					
													4							
													1							
															1					
				1								1								
												1								
												3								
													3							
												1			1					
												1								
												4						1		
															1					
	2																			
													2							
													2							
													1							
				1																
								1												
								1												
													1							
												1								1
								1						1	2					
												1	2	1		1			1	
												1								
													2							
																1				
																1				
					1															
					1															
												1								
												2								
					3							6	6	1	1					
					2							9	1	4					1	2
													2	4					2	
												2	3	3						
	1																			
	1																2			

群別	エリア	市町村	遺跡	地点	文化層	石器集中部	ナイフ形石器			
							黒曜石	チャート	頁岩	安山
第4c群	3	新宿区	落合遺跡	目白学園地点	第Ⅰ文化層	第11次調査地点第1号石器ブロック				
第4c群	3	新宿区	落合遺跡	目白学園地点	第Ⅰ文化層	第12次調査地点第3号石器ブロック				
第4c群	3	新宿区	百人町三丁目西遺跡	都営住宅団地地点	第Ⅱ文化層	B区第1号石器ブロック		1		
第4c群	3	新宿区	百人町三丁目西遺跡	都営住宅団地地点	第Ⅱ文化層	C区第1号石器ブロック	1			
第4c群	3	新宿区	百人町三丁目西遺跡	都営住宅団地地点	第Ⅱ文化層	C区第2号石器ブロック	1			
第4c群	3	新宿区	百人町三丁目西遺跡	都営住宅団地地点	第Ⅱ文化層	C区第3号石器ブロック	2			
第4c群	3	新宿区	水野原遺跡			A区TP№17			1	
第4c群	3	新宿区	水野原遺跡			A区TP№37		1		1
第4c群	3	新宿区	水野原遺跡			C区TP№36・71	1			
第4c群	3	新宿区	行元寺跡			A1号礫群				
第4c群	3	新宿区	若松町遺跡	3次調査地点		1号ブロック	1			
第4c群	3	新宿区	若松町遺跡	3次調査地点		2号ブロック				
第4c群	3	新宿区	若松町遺跡	3次調査地点		3号ブロック		2		
第4c群	3	新宿区	若松町遺跡	3次調査地点		5号ブロック				
第4c群	3	目黒区	東光寺裏山遺跡	J－7・8調査区	第2文化層	2号石器ブロック				
第4c群	3	目黒区	中目黒遺跡	B地点	Ⅰ区	第1号遺物集中地点	2		1	
第4c群	3	渋谷区	鉢山町・猿楽町17番遺跡	第3地点		1号ユニット		1		
第4c群	3	中野区	小滝遺跡			第2石器集中部				1
第4c群	3	杉並区	向ノ原遺跡		Ⅳ下層文化	1号礫群	1			
第4c群	3	豊島区	学習院大学周辺遺跡	学習院大学自然科学研究棟地区	第1文化層	1号ブロック	1			
第4c群	3	武蔵野市	吉祥寺南町1丁目遺跡	G地点	Ⅲ・Ⅳ・Ⅴ層	全1基	10		3	
第4c群	3	武蔵野市	吉祥寺南町1丁目遺跡	O地点		1号ブロック	18	14	16	2
第4c群	3	武蔵野市	吉祥寺南町1丁目遺跡	O地点		2号ブロック	7	1	6	
第4c群	3	武蔵野市	吉祥寺南町1丁目遺跡	O地点		3号ブロック	2		4	
第4c群	3	武蔵野市	吉祥寺南町1丁目遺跡	O地点		4号ブロック	1		2	
第4c群	3	武蔵野市	吉祥寺南町1丁目遺跡	O地点		5号ブロック	1		2	
第4c群	4	世田谷区	喜多見陣屋遺跡	Ⅲ所収区	第4文化層	1号ブロック				
第4c群	4	世田谷区	喜多見陣屋遺跡	Ⅲ所収区	第4文化層	2号ブロック				
第4c群	4	世田谷区	喜多見陣屋遺跡	Ⅲ所収区	第4文化層	3号ブロック				
第4c群	4	世田谷区	喜多見陣屋遺跡	Ⅲ所収区	第4文化層	4号ブロック		1		
第4c群	4	世田谷区	喜多見陣屋遺跡	Ⅲ所収区	第4文化層	5号ブロック				
第4c群	4	世田谷区	喜多見陣屋遺跡	Ⅲ所収区	第4文化層	6号ブロック		2		
第4c群	4	世田谷区	喜多見陣屋遺跡	Ⅲ所収区	第4文化層	8号ブロック				
第4c群	4	世田谷区	喜多見陣屋遺跡	Ⅲ所収区	第4文化層	9号ブロック				
第4c群	4	世田谷区	喜多見陣屋遺跡	Ⅲ所収区	第4文化層	10号ブロック	1	1		
第4c群	4	世田谷区	下野田遺跡	F区		全1基				
第4c群	4	世田谷区	下山遺跡	Ⅱ所収区第5次調査区	Ⅳ層下部	礫群	1	1		
第4c群	4	世田谷区	下山遺跡	V所収区	第1文化層	1号ブロック		1		
第4c群	4	世田谷区	祖師谷大道北遺跡	Ⅱ所収区	第3文化層	2号ブロック		1		
第4c群	4	世田谷区	祖師谷大道北遺跡	Ⅱ所収区	第3文化層	3号ブロック	2	1		2
第4c群	4	世田谷区	滝ヶ谷遺跡		第2文化層	全1基		1		
第4c群	4	三鷹市	滝坂遺跡	Ⅳ所収区		SR3	1			
第4c群	4	調布市	入間町城山遺跡	第55地点	第Ⅳ層下部	2号石器集中部	1	1		
第4c群	4	調布市	入間町城山遺跡	第55地点	第Ⅳ層下部	4号石器集中部	2	1		
第4c群	4	調布市	入間町城山遺跡	第55地点	第Ⅳ層下部	6号石器集中部				
第4c群	4	調布市	入間町城山遺跡	第55地点	第Ⅳ層下部	7号石器集中部	5			
第4c群	4	調布市	入間町城山遺跡	第55地点	第Ⅳ層下部	8号石器集中部		1		
第4c群	4	調布市	入間町城山遺跡	第55地点	第Ⅳ層下部	9号石器集中部	1	1	1	

					角錐状石器							石核								
ホルンフェルス	凝灰岩	流紋岩	砂岩	他石材	黒曜石	チャート	頁岩	安山岩	ホルンフェルス	凝灰岩	他石材	黒曜石	チャート	頁岩	安山岩	ホルンフェルス	凝灰岩	流紋岩	砂岩	他石材
														1						
	1																1			
												1			2					
												1								
													1							
						1														
															2					
												1								
		1																		
														1						
						1														
		2													2			3		
													2							
												1								
												3		1						
1			1	1																
						1														
															1					
						1							2							
													2							
													1							
													1		1					
													3							
													4	1						
	1					3						1	5							
						2														
													2					1		
													1							
												1								
												1								
												1						1	1	
												1						1		
												2	2							1
												1		4	2	1				
			1									4	4			1		3	4	

群別	エリア	市町村	遺跡	地点	文化層	石器集中部	ナイフ形石器			
							黒曜石	チャート	頁岩	安山岩
第4c群	4	調布市	入間町城山遺跡	第55地点	第IV層下部	10号石器集中部	1			
第4c群	4	調布市	入間町城山遺跡	第55地点	第IV層下部	12号石器集中部				
第4c群	4	調布市	入間町城山遺跡	第55地点	第IV層下部	13号石器集中部				
第4c群	4	調布市	調布岡遺跡	第10地点		全1基	1	1		
第4c群	4	調布市	野川遺跡	第12地点B区	第2文化層	石器集中部3				
第4c群	4	調布市	野水遺跡	第1地点	第2文化層	2号ブロック			1	
第4c群	4	国分寺市	恋ヶ窪東遺跡	第22次調査区	IV層下部文化層	ST12石器集中部	10	2		
第4c群	4	国分寺市	恋ヶ窪東遺跡	第22次調査区	IV層下部文化層	ST13石器集中部				
第4c群	4	国分寺市	恋ヶ窪東遺跡	第22次調査区	IV層下部文化層	ST14石器集中部	2	2		
第4c群	4	国分寺市	恋ヶ窪東遺跡	第22次調査区	IV層下部文化層	ST15石器集中部				1
第4c群	4	国分寺市	恋ヶ窪東遺跡	第22次調査区	IV層下部文化層	ST16石器集中部	1			
第4c群	4	国分寺市	恋ヶ窪東遺跡	第22次調査区	IV層下部文化層	ST17石器集中部	2	2		
第4c群	4	国分寺市	恋ヶ窪東遺跡	第22次調査区	IV層下部文化層	ST18石器集中部	13	9		1
第4c群	4	国分寺市	恋ヶ窪東遺跡	第22次調査区	IV層下部文化層	ST19石器集中部			1	
第4c群	4	国分寺市	多摩蘭坂遺跡	第6地点		全1基	1	1		
第4c群	4	国分寺市	武蔵国分寺跡	504次調査区	第2文化層	ST14石器集中部				

					角錐状石器							石核								
ホルンフェルス	凝灰岩	流紋岩	砂岩	他石材	黒曜石	チャート	頁岩	安山岩	ホルンフェルス	凝灰岩	他石材	黒曜石	チャート	頁岩	安山岩	ホルンフェルス	凝灰岩	流紋岩	砂岩	他石材
													5							
												2	1							1
													1							
												3								
												1								
					1								3							
												1	1	1						
	1												1				1			
												1								
												2		1						
												1	3							
												2	9							
												1	2							
												1	9	1						
	1																			

別表 8　相模野台地の石器集中部石器組成

時期	市町村	遺跡	地点	文化層	石器集中部	出土点数	剝片	石核	RF	ナイフ形石器
B3群	藤沢市	稲荷台地遺跡群中郷遺跡	第2地点6地区	第IV文化層	1号ブロック	9	6		2	
B3群	藤沢市	根下遺跡		第III文化層	1号ユニット	59	51	2	1	
B3群	藤沢市	根下遺跡		第III文化層	2号ユニット	18	14	1	1	
B3群	大和市	上和田城山遺跡	第4次調査区	第III文化層	第1ブロック	76	57	3	7	5
B3群	大和市	上和田城山遺跡	第4次調査区	第III文化層	第2ブロック	40	29	3	6	2
B3群	大和市	上和田城山遺跡	第4次調査区	第III文化層	第3ブロック	21	16	2	2	1
B3群	大和市	台山遺跡		第IV文化層	1号ユニット	12	7	2	1	
B3群	大和市	台山遺跡		第IV文化層	2号ユニット	25	19		2	
B3群	大和市	台山遺跡		第IV文化層	3号ユニット	6	6			
B3群	大和市	台山遺跡		第IV文化層	4号ユニット	14	13			
B3群	大和市	上草柳遺跡群	大和配水池内遺跡	第XI文化層	1号ブロック	7	7			
B3群	大和市	上草柳遺跡群	大和配水池内遺跡	第XI文化層	2号ブロック	15	15			
B3群	海老名市	柏ケ谷長ヲサ遺跡		第XII文化層	1号ブロック	14	10		1	
B3群	海老名市	柏ケ谷長ヲサ遺跡		第XII文化層	2号ブロック	30	21	1	1	4
B3群	座間市	山ノ神遺跡		遺物群VI	石器集中1	9	8	1		
B3群	座間市	山ノ神遺跡		遺物群VI	石器集中2	58	54		1	
B3群	座間市	山ノ神遺跡		遺物群VI	石器集中3	5	2	3		
B3群	座間市	山ノ神遺跡		遺物群VI	石器集中5	23	21	2		
B3群	綾瀬市	吉岡遺跡群	C区	B3層下部上面	1ブロック	25	13	1	2	2
B3群	綾瀬市	吉岡遺跡群	C区	B3層下部上面	2ブロック	10	3	4		
B3群	綾瀬市	吉岡遺跡群	C区	B3層下部上面	3ブロック	5	2			
B3群	綾瀬市	吉岡遺跡群	C区	B3層下部上面	4ブロック	5	2	1	1	1
B3群	綾瀬市	吉岡遺跡群	C区	B3層下部上面	5ブロック	14	12			1
B3群	綾瀬市	吉岡遺跡群	C区	B3層下部上面	6ブロック	22	10	1	4	5
B3群	綾瀬市	吉岡遺跡群	C区	B3層下部上面	7ブロック	7	3		1	2
B3群	綾瀬市	吉岡遺跡群	C区	B3層下部上面	9ブロック	6	3	1		
B3群	綾瀬市	吉岡遺跡群	C区	B3層下部上面	11ブロック	7	3		2	1
B3群	綾瀬市	吉岡遺跡群	C区	B3層下部上面	12ブロック	6	4			
B3群	綾瀬市	吉岡遺跡群	C区	B3層下部上面	13ブロック	11	4	2		
B3群	綾瀬市	吉岡遺跡群	C区	B3層下部上面	14ブロック	5	3	1		
L3群	相模原市緑区	橋本遺跡		第V文化層	1号ブロック	15	11	1	1	1
L3群	相模原市緑区	橋本遺跡		第V文化層	2号ブロック	35	29	1	3	1
L3群	相模原市緑区	橋本遺跡		第V文化層	3号aブロック	22	16	1	2	2
L3群	相模原市緑区	橋本遺跡		第V文化層	3号bブロック	40	35	1		
L3群	相模原市緑区	橋本遺跡		第V文化層	4号ブロック	23	16	3	1	1
L3群	相模原市緑区	橋本遺跡		第V文化層	5号aブロック	8	3	2		
L3群	相模原市緑区	橋本遺跡		第V文化層	5号bブロック	9	8			
L3群	相模原市南区	古淵B遺跡		第4文化層	35号ユニット	98	94			3
L3群	藤沢市	湘南藤沢キャンパス内遺跡		第VI文化層	2－S2	5	3	3		
L3群	大和市	月見野遺跡群上野遺跡	第1地点	第IX文化層	第1ブロック	27	25		2	
L3群	大和市	上草柳遺跡群	大和配水池内遺跡	第X文化層	1号ブロック	360	351		4	4
L3群	大和市	上草柳遺跡群	大和配水池内遺跡	第X文化層	2号ブロック	8	8			
L3群	座間市	栗原中丸遺跡		第VII文化層	第1号ブロック	24	16	2		1
L3群	座間市	栗原中丸遺跡		第VII文化層	第2号ブロック	10	10			
L3群	座間市	栗原中丸遺跡		第VII文化層	第3号ブロック	17	11	2		1
L3群	綾瀬市	地蔵坂遺跡		第VI文化層	1号ブロック	20	14	2		3
L3群	綾瀬市	地蔵坂遺跡		第VI文化層	2号ブロック	5	3	2		
L3群	綾瀬市	地蔵坂遺跡		第VI文化層	3号ブロック	35	25	1	3	2
L3群	綾瀬市	地蔵坂遺跡		第VI文化層	5号aブロック	7	6			1
L3群	綾瀬市	地蔵坂遺跡		第VI文化層	5号bブロック	14	11	2	1	
L3群	綾瀬市	地蔵坂遺跡		第VI文化層	6号ブロック	16	13		1	2
L3群	綾瀬市	地蔵坂遺跡		第VI文化層	7号ブロック	9	7			2
L3群	綾瀬市	寺尾遺跡		第VI文化層	1ブロック	10	6			3
L3群	綾瀬市	寺尾遺跡		第VI文化層	2aブロック	55	42	1	2	10

尖頭器	角錐状石器	スクレイパー	礫石器	その他	器種計	黒曜石	チャート	頁岩	安山岩	ホルンフェルス	凝灰岩	流紋岩	砂岩	他石材	石材計	報告書
				1	9	8								1	9	7
		4		1	59		2				53		1	3	59	14
				2	18		15				3				18	14
			1	3	76											25
					40											25
					21											25
		1	1		12				1	1				10	12	30
1				3	25				2					19	25	30
					6									6	6	30
				1	14				2	3				9	14	30
					7	7									7	23
					15	15									15	23
		1	1	1	14											36
		1		2	30											36
					9						9				9	40
			3		58		2		2	1	50	1			56	40
					5				5						5	40
					23				1	3	18		1		23	40
				7	25			1	5	1	16			2	25	43
					10				1	1	8				10	43
					5				5						5	43
					5		1	1	1	1	1				5	43
					14				1	13					14	43
				2	22				6	7	9				22	43
				1	7				1	1	5				7	43
					6						6				6	43
				1	7	3			4						7	43
				1	6				4				1	1	6	43
				5	11		11								11	43
					5				2		3				5	43
				1	15	13					2				15	47
				1	35	34					1				35	47
				1	22	22									22	47
			2		40	40									40	47
			2		23	23									23	47
		1	1	1	8	6					2				8	47
				1	9	5		1		3					9	47
1					98	97		1							98	5
					6											10・11
					27											31
				1	360	359			1						360	23
					8	8									8	23
				1	20											39
					10											39
					14											39
				1	20	17	1	1			1				20	48
					5						5				5	48
			4		35	19		2		2	5			1	29	48
					7	1	1		1		2			2	7	48
					14	9					1			4	14	48
					16	5			1		10				16	48
					9	6									6	48
				1	10				10						10	41
					55	759	5							1	765	41

別表 325

時期	市町村	遺跡	地点	文化層	石器集中部	出土点数	剥片	石核	RF	ナイフ形石器
L3群	綾瀬市	寺尾遺跡		第VI文化層	2bブロック	391	361	3	5	18
L3群	綾瀬市	寺尾遺跡		第VI文化層	2cブロック	319	277	5	9	26
L3群	綾瀬市	寺尾遺跡		第VI文化層	3aブロック	42	32		2	7
L3群	綾瀬市	寺尾遺跡		第VI文化層	3bブロック	22	20			2
L3群	綾瀬市	寺尾遺跡		第VI文化層	4aブロック	67	63		3	
L3群	綾瀬市	寺尾遺跡		第VI文化層	4bブロック	105	89	2	3	11
L3群	綾瀬市	寺尾遺跡		第VI文化層	4cブロック	89	70	4	2	11
L3群	綾瀬市	寺尾遺跡		第VI文化層	4dブロック	75	59	1	1	14
L3群	綾瀬市	寺尾遺跡		第VI文化層	4eブロック	72	64			7
L3群	綾瀬市	寺尾遺跡		第VI文化層	5aブロック	461	414		8	35
L3群	綾瀬市	寺尾遺跡		第VI文化層	5bブロック	130	117			12
L3群	綾瀬市	寺尾遺跡		第VI文化層	5cブロック	46	39		1	6
L3群	綾瀬市	吉岡遺跡群	C区	L3層	1ブロック	12	6	2	2	2
L3群	綾瀬市	吉岡遺跡群	B区第2次調査	遺物群VI	石器集中1	24	24			
L3群	綾瀬市	吉岡遺跡群	B区第2次調査	遺物群V	石器集中1	13	7		4	
B2L群	相模原市中央区	山王平遺跡		第IV文化層	1号ブロック	9	2	3	1	2
B2L群	相模原市中央区	山王平遺跡		第IV文化層	2号ブロック	10	10			
B2L群	相模原市中央区	山王平遺跡		第IV文化層	3号ブロック	8	4		3	
B2L群	相模原市南区	当麻亀形遺跡		第IV文化層	第1ブロック	31	19		9	1
B2L群	藤沢市	稲荷台地遺跡群唐池遺跡	第2地点	第II文化層	第1ブロック	14	11		2	1
B2L群	藤沢市	稲荷台地遺跡群中郷遺跡	第2地点6地区	第II文化層	1号遺物集中	14	11	2	1	
B2L群	藤沢市	稲荷台地遺跡群中郷遺跡	第2地点6地区	第II文化層	2号遺物集中	7	3		1	
B2L群	藤沢市	稲荷台地遺跡群中郷遺跡	第2地点6地区	第II文化層	3号遺物集中	9	6	1		1
B2L群	藤沢市	稲荷台地遺跡群中郷遺跡	第2地点6地区	第II文化層	4号遺物集中	15	10		2	
B2L群	藤沢市	遠藤山崎遺跡			1号ブロック	20	18		1	1
B2L群	藤沢市	遠藤山崎遺跡			2号ブロック	17	12	1	1	1
B2L群	藤沢市	遠藤山崎遺跡			3号ブロック	22	13	2	1	1
B2L群	藤沢市	菖蒲沢大谷遺跡		第IV文化層	1号ブロック	17	4			
B2L群	藤沢市	菖蒲沢大谷遺跡		第IV文化層	2号ブロック	94	84	1	6	3
B2L群	藤沢市	菖蒲沢大谷遺跡		第IV文化層	3号ブロック	25	20	2		3
B2L群	藤沢市	菖蒲沢大谷遺跡		第IV文化層	4号ブロック	30	24	1	1	2
B2L群	藤沢市	菖蒲沢大谷遺跡		第III文化層	1号ブロック	15	11	2		
B2L群	藤沢市	菖蒲沢大谷遺跡		第III文化層	2号ブロック	30	22	3		
B2L群	藤沢市	菖蒲沢大谷遺跡		第III文化層	3号ブロック	11	11			
B2L群	藤沢市	菖蒲沢大谷遺跡		第III文化層	4号ブロック	8	8			
B2L群	藤沢市	菖蒲沢大谷遺跡		第III文化層	5号ブロック	124	96	1	5	9
B2L群	藤沢市	菖蒲沢大谷遺跡		第III文化層	6号ブロック	42	20	1	3	1
B2L群	藤沢市	菖蒲沢大谷遺跡		第III文化層	7号ブロック	20	18			1
B2L群	藤沢市	菖蒲沢大谷遺跡		第III文化層	8号ブロック	36	28		3	1
B2L群	藤沢市	菖蒲沢大谷遺跡		第III文化層	9号ブロック	8	8			
B2L群	藤沢市	菖蒲沢大谷遺跡		第III文化層	10号ブロック	10	8		2	
B2L群	藤沢市	菖蒲沢大谷遺跡		第III文化層	11号ブロック	38	30			4
B2L群	藤沢市	菖蒲沢大谷遺跡		第III文化層	12号ブロック	5	4			
B2L群	藤沢市	代官山遺跡		第VII文化層	集中A	6	6			
B2L群	藤沢市	南葛野遺跡	第11号拡張区	第II文化層	第1号石器集中部	121	100	6	3	3
B2L群	藤沢市	南葛野遺跡	第11号拡張区	第II文化層	第2号石器集中部	22	18	1	1	1
B2L群	藤沢市	用田大河内遺跡		第VI文化層	第2石器集中地点	14	11	2		
B2L群	藤沢市	用田大河内遺跡		第VI文化層	第4石器集中地点	862	791	4		23
B2L群	藤沢市	用田鳥居前遺跡		第VI文化層	第3石器集中地点	23	20	2		1
B2L群	藤沢市	用田鳥居前遺跡		第VI文化層	第5石器集中地点	57	48	1		6
B2L群	藤沢市	用田南原遺跡		第VI文化層	第1石器集中地点	300	274	3		6
B2L群	藤沢市	用田南原遺跡		第VI文化層	第2石器集中地点	58	27	2		6
B2L群	大和市	上草柳遺跡群	大和配水池内遺跡	第IX文化層	1号ブロック	8	6			

尖頭器	角錐状石器	スクレイパー	礫石器	その他	器種計	黒曜石	チャート	頁岩	安山岩	ホルンフェルス	凝灰岩	流紋岩	砂岩	他石材	石材計	報告書
		2	1	1	391											41
		1		1	319											41
			1		42	63			1						64	41
					22											41
		1			67	363	43				1			1	408	41
					105											41
		2			89											41
					75											41
			1		72											41
		2	1	1	461	635	1							1	637	41
		1			130											41
					46											41
					12	11			1						12	43
					24	20		1	2		1				24	46
		1		1	13	13									13	46
				1	9	4		3			2				9	2
					10	5			4		1				10	2
		1			8	6				1	1				8	2
1				1	31	27	1		2		1				31	6
					14						14				14	8
					14	10					4				14	7
		1	2		7	5							1	1	7	7
		1			9				2	2	4		1		9	7
		1	2		15	8		1	3		2		1		15	7
					20	10	1	1			8				20	9
1				1	17	16								1	17	9
		3	2		22	13	1	1	3		2			2	22	9
				12	17	2			12	2	1				17	12
					94	93					1				94	12
					25	22				2	1				25	12
		2			30	27				1	2				30	12
			2		15	12	1		2						15	12
		1	4		30	6		1	1	12	7		1	2	30	12
					11	10				1					11	12
					8	6	1				1				8	12
1		10	2		124	99	7	7	4		7				124	12
		1	16		42	16		10	16						42	12
		1			20	5		14	1						20	12
			4		36	7	1	24	4						36	12
					8	8									8	12
					10	9		1							10	12
1		1	2		38	32	1		2	1	2				38	12
			1		5						2	3			5	12
					6			6							6	13
		4	1	4	121	112	10	7							129	18
		1			22	20		2							22	18
		1			14	6	7		1						14	20
1	16	26		1	862	845	1		16						862	20
					23	21			1						22	19
		2			57	7			48		2				57	19
	4	7	2	4	300	278	4		10		30			11	333	21
	1	2	1	19	58	56					2				58	21
				2	8	5		4							9	23

時期	市町村	遺跡	地点	文化層	石器集中部	出土点数	剝片	石核	RF	ナイフ形石器
B2L群	大和市	上草柳遺跡群	大和配水池内遺跡	第IX文化層	2号ブロック	46	38		2	1
B2L群	大和市	上草柳遺跡群	大和配水池内遺跡	第IX文化層	3号ブロック	31	25		3	
B2L群	大和市	上草柳遺跡群	大和配水池内遺跡	第IX文化層	4号ブロック	49	28	2	13	
B2L群	大和市	上草柳遺跡群	大和配水池内遺跡	第IX文化層	5号ブロック	8	7			
B2L群	大和市	上草柳遺跡群	大和配水池内遺跡	第IX文化層	6号ブロック	11	5	1	2	
B2L群	大和市	上草柳遺跡群	大和配水池内遺跡	第IX文化層	7号ブロック	6	5			
B2L群	大和市	上草柳遺跡群	大和配水池内遺跡	第IX文化層	8号ブロック	5	2		1	2
B2L群	大和市	上草柳遺跡群	大和配水池内遺跡	第IX文化層	9号ブロック	11	7	2		
B2L群	大和市	上草柳遺跡群	大和配水池内遺跡	第IX文化層	10号ブロック	8	6		1	
B2L群	大和市	上草柳遺跡群	大和配水池内遺跡	第IX文化層	11号ブロック	18	12	2	2	2
B2L群	大和市	上草柳遺跡群	大和配水池内遺跡	第IX文化層	12号ブロック	10	10			
B2L群	大和市	上和田城山遺跡	第1次調査区	第V文化層	ブロック	49	45	2		
B2L群	大和市	上草柳第2地点遺跡		第II文化層	Aブロック	546	517	3	3	7
B2L群	大和市	上草柳第2地点遺跡		第II文化層	Bブロック	20	16	1		2
B2L群	大和市	新道遺跡	2022年報告区	第III文化層	1号ブロック	229	163	16	31	14
B2L群	大和市	新道遺跡	2022年報告区	第III文化層	2号ブロック	7	4	1		
B2L群	大和市	新道遺跡	2022年報告区	第III文化層	3号ブロック	7	5		2	
B2L群	大和市	新道遺跡	2022年報告区	第III文化層	4号ブロック	12	7		4	1
B2L群	大和市	新道遺跡	2022年報告区	第III文化層	5号ブロック	191	135	13	20	13
B2L群	大和市	新道遺跡	2022年報告区	第III文化層	6号ブロック	11	8		1	1
B2L群	大和市	新道遺跡	2022年報告区	第III文化層	7号ブロック	64	37	10	4	3
B2L群	大和市	新道遺跡	2022年報告区	第III文化層	8号ブロック	165	123	10	14	12
B2L群	大和市	草柳一丁目遺跡		B2L中位の石器群	C－2グリッド	146	106	7	10	19
B2L群	大和市	長堀南遺跡		第VI文化層	1号ユニット	21	16	2	1	
B2L群	大和市	福田丙二ノ区遺跡		第III文化層	1ブロック	105	100	1		4
B2L群	大和市	福田丙二ノ区遺跡		第III文化層	2ブロック	18	17			
B2L群	大和市	福田札ノ辻遺跡		第V文化層	第1ブロック	8	7	1		
B2L群	大和市	福田札ノ辻遺跡		第V文化層	第2ブロック	9	6		1	2
B2L群	大和市	福田札ノ辻遺跡		第V文化層	第4ブロック	11	7	1		3
B2L群	海老名市	柏ケ谷長ヲサ遺跡		第X文化層	1号ブロック	84	67	9	2	2
B2L群	海老名市	柏ケ谷長ヲサ遺跡		第X文化層	2号ブロック	163	129	13	3	10
B2L群	海老名市	柏ケ谷長ヲサ遺跡		第X文化層	3号ブロック	11	9	2		
B2L群	海老名市	柏ケ谷長ヲサ遺跡		第X文化層	4号ブロック	11	8	3		
B2L群	海老名市	柏ケ谷長ヲサ遺跡		第IX文化層	1号ブロック	27	23	2		1
B2L群	海老名市	柏ケ谷長ヲサ遺跡		第IX文化層	2号ブロック	73	67	3	1	2
B2L群	海老名市	柏ケ谷長ヲサ遺跡		第IX文化層	3号ブロック	131	116	9	1	4
B2L群	海老名市	柏ケ谷長ヲサ遺跡		第IX文化層	4号ブロック	20	15	3	1	
B2L群	海老名市	柏ケ谷長ヲサ遺跡		第IX文化層	5号ブロック	718	637	21	6	41
B2L群	海老名市	柏ケ谷長ヲサ遺跡		第IX文化層	6号ブロック	247	223	14	2	5
B2L群	海老名市	柏ケ谷長ヲサ遺跡		第IX文化層	7号ブロック	68	61	5		1
B2L群	海老名市	柏ケ谷長ヲサ遺跡		第IX文化層	8号ブロック	163	136	9	3	4
B2L群	海老名市	柏ケ谷長ヲサ遺跡		第IX文化層	9号ブロック	181	149	10	7	7
B2L群	海老名市	柏ケ谷長ヲサ遺跡		第IX文化層	10号ブロック	215	189	8		12
B2L群	海老名市	柏ケ谷長ヲサ遺跡		第IX文化層	11号ブロック	134	114	4		5
B2L群	海老名市	柏ケ谷長ヲサ遺跡		第IX文化層	12号ブロック	179	156	9	2	8
B2L群	海老名市	柏ケ谷長ヲサ遺跡		第IX文化層	13号ブロック	21	17	2		1
B2L群	海老名市	柏ケ谷長ヲサ遺跡		第IX文化層	14号ブロック	177	157	5	3	8
B2L群	海老名市	柏ケ谷長ヲサ遺跡		第IX文化層	15号ブロック	72	56	1	1	1
B2L群	海老名市	柏ケ谷長ヲサ遺跡		第IX文化層	16号ブロック	81	73	7		
B2L群	海老名市	柏ケ谷長ヲサ遺跡		第IX文化層	17号ブロック	97	88		2	4
B2L群	海老名市	柏ケ谷長ヲサ遺跡		第IX文化層	18号ブロック	75	58	2	2	1
B2L群	海老名市	柏ケ谷長ヲサ遺跡		第IX文化層	19号ブロック	45	42	1	1	
B2L群	海老名市	柏ケ谷長ヲサ遺跡		第IX文化層	20号ブロック	39	28	3		2
B2L群	海老名市	柏ケ谷長ヲサ遺跡		第IX文化層	21号ブロック	33	28	1		3
B2L群	海老名市	柏ケ谷長ヲサ遺跡		第IX文化層	22号ブロック	11	10	1		
B2L群	海老名市	柏ケ谷長ヲサ遺跡		第IX文化層	23号ブロック	33	25	2	2	3

尖頭器	角錐状石器	スクレイパー	礫石器	その他	器種計	黒曜石	チャート	頁岩	安山岩	ホルンフェルス	凝灰岩	流紋岩	砂岩	他石材	石材計	報告書
				1	4	46	37	8							1	46	23
		1		2	31	25	1	4	1						31	23
		1		5	49	45	3	1							49	23
				1	8	2	3	3							8	23
				3	11	5	2	3	1						11	23
				1	6		1	5							6	23
					5	3	1	1							5	23
		1		1	11	11									11	23
		1			8	8									8	23
					18	16		1		1					18	23
					10	10									10	23
				2	49											24
	9	5		2	546	539	1	4	1					1	546	22
	1				20	19									19	22
		3	2		229	18	84	34	20	1	70			2	229	27
	1				7	1		1	5						7	27
					7	7									7	27
					12	6		2	3		1				12	27
		1	1	8	191	116	4	20	28	7	14	1		1	191	27
	1				11	3		3	3		2				11	27
	1	6	3		64	23		4	30	3		1	1	2	64	27
1		2		3	165	26	27	59	25	10	14	3	1		165	27
			3	1	146											29
	1	1			21	19								1	21	32
					105	104									104	34
				1	18	18									18	34
					8	5	1		2						8	33
					9	3			5		1				9	33
					11	1	1		8		1				11	33
	1	3			84											36
	1	5		1	162											36
					11											36
					11											36
			1		27	9	2		4		11			1	27	36
					73	12		1	2	16	42				73	36
			1		131	41			2	24	61	2		1	131	36
			1		20	4			2	2	12				20	36
2	1	6		4	718	272	2	74	63	17	297	1			726	36
		2		1	247	77			80	18	72				247	36
					68	5			6	3	54				68	36
		3	7	1	163	80			42	8	26				156	36
	1	4	3		181	92		2	40		45				179	36
		3	1	2	215	93	2		31	12	76			1	215	36
		1	10		134	76	3	1	4	3	39				126	36
		3	1		179	35		1	96	14	33				179	36
			1		21	6			7	1	6				20	36
		4			177	109	16	1	19	5	26			1	177	36
			11	2	72	50	1		1		9				61	36
			1		81	48		4	5		24				81	36
		1		2	97	77			7	1	12				97	36
		3	9		75	21	2		14	2	27				66	36
			1		45	34			2		9				45	36
		6			39	7	1		10		18	2		1	39	36
		1			33	6	1		8		18				33	36
					11	6			1		4				11	36
		1			33	13			2	2	16				33	36

時期	市町村	遺跡	地点	文化層	石器集中部	出土点数	剥片	石核	RF	ナイフ形石器
B2L群	海老名市	柏ケ谷長ヲサ遺跡		第Ⅸ文化層	24号ブロック	15	7	2		
B2L群	海老名市	柏ケ谷長ヲサ遺跡		第Ⅷ文化層	1号ブロック	866	794	31	2	16
B2L群	海老名市	柏ケ谷長ヲサ遺跡		第Ⅷ文化層	2号ブロック	31	26	3		1
B2L群	海老名市	柏ケ谷長ヲサ遺跡		第Ⅷ文化層	3号ブロック	6	5	1		
B2L群	海老名市	柏ケ谷長ヲサ遺跡		第Ⅷ文化層	4号ブロック	5	5			
B2L群	海老名市	柏ケ谷長ヲサ遺跡		第Ⅷ文化層	5号ブロック	45	42	2		
B2L群	海老名市	柏ケ谷長ヲサ遺跡		第Ⅷ文化層	6号ブロック	11	11			
B2L群	海老名市	柏ケ谷長ヲサ遺跡		第Ⅷ文化層	7号ブロック	154	133	9	2	6
B2L群	海老名市	柏ケ谷長ヲサ遺跡		第Ⅶ文化層	1号ブロック	67	52	4	3	5
B2L群	海老名市	柏ケ谷長ヲサ遺跡		第Ⅶ文化層	2号ブロック	164	153	5		4
B2L群	海老名市	柏ケ谷長ヲサ遺跡		第Ⅵ文化層	1号ブロック	75	65		1	5
B2L群	海老名市	柏ケ谷長ヲサ遺跡		第Ⅵ文化層	2号ブロック	76	63	4	1	5
B2L群	海老名市	かしわ台駅前遺跡		第Ⅴ文化層	第1ブロック	7	6	1		
B2L群	座間市	鷹見塚遺跡		遺物群Ⅴ	石器集中1	29	18	2	5	
B2L群	綾瀬市	小園前畑遺跡			ブロックA	44	35	5	2	2
B2L群	綾瀬市	小園前畑遺跡			ブロックB	5	3			1
B2L群	綾瀬市	寺尾遺跡		第Ⅴ文化層		5	1	2	1	1
B2L群	綾瀬市	早川天神森遺跡		第Ⅵ文化層	第2ブロック	15	8	2		
B2L群	綾瀬市	吉岡遺跡群	C区	B2層	1ブロック	5	2			2
B2L群	綾瀬市	吉岡遺跡群	C区	B2層	2ブロック	16	11	1	1	1
B2L群	綾瀬市	吉岡遺跡群	C区	B2層	4ブロック	27	16	4	1	2
B2L群	綾瀬市	吉岡遺跡群	C区	B2層	5ブロック	20	7	3	2	
B2L群	綾瀬市	吉岡遺跡群	C区	B2層	7ブロック	6	4			
B2L群	綾瀬市	吉岡遺跡群	C区	B2層	8ブロック	40	35			2
B2L群	綾瀬市	吉岡遺跡群	C区	B2層	9ブロック	8	5	1		1
B2L群	綾瀬市	吉岡遺跡群	C区	B2層	11ブロック	10	8	1	1	
B2L群	綾瀬市	吉岡遺跡群	C区	B2層	12ブロック	5	2	1	1	1
B2L群	綾瀬市	吉岡遺跡群	C区	B2層	13ブロック	20	9		2	6
B2L群	綾瀬市	吉岡遺跡群	C区	B2層	14ブロック	12	10	1		1
B2L群	綾瀬市	吉岡遺跡群	C区	B2層	15ブロック	28	21	1	1	2
B2L群	綾瀬市	吉岡遺跡群	C区	B2層	17ブロック	75	49	5	5	12
B2L群	綾瀬市	吉岡遺跡群	C区	B2層	18ブロック	38	27	1	3	1
B2L群	綾瀬市	吉岡遺跡群	C区	B2層	19ブロック	169	105	14	4	8
B2L群	綾瀬市	吉岡遺跡群	C区	B2層	20ブロック	103	50	6	4	1
B2L群	綾瀬市	吉岡遺跡群	C区	B2層	21ブロック	54	40	3	1	1
B2L群	綾瀬市	吉岡遺跡群	C区	B2層	22ブロック	20			1	
B2L群	綾瀬市	吉岡遺跡群	C区	B2層	24ブロック	120	79	4	3	6
B2L群	綾瀬市	吉岡遺跡群	C区	B2層	26ブロック	7	3	1	1	1
B2L群	綾瀬市	吉岡遺跡群	C区	B2層	27ブロック	166	99	8	5	14
B2L群	綾瀬市	吉岡遺跡群	C区	B2層	28ブロック	309	217	16	7	15
B2L群	綾瀬市	吉岡遺跡群	C区	B2層	29ブロック	37	28		1	3
B2L群	綾瀬市	吉岡遺跡群	C区	B2層	30ブロック	23	10		1	
B2L群	綾瀬市	吉岡遺跡群	C区	B2層	31ブロック	138	95	4	8	11
B2L群	綾瀬市	吉岡遺跡群	C区	B2層	32ブロック	181	79	15	9	5
B2L群	綾瀬市	吉岡遺跡群	C区	B2層	34ブロック	28	7	2		
B2L群	綾瀬市	吉岡遺跡群	C区	B2層	36ブロック	56	51	4		
B2L群	綾瀬市	吉岡遺跡群	D区	B2層	1ブロック	85	53	5	10	7
B2L群	綾瀬市	吉岡遺跡群	D区	B2層	3ブロック	16	15	1		
B2L群	綾瀬市	吉岡遺跡群	D区	B2層	4ブロック	8	2	4		1
B2L群	綾瀬市	吉岡遺跡群	D区	B2層	5ブロック	10	5			2
B2L群	綾瀬市	吉岡遺跡群	B区第2次調査	遺物群Ⅴ	石器集中4	63	58	1	1	2
B2U群	相模原市緑区	下九沢山谷遺跡		第Ⅵ文化層	第1ブロック	24	16	2		
B2U群	相模原市緑区	下九沢山谷遺跡		第Ⅵ文化層	第2ブロック	20	13	1		2
B2U群	相模原市中央区	山王平遺跡		第Ⅲ文化層	1号ブロック	20	12	1	1	5
B2U群	相模原市中央区	田名堀ノ内遺跡			第2石器ブロック	35	30		4	1
B2U群	相模原市中央区	田名堀ノ内遺跡			第3石器ブロック	29	17	7	3	

尖頭器	角錐状石器	スクレイパー	礫石器	その他	器種計	黒曜石	チャート	頁岩	安山岩	ホルンフェルス	凝灰岩	流紋岩	砂岩	他石材	石材計	報告書
			6		15	1	2		1		5				9	36
	2	7	14		866	40	20	11	10	91	629	50		15	866	36
			1		31	10			6		14			1	31	36
					6					1	4			1	6	36
					5	1					1			3	5	36
			1		45	8			6		30			1	45	36
					11		1				3			7	11	36
				4	154	31			10		113				154	36
		1		2	67											36
		2			164											36
		3	1		75											36
		1	1	1	76											36
					7						6				6	37
	1	3			29	6					23				29	40
					44			1	4		36			3	44	38
	1				5				1		4				5	38
					5											41
		2	3		15											42
			1		5	2					3				5	45
		2			16	2					14				16	45
			3	1	27	1			2	1	21			2	27	45
	1	1	5	1	20				6		14				20	45
		1	1		6	4			1	1					6	45
		2		1	40	35			3		2				40	45
	1				8	8									8	45
					10	9						1			10	45
					5	1			1		3				5	45
		2	1		20	16			2		2				20	45
					12	12									12	45
			1	2	28	26				1	1				28	45
		2	1	1	75	71			2	1	1				75	45
			3	3	38	12	3		2	1	21				39	45
	1	6	28	3	169	75	24		33	1	30			6	169	45
		2	39	1	103	46	2	1	37	6	10			1	103	45
	1	7		1	54	28				6	20				54	45
			19		20	1			19						20	45
		6	22		120	88			28		4				120	45
			1		7	1	1	1	2		2				7	45
	2	7	29	2	166	108			30	11	17				166	45
	4	16	32	2	309	180	1		34	1	92			1	309	45
	1		4		37	28			4		5				37	45
	1	1	10		23	7			10	1	5				23	45
	2	6	9	3	138	105	2	1	9	4	17				138	45
		6	67		181	66			86		28			1	181	45
	1	5	11	2	28	9			11		8				28	45
	1				56	46		1			9				56	45
	1	6	1	2	85	32	1		7	4	41				85	45
					16	16									16	45
			1		8	2			1		4			1	8	45
		1		2	10	8			1					1	10	45
		1			63				62		1				63	46
		2		4	24	4	2	11			2			2	21	1
2	1	1			20	14	3	3							20	1
		1			20	20									20	2
					35	34						1			35	3
				2	29		4	9			16				29	3

別表　331

時期	市町村	遺跡	地点	文化層	石器集中部	出土点数	剝片	石核	RF	ナイフ形石器
B2U群	藤沢市	湘南藤沢キャンパス内遺跡		第IV文化層	1-S1	97	93	2		2
B2U群	藤沢市	湘南藤沢キャンパス内遺跡		第IV文化層	4-S1	13	10	1		
B2U群	藤沢市	湘南藤沢キャンパス内遺跡		第IV文化層	1-S1	47	46	1		
B2U群	藤沢市	湘南藤沢キャンパス内遺跡		第IV文化層	1-S2	10	9	1		
B2U群	藤沢市	湘南藤沢キャンパス内遺跡		第IV文化層	1-S3	13	13			
B2U群	藤沢市	湘南藤沢キャンパス内遺跡		第IV文化層	1-S4	59	49	4	3	1
B2U群	藤沢市	湘南藤沢キャンパス内遺跡		第IV文化層	1-S5	68	61	4	3	
B2U群	藤沢市	湘南藤沢キャンパス内遺跡		第IV文化層	1-S6	22	21		1	
B2U群	藤沢市	湘南藤沢キャンパス内遺跡		第IV文化層	1-S8	45	43	1		
B2U群	藤沢市	湘南藤沢キャンパス内遺跡		第IV文化層	1-S9	19	15		2	
B2U群	藤沢市	湘南藤沢キャンパス内遺跡		第IV文化層	1-S10	26	20	3	1	1
B2U群	藤沢市	湘南藤沢キャンパス内遺跡		第IV文化層	1-S12	14	12		1	
B2U群	藤沢市	湘南藤沢キャンパス内遺跡		第IV文化層	9-S1	57	49		1	2
B2U群	藤沢市	湘南藤沢キャンパス内遺跡		第IV文化層	9-S2	7	7			
B2U群	藤沢市	湘南藤沢キャンパス内遺跡		第IV文化層	9-S3	24	22	1		
B2U群	藤沢市	南葛野遺跡	第2号拡張区	第II文化層	第1号石器集中部	81	78	2		
B2U群	藤沢市	南葛野遺跡	第12号拡張区	第II文化層	第1号石器集中部	44	30	6	3	1
B2U群	藤沢市	南葛野遺跡	第12号拡張区	第II文化層	第3号石器集中部	38	27	2	4	3
B2U群	藤沢市	南葛野遺跡	第12号拡張区	第II文化層	第4号石器集中部	33	21	6	1	2
B2U群	藤沢市	南葛野遺跡	第12号拡張区	第II文化層	第5号石器集中部	12	7		2	2
B2U群	藤沢市	南葛野遺跡	第15号拡張区	第II文化層	第1号石器集中部	27	21	3	2	
B2U群	藤沢市	葛原山田地区	第4地点	第II文化層	1号ブロック	56	42	2	6	4
B2U群	藤沢市	根下遺跡		第I文化層	1号ユニット	17	14			
B2U群	藤沢市	代官山遺跡		第VI文化層	集中A	246	223	1	12	10
B2U群	藤沢市	代官山遺跡		第VI文化層	集中B	37	33		2	1
B2U群	藤沢市	代官山遺跡		第VI文化層	集中C	22	19	2		
B2U群	藤沢市	代官山遺跡		第VI文化層	集中D	22	20			2
B2U群	藤沢市	代官山遺跡		第VI文化層	集中E	34	25	3	3	2
B2U群	藤沢市	代官山遺跡		第VI文化層	集中F	17	10		3	4
B2U群	藤沢市	代官山遺跡		第VI文化層	集中G	8	6		1	
B2U群	藤沢市	南鍛冶山遺跡			遺物集中0501	60	53	2	1	2
B2U群	藤沢市	南鍛冶山遺跡			遺物集中0502	7	7			
B2U群	藤沢市	南鍛冶山遺跡			遺物集中0701	5	0	5		
B2U群	藤沢市	用田鳥居前遺跡		第VI文化層	石器集中地点	423	357	18		5
B2U群	藤沢市	用田大河内遺跡		第VI文化層	第7石器集中地点	21	17			
B2U群	藤沢市	用田鳥居前遺跡		第VI文化層	第8石器集中地点	74	60	6		2
B2U群	藤沢市	用田鳥居前遺跡		第VI文化層	第9石器集中地点	14	11	1		
B2U群	大和市	月見野遺跡群上野遺跡	第1地点	第VIII文化層	第1ブロック	48	39	2		1
B2U群	大和市	県営高座渋谷団地内遺跡		第V文化層	第1ブロック	96	85		3	7
B2U群	大和市	県営高座渋谷団地内遺跡		第V文化層	第2ブロック	107	77	6	12	9

尖頭器	角錐状石器	スクレイパー	礫石器	その他	器種計	黒曜石	チャート	頁岩	安山岩	ホルンフェルス	凝灰岩	流紋岩	砂岩	他石材	石材計	報告書
					97											10・11
	1			1	13											10・11
					47											10・11
					10											10・11
					13											10・11
		1	1		59											10・11
					68											10・11
					22											10・11
		1			45											10・11
		1		1	19											10・11
		1			26											10・11
	1				14											10・11
	2	2	1		57											10・11
					7											10・11
		1			24											10・11
		1			81	15	7	59							81	18
	1	3			44	5	3	30	11						49	18
	1	1			38	20	2	11	3						36	18
	2	1			33	6	1	16	12						35	18
	1				12	6	6	5							17	18
		1			27	1	5	23	1						30	18
		1	1		56	55					1				56	16
	1	2			17	1			14		1			1	17	14
					246	243		1	1		1				246	13
				1	37	37									37	13
		1			22	22									22	13
					22	22									22	13
		1			34	7		27							34	13
					17	14		3							17	13
				1	8	8									8	13
		1	1		60	14		44						2	60	17
					7			7							7	17
					5	1		4							5	17
1	2	27	8	5	423	359		36	13		13				421	19
	1	2	1		21	3			10	8					21	20
			6		74	14	4		53		3				74	20
			2		14	2			2	5	6				15	20
	6				48											31
				1	96											26
	1	1		1	107											26

時期	市町村	遺跡	地点	文化層	石器集中部	出土点数	剝片	石核	RF	ナイフ形石器
B2U群	大和市	県営高座渋谷団地内遺跡		第V文化層	第3ブロック	102	86	4	4	7
B2U群	大和市	県営高座渋谷団地内遺跡		第V文化層	第4ブロック	47	39		1	7
B2U群	大和市	県営高座渋谷団地内遺跡		第V文化層	第5ブロック	27	18	4	2	2
B2U群	大和市	県営高座渋谷団地内遺跡		第V文化層	第6ブロック	29	22	1	3	3
B2U群	大和市	県営高座渋谷団地内遺跡		第V文化層	第8ブロック	23	15	1	4	2
B2U群	大和市	県営高座渋谷団地内遺跡		第V文化層	第9ブロック	23	12	2	2	4
B2U群	大和市	県営高座渋谷団地内遺跡		第V文化層	第10ブロック	20	13	2	2	3
B2U群	大和市	県営高座渋谷団地内遺跡		第V文化層	第11ブロック	24	18	3		2
B2U群	大和市	県営高座渋谷団地内遺跡		第V文化層	第12ブロック	7	3		1	1
B2U群	大和市	県営高座渋谷団地内遺跡		第V文化層	第13ブロック	7	7			
B2U群	大和市	福田札ノ辻遺跡		第IV文化層	第1ブロック	10	8		2	
B2U群	大和市	上草柳遺跡群	大和配水池内遺跡	第VIII文化層	1号ブロック	7	5		1	
B2U群	大和市	上草柳遺跡群	大和配水池内遺跡	第VIII文化層	2号ブロック	10	7		1	2
B2U群	大和市	上草柳遺跡群	大和配水池内遺跡	第VIII文化層	3号ブロック	5	4			1
B2U群	大和市	上草柳遺跡群	大和配水池内遺跡	第VIII文化層	4号ブロック	5	4			1
B2U群	大和市	上草柳遺跡群	大和配水池内遺跡	第VIII文化層	5号ブロック	8	5	1		1
B2U群	綾瀬市	吉岡遺跡群	D区	B2層	2ブロック	75	52		12	7
B2U群	綾瀬市	吉岡遺跡群	B区第2次調査	遺物群V	石器集中3	93	85			5
L2	相模原市緑区	下九沢山谷遺跡		第V文化層	第1ブロック	137	125	2		6
L2	相模原市緑区	下九沢山谷遺跡		第V文化層	第2ブロック	48	40			5
L2	相模原市緑区	下九沢山谷遺跡		第V文化層	第3ブロック	28	25			3
L2	相模原市緑区	下九沢山谷遺跡		第V文化層	第4ブロック	47	41	2		
L2	相模原市緑区	下九沢山谷遺跡		第V文化層	第5ブロック	8	8			
L2	相模原市緑区	下九沢山谷遺跡		第V文化層	第6ブロック	17	16			
L2	相模原市中央区	横山5丁目遺跡		第II文化層	17号ブロック	41	32	1	5	2
L2	相模原市南区	古淵B遺跡		第3文化層	31号ユニット	13	11			2
L2	相模原市南区	古淵B遺跡		第3文化層	32号ユニット	8	8			
L2	相模原市南区	古淵B遺跡		第3文化層	33号ユニット	20	20			
L2	相模原市南区	古淵B遺跡		第3文化層	34号ユニット	12	10	1		1
L2	相模原市南区	当麻亀形遺跡		第III文化層	第1ブロック	49	39	3	4	3
L2	藤沢市	湘南藤沢キャンパス内遺跡		第III文化層	3-S1	14	11	2	1	
L2	藤沢市	湘南藤沢キャンパス内遺跡		第III文化層	3-S2	9	7	1		
L2	藤沢市	湘南藤沢キャンパス内遺跡		第III文化層	7-S1	11	11			
L2	藤沢市	湘南藤沢キャンパス内遺跡		第III文化層	7-S2	104	92	3	3	5
L2	藤沢市	湘南藤沢キャンパス内遺跡		第III文化層	8-S1	10	9	1		
L2	藤沢市	湘南藤沢キャンパス内遺跡		第III文化層	8-S2	34	29	2	1	
L2	藤沢市	湘南藤沢キャンパス内遺跡		第III文化層	8-S5	146	139	2	1	4
L2	藤沢市	湘南藤沢キャンパス内遺跡		第III文化層	8-S9	11	11			
L2	藤沢市	湘南藤沢キャンパス内遺跡		第III文化層	8-S10	35	33	1		1
L2	藤沢市	湘南藤沢キャンパス内遺跡		第III文化層	8-S11	6	4			2

尖頭器	角錐状石器	スクレイパー	礫石器	その他	器種計	黒曜石	チャート	頁岩	安山岩	ホルンフェルス	凝灰岩	流紋岩	砂岩	他石材	石材計	報告書
		1			102											26
					47											26
		1			27											26
					29											26
	1				23											26
		3			23											26
					20											26
		1			24											26
2					7											26
					7											26
					10	10									10	33
		1			7		3	3				1			7	23
					10		6	4							10	23
					5		3	2							5	23
					5		3			1	1				5	23
		1			8	3	3				2				8	23
	3			1	75	73	1				1				75	45
				3	93	93									93	46
		1		3	137											1
		1		2	48											1
					28											1
		2	1	1	47											1
					8											1
				1	17											1
		1			41											4
					13	13									13	5
					8				8						8	5
					20	19	1								20	5
					12		12								12	5
					49	2	2	2	39		1		1	2	49	6
					14											10・11
				1	9											10・11
					11											10・11
				1	104											10・11
					10											10・11
			1		34											10・11
					146											10・11
					11											10・11
					35											10・11
					6											10・11

時期	市町村	遺跡	地点	文化層	石器集中部	出土点数	剝片	石核	RF	ナイフ形石器
L2	藤沢市	湘南藤沢キャンパス内遺跡		第Ⅲ文化層	8－S12	81	70	5	3	2
L2	藤沢市	湘南藤沢キャンパス内遺跡		第Ⅲ文化層	9－S1	8	6			
L2	藤沢市	藤沢市No.419遺跡	第2地点	第Ⅲ文化層	1号礫集中部	14	9		3	
L2	藤沢市	稲荷台地遺跡群唐池遺跡	第2地点	第Ⅰ文化層	第1ブロック	14	11	1		1
L2	藤沢市	用田鳥居前遺跡		第Ⅴ文化層	第1石器集中地点	113	108			
L2	藤沢市	用田鳥居前遺跡		第Ⅴ文化層	第2石器集中地点	8	6			1
L2	大和市	大和市No.210遺跡		第Ⅱ文化層	第1ブロック	468	450		8	
L2	大和市	大和市No.210遺跡		第Ⅱ文化層	第2ブロック	20	20		1	
L2	大和市	長堀南遺跡		第Ⅴ文化層	1号ユニット	21	14	1	1	3
L2	大和市	長堀南遺跡		第Ⅴ文化層	2号ユニット	68	62	1	1	3
L2	大和市	長堀南遺跡		第Ⅴ文化層	3号ユニット	39	34	1	1	3
L2	大和市	長堀南遺跡		第Ⅴ文化層	4号ユニット	140	120	6	1	12
L2	大和市	県営高座渋谷団地内遺跡		第Ⅴ文化層	第7ブロック	28	21	1		5
L2	大和市	神明若宮地区内遺跡	C地区	第Ⅲ文化層	第1ブロック	23	11	2	4	6
L2	大和市	神明若宮地区内遺跡	C地区	第Ⅲ文化層	第2ブロック	23	20			3
L2	大和市	上草柳遺跡群	大和配水池内遺跡	第Ⅵ文化層	1号ブロック	86	74	4	3	2
L2	大和市	上草柳遺跡群	大和配水池内遺跡	第Ⅵ文化層	2号ブロック	174	166	6		1
L2	大和市	上草柳遺跡群	大和配水池内遺跡	第Ⅵ文化層	3号ブロック	44	33	2	6	1
L2	大和市	上草柳遺跡群	大和配水池内遺跡	第Ⅵ文化層	4号ブロック	30	29			1
L2	大和市	上草柳遺跡群	大和配水池内遺跡	第Ⅵ文化層	5号ブロック	226	206		8	2
L2	大和市	上草柳遺跡群	大和配水池内遺跡	第Ⅵ文化層	6号ブロック	5	3			
L2	大和市	上草柳遺跡群	大和配水池内遺跡	第Ⅵ文化層	7号ブロック	97	83	3	3	3
L2	大和市	上草柳遺跡群	大和配水池内遺跡	第Ⅵ文化層	8号ブロック	179	159	2	5	
L2	大和市	上草柳遺跡群	大和配水池内遺跡	第Ⅵ文化層	9号ブロック	5	0		1	1
L2	大和市	上草柳遺跡群	大和配水池内遺跡	第Ⅵ文化層	10号ブロック	7	3		1	2
L2	綾瀬市	吉岡遺跡群	A区	L2層	密集地点	32	29	1	1	1

尖頭器	角錐状石器	スクレイパー	礫石器	その他	器種計	黒曜石	チャート	頁岩	安山岩	ホルンフェルス	凝灰岩	流紋岩	砂岩	他石材	石材計	報告書
		1			81											10・11
2					8											10・11
		1	1		14	6	1	1	1	1	3			1	14	15
		1			14						13		1		14	12
5					113				113						113	19
		1			8				8						8	19
9				1	468											35
					21											35
		2			21		7							14	21	32
		1		1	68		12						43	13	68	32
					39	4	19			1				15	39	32
			1		140	8	70			6	1		10	54	149	32
		1			28											26
					23											28
					23											28
2				1	86	3			83						86	23
1					174	6			167		1				174	23
1			1		44	1			40		2		1		44	23
					30				30						30	23
4		2		4	226	25			200		1				226	23
1				1	5			2	2		1				5	23
2		2	1		97		11	20	62	1	3				97	23
8		4		1	179	4	1	2	166	1	5				179	23
		3			5				5						5	23
1					7	3			3		1				7	23
					32	32									32	44

参考文献

麻生　優 1985「層位論」『岩波講座日本考古学 1　研究の方法』79–113頁　岩波書店

阿部　敬・中村雄紀・三好元樹・柴田亮平 2010「静岡県柏峠黒曜石原産地の産状に関する考古学的評価」
　　『静岡県埋蔵文化財調査研究所研究紀要』16　9–18頁　静岡県埋蔵文化財調査研究所

新井　悟 2007「考古学者はなぜ壁に線をひいたのか」『明治大学校地内遺跡調査団年報』4　78–82頁
　　明治大学校地内遺跡調査団

新井　正・藤原寿和・舟田昭子他 1987「東京の台地部における湧水の現状」『地理学評論』60–7
　　481–484頁　日本地理学会

安蒜政雄 1973「関東地方における切出形石器を伴う石器文化の様相」『駿台史学』32　23–65頁　駿台史
　　学会

安蒜政雄 1977「遺跡の中の遺物」『季刊どるめん』15　50–62頁　JICC出版局

安蒜政雄 1979「石器の形態と機能」『日本考古学を学ぶ（2）』17–39頁　有斐閣

安蒜政雄 1992「砂川遺跡における遺跡の形成過程と石器製作の作業体系」『駿台史学』86　101–128頁
　　駿台史学会

飯田茂雄 2006「槍先形尖頭器の出現と渋川遺跡の左右非対称形槍先形尖頭器」『駿台史学』128　21–43頁
　　駿台史学会

飯田茂雄 2008「後期旧石器時代後半期の武蔵野編年に関する諸問題」『考古学リーダー 14　後期旧石器時
　　代の成立と古環境復元』72–82頁　六一書房

井川史子 1976「旧石器文化研究の方法論」『日本の旧石器文化』5　19–70頁　雄山閣出版

五十嵐　彰 1999「旧石器資料報告の現状（Ⅰ）―坂下遺跡の分析を通じて―」『東京考古』17　19–32頁
　　東京考古談話会

五十嵐　彰 2000「『文化層』概念の検討―旧石器資料報告の現状（Ⅱ）―」『旧石器考古学』60　43–56頁
　　旧石器文化談話会

五十嵐　彰 2002「遺跡形成」『現代考古学事典』23–26頁　同成社

池谷信之 2001「石材組成とナイフ形石器の製作地」『第 7 回石器文化研究交流会―発表要旨―』63–74頁
　　石器文化研究会・第 7 回石器文化研究交流会しずおか実行委員会

池谷信之 2003「伊豆・箱根黒曜石原産地の産状と成因」『黒耀石文化研究』2　23–35頁　明治大学博物
　　館

池谷信之・望月明彦 1998「愛鷹山麓における石材組成の変遷」『静岡県考古学研究』30　21–44頁　静岡
　　県考古学会

石村　智 2002「AT降灰期の集団構造―武蔵野台地第Ⅵ層段階の石器群からの理解―」『東京考古』20
　　1–20頁　東京考古談話会

出穂雅実 2007「遺跡形成過程と地考古学」『ゼミナール旧石器考古学』69–90頁　同成社

出穂雅実・赤井文人 2005「北海道の旧石器編年―遺跡形成論とジオアーケオロジーの適用―」『旧石器研
　　究』1　39–55頁　日本旧石器学会

井関文明 2005「南関東の国府系ナイフ形石器」『埼玉考古別冊 8　県指定文化財上尾市殿山遺跡シンポジウ
　　ム―石器が語る 2 万年―』221–235頁　埼玉県考古学会・上尾市教育委員会

伊藤　健 1989a「樋状剝離を有する尖頭器の技術と形態」『東京考古』7　1–27頁　東京考古談話会

伊藤　健 1989b「樋状剝離を有する尖頭器の編年と変遷」『古代』88　1–39頁　早稲田大学考古学会

伊藤　健 1990「ナイフ形石器文化の画期と変容」『物質文化』54　1–14頁　物質文化研究会

伊藤　健 1991「ナイフ形石器の変異と変遷」『研究論集』Ⅹ　81–107頁　東京都埋蔵文化財センター

伊藤　健 1992「円形搔器の素描と展開」『旧石器考古学』45　23–35頁　旧石器文化談話会

伊藤　健 1995a「先土器時代社会の人口と領域」『古代文化』47-2　1-13頁　古代學協會

伊藤　健 1995b「VI層段階の遺跡群―鈴木遺跡と栗谷ツ遺跡―」『第2回石器文化研究交流会―発表要旨―』90-95頁　第2回石器文化研究交流会とうきょう実行委員会

伊藤　健 1997a「先土器時代 第VII・VI層文化の位置づけと諸問題」『菅原神社台地上遺跡　第3分冊　自然科学分析・成果と考察・写真図版編』56-79頁　東京都埋蔵文化財センター

伊藤　健 1997b「先土器時代 第V層文化の位置づけと諸問題」『菅原神社台地上遺跡　第3分冊　自然科学分析・成果と考察・写真図版編』80-91頁　東京都埋蔵文化財センター

伊藤　健 1998「VI層段階の石器群―石器組成と社会形態―」『石器に学ぶ』創刊号　2-18頁　石器に学ぶ会

伊藤　健 1999「後期旧石器時代遺跡研究のための低位モデル」『東京考古』17　1-18頁　東京考古談話会

伊藤　健 2001「多摩川流域と武蔵野台地の遺跡立地と地形環境　武蔵野台地南東部」『多摩川流域の段丘形成と考古学的遺跡の立地環境』123-139頁　とうきゅう環境浄化財団

伊藤　健 2007a「ナイフ形石器文化編年の形成過程―V層・IV層下部段階の解体に向けて―」『旧石器研究』3　111-126頁　日本旧石器学会

伊藤　健 2007b「後期旧石器時代初頭期における武蔵台遺跡の遺跡形成と地形環境」『國學院大學考古学資料館紀要』23　33-42頁　國學院大學考古学資料館

伊藤　健 2008a「武蔵野台地における旧石器時代の遺跡立地と地形」『考古学リーダー14　後期旧石器時代の成立と古環境復元』172-179頁　六一書房

伊藤　健 2008b「石器文化編年と遺跡形成過程論―V層・IV層下部段階の解体に向けてII―」『石器に学ぶ』10　19-42頁　石器に学ぶ会

伊藤　健 2008c「関東地方における遺跡分布と資源構造」『日本旧石器学会第6回講演・研究発表シンポジウム予稿集』43-46頁　日本旧石器学会

伊藤　健 2009「武蔵野台地における後期旧石器時代遺跡立地と資源」『旧石器研究』5　43-58頁　日本旧石器学会

伊藤　健 2012「武蔵野台地の開拓者―旧石器時代の遺跡―」『研究論集』371-383頁　東京都埋蔵文化財センター

伊藤　健 2016「後期旧石器時代における黒曜石原産地組成―「IV中2亜段階」と伊豆柏峠黒曜石―」『研究論集』ＸＸＸ　1-20頁　東京都埋蔵文化財センター

伊藤　健 2018「後期旧石器時代「武蔵野編年」の新地平―樋状剥離を有する尖頭器石器群をめぐって―」『研究論集』ＸＸＸII　27-55頁　東京都埋蔵文化財センター

伊藤　健 2019「樋状剥離を有する尖頭器の編年と変遷（2）」『旧石器時代文化から縄文時代文化の潮流―研究の視点―』129-138頁　六一書房

伊藤　健 2022「東京都茂呂遺跡の編年的位置づけ」『日本旧石器学会第20回研究発表シンポジウム予稿集』9-12頁　日本旧石器学会

伊藤　健 2024「信州/南関東間を展開する面取尖頭器石器群について」『日本旧石器学会第22回研究発表シンポジウム予稿集』9-12頁　日本旧石器学会

伊藤　健・三瓶裕司 2000「石器組成とブロックの規模からみた「砂川」―石器経済活動の空間的組織―」『石器文化研究』9　209-234頁　石器文化研究会

伊藤　健・山田和史・塚田清啓・尾田識好・堀　恭介・佐藤悠登・市田直一郎 2019「東京都の後期旧石器時代前半期の遺跡データベース」『研究論集』ＸＸＸIII，61-81頁，東京都埋蔵文化財センター

稲田孝司 1969「尖頭器文化の出現と旧石器的石器製作の解体」『考古学研究』15-3　3-18頁　考古学研究会

岩崎泰一 1992「後期旧石器時代に於ける集落・集団研究の現状認識」『群馬県埋蔵文化調査事業団研究紀要』9　1－22頁　群馬県埋蔵文化調査事業団

岩瀬　彬 2017「田直遺跡出土旧石器時代資料の使用痕分析：有樋尖頭器石器群を対象とした事例分析」『世田谷区田直遺跡』35－39頁　東京都埋蔵文化財センター

岩宿博物館 2023『第78回企画展　岩宿Ⅱ石器文化からみた関東地方』

上本進二 2010「南関東の富士系テフラと遺跡層序—考古学のための Y－no.・S－no. 分層マニュアル（Ⅱ）—」『関東の四紀』30　3－26頁　関東第四紀研究会

上本進二・上杉　陽 1996「神奈川県のテフラ層と遺跡層序—考古学のための Y－no.・S－no. 分層マニュアル—」『関東の四紀』20　3－24頁　関東第四紀研究会

上本進二・上杉　陽・由井将雄・米澤　宏・中村喜代重 1994「南関東の立川ローム層と考古学土層—富士山東麓〜神奈川県西部〜相模野〜武蔵野〜房総半島の土層対比—」『神奈川考古』30　159－175頁　神奈川考古同人会

馬路晃祥 2003「後期旧石器時代の遊動生活—南関東における黒曜石の出土状況を中心に—」『考古学研究』50－1　35－55頁　考古学研究会

岡村道雄 1990『日本旧石器時代史』雄山閣出版

小田静夫 1980「武蔵野台地に於ける先土器文化」『神奈川考古』8　11－27頁　神奈川考古同人会

小田静夫・キーリー，C. T 1973『武蔵野公園遺跡Ⅰ』野川遺跡調査会

Oda, S・KeaLy, C. T 1975a『JAPANESE PRECERAMIC CULTURAL CHRONOLOGY』国際基督教大学考古学研究センター

Oda, S・Kealy, C. T 1975b『Japanese Preceramic Chronology』

小野　昭 1975「先土器時代石材運搬論ノート」『考古学研究』21－4　17－19頁　考古学研究会

小野　昭 1976「後期旧石器時代の集団関係」『考古学研究』23－1　9－22頁　考古学研究会

小野　昭 2005「旧石器時代研究における年代の階層性」『東京都立大学人文科学研究科人文学報』19－28頁　東京都立大学

小野　昭 2007『旧石器時代の日本列島と世界』同成社

小野正敏・鈴木次郎・高橋芳宏・矢島國雄・坂入民子 1972『小園前畑遺跡発掘調査報告書』綾瀬町教育委員会

男女倉遺跡緊急発掘調査団（森嶋　稔）1975『男女倉　国道142号新和田トンネル有料道路事業用地内緊急発掘調査報告書』和田村教育委員会

織笠　昭 1982「剝片剝離過程　新橋遺跡の剝片剝離技術」『シンポジウム南関東地方を中心としたナイフ形石器文化の諸問題《資料》』61－77頁　神奈川考古同人会

織笠　昭 1984「細石器文化組成論」『駿台史學』60　71－93頁　駿台史学会

織笠　昭 1987a「殿山技法と国府型ナイフ形石器」『考古学雑誌』72－4　1－38頁　日本考古学会

織笠　昭 1987b「国府型ナイフ形石器の形態と技術　上」『古代文化』39－10　8－12頁　古代學協會

織笠　昭 1987c「国府型ナイフ形石器の形態と技術　下」『古代文化』39－12　15－30頁　古代學協會

織笠　昭 1989「尖頭器文化とは何か—文化・考古学的文化・石器文化—」『長野県考古学会誌』59・60　315－321頁　長野県考古学会

織笠　昭 1991「先土器時代の生活領域—集団移動と領域の形成—」『日本村落史講座6　生活Ⅰ原始・古代・中世』3－26頁　雄山閣出版

織笠　昭・松井政信・高野博光 1976「埼玉県における先土器時代編年の概要」『大古里遺跡発掘調査報告書』116－130頁　浦和市大古里遺跡調査会

貝塚爽平・戸谷　洋 1953「武蔵野台地東部の地形・地質と周辺諸台地の Tephroclonology」『地学雑誌』62－2　9－18頁　日本地学協会

角張淳一 1991a「黒曜石原産地遺跡と消費地のダイナミズム―後期旧石器時代石器群の行動論的理解―」
　『先史考古学論集』1　25−82頁　安斎正人

角張淳一 1991b「武蔵野台地Ｖ層石器群の分析―Ⅵ層段階石器群の解体と新しい地域性の生成―」『國學
　院大學考古学資料館紀要』11　1−61頁　國學院大學考古学資料館

笠懸野 岩宿文化資料館・岩宿フォーラム実行委員会 1994『第２回岩宿フォーラム／シンポジウム　群馬の
　岩宿時代の変遷と特色　予稿集』

春日井杏乃 2024「南関東『Ｖ層・Ⅳ層下部段階』における石材消費と狩猟採集民の移動形態」『シンポジウ
　ム 石器技術研究をめぐる実験考古学』21−22頁　明治大学黒耀石研究センター

加速器研究所 2020「杉並区向ノ原遺跡における放射性炭素年代（AMS測定）」『杉並区向ノ原遺跡第３次調
　査』436−444頁，東京都埋蔵文化財センター

金井拓人・一之瀬敬一 2024「山梨県水産水晶の原産地とその推定法」『月刊考古学ジャーナル』792
　5−8頁　ニュー・サイエンス社

金山喜昭 1990「姶良Tn火山灰降下期における黒曜石石器群」『國學院大學考古学資料館紀要』6　1−15
　頁　國學院大學考古学資料館

神奈川考古同人会 1979「特集　ナイフ形石器文化終末期の問題」『神奈川考古』7

神奈川考古同人会 1980「特集　ナイフ形石器文化終末期の問題Ⅱ」『神奈川考古』8

神奈川考古同人会 1982『シンポジウム南関東を中心としたナイフ形石器文化の諸問題　資料』

神奈川考古同人会 1983「シンポジウム南関東を中心としたナイフ形石器文化の諸問題」『神奈川考古』16

鎌木義昌 1965「刃器文化」『日本の考古学1　先土器時代』131−144頁　河出書房新社

鎌木義昌・高橋　護 1965「瀬戸内海地方の先土器時代」『日本の考古学1　先土器時代』284−302頁　河
　出書房新社

上條朝宏 2008「南関東における立川ロームのスコリア形態―多摩ニュータウン№681遺跡の立川ローム層
　に見られるスコリアの形態―」『考古学リーダー 14　後期旧石器時代の成立と古環境復元』52−60頁
　六一書房

亀田直美 1995「武蔵野台地Ｖ層Ⅳ層下部段階における遺跡構造」『古代探叢Ⅳ』1−16頁　早稲田大学出版
　部

亀田直美 1996a「第１・２文化層の石器製作技術」『下戸塚遺跡の調査　第１部旧石器時代から縄文時代』
　423−431頁　早稲田大学

亀田直美 1996b「角錐状石器と切出形石器」『下戸塚遺跡の調査　第１部旧石器時代から縄文時代』
　432−443頁　早稲田大学

亀田直美 1996c「角錐状石器」『石器文化研究』5　189−198頁　石器文化研究会

川上　元・神村　透・森山公一 1976「長野県小県郡和田村唐沢ヘイゴロゴーロの旧石器文化資料」『長野県
　考古学会誌』26　1−28頁　長野県考古学会

川口　潤 1988「樋状剝離を有する尖頭器の再検討」『旧石器考古学』36　29−54頁　旧石器文化談話会

川口　潤 1991「中砂遺跡出土の削片から―中砂遺跡第３石器集中と樋状剝離を有する尖頭器―」『埼玉考
　古学論集』91−111頁　埼玉県埋蔵文化財調査事業団

関東ローム研究グループ 1956「関東ロームの諸問題」『地質学雑誌』62　302−316頁　日本地質学会

関東ローム研究グループ 1965『関東ローム その起源と性状』築地書館

関東ローム団体研究会 1954「関東ロームの諸問題」『INQUA日本支部連絡誌』9　4・5頁　日本学術会議
　地質学研究連絡会第四紀小委員会

鬼頭　剛 2004「考古学と地質学間に生じた層序認識の違いとその原因―地質学研究者の視点から―」『愛
　知県埋蔵文化財センター研究紀要』5　79−88頁　愛知県教育サービスセンター愛知県埋蔵文化財セン
　ター

旧石器時代研究プロジェクトチーム 2011「神奈川県における旧石器時代の遺物分布（その4）―BI層～L2層（1）―」『研究紀要16　かながわの考古学』1-12頁　かながわ考古学財団

旧石器時代研究プロジェクトチーム 2012「神奈川県における旧石器時代の遺物分布（その5）―BI～L2層（まとめ）―」『研究紀要17　かながわの考古学』1-12頁　かながわ考古学財団

旧石器時代研究プロジェクトチーム 2013「神奈川県における旧石器時代の遺物分布（その6）―B2層―」『研究紀要18　かながわの考古学』1-10頁　かながわ考古学財団

旧石器時代研究プロジェクトチーム 2014「神奈川県における旧石器時代の遺物分布（その7）―B2層（まとめ）―」『研究紀要19　かながわの考古学』1－12頁　かながわ考古学財団

旧石器時代研究プロジェクトチーム 2015「神奈川県における旧石器時代の遺物分布（その8）―L3層～B5層―」『研究紀要20　かながわの考古学』1-12頁　かながわ考古学財団

旧石器時代研究プロジェクトチーム 2021「神奈川における旧石器時代の遺跡立地―相模野第Ⅲ期～第Ⅴ期―（その1）」『研究紀要26　かながわの考古学』1-12頁　かながわ考古学財団

口蔵幸雄 1983「居住集団のサイズと生態」『現代の人類学1　生態人類学』181-192頁　至文堂

工藤雄一郎 2005「本州島東半部における更新世終末期の環境史との時間的対応関係」『第四紀研究』44-1　51-64頁　日本第四紀学会

工藤雄一郎 2012『旧石器・縄文時代の環境文化史　高精度放射性炭素年代測定と考古学』新泉社

工藤雄一郎 2014「後期旧石器時代の広域編年対比にむけて」『旧石器研究』10　11-22頁　日本旧石器学会

国武貞克 2000「下柳沢遺跡第3文化層をめぐる問題―樋状剝離を有する尖頭器の製作をめぐる行動論的一考察―」『下柳沢遺跡』615-628頁　早稲田大学文化財整理室

国武貞克 2002「武蔵野台地・大宮台地の面取り尖頭器」『有樋尖頭器の発生・変遷・終焉』予稿集・記録集』31-52頁　千葉県房総風土記の丘

国武貞克 2003「両面体調整石器群の由来―関東地方Ⅴ・Ⅳ層下部段階から砂川期にかけての石材消費戦略の連続性―」『考古学』Ⅰ　52-77頁　安斎正人

国武貞克 2008「回廊領域仮説の提唱」『旧石器研究』4　83-98頁　日本旧石器学会

国武貞克 2015「黒曜石の獲得からみた関東・中部地方の移動領域」『旧石器研究』11　79-95頁　日本旧石器学会

功刀　司 1998「八ヶ岳の原産地と遺跡群」『第10回長野県旧石器文化研究交流会　発表資料』44-47頁　長野県旧石器文化研究交流会

久保純子 1988「相模野台地・武蔵野台地を刻む谷の地形―風成テフラを供給された名残川の谷地形―」『地理学評論』61-1　25-48頁　日本地理学会

熊谷亮介 2022「旧石器時代研究における「機能形態学」に向けて―石刃石器群の幾何学的形態測定学に基づく考察―」『旧石器研究』18　29-49頁　日本旧石器学会

栗原伸好 1999「相模野第Ⅲ期と第Ⅳ期の間―相模野第Ⅲ期と第Ⅳ期の石器群の連続性の存在に関する考察―」『神奈川考古』35　17-32頁　神奈川考古同人会

栗原伸好 2000「槍先形尖頭器の変遷―相模野台地における「砂川期」石器群の例を中心に―」『石器文化研究』9　23-31頁　石器文化研究会

栗島義明 1982「ナイフ形石器の組み合わせについて―野川流域における形態組成のあり方―」『シンポジウム南関東地方を中心としたナイフ形石器文化の諸問題《資料》』96-100頁　神奈川考古同人会

栗島義明 1983a「ナイフ形石器の形態祖成の変遷とその意義」『人間・遺跡・遺物』25-40頁　文献出版

栗島義明 1983b「第Ⅳ層中部のナイフ形石器について」『多聞寺前遺跡Ⅱ』188-197頁　多聞寺前遺跡調査会

栗島義明 1986「茂呂遺跡をめぐる諸問題」『茂呂遺跡C地点確認調査報告』62-71頁　板橋区教育委員会

栗島義明 1987a「先土器時代遺跡における移動と遺跡形成に関する一考察」『古代文化』39-4　21-32頁　古代學協会

栗島義明 1987b「先土器時代遺跡の研究」『考古学研究』34-3　102-111頁　考古学研究会

群馬県埋蔵文化財調査事業団 2004『多田山丘陵開発に伴う埋蔵文化財調査報告書第2集　今井三騎堂遺跡―旧石器時代編―』

小池　聡 1998「相模野の有樋尖頭器―月見野上野遺跡第10地点資料とその他の出土例から―」『神奈川考古』34　25-48頁　神奈川考古同人会

小菅将夫 1991「ナイフ形石器の変遷」『石器文化研究』3　75-84頁　石器文化研究会

小菅将夫 1994「II期―BP降下期の石器群―」『第2回岩宿フォーラム/シンポジウム　群馬の岩宿時代の変遷と特色　予稿集』30-32頁　笠懸野 岩宿文化資料館・岩宿フォーラム実行委員会

小原俊行 2016「北関東地方西部における浅間板鼻褐色軽石群降灰期の石器群」『岩宿フォーラム2016/シンポジウム　ナイフ形石器文化の発達期と変革期―浅間板鼻褐色軽石群降灰期の石器群―予稿集』28-41頁　岩宿博物館・岩宿フォーラム実行委員会

小原俊行 2018「関東平野北西部における As-BP Group 降灰期石器群の編年試案」『古代』143　87-116頁　早稲田大学考古学会

小原俊行 2023『旧石器狩猟採集民の環境適応史』同成社

小林あい 1997「埼玉県内の石器石材」『埼玉考古』別冊第5号　161-167頁　埼玉考古学会

小林達雄 1975「層位論」『日本の旧石器文化1　総論編』114-136頁　雄山閣出版

小林達雄・小田静夫・羽鳥謙三・鈴木正男 1971「野川先土器時代遺跡の研究」『第四紀研究』10-4　231-270頁　日本第四紀学会

近藤義郎 1976「先土器時代の集団構成」『考古学研究』22-4　56-67頁　考古学研究会

埼玉考古学会 1997『埼玉考古別冊第5号―特集号　埼玉の旧石器時代―』

埼玉県埋蔵文化財調査事業団 1984『明花向・明花上ノ台・井沼方馬堤・とうのこし』

埼玉県埋蔵文化財調査事業団 1997『滝の宮坂遺跡』

坂入（比田井）民子・伊藤冨治夫・織笠　昭編 1977「先土器時代」『高井戸東（駐車場西）遺跡』9-20頁　高井戸東遺跡調査会

佐藤宏之 1991a「日本列島内の様相と対比―2 極構造論の展開―」『石器文化研究』3　129-140頁　石器文化研究会

佐藤宏之 1991b「「尖頭器文化」概念の操作的有効性に関する問題点」『長野県考古学会研究叢書』1　124-134頁　長野県考古学会

佐藤宏之 1992『日本旧石器時代の構造と進化』柏書房

佐藤宏之 1996「社会構造」『石器文化研究』5　329-340頁　石器文化研究会

佐藤宏之 2006「環状集落の社会生態学」『旧石器研究』2　47-54頁　日本旧石器学会

佐藤達夫 1970「ナイフ形石器の編年的一考察」『東京国立博物館紀要』5　23-76頁　東京国立博物館

佐野市教育委員会 2004『上林遺跡』

篠原　正 1980「東内野形尖頭器と樋状剝離に関する一考察」『大野政治先生古期記念房総史論集』1-54頁　大野政治先生古期記念論集刊行会

芝　康次郎 2023「古本州島における細石刃石器群の出現と展開―西からの視点―」『細石刃石器群発見70周年記念　日本列島および東ユーラシアにおける細石刃石器群の展開』47-59頁　明治大学黒耀石研究センター・八ヶ岳旧石器研究グループ

柴田　徹 1995「南関東における石器石材」『第3回岩宿フォーラム／シンポジウム　石器石材〜北関東の原石とその流通を中心として〜予稿集』50-53頁　笠懸野 岩宿文化資料館・岩宿フォーラム実行委員会

柴田　徹 1996「大和市を中心とした相模野台地における旧石器時代の使用石材について」『大和市史研究』
　　22　1–31頁　大和市役所総務部総務課

島田和高 1996「移動生活の中の石器造りの営み―砂川型刃器技法の再検討―」『駿台史学』98　47–74頁
　　駿台史学会

島田和高 1998「中部日本南部における旧石器地域社会の一様相―砂川期における地区の成り立ちと地域の
　　構造」『駿台史学』102　1–49頁　駿台史学会

島田和高 2011「後期旧石器時代前半期における環状ブロック群の多様性と現代人の拡散」『資源環境と人
　　類』1　9–26頁　明治大学黒耀石研究センター

島田和高 2012「環状のムラ，登場」『2012年度明治大学博物館特別展　氷河時代のヒト・環境・文化』
　　51–90頁　明治大学博物館

島田和高 2018「中部高地における後期旧石器時代前半期の黒曜石獲得行動をめぐる行動系：原産地分析の
　　考古学的データ統合」『資源環境と人類』8　67–82頁　明治大学黒耀石研究センター

島田和高 2019「中部高地にヒトは何を残したか・中部高地でヒトは何をしていたのか」『人類と資源環境の
　　ダイナミクス』73–134頁　雄山閣

島立　桂 2002「相模野台地における有樋尖頭器」『有樋尖頭器の発生・変遷・終焉』予稿集・記録集』
　　53–62頁　千葉県房総風土記の丘

白石浩之 1973「茂呂系ナイフ形石器の細分と変遷に関する一試論（特に関東・中部地方を中心として）」
　　『物質文化』21　41–55頁　物質文化研究会

白石浩之 1995「関東地方におけるナイフ形石器文化終末期の様相―月見野期を中心として」『古代文化』
　　47–1　14–29頁　古代學協会

白石浩之 1997「石槍の分布とその様相―樋状剝離尖頭器から見た集団の動き―」『人間・遺跡・遺物』3
　　27–47頁　発掘者談話会

白石浩之 1999a「旧石器時代研究の論争とその意義―石槍の出現を中心として―」『石器文化研究』9
　　277–288頁　石器文化研究会

白石浩之 1999b「樋状剝離尖頭器から見た集団の様相」」『吉岡遺跡群IX　考察編・自然科学分析編　綾瀬
　　浄水場建設に伴う発掘調査』19–23頁　かながわ考古学財団

杉原重夫・金成太郎 2010「東京都府中市武蔵国分寺跡関連遺跡・武蔵台遺跡出土の黒曜石製遺物の原産地
　　推定」『府中市武蔵国分寺跡関連遺跡・武蔵台遺跡―多摩総合医療センター（仮称）等建設工事に伴う
　　埋蔵文化財発掘調査―第1分冊』248–293頁　東京都埋蔵文化財センター

杉原荘介・吉田　格・芹沢長介 1959「東京都板橋区茂呂に於ける関東ローム層中の石器文化」『駿台史学』
　　9　84–102頁　駿台史学会

杉山浩平 2013『伊豆天城峠柏峠黒曜石原産地の基礎的研究2　伊豆市徳永字白坂洞徳永共有林地点の調
　　査概要』柏峠学術調査団・伊豆市教育委員会

鈴木次郎 1991「関東地方における石器文化の変遷とその評価」『石器文化研究』3　27–56頁　石器文化
　　研究会

鈴木次郎 2024「相模野における旧石器時代前半期の集落（続）」『神奈川考古』60　1–34頁　神奈川考古
　　同人会

鈴木次郎・矢島國雄 1978「先土器時代の石器群とその編年」『日本考古学を学ぶ（1）』144–169頁　有斐
　　閣

鈴木次郎・矢島國雄 1979「相模野台地におけるナイフ形石器文化終末期の様相」『神奈川考古』7　1–20
　　頁　神奈川考古同人会

須藤隆司 1989「中部槍先形尖頭器文化の成立」『長野県考古学会誌』59・60　111–134頁　長野県考古学
　　会

須藤隆司 1996「中部・東海・北陸地方におけるV・IV下層段階の石器群の成立─列島内対比の視点から
　　─」『石器文化研究』5　451–464頁　石器文化研究会

須藤隆司 2005「杉久保型・砂川型ナイフ形石器と男女倉型有樋尖頭器─基部・側縁加工尖頭器と両面加工
　　尖頭器の技術構造論的考察─」『考古学』III　73–100頁　安斎正人

須藤隆司 2006「両面調整技術構造による石槍の変動─両面調整石槍の出現と地域開発における歴史変動
　　─」『石器文化研究』13　31–54　石器文化研究会

須藤隆司 2011「国府型ナイフ形石器と有樋尖頭器の関係─狩猟具形態と遊動領域─」『岩宿フォーラム
　　2011／シンポジウム上白井西伊熊遺跡と東日本の瀬戸内技法予稿集』80–85頁　岩宿博物館・岩宿
　　フォーラム実行委員会

須藤隆司 2014「削片系両面調整石器─男女倉・東内野型有樋尖頭器の再構築─」『資源環境と人類』4
　　39–56頁　明治大学黒耀石研究センター

須藤隆司 2018「男女倉遺跡群の新視点─第I・III遺跡の再整理から─」『第20回長野県旧石器文化研究交
　　流会予稿集』22–25頁　八ヶ岳旧石器研究グループ

須藤隆司 2020「男女倉石器群の削片技術─男女倉遺跡群再整理経過報告2─」『資源環境と人類』10
　　45–54頁　明治大学黒耀石研究センター

須藤隆司 2023「唐沢ヘイゴロゴーロ遺跡としぐね遺跡の黒曜石原産地推定と削片系両面調整石器形成シス
　　テム」『旧石器研究』19　21–38頁　日本旧石器学会

須藤隆司 2024「男女倉ナイフ形石器の形態製作システム」『資源環境と人類』14　15–36頁　明治大学黒
　　耀石研究センター

須藤隆司・池谷信之 2021「信州黒曜石原産地における原石獲得行動─男女倉遺跡群再整理経過報告2」『資
　　源環境と人類』11　79–91頁　明治大学黒耀石研究センター

須藤隆司・茅野市教育委員会 2023「渋川II遺跡の黒曜石原産地推定と両面調整システム」『資源環境と人
　　類』13　57–76頁　明治大学黒耀石研究センター

角田清美 2015「武蔵野台地の河川と水環境」『駒澤地理』51　35–58頁　駒澤大学文学部地理学教室

諏訪間　順 1988「相模野台地における石器群の変遷について─層位的出土例の検討による石器群の段階的
　　把握─」『神奈川考古』24　1–30頁　神奈川考古同人会

諏訪間　順 1995「南関東地方AT上位石器群の変遷」『静岡県考古学会シンポジウムIX　愛鷹・箱根山麓の
　　旧石器時代編年　予稿集』341–359頁　静岡県考古学会シンポジウム実行委員会

諏訪間　順 1996「V～IV下層段階石器群の範囲─最終氷期最寒冷期に適応した地域社会の成立─」『石器
　　文化研究』5　353–366頁　石器文化研究会

諏訪間　順 2000「「砂川」の時間的枠組みとその前後の変遷」『石器文化研究』9　15–22頁　石器文化研
　　究会

諏訪間　順 2006「相模野台地における黒曜石利用の変遷」『黒耀石文化研究』4　151–160頁　明治大学
　　黒耀石研究センター

諏訪間　順 2010「天城柏峠産の黒曜石の流通」『黒曜石が開く人類社会の交流』II　36–43頁　「黒曜石の
　　流通と消費から見た環日本海北部地域における更新世人類社会の形成と変遷」グループ

諏訪間　順 2019『相模野台地の旧石器時代考古学』新泉社

諏訪間　順・麻生順司 1991「相模野台地の様相」『石器文化研究』3　27–36頁　石器文化研究会

諏訪間　順・堤　隆 1985「神奈川県大和市深見諏訪山遺跡第IV文化層について」『旧石器考古学』30
　　85–108頁　旧石器文化談話会

諏訪間　順・堤　隆 1997「柏ケ谷長ヲサ遺跡における旧石器時代石器群」『柏ケ谷長ヲサ遺跡』475–500
　　頁　柏ケ谷長ヲサ遺跡調査団

石器文化研究会 1989「第1回研究討論会　AT降灰以前の石器文化」『石器文化研究』1

石器文化研究会 1990「第 2 回研究討論会　AT 降灰以前の石器文化　PART II」『石器文化研究』2

石器文化研究会 1991「シンポジウム AT 降灰以前の石器文化─関東地方における変遷と列島内対比─」『石器文化研究』3

石器文化研究会 1996「シンポジウム AT 降灰以降のナイフ形石器文化〜関東地方における V 〜 IV 下層段階石器群の検討」『石器文化研究』5

石器文化研究会 2000「シンポジウム砂川─その石器群と地域性─資料集成　南関東各地域の基礎的検討」『石器文化研究』8

石器文化研究会 2005「シンポジウム「ナイフ形石器文化終末期」再考─ナイフ形石器文化終末期石器群の変動─資料集成」『石器文化研究』11

芹沢長介 1954「関東及中部地方における無土器文化の終末と縄文文化の発生とに関する予察」『駿台史学』4　65-106 頁　駿台史学会

芹沢長介 1956「日本に於ける無土器文化」『人類学雑誌』64-3　117-129 頁　日本人類学会

芹沢長介 1959「ローム層に潜む文化」『世界考古学大系』1　17-38 頁　平凡社

芹沢長介・麻生　優 1953「北信・野尻湖底発見の無土器文化（予報）」『考古学雑誌』39-2　102-109 頁　日本考古学会

大工原　豊 1990　「AT 下位の石器群の遺跡構造と分析に関する一試論（1）─群馬県課の AT 下位石器群のあり方を中心として」『旧石器考古学』41　19-44 頁　旧石器文化談話会

大工原　豊 1991　「AT 下位の石器群の遺跡構造と分析に関する一試論（2）─群馬県課の AT 下位石器群のあり方を中心として」『旧石器考古学』42　33-40 頁　旧石器文化談話会

高橋章司 2003a「翠鳥園遺跡における遺跡構造研究」『旧石器人たちの活動をさぐる』91-113 頁　大阪市学芸員等共同研究

高橋章司 2003b「翠鳥園遺跡における石器製作の技量」『月刊考古学ジャーナル』509　16-19 頁　ニュー・サイエンス社

高橋章司 2014「翠鳥園遺跡と豊成叶林遺跡にみる新人の石器製作学習」『ホモ・サピエンスと旧人 2　考古学にみる学習』六一書房

高屋敷飛鳥 2024「放射性炭素年代からみた相模野編年の現在」『神奈川考古』60　35-52 頁　神奈川考古同人会

滝沢　浩 1963『関東・中部地方におけるナイフ形石器文化とその終末』

滝沢　浩 1964「埼玉県市場坂遺跡 関東地方におけるナイフ形石器文化の一様相」『埼玉考古』2　39-56 頁　埼玉県考古学会

滝沢　浩 1965「関東・中部のナイフ形石器文化」『歴史教育』13 - 3　28-33 頁　歴史教育研究会

竹岡俊樹 2003『旧石器時代の型式学』学生社

田中英司 1979「武蔵野台地 II b 期前半の石器群と砂川期に設定について」『神奈川考古』7　65-74 頁　神奈川考古同人会

谷口康浩 1995「茂呂遺跡」『板橋区史資料編 1　考古』136-146 頁　板橋区

田村　隆 1989「二頂モードの推移と巡回─東北日本におけるナイフ形石器石器群成立期の様相─」『先史考古学研究』2　1-52 頁　阿佐ヶ谷先史学研究会

田村　隆 1992「遠い山・黒い石─武蔵野 II 期石器群の社会生態学的一考察─」『先史考古学論集』2　1-46 頁　安斎正人

田村　隆 2000「木苅峠再訪─房総半島小型石槍の変遷─」『千葉県史研究』8　28-57 頁　千葉県史料財団

田村　隆 2006「関東地方の地域編年」『旧石器時代の地域編年的研究』7-60 頁　同成社

田村　隆・国武貞克 2006「下野─北総回廊外延部の石器石材（第 3 報）─関東山地のチャート・珪質頁岩

の産出層について ―」『千葉県史研究』14　156–165頁　財団法人千葉県史料研究財団

茅野市教育委員会 1993『夕立遺跡―平成4年度県営圃場整備事業槻木地区に伴う埋蔵文化財緊急発掘調査概要報告』

千葉　史・野口　淳他 2019「石器の形態測定学的検討のための三次元データ解析法について」『日本旧石器学会第17回研究発表シンポジウム予稿集』50頁　日本旧石器学会

辻誠一郎 1992「Discussion」『石器文化研究』4　92–100頁　石器文化研究会

堤　隆 1988「樋状剝離を有する石器の再認識―男女倉型・東内野型と呼称されるある種の石器をめぐって―（上）」『信濃』40–4　24–45頁　信濃史学会

堤　隆 1989「樋状剝離を有する石器の再認識―男女倉型・東内野型と呼称されるある種の石器をめぐって―（下）」『信濃』41–5　38–64頁　信濃史学会

堤　隆 2025「山を越え　海を渡り　大和に旧石器人が運んだ黒曜石」『大和市史研究』44　大和市役所総務部総務課

津南町教育委員会 2019『しぐね遺跡』

勅使河原彰 1988「年代と時代区分」『日本考古学を学ぶ（1）日本考古学の基礎』27–42頁　有斐閣

富樫孝志 2016『後期旧石器時代石器群の構造変動と居住行動』雄山閣

戸沢充則・安蒜政雄・鈴木次郎・矢島國雄編 1974『砂川先土器時代遺跡埼玉県所沢市砂川遺跡の第2次調査』所沢市教育委員会

戸塚瞬翼 2024「日本列島の後期旧石器時代前半期における基部加工尖頭器の形態的選好性」『日本旧石器学会第22回研究発表シンポジウム予稿集』30–33頁　日本旧石器学会

戸田哲也・篠原　正他 1977『東内野遺跡発掘調査概報』東内野遺跡発掘調査団

戸谷　洋・貝塚爽平 1956「関東ローム層中の化石土壌」『地理学評論』29–6　23–31頁　日本地理学会

長井謙治 2023「初期石刃技法とその日本列島への伝播」『旧石器研究』19　59–83頁　日本旧石器学会

長﨑潤一 2001「日本旧石器時代の社会と集団―遺跡間接合の景観考古学―」『現代の考古学6　村落と社会の考古学』94–114頁　朝倉書店

仲田大人 2002「後期旧石器時代の人口推定―居住形態にもとづくシミュレーション―」『MICRO BLADE』2　1–20頁　八ヶ岳旧石器研究グループ

仲田大人 2007「社会と生態」『ゼミナール旧石器考古学』　163–178頁　同成社

中塚　武 2022『気候適応の日本史　人新世をのりこえる視点』吉川弘文館

長沼正樹 2007「遺跡の自然的攪乱―土壌化と生物攪乱に着目した南関東における試論―」『明治大学校地内遺跡調査団年報』4　83–90頁　明治大学校地内遺跡調査団

中村雄紀 2007「編年」『ゼミナール旧石器考古学』179–194頁　同成社

中村雄紀 2010「柏峠産黒曜石の利用形態と石器製作の制限要因」『日本旧石器学会第8回講演・研究発表・シンポジウム予稿集　旧石器時代研究の諸問題』24頁　日本旧石器学会

中村雄紀 2013「関東地方における旧石器時代の年代と編年」『旧石器研究』10　7–127頁　日本旧石器学会

西井幸雄 1996「Ⅴ～Ⅳ下層段階の細分」『石器文化研究』5　341–352頁　石器文化研究会

西井幸雄 1997「大宮台地における石器石材」『第3回岩宿フォーラム／シンポジウム　石器石材Ⅱ～北関東の原石とその流通を中心として～予稿集』34–37頁　笠懸野岩宿文化資料館・岩宿フォーラム実行委員会

西井幸雄 2001「新屋敷遺跡出土石器の再検討」『第7回石器文化研究交流会発表要旨』31–38頁　石器文化研究会

西井幸雄 2007「後期旧石器時代遺跡の石器文化層の諸問題」『多摩川流域の考古学的遺跡の成立と古環境復元シンポジウム「土と遺跡　時間と空間」予稿集』24–27頁　多摩川流域の考古学的遺跡の成立と古

環境復元研究会

西井幸雄 2008「後期旧石器時代遺跡の文化層の諸問題」『考古学リーダー14　後期旧石器時代の成立と古環境復元』39–49頁　六一書房

西井幸雄 2023「さいたま市の旧石器時代」『さいたま市史　通史辺原始・古代Ⅰ』23–116頁　さいたま市

西井幸雄・千葉　寛・川口　潤 1991「武蔵野台地・大宮台地の様相」『石器文化研究』3　13–26頁　石器文化研究会

日本旧石器学会 2010『日本列島の旧石器時代遺跡―日本旧石器（先土器・岩宿）時代遺跡のデータベース』

日本旧石器学会編 2013「シンポジウム旧石器時代の年代と広域編年対比」『日本旧石器学会第11回講演・研究発表・シンポジウム予稿集』51–77頁　日本旧石器学会

日本考古学協会2011年度栃木大会実行委員会（芹澤清八他）2011「旧石器時代出土黒曜石の原産地分析結果一覧」『一般社団法人日本考古学協会2011年度栃木大会研究発表資料』

日本第四紀学会編 2001「「21世紀の年代観―炭素年から暦年へ―」特集号」『第四紀研究』40–6　日本第四紀学会

野口　淳 1995「武蔵野台地Ⅳ下・Ⅴ上層段階の遺跡群―石器製作の工程配置と連鎖の体系―」『旧石器考古学』51　19–36頁　旧石器文化談話会

野口　淳 1996「ナイフ形石器」『石器文化研究』5　179–188頁　石器文化研究会

野口　淳 2005「旧石器時代遺跡研究の枠組み―いわゆる「遺跡構造論」の解体と再構築―」『旧石器研究』1　17–37頁　日本旧石器学会

野口　淳 2006「ローム層と文化層，時期区分―旧石器時代研究の時間尺度についての覚え書き―」『明治大学校地内遺跡調査団年報』3　69–76頁　明治大学大学校地内遺跡調査団

野口　淳 2007「石器集中部とは何か―旧石器時代の分析操作単位を把握・抽出するために―」『明治大学校地内遺跡調査団年報』4　91–98頁　明治大学校地内遺跡調査団

野口　淳 2010「ナイフ形石器・ナイフ形石器文化の編年―視点・方法とその背景―」『考古学の方法論を見直す―形式・境界・時代―予稿集』21–30頁　考古学研究会東京例会・石器文化研究会

野口　淳 2021「ナイフ形石器『型式』再考」『日本旧石器学会第19回研究発表・シンポジウム予稿集』21頁　日本旧石器学会

野口　淳 2022「石器集中部の形成過程から見た大規模遺跡」『月刊考古学ジャーナル』764　20–23頁　ニュー・サイエンス社

野口　淳・林　和広 2006「明治大学調布付属校用地の遺跡（仮称）における遺跡形成過程の研究―ジオアーケオロジー調査方法の確立に向けて―」『明治大学校地内遺跡調査団年報』3　37–44頁　明治大学校地内遺跡調査団

橋本勝雄 2006「環状ユニットと石斧の関わり」『旧石器研究』2　35–46頁　日本旧石器学会

服部隆博 1991「AT降灰前後の様相―第Ⅵ層段階石器群の様相と変遷過程を中心として―」『石器文化研究』3　271–274頁　石器文化研究会

服部隆博 1992「ナイフ形石器の型式学的基礎研究」『考古論叢神奈河』1　17–37頁　神奈川県考古学会

羽鳥謙三 2004a『武蔵野扇状地の地形発達―地形・地質と水理・遺跡環境』地学団体研究会

羽鳥謙三 2004b『ロームと四紀ことはじめ―研究と教育のはざまで―』地学団体研究会

林　和広 2006「旧石器時代石器群の遺物拡散に関する諸問題」『第4回大学考古学研究交流会発表要旨集』1–8頁　大学考古学研究交流会実行委員会

エリック・R・ピアンカ 1980『進化生態学（原書第2版）』（伊藤嘉昭監修，久場洋之・中筋房夫・平野耕治共訳）蒼樹書房

比田井民子 1996「武蔵野台地における石器石材」『第3回岩宿フォーラム／シンポジウム　石器石材Ⅱ～

北関東の原石とその流通を中心として～予稿集』38–41頁　笠懸野　岩宿文化資料館・岩宿フォーラム実行委員会

比田井民子・伊藤　健・松田隆夫・西井幸雄・向山崇久・羽鳥謙三 1999「野川流域の遺跡と水環境」『日本第四紀学会講演要旨集』29　110・111頁　日本第四紀学会

比田井民子・伊藤　健・西井幸雄他 2008a「武蔵野台地後期旧石器時代遺跡の横断層序による研究（1）―自然堆積，石器文化層を中心とする視点からの中間報告―（第2回日本旧石器学会ポスターセッション）」『多摩川流域の考古学的遺跡の成立と古環境復元』73頁　財団法人とうきゅう環境浄化財団

比田井民子・伊藤　健・西井幸雄他 2008b「武蔵野台地後期旧石器時代遺跡の横断層序による研究（2）―年代測定を中心とする視点からの中間報告―（第2回日本旧石器学会ポスターセッション）」『多摩川流域の考古学的遺跡の成立と古環境復元』74頁　財団法人とうきゅう環境浄化財団

比田井民子・伊藤　健・西井幸雄他 2008c「武蔵野台地後期旧石器時代遺跡の横断層序による研究Ⅱ―火山性降下物と石器文化層―（2006年第4回日本旧石器学会ポスターセッション）」『多摩川流域の考古学的遺跡の成立と古環境復元』75頁　財団法人とうきゅう環境浄化財団

比田井民子編 2008『多摩川流域の考古学的遺跡の成立と古環境復元』とうきゅう環境浄化財団

福田　理・羽鳥謙三 1952「武蔵野台地の地形と地質」『自然科学と博物館』19　171–191頁　国立科学博物館

藤田健一 2007「"樋状剥離を有する"尖頭器の研究に向けた基礎的整理」『明治大学校地内遺跡調査団年報』4　107–114頁　明治大学大学校地内遺跡調査団

藤田健一 2008「先土器時代の複数文化層遺跡における諸問題」『考古学リーダー14　後期旧石器時代の成立と古環境復元』83–93頁　六一書房

堀　恭介 2017「面取尖頭器を所持する集団の地域行動―南関東地方武蔵野台地における事例研究―」『東京都埋蔵文化財センター研究論集』ⅩⅩⅩⅠ　49–70頁　東京都埋蔵文化財センター

前嶋秀張 2024「緑色凝灰岩製石斧と緑色岩製石斧の石材原産地とその分布」『月刊考古学ジャーナル』792　9–14頁　ニュー・サイエンス社

町田　洋 2005「日本旧石器時代の編年：南関東立川ローム層の再検討」『旧石器研究』1　7–16頁　日本旧石器学会

松田隆夫 2001「多摩川左岸における立川段丘の凹地地形～武蔵野台地南西部を中心にして～」『多摩川流域の段丘形成と考古学的遺跡の立地環境』72–106頁　財団法人とうきゅう環境浄化財団

松田隆夫・大倉利明・坂上寛一 1996「武蔵台遺跡における立川ローム層・黒土層の層序と地形環境」『武蔵台遺跡Ⅱ―資料編6・付編―』131–148頁　都立府中病院内遺跡調査会

水村孝行・田中英司・西井幸雄 1986「埼玉県大宮台地の先土器文化」『研究論集'86』21–63頁　埼玉県埋蔵文化財調査事業団

道澤　明 1985『平賀　一ノ台遺跡』印旛村

御堂島　正 2002「遺跡形成論からみた堆積物としての遺物」『旧石器時代研究の新しい展開を目指して―旧石器研究と第四紀学―』2–12頁　日本第四紀学会

御堂島　正 2005『石器の使用痕研究』同成社

御堂島　正・上本進二 1987「遺物の水平・垂直移動―周氷河作用の影響に関する実験的研究―」『神奈川考古』23　7–29頁　神奈川考古同人会

御堂島　正・上本進二 1988「遺物の地表面移動―雨・風・霜柱・植物の影響について―」『旧石器考古学』37　5–16頁　旧石器考古学談話会

宮坂英弌 1962『澁川　八ケ岳山中における無土器文化の調査』茅野市立尖石考古博物館

宮塚義人・矢島國雄・鈴木次郎 1974『神奈川県本蓼川遺跡の石器群について」『史館』3　1–22頁　史館同人

宮本雅通 2001「堂ヶ谷戸遺跡第33次調査」『第7回石器文化研究交流会発表要旨』25–30頁　石器文化研究会

三宅徹也他 1979『大平山元II遺跡発掘調査報告書』青森県立郷土館

明治大学考古学研究室月見野遺跡群調査団 1969『概報月見野遺跡群』

明治大学黒耀石研究センター 2016『明治大学黒耀石研究センター資料・報告集1：長野県中部高地における先史時代人類誌』

望月明彦 2005「大和市内遺跡出土の黒曜石石器の産地推定」『大和市史研究』31　13–58頁　大和市役所総務部総務課

森先一貴 2004「杉久保型尖頭形石器の成立とその背景―東北日本日本海側石器群の批判的再検討―」『考古学』II　41–75頁　安斎正人

森先一貴 2007「角錐状石器の広域展開と地域間変異」『旧石器研究』3　85–109頁　日本旧石器学会

森先一貴 2022『旧石器社会の人類生態学』同成社

森嶋 稔 1978「男女倉技法の周辺」『中部高地の考古学』26–47頁　長野県考古学会

両角太一・須藤隆司・茅野市教育委員会 2023「夕立遺跡の黒曜石原産地推定と両面調整システム」『資源環境と人類』13　77–96頁　明治大学黒耀石研究センター

矢島國雄 1996「先土器時代」『綾瀬市史9　別篇考古』65–260頁　綾瀬市

矢島國雄・鈴木次郎 1976「相模野台地における先土器時代研究の現状」『神奈川考古』1　1–30頁　神奈川考古同人会

矢島國雄・野口 淳・門内政広・吉川耕太郎 1997「相模野第II期をめぐる諸問題（1）」『綾瀬市史研究』4　1–45頁　綾瀬市

矢島國雄・野口 淳・門内政広・吉川耕太郎 1998「相模野第II期をめぐる諸問題（2）」『綾瀬市史研究』5　39–67頁　綾瀬市

山岡拓也 2004「後期旧石器時代における石器素材利用形態の一画期」『考古学研究』51–3　12–31頁　考古学研究会

山岡拓也 2006「武蔵野台地における後期旧石器時代前半期石器群の変遷過程」『古代文化』58–3　107–125頁　古代學協会

山岡拓也 2012『後期旧石器時代前半期石器群の研究：南関東武蔵野台地からの展望』六一書房

山岡拓也 2020「愛鷹第I期における狩猟採集集団の技術と行動」『愛鷹山麓の旧石器文化』75–108頁　敬文舎

山田しょう 2008「黒曜石製石器の顕微鏡観察：石器の履歴の検討」『前道下遺跡（2）』213–254頁　群馬県埋蔵文化財調査事業団

山内清男 1939『日本遠古之文化　補注付・新版』先史考古學會

信州ローム研究会（横田義章・西沢寿晃）1972『男女倉　黒耀石原産地地帯における先土器文化石器群』信州大学医学部第二解剖学研究室

吉川耕太郎 1998「後期旧石器時代における石器原料も消費過程と遺跡のつながり―南関東地方立川ロームVI層段階を事例に―」『旧石器考古学』56　43–56頁　旧石器文化談話会

吉川耕太郎 2002「南関東地方における後期旧石器時代「立川ローム層第VI層段階」の様相（上）」『旧石器考古学』63　35–50頁　旧石器文化談話会

吉川耕太郎 2003「南関東地方における後期旧石器時代「立川ローム層第VI層段階」の様相（下）」『旧石器考古学』64　43–50頁　旧石器文化談話会

渡部一二 1989「武蔵野台地の水路による河川への通水要件に関する研究」『造園雑誌』53–2　85–94頁　日本造園学会

報告書文献一覧（番号は別表に対応）

武蔵野台地

1　狭山市　　財団法人埼玉県埋蔵文化財調査事業団 1995『西久保／金井上　首都圏中央連絡自動車道関係埋蔵文化財調査報告Ⅴ』

2　入間市　　財団法人埼玉県埋蔵文化財調査事業団 1996『入間市丸山／青梅道南／十文字原／東武蔵野／西武蔵野　首都圏中央連絡自動車道関係埋蔵文化財発掘調査報告Ⅶ』

3　朝霞市　　朝霞市泉水山・下ノ原遺跡調査団 1983『泉水山・下ノ原遺跡Ⅰ　1980年度発掘調査報告書』朝霞市泉水山・下ノ原遺跡調査会

4　志木市　　埼玉県志木市教育委員会 2016『志木市埋蔵文化財発掘調査報告書 7』

5　志木市　　埼玉県志木市遺跡調査会 2005『城山遺跡第42地点埋蔵文化財発掘調査報告書』

6　志木市　　志木市教育委員会 2011『城山遺跡第63地点埋蔵文化財発掘調査報告書』

7　志木市　　埼玉県志木市教育委員会 2013『城山遺跡第71地点埋蔵文化財発掘調査報告書』

8　志木市　　埼玉県志木市教育委員会 2021『城山遺跡第96地点』

9　志木市　　埼玉県志木市遺跡調査会 2004『中野遺跡第49地点　東京電力志木変電所の埋蔵文化財発掘調査報告』

10　志木市　　埼玉県志木市教育委員会 2020『中野遺跡第109地点埋蔵文化財発掘調査報告書』

11　志木市　　埼玉県志木市遺跡調査会 2005『西原大塚遺跡第110地点発掘調査報告書』

12　志木市　　埼玉県志木市教育委員会 2014『西原大塚遺跡第179地点埋蔵文化財発掘調査報告書』

13　志木市　　埼玉県志木市教育委員会 2020『西原大塚遺跡第224地点埋蔵文化財発掘調査報告書』

14　所沢市　　埼玉県所沢市教育委員会 1989『山下後・吉野・白旗塚・山口城跡』

15　和光市　　和光市遺跡調査会・和光市教育委員会 2015『埼玉県和光市市場峡・市場上遺跡（第24次調査）　和光市白子三丁目中央土地区画整理に伴う発掘調査報告書』

16　和光市　　和光市遺跡調査会・和光市教育委員会 2015『埼玉県和光市吹上原遺跡（第2次Ａ区〜第6次調査）　白子三丁目中央土地区画整理に伴う発掘調査報告書』

17　和光市　　和光市教育委員会 2006『埼玉県和光市市内遺跡発掘調査報告書 9　午王山遺跡（第8・9次）旧石器時代編・仏ノ木遺跡（第4次）』

18　和光市　　和光市遺跡調査会・和光市教育委員会 2001『埼玉県和光市城山南遺跡（第3次）・白子宿上遺跡（第4次）　発掘調査報告書』

19　和光市　　財団法人埼玉県埋蔵文化財調査事業団 1995『花ノ木・向原・柿ノ木坂・水久保・丸山台　東北縦貫自動車道路（東京外環自動車道）関係埋蔵文化財発掘調査報告』

20　和光市　　和光市教育委員会 2002『埼玉県和光市市内遺跡発掘調査報告書 5　花ノ木遺跡（第6次）・仏ノ木遺跡（第2・3次）・峯前遺跡（第4・5次）・越後山遺跡（第1次）』

21　和光市　　和光市遺跡調査会・和光市教育委員会 2002『埼玉県和光市四ツ木遺跡（第3次）・妙典寺遺跡（第1次）　発掘調査報告書』

22　和光市　　和光市遺跡調査会・和光市教育委員会 2004『埼玉県和光市四ツ木遺跡（第4次）発掘調査報告書』

23　富士見市　富士見市教育委員会 1986『富士見市遺跡群Ⅳ』

24　富士見市　富士見市教育委員会 1999『富士見市文化財報告第51集　富士見市内遺跡Ⅶ』

25　富士見市　富士見市教育委員会 1989『富士見市文化財報告第39集　富士見市遺跡群Ⅷ』

26　富士見市　富士見市教育委員会 1992『富士見市文化財報告第42集　富士見市遺跡群Ⅹ』

27　富士見市　富士見市教育委員会 1977『富士見市文化財報告ⅩⅢ』

28　富士見市　富士見市教育委員会 2007『富士見市内遺跡ⅩⅤ』

29	富士見市	富士見市教育委員会 1977『富士見市文化財報告第12集　打越遺跡5』
30	富士見市	富士見市教育委員会 1978『富士見市文化財報告第14集　打越遺跡』
31	富士見市	富士見市教育委員会 1983『富士見市文化財報告第26集　打越遺跡』
32	富士見市	富士見市遺跡調査会 1985『貝塚山遺跡発掘調査報告書　第2地点』
33	富士見市	富士見市遺跡調査会 1985『貝塚山遺跡発掘調査報告書　第3地点』
34	富士見市	富士見市遺跡調査会 1979『唐沢遺跡』
35	富士見市	富士見市遺跡調査会 2007『権平沢遺跡第1地点発掘調査報告書』
36	富士見市	富士見市遺跡調査会 2009『中沢遺跡第12地点発掘調査報告書』
37	富士見市	富士見市遺跡調査会 1990『宮脇遺跡・谷津遺跡発掘調査報告書（3）』
38	ふじみ野市	埼玉県大井町遺跡調査会 1998『亀居遺跡　富士見都市計画事業亀久保特定土地区画整理事業に伴う埋蔵文化財発掘調査報告書』
39	ふじみ野市	埼玉県大井遺跡調査会 2009『埼玉県ふじみ野市鶴ヶ岡外遺跡Ⅰ—鶴ヶ岡外遺跡第1・2地点の発掘調査報告書—　鶴ヶ岡外遺跡Ⅱ—鶴ヶ岡外遺跡第7地点の発掘調査報告書—　江川南遺跡—江川南遺跡第19地点の発掘調査報告書—』
40	ふじみ野市	埼玉県大井町遺跡調査会 2009『東台遺跡Ⅵ　東台遺跡第15・18地点の発掘調査報告（2）旧石器時代・縄文時代編』
41	ふじみ野市	大井町遺跡調査会 1993『本村遺跡（第8地点）　大井町立東原小学校新グランド造成に伴う発掘調査報告書』
42	三芳町	三芳町教育委員会 2006『町内遺跡発掘調査報告書Ⅵ』
43	三芳町	三芳町教育委員会 2010『町内遺跡発掘調査報告書Ⅶ』
44	三芳町	三芳町教育委員会 2013『町内遺跡発掘調査報告書Ⅷ』
45	三芳町	三芳町教育委員会 1981『埼玉県入間郡三芳町新開遺跡Ⅰ』
46	三芳町	三芳町教育委員会 1982『埼玉県入間郡三芳町新開遺跡Ⅱ』
47	三芳町	三芳町教育委員会 2019『新開第二遺跡第2地点発掘調査報告書』
48	三芳町	三芳町立歴史民俗資料館 1991『埼玉県入間郡三芳町浅間後遺跡B地点発掘調査報告書』三芳町教育委員会
49	三芳町	三芳町教育委員会 1983『三芳町東部遺跡群発掘調査報告書』
50	三芳町	三芳町教育委員会 2016『中東遺跡第6地点（4次）・7地点発掘調査報告書』
51	三芳町	三芳町教育委員会 1987『埼玉県入間郡三芳町藤久保東第三遺跡』
52	三芳町	三芳町立歴史民俗資料館 1991『埼玉県入間郡三芳町藤久保第三遺跡第2点発掘調査報告書』三芳町教育委員会
53	三芳町	三芳町教育委員会 2009『藤久保東遺跡Ⅱ　藤久保第一土地区画整理事業に伴う埋蔵文化財発掘調査報告書』
54	三芳町	三芳町教育委員会 1990『埼玉県入間郡三芳町古井戸山遺跡発掘調査報告書』
55	三芳町	三芳町教育委員会 2010『南止遺跡H地点　墓地増設に伴う埋蔵文化財発掘調査報告書』
56	千代田区	東京国立近代美術館遺跡調査団 1991『竹橋門　江戸城址北丸竹橋門地区発掘調査報告』東京国立近代美術館遺跡調査委員会
57	港区	東京都埋蔵文化財センター 2005『港区萩藩毛利家屋敷跡遺跡』
58	港区	東京都埋蔵文化財センター 2015『港区旗本花房屋敷跡遺跡　警視庁麻布警察署庁舎改築工事に伴う調査』
59	新宿区	財団法人新宿区生涯学習財団新宿区歴史博物館 2004『新宿区埋蔵文化財緊急調査報告書Ⅰ』
60	新宿区	東京都新宿区教育委員会新宿歴史博物館管理係埋蔵文化財担当 2001『東京都新宿区落

		合遺跡III　学校法人目白学園地点第9次〜第12次発掘調査〈第一冊〉旧石器時代編 学校法人目白学園教育環境整備計画に伴う埋蔵文化財発掘調査報告書』
61	新宿区	東京都埋蔵文化財センター 2002『尾張藩上屋敷跡遺跡X』
62	新宿区	新宿区No.107遺跡調査団 2000『東京都新宿区北新宿二丁目II　（仮称）ライオンズマンション新宿柏木新築工事に伴う緊急発掘調査報告書』
63	新宿区	財団法人新宿区生涯学習財団新宿区歴史博物館 2003『東京都新宿区行元寺跡　（仮称）藤和神楽坂5丁目プロジェクト計画用地に係る埋蔵文化財発掘調査報告書』
64	新宿区	国際文化財株式会社 2020『下落合二丁目遺跡　集合住宅建設に伴う埋蔵文化財発掘調査報告書』
65	新宿区	新宿区西早稲田地区遺跡調査会 1993『下戸塚遺跡　西早稲田地区第一種市街地再開発事業に伴う埋蔵文化財発掘調査報告書』
66	新宿区	早稲田大学校地埋蔵文化財調査室 1996『早稲田大学安部球場跡地埋蔵文化財調査報告書　下戸塚遺跡の調査　第1部旧石器時代から縄文時代』早稲田大学
67	新宿区	東京都埋蔵文化財センター 2009『新宿区戸山ヶ原上ノ台遺跡　子ども家庭総合センター（仮称）の建設に伴う埋蔵文化財発掘調査』
68	新宿区	国際航業株式会社文化事業部 2006『東京都新宿区百人町三丁目遺跡VI　JR東日本戸山ヶ原社宅跡地埋蔵文化財発掘調査報告書』
69	新宿区	新宿区百人町三丁目西遺跡調査団 1996『東京都新宿区百人町三丁目西遺跡I　警視庁有家族待機宿舎「大久保住宅」改築工事に伴う埋蔵文化財発掘調査報告書』
70	新宿区	新宿消防署改築予定地遺跡調査会 1998『東京都新宿区百人町三丁目西遺跡II　東京消防庁新宿消防署庁舎改築工事に伴う埋蔵文化財発掘調査報告書』
71	新宿区	新宿区百人町遺跡調査団 1997『東京都新宿区百人町三丁目西遺跡III　都営百人町三丁目第2団地建設工事に伴う埋蔵文化財発掘調査報告書』
72	新宿区	新宿区淀橋市場遺跡調査団 2001『東京都新宿区百人町三丁目西遺跡IV　東京都中央卸売市場施設整備事業に伴う埋蔵文化財発掘調査報告書』
73	新宿区	財団法人新宿区生涯学習財団新宿歴史博物館埋蔵文化財課 2001『東京都新宿区百人町三丁目西遺跡V　（仮称）都営住宅百人町三丁目第一・第三団地・百人町四丁目地点』
74	新宿区	東京都埋蔵文化財センター 2011『新宿区百人町三丁目西遺跡VII　淀橋市場リニューアル事業に伴う埋蔵文化財発掘調査』
75	新宿区	財団法人新宿区生涯学習財団 2002『東京都新宿区水野原遺跡　第I分冊』
76	新宿区	共和開発株式会社 2014『東京都新宿区若松町遺跡III　東京都赤十字血液センター建設工事に伴う埋蔵文化財発掘調査報告書
77	文京区	都立学校遺跡調査団 2000『小石川駕篭町遺跡III　都立小石川高校地点　旧石器・分析編』
78	文京区	千駄木遺跡調査会 1981『千駄木』
79	文京区	真砂遺跡調査団 1987『真砂遺跡』真砂遺跡調査会
80	目黒区	目黒区大橋遺跡調査会 1998『目黒区大橋遺跡　目黒区大橋遺跡発掘調査報告書　下巻』
81	目黒区	目黒区東光寺裏山遺跡調査団 1997『東京都目黒区東光寺裏山遺跡発掘調査報告書』目黒区東光寺裏山遺跡調査会
82	目黒区	中目黒遺跡調査団 1982『中目黒遺跡』目黒区教育委員会
83	目黒区	目黒区中目黒4丁目遺跡調査団 1994『東京都目黒区中目黒遺跡B地点　東京ガス（株）社宅建設に伴う発掘調査』目黒区中目黒4丁目遺跡調査会
84	目黒区	目黒区中目黒遺跡（C地点）調査団 1998『東京都目黒区中目黒遺跡C地点　地域開発

事業計画予定に伴う調査』目黒区中目黒遺跡（C地点）調査会

85	目黒区	東京都埋蔵文化財センター 2015『目黒区氷川遺跡　都営大橋二丁目アパート建替事業に伴う埋蔵文化財発掘調査』
86	大田区	環8光明寺地区遺跡調査団 1997『環8光明寺地区遺跡調査報告書Ⅰ・Ⅱ』
87	世田谷区	稲荷丸北遺跡第3次調査会 2011『稲荷丸北遺跡Ⅲ　東京都世田谷区上野毛3丁目9番の発掘調査記録』世田谷区教育委員会
88	世田谷区	上之台遺跡・向野田遺跡調査会 2007『上之台遺跡・向野田遺跡』
89	世田谷区	烏山南原遺跡調査会 1987『烏山南原遺跡』世田谷区教育委員会埋蔵文化財係
90	世田谷区	世田谷区遺跡調査会 1983『嘉留多遺跡・砧中学校7号墳』世田谷区教育委員会埋蔵文化財係
91	世田谷区	世田谷区教育委員会 1996『喜多見陣屋遺跡Ⅲ　東京都世田谷区喜多見1丁目22・23・29・32・33番の発掘調査記録』
92	世田谷区	砧中学校遺跡調査会 1987『砧中学校遺跡』世田谷区教育委員会埋蔵文化財係
93	世田谷区	加藤建設株式会社埋蔵文化財調査部 2006『騎兵山遺跡　世田谷区池尻四丁目8番における発掘調査記録』
94	世田谷区	野毛遺跡第11次遺跡調査会 2000『下野毛遺跡Ⅳ・野毛大原横穴群　世田谷区野毛2丁目20番の発掘調査記録』世田谷区教育委員会生涯学習課文化財係
95	世田谷区	東京都埋蔵文化財センター 2019『世田谷区下野毛遺跡Ⅵ　都営野毛一丁目団地建替事業に伴う埋蔵文化財調査』
96	世田谷区	東京都埋蔵文化財センター 2022『世田谷区下野田遺跡　東京外かく環状道路（世田谷区喜多見六丁目地区）建設事業に伴う調査』
97	世田谷区	下神明遺跡第7次調査会 2007『下神明遺跡Ⅳ　東京都世田谷区成城3丁目4番の発掘調査記録』世田谷区教育委員会
98	世田谷区	下神明遺跡第8次調査会 2009『下神明遺跡Ⅴ　東京都世田谷区成城3丁目15番の発掘調査記録』世田谷区教育委員会
99	世田谷区	世田谷区遺跡調査会 1982『下山遺跡Ⅰ　日産多摩川病院内の第2次・第4次・玉川病院下横穴墓第1次・第2次調査報告』
100	世田谷区	世田谷区遺跡調査会 1985『下山遺跡Ⅱ』世田谷区教育委員会
101	世田谷区	下山遺跡第12次調査会 2008『下山遺跡Ⅴ　東京都世田谷区瀬田4丁目8番の発掘調査記録』世田谷区教育委員会
102	世田谷区	世田谷区第11次調査会 1997『瀬田遺跡Ⅱ　世田谷区瀬田1丁目29番の発掘調査記録』世田谷区教育委員会
103	世田谷区	祖師谷大道北遺跡第6次調査会 1995『祖師谷大道北遺跡Ⅰ　世田谷区上祖師谷6丁目15番付近の発掘調査記録』世田谷区教育委員会埋蔵文化財係
104	世田谷区	祖師谷大道北遺跡第7～11次整理調査会 1999『祖師谷大道北遺跡　東京都世田谷区上祖師谷6丁目14・16番の発掘調査記録』世田谷区教育委員会生涯学習課文化財係
105	世田谷区	太子堂下本村遺跡第3次調査会 2009『太子堂下本村遺跡Ⅲ　東京都世田谷区太子堂3丁目33番の発掘調査記録』世田谷区教育委員会
106	世田谷区	滝ヶ谷遺跡調査会 1986『滝ヶ谷遺跡』世田谷区教育委員会埋蔵文化財係
107	世田谷区	東京都埋蔵文化財センター 2017『世田谷区田直遺跡　東京外かく環状道路建設事業に伴う埋蔵文化財発掘調査』
108	世田谷区	堂ヶ谷戸遺跡第32次調査会 2001『堂ヶ谷戸遺跡Ⅴ　東京都世田谷区岡本3丁目1番の発掘調査記録』世田谷区教育委員会生涯学習課文化財係

109 世田谷区 共和開発株式会社 2020『堂ヶ谷戸遺跡ⅩⅡ 東京都世田谷区岡本二丁目33番の発掘調査記録』

110 世田谷区 加藤建設株式会社埋蔵文化財調査部 2000『堂ヶ谷戸遺跡第33次発掘調査概報』

111 世田谷区 放射3号線世田谷地区遺跡調査会 2000『等々力原遺跡Ⅰ・等々力根遺跡Ⅱ・御岳山古墳Ⅰ 都道放射第3号線世田谷地区埋蔵文化財発掘調査報告書』世田谷区教育委員会

112 世田谷区 世田谷区遺跡調査会 1982『世田谷区遺跡調査報告3 中神明遺跡・横穴墓群・下野毛横穴墓群・瀬田貝塚遺跡』世田谷区教育委員会

113 世田谷区 共和開発株式会社 2018『中神明遺跡Ⅱ・中神明横穴墓群Ⅰ 東京都世田谷区成城三丁目13・14番の発掘調査記録』

114 世田谷区 有限会社有明文化財研究所 2019『中神明遺跡Ⅲ 東京都世田谷区成城三丁目13番の発掘調査記録』

115 世田谷区 東山野遺跡第2次調査会 2002『東山野遺跡Ⅱ 世田谷区砧2丁目37番の発掘調査記録』世田谷区教育委員会

116 世田谷区 世田谷区遺跡調査会 1981『廻沢北遺跡 第5・6次調査概報』

117 世田谷区 世田谷区遺跡調査会 1984『廻沢北遺跡Ⅰ』世田谷区教育委員会

118 世田谷区 世田谷区遺跡調査会調査団 1988『廻沢北遺跡Ⅱ』世田谷区教育委員会埋蔵文化財係

119 世田谷区 共和開発株式会社 2015『廻沢北遺跡Ⅳ 東京都世田谷区千歳台四丁目26番の発掘調査記録』

120 世田谷区 西岡17号墳第1次調査会 2008『西岡17号墳・寮の坂東遺跡 世田谷区尾山台1丁目11番の発掘調査記録』世田谷区教育委員会

121 渋谷区 東京都渋谷区千駄ヶ谷五丁目遺跡調査会 1997『東京都渋谷区千駄ヶ谷五丁目遺跡 新宿貨物駅舎跡地の再開発事業に伴う緊急発掘調査報告書』

122 渋谷区 株式会社四門 2013『東京都渋谷区千駄ヶ谷五丁目遺跡第3次調査 新宿駅新南口本屋基礎解体・鉄道防護工事他に伴う埋蔵文化財発掘調査報告書』

123 渋谷区 都立学校遺跡調査会 1995『鉢山町Ⅱ 都立第一商業高等学校内埋蔵文化財発掘調査報告書』

124 渋谷区 共和開発株式会社 2010『東京都渋谷区鉢山町・猿楽町17番遺跡第3地点 渋谷区猿楽町16番における集合住宅建設に伴う事前調査』

125 渋谷区 共和開発株式会社 2006『円山町1遺跡（第2地点） 円山町計画新築工事に伴う事前調査』

126 中野区 共和開発株式会社 2017『小滝遺跡 発掘調査報告書』

127 杉並区 杉並区内遺跡調査団 2012『東京都杉並区井草遺跡C地点 杉並区井草中学校校舎改築に伴う埋蔵文化財発掘調査報告書』

128 杉並区 杉並区内遺跡発掘調査団 2011『東京都杉並区遅ノ井遺跡B地点 杉並区上井草二丁目42番における福祉施設建設工事に伴う埋蔵文化財発掘調査報告書』

129 杉並区 特定非営利活動法人井草文化財研究所 2020『東京都杉並区遅ノ井遺跡第2次調査 杉並区上井草三丁目11番における宅地造成工事計画に伴う埋蔵文化財発掘調査報告書』

130 杉並区 杉並区内遺跡発掘調査団 2008『東京都杉並区光明院南遺跡E地点 沖電気工業株式会社による建設事業に伴う埋蔵文化財発掘調査報告書』

131 杉並区 株式会社武蔵文化財研究所 2015『東京都杉並区白幡遺跡 集合住宅工事に伴う埋蔵文化財調査』

132 杉並区 杉並区遺跡調査会 2007『東京都杉並区堂の下遺跡 三井不動産株式会社（仮）高井戸プロジェクト計画地内における埋蔵文化財包蔵地発掘調査報告書』杉並区教育委員会

133	杉並区	久我山東遺跡B地点発掘調査団 1994『東原遺跡　都営富士見丘住宅改築工事にともなう埋蔵文化財包蔵地の発掘調査報告書』
134	杉並区	杉並区内遺跡発掘調査団 2009『東京都杉並区方南町峰遺跡群釜寺東（近隣第一）遺跡第2次調査　杉並区方南二丁目1番18・19号における建築計画に伴う埋蔵文化財発掘調査報告書』
135	杉並区	杉並区内遺跡発掘調査団 2011『東京都杉並区方南町峰遺跡群方南遺跡第3次調査　公務員宿舎方南町住宅（仮称）整備事業に伴う埋蔵文化財発掘調査報告書』
136	杉並区	久我山二丁目住宅遺跡発掘調査団 1998『前山遺跡　都営久我山二丁目住宅建設に伴う埋蔵文化財包蔵地発掘調査報告書』
137	杉並区	国際基督教大学考古学研究センター 1985『向ノ原遺跡』
138	杉並区	東京都埋蔵文化財センター 2020『杉並区向ノ原遺跡第3次調査　都立高井戸公園整備に伴う調査』
139	杉並区	明治大学校地内遺跡調査団 2012a『明治大学校地内遺跡II明大第2地点の発掘調査 2003年度和泉メディア棟建設予定地における埋蔵文化財発掘調査報告』明治大学
140	豊島区	学習院大学周辺遺跡（学習院大学自然科学研究棟地区）発掘調査団 2012『学習院I 東京都豊島区学習院大学周辺遺跡（学習院大学自然科学研究棟地区）の発掘調査』特定非営利活動法人としま遺跡調査会
141	豊島区	株式会社玉川文化財研究所 2007『東池袋II　東京都豊島区東池袋遺跡の調査（東池袋四丁目地区第一種市街地再開発事業地内）』
142	北区	東北新幹線赤羽地区遺跡調査会調査団 1990『赤羽台遺跡　八幡神社地区』東北新幹線赤羽地区遺跡調査会
143	北区	東北新幹線赤羽地区遺跡調査会調査団 1992『赤羽台遺跡―先土器・縄文時代編―』東北新幹線赤羽地区遺跡調査会
144	北区	国立王子病院跡地遺跡調査団 2000『赤羽台遺跡　国立王子病院跡地地区』
145	北区	東京都埋蔵文化財センター 2014『北区桐ケ丘遺跡　都営桐ケ丘二丁目団地（GN02街区）に係る調査』
146	北区	東京都北区教育委員会社会教育課 1988『御殿前遺跡』
147	北区	東京都埋蔵文化財センター 2017『北区御殿前遺跡　西ヶ原研修合同庁舎（仮称）の整備に伴う埋蔵文化財調査』
148	北区	東京都北区教育委員会社会教育課 1987『宿遺跡』
149	北区	東京都埋蔵文化財センター 2012『北区田端西台通遺跡　東京都市計画事業田端二丁目付近土地区画整理事業に伴う埋蔵文化財発掘調査』
150	板橋区	加賀一丁目（東京家政大学構内）遺跡調査会 1995『東京都板橋区加賀一丁目（東京家政大学構内）遺跡発掘調査報告書』
151	板橋区	小茂根小山遺跡発掘調査団 2000『東京都板橋区小茂根小山遺跡第1地点　「コスモ小竹向原ガーデンフォルム」建設に伴う発掘調査報告書』
152	板橋区	板橋区遺跡調査会志村坂上J地点遺跡調査団 1998『東京都板橋区志村坂上遺跡J地点発掘調査報告書　株式会社トッパンテクノ社屋建替え工事に伴う調査』
153	板橋区	志村城山遺跡調査会 1999『東京都板橋区志村城山遺跡第4地点発掘調査報告書　「ヴィオスガーデン城山」建設に伴う発掘調査』
154	板橋区	板橋区志村坂上遺跡調査会 2002『志村坂上遺跡D地点発掘調査報告書　志村一丁目35番における共同住宅建設に伴う調査』
155	板橋区	東京都埋蔵文化財センター 1997『菅原神社台地上遺跡』

156 板橋区　板橋区大門遺跡調査団 1990『大門遺跡発掘調査報告』板橋区大門遺跡調査会

157 板橋区　板橋区教育委員会社会教育課文化財係 1987『中台東谷　東京都板橋区中台における考古学的調査』板橋区教育委員会

158 板橋区　板橋区成増との山遺跡調査会 2004『東京都板橋区成増との山遺跡Ⅰ　「成増パークホームズ」建設に伴う発掘調査報告書』

159 板橋区　板橋区成増との山遺跡調査団 1992『東京都板橋区成増との山遺跡Ⅱ　成増第 2 住宅建替に伴う埋蔵文化財発掘調査報告』板橋区成増との山遺跡調査会

160 板橋区　都内第二遺跡調査会西台遺跡調査団 1999『東京都板橋区西台後藤田遺跡第 1 地点』

161 板橋区　西原遺跡調査団 1993『西原遺跡　東京都板橋区西原遺跡発掘調査報告書』西原遺跡調査会

162 板橋区　東京都埋蔵文化財センター 2019『板橋区西原遺跡第 2 地点　都営双葉町アパート埋蔵文化財発掘調査』

163 板橋区　板橋区遺跡調査会前野町三丁目第 2 団地遺跡調査団 1996『前野田向遺跡第 2 地点発掘調査報告書』

164 板橋区　杉原荘介・吉田　格・芹沢長介 1959「東京都板橋区茂呂に於ける関東ローム層中の石器文化」『駿台史学』9　114–134 頁　駿台史学会

165 板橋区　板橋区四葉遺跡調査会 1997『板橋区四葉地区遺跡調査報告Ⅴ　四葉地区遺跡　平成 8 年度旧石器時代編』

166 練馬区　練馬区遺跡調査会 1992『東京都練馬区愛宕下遺跡調査報告書』

167 練馬区　東京外かく環状道路練馬地区遺跡調査会 1995『愛宕下遺跡・比丘尼橋遺跡・宮ケ谷戸遺跡　東京外かく環状道路練馬地区遺跡（E・F・G 地区）発掘調査報告書』

168 練馬区　東京外かく環状道路練馬地区遺跡調査会 1995『丸山東遺跡Ⅰ　東京外かく環状道路練馬地区遺跡（C・D 地区）発掘調査報告書』

169 練馬区　東京外かく環状道路練馬地区遺跡調査会 1995『もみじ山遺跡Ⅰ　東京外かく環状道路練馬地区遺跡（B 地区）発掘調査報告書』

170 練馬区　練馬区遺跡調査団 1989『練馬区扇山遺跡調査報告書　第 4 次調査』練馬区遺跡調査会

171 練馬区　株式会社パスコ 2015『東京都練馬区扇山遺跡第 6 次調査区』

172 練馬区　東京都埋蔵文化財センター 2020『練馬区大泉中里遺跡第四次調査　補助第 230 号線（大泉町）整備工事に伴う埋蔵文化財発掘調査報告』

173 練馬区　練馬区遺跡調査会 1987『練馬区栗山遺跡』

174 練馬区　栗山遺跡第 2 地点調査会 1994『練馬区栗山遺跡第 2 地点』

175 練馬区　早稲田大学校地埋蔵文化財調査室 1994『早稲田大学上石神井校地埋蔵文化財調査報告書　城山遺跡の調査』早稲田大学

176 練馬区　東京都埋蔵文化財センター 2003『練馬区南田中遺跡・田島遺跡・富士見町三丁目遺跡　環状 8 号線（南田中〜高松間）建設に伴う発掘調査報告』

177 練馬区　天祖神社東遺跡調査団 1986『東京都練馬区天祖神社東遺跡　都営練馬区関町三丁目第 3 団地建て替えに伴う調査』練馬区遺跡調査会

178 練馬区　外山遺跡調査会 1099『練馬区外山遺跡第 1・第 2 地点調査報告書』

179 練馬区　練馬区遺跡調査団 1986『東京都練馬区東早淵遺跡』練馬区遺跡調査会・練馬区教育委員会

180 練馬区　練馬区教育委員会 1991『東早淵遺跡　第 4 地点』

181 練馬区　比丘尼橋遺跡調査団 1993『東京都練馬区比丘尼橋遺跡 B 地点調査報告書』

182 練馬区　東京都埋蔵文化財センター 2020『練馬区比丘尼橋遺跡 C 地点　東京外かく環状道路

（関越〜中央）大泉 JCT（比丘尼橋遺跡 C 地点）における埋蔵文化財発掘調査』

183 練馬区 東京都埋蔵文化財センター 2002『富士見池遺跡群　溜淵遺跡　練馬区関町所在の都営住宅建て替えに伴う発掘調査』

184 練馬区 東京都埋蔵文化財センター 2002『東京都練馬区富士見池北遺跡　都営住宅関町北 4 丁目第 4 団地建て替え事業に伴う埋蔵文化財包蔵地発掘調査報告』

185 練馬区 武蔵関北遺跡調査団 1993『練馬区武蔵関北遺跡調査報告書』

186 武蔵野市 武蔵野市教育委員会 1999『井の頭池遺跡群　平成 10 年度武蔵野市埋蔵文化財調査報告集 3』

187 武蔵野市 武蔵野市教育委員会 2017『武蔵野市井の頭池遺跡群　武蔵野市埋蔵文化財調査報告書 10』

188 武蔵野市 武蔵野市教育委員会 2021『武蔵野市井の頭池遺跡群　武蔵野市埋蔵文化財調査報告書 14』

189 武蔵野市 武蔵野市教育委員会 1995『井の頭池遺跡群　吉祥寺南町 1 丁目遺跡 G 地点調査報告』

190 武蔵野市 吉祥寺南町遺跡調査団 2003『武蔵野市井の頭池遺跡群吉祥寺南町 1 丁目遺跡 N 地点』

191 武蔵野市 吉祥寺南町遺跡調査団 2002『武蔵野市井の頭池遺跡群吉祥寺南町 1 丁目遺跡 O 地点』

192 武蔵野市 御殿山遺跡調査会 1987『井の頭池遺跡群　武蔵野市御殿山遺跡第 1 地区 D 地点』

193 三鷹市 三鷹市遺跡調査会 2017『井の頭遺跡群 A Ⅳ　東京都三鷹市井の頭　井の頭池遺跡群 A 発掘調査報告書』三鷹市教育委員会

194 三鷹市 テイケイトレード株式会社 2020『井の頭池遺跡群 A Ⅴ　東京都三鷹市井の頭　井の頭池遺跡群 A 発掘調査報告書』三鷹市教育委員会

195 三鷹市 東京都埋蔵文化財センター 2018『三鷹市・調布市北野遺跡　東京外かく環状道路（関越〜中央）中央 JCT における埋蔵文化財発掘調査』

196 三鷹市 三鷹市遺跡調査会 1985『坂上遺跡　東京都三鷹市大沢坂上遺跡発掘調査報告書』三鷹市教育委員会

197 三鷹市 東京都埋蔵文化財センター 1998『島屋敷遺跡』

198 三鷹市 株式会社 Acube 2015『滝坂遺跡Ⅳ　東京都三鷹市中原滝坂遺跡発掘調査報告書』

199 三鷹市 三鷹市遺跡調査会 1985『出山遺跡Ⅱ　東京都三鷹市大沢出山遺跡発掘調査報告書』三鷹市教育委員会

200 三鷹市 東京天文台構内遺跡調査団 1983『東京天文台構内遺跡』東京大学東京天文台

201 三鷹市 三鷹市教育委員会・三鷹市遺跡調査会 2004『天文台構内遺跡Ⅲ　第 2 分冊・旧石器時代編　東京都三鷹市大沢天文台構内遺跡発掘調査報告書』

202 三鷹市 三鷹市教育委員会・三鷹市遺跡調査会 2005『天文台構内遺跡Ⅳ　東京都三鷹市大沢天文台構内遺跡発掘調査報告書』

203 三鷹市 東京大学埋蔵文化財調査室 2008『東京大学三鷹構内の遺跡　長嶋遺跡　東京大学三鷹国際交流会館建設に伴う発掘調査報告書』

204 三鷹市 三鷹市遺跡調査会 1979『三鷹市羽根沢台遺跡』三鷹市遺跡調査会

205 三鷹市 三鷹市教育委員会・三鷹市遺跡調査会 1996『羽根沢台遺跡Ⅱ　東京都三鷹市大沢羽根沢台遺跡発掘調査報告書　羽根沢台横穴墓群発掘調査報告書』

206 三鷹市 三鷹市遺跡調査会 2014『羽根沢台遺跡・羽根沢台横穴墓群　東京都三鷹市大沢羽根沢台遺跡・羽根沢台横穴墓群調査報告書Ⅲ』三鷹市教育委員会

207 府中市 府中市教育委員会・府中市遺跡調査会 2000『朝日町遺跡調査報告 I　都市計画道路府中 3・4・26 号線建設に伴う発掘調査』

208 府中市 東京都埋蔵文化財センター 2013『府中市朝日町神明台遺跡　警視庁第七機動隊新営工

事に伴う調査』

209	府中市	府中市教育委員会・府中市遺跡調査会 2000『武蔵国府関連遺跡27　髙倉・美好町地区の調査8　武蔵国分寺跡調査報告4　北西地区（多摩蘭坂遺跡）の調査1』
210	府中市	都立府中病院内遺跡調査団 1984『武蔵台遺跡Ⅰ　武蔵国分寺跡西方地区の調査』都立府中病院内遺跡調査会
211	府中市	東京都埋蔵文化財センター 2010『府中市武蔵国分寺跡関連遺跡・武蔵台遺跡　多摩総合医療センター（仮称）等建設工事に伴う埋蔵文化財発掘調査』
212	府中市	東京都埋蔵文化財センター 2018『府中市武蔵台遺跡・武蔵国分寺跡関連遺跡　都立府中療育センター改築工事に伴う埋蔵文化財発掘調査』
213	府中市	東京都埋蔵文化財センター 2004『府中市武蔵国分寺跡関連遺跡（武蔵台西地区）　府中都市計画道路3・3・8号建設事業に伴う調査』
214	府中市	都営川越道住宅遺跡調査会 1999『武蔵国分寺跡西方地区　武蔵台東遺跡Ⅲ．旧石器時代・自然科学編』
215	調布市	株式会社武蔵文化財研究所 2019『東京都調布市入間町城山遺跡第55地点（社会福祉法人桐仁会入間町計画新築工事に伴う埋蔵文化財調査)』
216	調布市	明治大学校地内遺跡調査団 2015『東京都三鷹市・調布市下原・富士見町遺跡Ⅲ　後期旧石器時代の発掘調査（3）出土石器 2004〜07年度明治大学付属明治高等学校・明治中学校建設予定地における埋蔵文化財発掘調査報告』学校法人明治大学
217	調布市	明治大学校地内遺跡調査団 2016『東京都三鷹市・調布市下原・富士見町遺跡Ⅲ　後期旧石器時代の発掘調査（1）石器群の概要と出土状況 2004〜07年度明治大学付属明治高等学校・明治中学校建設予定地における埋蔵文化財発掘調査報告』学校法人明治大学
218	調布市	調布市遺跡調査会 2004『東京都調布市調布岡遺跡第10地点（集合住宅建設）の調査』
219	調布市	東京都埋蔵文化財センター 2011『調布市飛田給北遺跡第9地点　補助競技場整備に伴う埋蔵文化財調査』
220	調布市	調布市遺跡調査会 2006『都立武蔵野の森公園埋蔵文化財調査―野水遺跡第1地点―報告書』
221	調布市	株式会社四門文化財事業部 2019『東京都調布市野川遺跡　第12地点（自転車・歩行者道設置工事に伴う埋蔵文化財調査』
222	調布市	明治大学校地内遺跡調査団 2012b『富士見町遺跡Ⅰ　第1地点の発掘調査　2003年度西調布合同合宿所建設予定地における埋蔵文化財発掘調査報告』明治大学
223	小金井市	小金井市荒牧遺跡調査団 2002『東京都小金井市荒牧遺跡　野川整備工事に伴う埋蔵文化財発掘調査報告書』小金井市荒牧遺跡調査会
224	小金井市	株式会社武蔵文化財研究所 2022『東京都小金井市栗山遺跡　第6次調査』
225	小金井市	国際基督教大学考古学研究センター 1977『新橋遺跡』
226	小金井市	小金井市遺跡調査会 1989『東京都小金井市野川中洲北遺跡　野川第二調節池工事に伴う埋蔵文化財発掘調査報告書』
227	小金井市	国際基督教大学考古学研究センター 1980『はけうえ』
228	小金井市	国際基督教大学考古学研究センター 1976『前原遺跡』
229	小平市	小平市地域振興部文化スポーツ課 2020『東京都小平市鈴木遺跡発掘調査総括報告書』小平市教育委員会
230	東村山市	望月明彦 2001「付編　東村山市および周辺市町村出土の黒曜石製石器の原産地分析（旧石器時代・縄文時代）『東村山市史5　資料編　考古』東京都東村山市
231	国分寺市	国分寺市遺跡調査団 2003『国分寺市№37遺跡発掘調査概報Ⅱ　シーズクリエイト株式

会社共同住宅建設に伴う事前調査』国分寺市遺跡調査会

232 国分寺市　国分寺市遺跡調査団 2004『熊ノ郷遺跡発掘調査概報Ⅰ　ニチモ株式会社共同住宅建設工事に伴う調査』国分寺市遺跡調査会

233 国分寺市　共和開発株式会社 2017『恋ヶ窪東遺跡発掘調査報告書　第22次調査』

234 国分寺市　国分寺市遺跡調査団 1997『多摩蘭坂遺跡Ⅱ　都営内藤1丁目第3団地に伴う事前調査』国分寺市教育委員会・国分寺市遺跡調査会

235 国分寺市　国分寺市遺跡調査団 1999『多摩蘭坂遺跡Ⅲ　都営内藤1丁目第4団地に伴う事前調査』国分寺市遺跡調査会

236 国分寺市　国分寺市遺跡調査団 2003『多摩蘭坂遺跡Ⅳ　東京建物株式会社共同建設に伴う事前調査』国分寺市遺跡調査会

237 国分寺市　国分寺市遺跡調査団 2007『花沢西遺跡発掘調査概報　野村不動産株式会社共同住宅建設に伴う調査』国分寺市遺跡調査会

238 国分寺市　恋ヶ窪遺跡調査団 1984『花沢東遺跡　都営国分寺南町三丁目団地建設に伴う調査』恋ヶ窪遺跡調査会

239 国分寺市　国分寺市遺跡調査団 2002『武蔵国分寺跡発掘調査概報26　北方地区・平成8～10年度西国分寺地区土地区画整理事業及び泉町高遠事業に伴う調査』

240 国分寺市　国分寺市遺跡調査団 2003『武蔵国分寺跡発掘調査概報29　北方地区・平成11～13年度西国分寺地区土地区画整理事業及び泉公園事業に伴う調査』

241 国分寺市　東京都埋蔵文化財センター 2003『国分寺市武蔵国分寺跡遺跡北方地区　西国分寺地区土地区画整理事業に伴う調査』

242 国分寺市　東京都埋蔵文化財センター 2013『国分寺市武蔵国分寺跡　東京都立多摩図書館改築工事に伴う埋蔵文化財発掘調査』

243 国分寺市　西国分寺地区遺跡調査団 1999『武蔵国分寺跡北方地区日影山遺跡・東山道武蔵道』西国分寺地区遺跡調査会

244 東久留米市　下里本邑遺跡調査団 1982『下里本邑遺跡』東京都東久留米市下里本邑遺跡調査会

245 東久留米市　自由学園南遺跡発掘調査団 1983『自由学園南遺跡　東京都東久留米市所在の先土器時代・縄文時代遺跡の調査』自由学園

246 東久留米市　自由学園南遺跡発掘調査団 1991『自由学園南遺跡　自由学園南遺跡発掘調査報告書』東久留米市教育委員会

247 東久留米市　多聞寺前遺跡調査会 1983『多聞寺前遺跡Ⅱ』

248 東久留米市　東京都東久留米市教育委員会 1976『東久留米市西下里遺跡』

249 東久留米市　西下里遺跡調査団 2003『西下里遺跡　東久留米市西下里遺跡第Ⅱ次発掘調査報告』西下里遺跡調査会

250 東久留米市　六仙遺跡発掘調査団 1997『六仙遺跡Ⅱ　東京都東久留米市六仙遺跡第Ⅱ次発掘調査報告書』東久留米市教育委員会

251 西東京市　西東京市教育委員会 2012『上保谷上宿遺跡・中荒屋敷遺跡　白子川最上流域における確認・試掘調査』

252 西東京市　都立学校遺跡調査会保谷市坂下遺跡調査団 1998『坂下遺跡　保谷都市計画道路3・4・6号線整備に伴う埋蔵文化財発掘調査報告書』

253 西東京市　有限会社アルケーリサーチ 2000『坂下遺跡　集合住宅建設に伴う第3次調査報告』

254 西東京市　保谷市遺跡調査会 1999『下野谷遺跡　東鳩跡地におけるライオンズガーデン武蔵関公園壱番館・弐番館建設に伴う第7次調査報告』

255 西東京市　東京都埋蔵文化財センター 2006『西東京市下野谷遺跡第15次調査　石神井川整備工事

（北その 2）に伴う埋蔵文化財発掘調査』

256 西東京市 西東京市教育委員会・共和開発株式会社 2020『下野谷遺跡第 31 次調査　東伏見三丁目 8・9 伴における発掘調査』共和開発株式会社

257 西東京市 早稲田大学文化財整理室 2000『下柳沢遺跡　早稲田大学東伏見校地における統合合宿所。総合体育館建設に伴う調査』早稲田大学

258 西東京市 都立学校遺跡調査会 1992『田無南町　都立田無養護学校内埋蔵文化財発掘調査報告書』

259 西東京市 早稲田大学校地埋蔵文化財調査室 1996『早稲田大学東伏見総合グランド遺跡 B 地区調査報告書』早稲田大学

260 府中市 東京都埋蔵文化財センター 1996『府中市№ 29 遺跡』

261 調布市 調布市遺跡調査会 1982『しろやま　調布市入間町城山遺跡第 9 次調査概要』調布市教育委員会

262 調布市 東京都埋蔵文化財センター 1992『飛田給北遺跡』

263 練馬区 練馬区遺跡調査会 1987『東京都練馬区葛原遺跡 B 地点調査報告書』

相模野台地

1 相模原市緑区 総合文化財 2018『下九沢山谷遺跡　相模野台地における後期旧石器時代遺跡の調査報告』総合文化財考古学研究室

2 相模原市中央区 株式会社玉川文化財研究所 2021『神奈川県相模原市山王平遺跡発掘調査報告書—旧石器時代編』

3 相模原市中央区 財団法人かながわ考古学財団 2005『田名堀ノ内遺跡　県道 54 号（相模原愛川線）相模原市田名地内交差点改良事業に伴う立会調査』

4 相模原市中央区 横山 5 丁目遺跡調査団 1997『相模原市　横山 5 丁目遺跡発掘調査報告書』（仮称）相模原市立屋内水泳場建設事業地内遺跡調査団

5 相模原市南区 相模原市古淵 B 遺跡発掘調査団 1990『神奈川県相模原市古淵 B 遺跡—都市計画道路古淵麻溝台線道路改良事業に伴う埋蔵文化財発掘調査報告—』

6 相模原市南区 相模原市都市計画道路嶽之内当麻線道路改良事業地内遺跡調査団 2002『神奈川県相模原市当麻亀形遺跡—相模原市都市計画道路嶽之内当麻線道路改良事業地内埋蔵文化財発掘調査報告書—』

7 藤沢市 株式会社玉川文化財研究所 2007『神奈川県藤沢市稲荷台地遺跡群中郷遺跡第 2 地点発掘調査報告書』

8 藤沢市 株式会社盤古堂 2011『神奈川県藤沢市稲荷台地遺跡群唐池遺跡第 2 地点』

9 藤沢市 株式会社玉川文化財研究所 2003『遠藤山崎・遠藤広谷遺跡発掘調査報告書』

10 藤沢市 慶應義塾藤沢校地埋蔵文化財調査室 1993『湘南藤沢キャンパス内遺跡　第 1 巻　総論』慶應義塾

11 藤沢市 慶應義塾藤沢校地埋蔵文化財調査室 1992『湘南藤沢キャンパス内遺跡　第 2 巻　岩宿時代』慶應義塾

12 藤沢市 北部第二（三地区）土地区画整理事業区域内埋蔵文化財発掘調査団 2006『神奈川県藤沢市菖蒲沢大谷遺跡発掘調査報告書—藤沢市北部第二（三地区）土地区画整理事業区域内遺跡群　菖蒲沢大谷地区—』

13 藤沢市 神奈川県立埋蔵文化財センター 1986『代官山遺跡　県立長後高等学校建設にともなう調査』

14 藤沢市 根下遺跡発掘調査団 1987『藤沢市大庭根下遺跡発掘調査報告書』株式会社玉川文化財研究所

15	藤沢市	東国歴史考古学研究所 1999『藤沢市№419遺跡第2地点発掘調査報告書―藤沢市湘南台7丁目9-9所在―』
16	藤沢市	株式会社玉川文化財研究所 2008『神奈川県藤沢市　藤沢市北部第二（三地区）土地区画整理事業区域内遺跡群　発掘調査報告書―葛原東山田地区第4地点（旧石器時代）』
17	藤沢市	藤沢市教育委員会 1996『南鍛冶山遺跡発掘調査報告書　第3巻　先土器時代』
18	藤沢市	南葛野遺跡発掘調査団 1995『神奈川県藤沢市南葛野遺跡―県道横浜・伊勢原線藤沢葛原地内に伴う埋蔵文化財発掘調査報告書―』
19	藤沢市	財団法人かながわ考古学財団 2002『用田鳥居前遺跡　県道（横浜伊勢原）線道路改良事業（用田バイパス建設）に伴う発掘調査』
20	藤沢市	財団法人かながわ考古学財団 2004『用田大河内遺跡　県道22号（横浜伊勢原）線道路改良事業（用田バイパス建設）に伴う発掘調査』
21	藤沢市	財団法人かながわ考古学財団 2004『用田南原遺跡　県道22号（横浜伊勢原）線道路改良事業（用田バイパス建設）に伴う発掘調査』
22	大和市	大和市教育委員会 1989『一般国道246号（大和・厚木バイパス）地域内遺跡発掘調査報告II』
23	大和市	大和市№199遺跡発掘調査団 2008『神奈川県大和市上草柳遺跡群大和配水池内遺跡I発掘調査報告書―本文編―』
24	大和市	大和市教育委員会 1979『上和田城山　神奈川県立大和南高等学校新築工事に伴う調査報告』
25	大和市	上和田城山遺跡発掘調査団 1994『上和田城山遺跡第4次調査』大和市上和田城山遺跡調査会
26	大和市	県営高座渋谷団地内遺跡発掘調査団 1995『神奈川県大和市県営高座渋谷団地内遺跡』
27	大和市	株式会社玉川文化財研究所 2022『新道遺跡　都市計画道路丸山中山茅ヶ崎線街路整備事業に伴う発掘調査』
28	大和市	神明若宮地区内遺跡発掘調査団 1997『神奈川県大和市神明若宮地区内遺跡』
29	大和市	加藤晋平・村田良平 1979『大和市草柳一丁目遺跡』草柳一丁目遺跡調査会他
30	大和市	台山遺跡発掘調査団 1988『神奈川県大和市台山遺跡発掘調査報告書』株式会社玉川文化財研究所
31	大和市	大和市教育委員会 1986『月見野遺跡群上野遺跡第1地点』
32	大和市	大和市北部処理場建設予定地内遺跡調査団 1987『長堀南遺跡発掘調査報告書』大和市教育委員会
33	大和市	大和市教育委員会 1988『福田札ノ辻遺跡』
34	大和市	財団法人かながわ考古学財団 1999『福田丙二ノ区遺跡　海上自衛隊厚木航空基地内隊舎建設に伴う発掘調査』
35	大和市	大和市教育委員会 1999『大和市№210遺跡―神奈川県大和市つる舞の里歴史資料館建設用地内地点の発掘調査―』
36	海老名市	柏ケ谷長ヲサ遺跡調査団 1997『柏ケ谷長ヲサ遺跡―相模野台地における後期旧石器時代遺跡の調査―』
37	海老名市	相武考古学研究所 1987『神奈川県海老名市かしわ台駅前遺跡』
38	綾瀬市	神奈川県綾瀬町教育委員会 1972『綾瀬町文化材調査報告　第一集―小園前畑遺跡発掘調査報告書―』綾瀬町文化財調査報告1
39	座間市	神奈川県立埋蔵文化財センター 1984『栗原中丸遺跡　県立栗原高等学校にともなう調査』

40	座間市	財団法人かながわ考古学財団 2004『山ノ神遺跡・鷹見塚遺跡　座間米軍低層住宅建設工事に伴う発掘調査』
41	綾瀬市	神奈川県教育委員会社会教育部文化財保護課 1980『寺尾遺跡　県立綾瀬高等学校建設にともなう調査』神奈川県教育委員会
42	綾瀬市	神奈川県立埋蔵文化財センター 1984『早川天神森遺跡　都市計画道路早川本蓼川線建設にともなう調査』
43	綾瀬市	財団法人かながわ考古学財団 1996『吉岡遺跡群II　旧石器時代 1　AT降灰以前の「石器文化　綾瀬浄水場建設に伴う発掘調査』
44	綾瀬市	財団法人かながわ考古学財団 1997『吉岡遺跡群III　旧石器時代 2　B2・L2の石器文化　縄文時代 I　早期～後期綾瀬浄水場建設に伴う発掘調査』
45	綾瀬市	財団法人かながわ考古学財団 1997『吉岡遺跡群IV　旧石器時代 2　縄文時代 1　AT降灰以降の石器文化　縄文時代早期・前期　綾瀬浄水場建設に伴う発掘調査』
46	綾瀬市	財団法人かながわ考古学財団 2003『吉岡遺跡群X　B区第 2 次調査　綾瀬浄水場建設に伴う発掘調査』
47	相模原市緑区	橋本遺跡調査団 1984『橋本遺跡　先土器時代編』相模原市橋本遺跡調査会
48	綾瀬市	相模考古学研究会 1974『地蔵坂遺跡発掘調査報告書』神奈川県綾瀬町教育委員会
49	綾瀬市	財団法人かながわ考古学財団 1999『吉岡遺跡群IX　考察・自然科学分析編　綾瀬浄水場建設に伴う発掘調査』
50	藤沢市	財団法人かながわ考古学財産 1996『本入ござっぱら遺跡　県立体育センター第 1 体育館改築にともなう発掘調査』
51	綾瀬市	財団法人かながわ考古学財団 1998『吉岡遺跡群VI　旧石器時代 3　縄文時代 2　AT降灰以降の石器文化その 2　縄文時代中期・後期　綾瀬浄水場建設に伴う発掘調査』
52	大和市	大和市教育委員会 1983『深見諏訪山遺跡』

あとがき

　本書の元となったのは2005年提出の博士学位論文であるが，本文にそのなごりはほとんどない。あるとすれば，その研究方法，分析方法である。博論執筆当時を振りかえると，その直前の1990年代から2000年代前半は遺跡構造論，行動論，石材受給論が研究シーンを席巻していた。もともと筆者は石器文化編年研究者であったが，その流れの中でそうしたテーマの論文を初めて執筆したのが1998年である（伊藤1998）。それは武蔵野台地のⅥ層段階の遺跡・石器集中部単位の器種組成，石材組成を集成，検討したものであったが，正にそれが本書第2章の原型である。

　とはいえ実はそれ以前にも，本書の原型にはなっていないが石器組成を扱ったものが一本だけある。1990年に『物質文化』に投稿した論文で，南関東地方のⅥ層段階，Ⅴ層・Ⅳ層下部段階の遺跡を集計し，その上で野川上流域のⅥ層段階，「Ⅴ層」，「Ⅳ下層」の器種組成，石材組成を分析した（伊藤1990）。当時はⅤ層・Ⅳ層下部段階（本書の第4群）に関してさまざまな視点から分析するよう心がけ，連作を発表していた。筆者の代表作とされるⅤ層・Ⅳ層下部段階の細分に関する論文（伊藤1991）もその連作の一つであるが，1990年の論文における石器組成分析，石器情報分析も段階解明のためのさまざまなアプローチの一つであった。

　ところで，元東海大学教授織笠昭先生の研究主体は石器形態研究であると見なされがちであるが，実は石器組成分析を実施した論文も数多く著している（織笠1984・1987b・1991）。さまざまな視点から分析することで，石器文化を総合的，多角的に捉えようとしていたのである。当時は筆者の研究人生にとって形成期に当たり，そうした織笠先生の研究姿勢に強く影響を受け，筆者の当時の研究テーマ「南関東地方のⅤ層・Ⅳ層下部段階」に対してそれを取り入れようと試みたのがその連作である。

　博士論文から20年が経ち，遺跡構造論，行動論，石材受給論は廃れ，石器組成分析もあまり行われなくなった。統計処理を求める現在の研究にあって表と比率だけで表現する本書は，確かに些か古ぼけた感は否めない。とはいえ，この研究の必要性を実感するからこそのこの方法である。

近年の日本旧石器時代研究の主流は「分析考古学」である。高精度年代測定法，石器製作・石器使用の実験痕跡研究，遺跡形成過程研究，空間分析，幾何学的形態測定学等々，個別の分析研究が中心にある。第1章で指摘したように積みのこしてきた諸問題があるからこそのそれらの研究であるが。そうした趨勢の中，そこから遺跡と石器に対し総合的な検討を行い，人，集団の動態，そしてその歴史を明らかにする「叙述考古学」こそ今必要である。たとえ論理の飛躍があったとしても。果敢に。

　それらの現状への反論の意味を込めて，新しくないのに「新たな遺跡構造論」と名づけたところである。

　筆者の考古学との出会いは，12歳，中学1年生でした。もともと地理と歴史が好きだったので地理クラブ，歴史クラブに入部したかったのですがその中学校にはなく，代わりに，校長が国分寺跡研究の泰斗，早稲田大学教授滝口宏先生であったことから考古学研究会がありましたので，入会することにしました。すぐに考古学にどっぷりと浸かり「将来の夢は考古学」と思い込み，高校時代担任の先生が進路希望に迷う同級生たちを諭す際にはいつも「伊藤のようにやりたいことを見つけろ！」と例に挙げられるほどになりました。

　大学では当然考古学を専攻。中学生，高校生時代は生意気にも「縄文時代が専門です」と言っていたのですが，大学1年の夏に後期旧石器時代遺跡の発掘調査に参加したことを契機に「後期旧石器時代」（当時は先土器時代と言っていた）に転向。

　卒業論文は南関東地方の後期旧石器時代中盤のナイフ形石器をテーマとしました。特に「Ⅴ層・Ⅳ層下部段階」が中心。その後，「面取尖頭器（当時は樋状剝離を有する尖頭器と言っていた）」にもかかわり，「Ⅴ層・Ⅳ層下部段階」との二つが研究の両輪となりましたが，南関東地方，特に武蔵野台地をフィールドとして，生涯その範囲を出ることもありませんでした。とにかく一筋，ぶれないのです。

　40歳台に差し掛かった頃，ある先生に勧められ大学院博士課程に入学する機会を得て，博士論文を書き上げました。しかし，それを書籍にすることを躊躇している間に別の論文を書き進め，博士論文の内容が陳腐なものになってしまい書籍化するタイミングを失ってしまいました。「ポスドク」の研究者にお願いして挿図を作成してもらってたのに。その後研究を続ける中で，研究当初は別々のものと考えていた「面取尖頭器」と「Ⅴ層・Ⅳ層下部段階」が同じテーマであることに気づき，職場を退職して余裕が生まれたのを

契機に，本書を上梓するに至りました。

　考古学を志してから現在まで五十余年の間，鶴丸俊明先生（東海大学），白石浩之先生（石器文化研究会・愛知学院大学）をはじめ，市毛勲先生（早稲田実業学校），多宇邦雄先生（同左），関根孝夫先生（東海大学），近藤英夫先生（同左），小林達雄先生（博士論文審査副査・國學院大學），佐藤宏之先生（同左・東京大学）（所属は当時）にお世話になりました。また，筆者は寡黙なのであまり機会は多くはありませんでしたが，研究論議に応じてくださった諏訪間順氏，須藤隆司氏，西井幸雄氏，亀田直美氏，織笠明子氏，鈴木美保氏，富樫孝志氏，酒巻孝光氏，森先一貴氏，川田壽文氏ほか東海大学，東京都埋蔵文化財センター，石器文化研究会，日本旧石器学会，國學院大學の皆様には大変お世話になりました。記して感謝します。報告書閲覧を許可してくださった東京都埋蔵文化財センター及び資料見学の機会を与えてくださった関係機関に感謝します。

　最後に本書の編集・出版にあたって，新泉社編集長の竹内将彦氏にお世話になりました。20年前に博論を出版するつもりがあったにもかかわらずある経緯があってお断わりしたのに，あらためて今回引き受けてくださいました。

　そして，鬼籍に入られた織笠昭先生（東海大学），藤本強先生（國學院大學・博士論文審査主査），石井則孝先生（東京都埋蔵文化財センター）（所属は当時）そして両親に本書を捧げます。

　　　　2025年1月18日

　　　　　　　　　　　　　　　　　　　　　　　　　　　　　　　伊　藤　　健

［著者紹介］

伊藤 健（いとう・つよし）

1961年　静岡県生まれ
國學院大學大学院文学研究科史学専攻博士課程修了　博士（歴史学）
公益財団法人東京都スポーツ文化事業団東京都埋蔵文化財センター調査課課長を経て
現在，東海大学文学部非常勤講師
日本旧石器学会学会賞（2019年）受賞
石器文化研究会代表世話人

著　　書　『考古学リーダー14　後期旧石器時代の成立と古環境復元』六一書房，2008
年（共著）
主な論文　「ナイフ形石器文化の画期と変容」『物質文化』54，物質文化研究会，1990年
「ナイフ形石器の変異と変遷」『研究論集』Ⅹ，東京都埋蔵文化財センター，
1991年
「先土器時代社会の人口と領域」『古代文化』47-2，古代學協會，1995年
「後期旧石器時代遺跡研究のための低位モデル」『東京考古』17，東京考古談
話会，1999年
「ナイフ形石器文化編年の形成過程―Ⅴ層・Ⅳ層下部段階の解体に向けて
―」『旧石器研究』3，日本旧石器学会，2007年
「後期旧石器時代における黒曜石原産地組成―「Ⅳ中2亜段階」と伊豆柏峠
黒曜石―」『研究論集』ⅩⅩⅩ，東京都埋蔵文化財センター，2016年
「後期旧石器時代「武蔵野編年」の新地平―樋状剝離を有する尖頭器石器群
をめぐって―」『研究論集』ⅩⅩⅫ，東京都埋蔵文化財センター，2018年

装　　幀　菊地幸子
図版作成　あおく企画

後期旧石器時代の新たな遺跡構造論
── 東京の遺跡を中心に

2025年3月25日　第1版第1刷発行

著　者　　伊藤　健
発　行　　**新 泉 社**
　　　　　東京都文京区湯島1-2-5　聖堂前ビル
　　　　　TEL 03（5296）9620／FAX 03（5296）9621

印刷・製本　モリモト印刷

©ITO Tsuyoshi, 2025　Printed in Japan
ISBN978-4-7877-2420-5　C1021

本書の無断転載を禁じます。本書の無断複製（コピー，スキャン，デジタル化等）ならびに無断
複製物の譲渡および配信は，著作権法上での例外を除き禁じられています。本書を代行業者等に
依頼して複製する行為は，たとえ個人や家庭内での利用であっても一切認められていません。